U0818366

“十三五”江苏省高等学校重点教材

“十三五”江苏省高等学校重点教材（编号：2016-2-054）

高级会计学

主　编　孙自愿
副主编　蒋卫东　李文美

Advanced Accounting

中国矿业大学出版社

内容提要

本书秉承以“高级”为基点、兼顾会计“特殊性”的思路，紧跟会计准则改革步伐，系统地讲授高级会计学所涉及的所得税会计、外币折算会计、特殊行业会计、金融工具会计、企业合并会计、合并财务报表、租赁会计、资产负债表日后事项与会计变更、清算会计等重大理论和实务问题，引导读者掌握特殊业务或者难度较大的会计准则的设计理念及操作规则，提高阅读者在高级会计方面的理论修养与实务操作能力，提升从国内外角度、通行惯例、限制条件等方面分析及看待高级会计问题的能力。

本书的显著特色是化繁为简、现实性与前瞻性兼顾，适用对象是会计学、财务管理等专业的高年级本科生、研究生、教师、中高级会计职称考试人员及其他致力于财务会计领域学习与研究的读者。

图书在版编目(CIP)数据

高级会计学 / 孙自愿主编. —徐州：中国矿业大学出版社，2017.9

ISBN 978-7-5646-3711-8

Ⅰ. ①高…　Ⅱ. ①孙…　Ⅲ. ①会计学—高等学校—教材　Ⅳ. ①F230

中国版本图书馆 CIP 数据核字(2017)第 233891 号

书　　名　高级会计学
主　　编　孙自愿
责任编辑　姜　翠
出版发行　中国矿业大学出版社有限责任公司
　　　　　　(江苏省徐州市解放南路　邮编 221008)
营销热线　(0516)83885307　83884995
出版服务　(0516)83885309　83884920
网　　址　http://www.cumtp.com　**E-mail**:cumtpvip@cumtp.com
印　　刷　江苏淮阴新华印刷厂
开　　本　787×1092　1/16　**印张** 21　**字数** 520 千字
版次印次　2017 年 9 月第 1 版　2017 年 9 月第 1 次印刷
定　　价　42.00 元

前 言

PREFACE

高级会计学是一门随着社会经济发展，对原有的财务会计内容进行补充、延伸和开拓的会计课程。高级会计学以会计基本假设的松动为前提，就财务会计领域中非标准会计假设下的各项会计问题进行讲解，对现有中级财务会计未包括的业务以及随着客观经济环境变化而产生的新业务，以新的会计观念进行反映和监督的会计学科。

《高级会计学》教材的适用对象是会计学及财务管理等专业高年级的本科生、研究生、教师及其他有兴趣致力于财务会计领域学习与研究的读者。通过对本教材的学习，了解高级会计所涉及的会计业务的特点，理解非标准会计假设下各种会计处理的原则和理论基础，掌握相关特殊会计业务的具体处理方法，并能运用本课程所学的知识分析和解决会计实务中的各种问题。

《高级会计学》教材的编写宗旨是：与时俱进、不断丰富和充实教学内容，全面更新教学理念和教学方法，以适应培养高质量的高级会计人才的需要。本教材的编写紧跟会计准则改革步伐和国际前沿，紧扣截至 2017 年 7 月中国财政部会计准则委员会和国际会计准则理事会颁布的最新会计准则，包括：财政部 2017 年 7 月 5 日修订的《企业会计准则第 14 号——收入》(CAS14)，2017 年 5 月 2 日修订的《企业会计准则第 37 号——金融工具列报》(CAS37)，2017 年 3 月 31 日修订的《企业会计准则第 22 号——金融工具确认和计量》(CAS22)、《企业会计准则第 23 号——金融资产转移》(CAS23)、《企业会计准则第 24 号——套期会计》(CAS24)，2016 年 12 月 20 日颁布的《企业破产清算有关会计处理规定》，并参考了国际会计准则理事会发布的《国际财务报告准则第 16 号——租赁》(IFRS16)。本教材力求以最新内容的重点章节安排提升读者理论与实务结合的能力。

与其他同类教材相比，本教材编写特色在于以下四点：

(1) 系统性与专题性并重。教材既注重高级会计的学科完整性，又突出高级会计的难点与热点问题。

(2) 课堂讲授与案例教学并用。教材能够使具备一定专业素养的读者把所学到的理论用于分析和解决他们在实践工作中遇到的问题。

(3) 现实性与前瞻性兼顾。教材既详细介绍了相关主题的历史和现状，又很好地展望了未来发展趋势。

(4) 中国国情与国际惯例相结合。教材既能够使读者立足于中国的现实会计核算环境，又能够丰富读者的国际财务报告准则视野。

教材共分十一章(由孙自愿拟定写作大纲，孙自愿、蒋卫东、李文美统稿和审核)，具体章节安排如下：第一章：孙自愿，王曼；第二章：孙自愿，谢梦迪，王中朋；第三章：孙自愿，王中朋，王颖；第四章和第五章：孙自愿，朱云海，李艳丽；第六章：李腾，孙自愿；第七章：刘畅，李贝贝，蒋卫东；第八章：陆文静，李影，孙自愿；第九章：孙自愿，叶依琳，王曼；第十章：王丹，孙自愿；第十一章：谢梦迪，李文美。

本教材是“十三五”江苏省高等学校重点教材，同时也是江苏省 2015 年度研究生教育教学改革研究与实践课题“新常态下基于价值创造和协同创新的 MPAcc 卓越人才培养模式改革”(JGZZ15_029)、江苏省教育科学“十三五”规划课题(D/2016/01/76)、中国矿业大学“十三五”品牌专业建设项目、中国矿业大学研究生教改课题“MPAcc《高级财务会计学理论与实务》案例库建设与案例教学实践探索”(YJSJG_2017_017)、中国矿业大学高级会计学精品课程、中国矿业大学在线开放课程项目“高级会计学 MOOCs 课程建设”(2017KCPY03)的阶段性成果。

本教材从立项、结构安排到具体写作，都得到了中国矿业大学管理学院董靖书记、王新宇教授、朱学义教授、林爱梅教授、卜华教授、姚圣教授、郑爱华教授与中国矿业大学出版社的热情鼓励与支持。另外为了教学需要，教材编写过程中引用了相关文章作为案例。在此，我们一并表示衷心的感谢。

对于本教材中存在的不足甚至错误，恳请各位读者不吝赐教。

编　者

2017 年 8 月

目　录

CONTENTS

第一章　高级会计学的基础理论 …… 1
第一节　高级会计的产生与发展 …… 2
第二节　高级会计学的定位 …… 9
第三节　高级会计学的理论支撑 …… 12
延伸阅读 …… 18

第二章　所得税会计 …… 25
第一节　所得税会计概述 …… 26
第二节　企业所得税会计的核算方法 …… 30
第三节　资产、负债的计税基础及暂时性差异 …… 36
第四节　递延所得税负债及递延所得税资产的确认 …… 44
第五节　所得税费用的确认、计量和列报 …… 50
第六节　资产负债表观和利润表观的比较 …… 52
延伸阅读 …… 53

第三章　外币折算会计 …… 57
第一节　外币折算会计概述 …… 58
第二节　外币交易的会计处理 …… 63
第三节　外币财务报表折算 …… 71

第四章　油气开采会计 …… 79
第一节　采掘工业和油气行业概述 …… 80
第二节　油气行业生产活动与支出种类 …… 80
第三节　油气资产的初始计量 …… 82
第四节　油气资产的折耗 …… 86

第五节　油气资产的转让 …… 88
第六节　油气资产的减值 …… 89
延伸阅读 …… 90

第五章　生物资产会计 …… 94
第一节　生物资产的概念与分类 …… 95
第二节　生物资产的初始计量 …… 96
第三节　生物资产的后续计量 …… 99
第四节　生物资产的收获和处置 …… 103
第五节　生物资产的列报与披露 …… 106
延伸阅读 …… 107

第六章　金融工具会计 …… 110
第一节　金融工具概述 …… 111
第二节　基本金融工具会计处理 …… 120
第三节　衍生金融工具会计处理 …… 134
第四节　金融工具披露 …… 141
延伸阅读 …… 142

第七章　企业合并会计 …… 148
第一节　企业合并概述 …… 149
第二节　企业合并会计处理的基本方法 …… 152
第三节　同一控制下企业合并的会计处理 …… 158
第四节　非同一控制下企业合并的会计处理 …… 164

第八章　合并财务报表 …… 174
第一节　合并财务报表概述 …… 175
第二节　合并财务报表的合并范围 …… 176
第三节　合并财务报表的合并理论 …… 178
第四节　合并财务报表编制的一般流程 …… 180
第五节　与内部往来交易有关的合并处理 …… 203
第六节　特殊交易在合并财务报表中的会计处理 …… 219

第九章　租赁会计 …… 230
第一节　租赁会计概述 …… 231
第二节　承租人的会计处理 …… 234
第三节　出租人的会计处理 …… 242
第四节　售后租回交易的会计处理 …… 247

第五节　IFRS16 会计准则动向 …… 255

第十章　资产负债表日后事项与会计变更 …… 262
第一节　资产负债表日后事项概述 …… 263
第二节　资产负债表日后调整事项的会计处理 …… 265
第三节　资产负债表日后非调整事项的会计处理 …… 269
第四节　会计政策及其变更 …… 270
第五节　会计估计及其变更 …… 275
第六节　前期差错及其更正 …… 277

第十一章　清算会计 …… 280
第一节　企业清算概述 …… 281
第二节　清算会计理论基础 …… 285
第三节　破产清算的会计处理 …… 287
第四节　破产清算财务报表的列报 …… 292

参考文献 …… 298

附录 …… 300
附录一　“高级会计学”课程教学质量标准 …… 300
附录二　各章节同步练习 …… 307

第一章

CHAPTER 1

高级会计学的基础理论

学习目标

高级会计学是一门随着社会经济的发展，对原有的财务会计内容进行补充、延伸和开拓的会计课程，高级会计学是以会计假设松动为前提，利用对财务会计理论与方法的修正，对现有中级财务会计未包括的业务以及随着客观经济环境变化而产生的新业务，以新的会计观念进行反映和监督的会计课程。本章应重点关注的内容有：① 了解高级会计学的产生、发展与研究范围的准确定位；② 熟悉高级会计学的基本内容；③ 从理论的高度掌握高级会计学发展的规律及其理论基础；④ 熟悉高级会计学中的会计计量问题。

案例引入

并购重组是把双刃剑，在市场景气度高亢时，能为公司带来协同效应，而当业绩承诺不达预期时，并购的高额商誉也给公司带来了沉重的包袱和困扰。高估值的浮华表象之下，业绩兑现风险频频触发。

近几年来，伴随着资本市场上并购重组的活跃，A股商誉总值呈现爆发式增长。Wind资讯数据显示：2013年，A股上市公司商誉合计为2 136亿元；2014年则为3 287亿元，同比增长54%；2015年，A股共有1 561家上市公司拥有商誉，合计金额达6 488亿元，较2014年底翻了近一倍；2016年，拥有商誉的上市公司增至1 691家，合计商誉价值高达10 482.49亿元，较本年年初增加61.57%，再创历史新高。而这一增长的步伐在2017年也没有停歇，2017年一季报数据显示，两市有商誉的公司已达到1 765家，高达11 356.58亿元的商誉总值再度刷新了A股商誉的历史峰值。

上市公司在收购资产、重组、被借壳上市等情况下，不少标的公司会作出未来业绩承诺。而如果并购标的业绩承诺不达标、特别是亏损的情况下，上市公司则需要计提商誉减值准备，直接影响公司当年实现的净利润。总体来看，A股并购重组的标的资产业绩承诺顺利完成，甚至超额完成的占了多数，但也有不少标的公司在兑现当初的业绩承诺时显得力不从心。

截至2017年6月2日，2016年有135起并购重组交易收购的资产业绩未达标，涉及

124家公司。其中,百润股份、新华医疗、洪涛股份等12家公司收购的标的资产非但没有实现当初的业绩承诺,实际利润更是相继以亏损收官。

在商誉的泡沫中,从并购中尝到无数甜头的创业板更是首当其冲。因标的估值方法与行业发展不稳定等特点,影视传媒、游戏、互联网等行业是商誉减值高发区,尤其是在创业板。

2016年年末,370家创业板公司商誉合计达到1 895.44亿元,而对应其净利润合计仅为766.09亿元,尚不及商誉的一半。其中,掌趣科技以2016年年末56亿元的商誉位居创业板之首,其2016年净利润为5亿元;捷成股份紧随其后,其2016年商誉为55.5亿元;坚瑞沃能、蓝色光标、联建光电2016年的商誉均超过40亿元。

(资料来源 《商誉减值危机频"爆雷",创业板成"重灾区"》,载和讯新闻网2017年6月3日,http://news.hexun.com/2017-06-03/189470473.html)

第一节 高级会计的产生与发展

一、财务会计和会计理论体系

(一)财务会计概述

1. 会计概述及其分类

会计是以货币为主要计量单位,以凭证为依据,采用科学的方法,对会计主体的经济活动进行全面、综合、连续、系统的核算与监督,并向相关利益方提供会计信息的一种经济管理活动。会计可细分为财务会计与管理会计。① 财务会计主要是通过传统的记账、算账和定期编制财务报表的专门方法,提供给企业一定日期的财务状况以及一定期间的经营成果和现金流量情况的经济管理相应活动。② 管理会计是根据管理者的需要和成本效益分析原理的要求,通过一系列专门方法,对财务会计提供的资料及其他有关资料进行整理、计算、对比和分析,使企业各级管理人员能对日常发生的一切经济活动进行规划与控制,并帮助企业领导作出各种专门决策的一个会计分支。

2. 财务会计的分类

财务会计可细分为基础会计、中级财务会计和高级会计。① 基础会计(也称为会计学原理)主要阐述会计确认、计量、记录和报告的一般原理,属于入门级会计课程。② 中级财务会计着重阐述企业一般会计事项,如货币资金、应收款项、存货、流动及长期负债、投资、固定资产、损益、所有者权益等事项的会计处理,是财务会计一般理论与方法的运用。③ 高级会计着重研究企业因各种原因所面临的特殊事项或特殊行业的会计处理。

3. 财务会计的特点

财务会计中,企业的资金是由投资者与债权人以托付的方式交给企业管理者的,而会计的功用是表达管理者在有效运用资金方面的责任。财务会计应以企业管理当局与外部社会大众间的信托关系为重，进而，财务报表的编制必须严格遵守一般公认会计原则，因为公认原则是超然的，它不以管理者与使用者的意愿来控制报表中的数字。所以财务会计的工作重点在于根据日常的业务记录，登记账簿、定期编制基本财务报表，提供一定日期的财务状况以及一定期间的经营成果和现金流量情况的财务信息。

财务会计主要为外界与企业有经济利害关系的团体或个人服务，它的工作主体往往是以特定会计主体为工作对象，通过提供集中概括的财务成本信息来对特定会计主体的财务状况和经营成果作出综合的评价与考核；财务会计必须强制性执行固定的会计循环程序，且凭证、账簿、报表有规定格式；财务会计在一定时期内，统一以货币计量单位采用特定核算方法，反映企业的经营管理活动。

（二）会计理论体系

从会计实务到会计理论，再用会计理论指导会计实践，是会计学研究的基本范式。尽管会计是由于生产生活的实用性而产生并发展起来的，但是它的逐步发展与完善是建立在理论体系及概念框架之上的。换言之，会计实务的形成及完善有其理论与相应方法体系作为支撑，会计理论为会计实务的创新与发展奠定了科学、合理的基础。

1. 会计理论的定位

针对会计理论的定位，各学派众说纷纭，主要有以下四大观点。

(1) 美国会计学会(AAA)认为会计理论更多地体现为基本概念框架，并且主要体现四个主要目标：① 确定会计研究的范围；② 建立会计准则来判断与评价会计信息；③ 指明会计实务需要改进的地方；④ 为会计研究人员扩大会计应用范围，为满足社会对会计信息的需求提供一个有用的框架。

(2) 美国会计学家莫斯特认为会计理论是由对来自实务的原则和方法程序的系统表述所组成。美国会计学家埃尔登 · S. 亨德里克森认为会计理论是以一套广泛适用的原则作为形式而进行的逻辑推理，它主要作为评价会计实务的一般依据，并以此指导与发展新的实务与程序。

(3) 葛家澍认为会计理论是以阐述会计概念框架为中心议题，财务会计的基本概念包括会计假设、会计目标、会计要素、会计计量、财务报告体系及财务业绩报告的改进等。

(4) 根据《韦氏新国际词典》的定义，理论是一套紧密相连的假定性的、概念性的、实用性的原理的整体。理论构成了对所要探索领域可供参考的一般框架。因此，会计理论既反映会计实务与特征、揭示会计信息系统运行的发展规律，又代表会计的特定概念与方法程序所构成的逻辑体系，其中包括整个复杂的概念、模式、假说和用于指导并影响规则制定的理论。会计理论具有信息传递和经验总结功能、解释和评价功能、预见和实践功能。

2. 会计理论体系的构成

会计理论体系可以被理解为会计理论中相关概念和要素组成的体系。关于会计理论体系的构成，不同的理论学派有不同的见解。其中，比较具有代表性的观点是由美国艾哈默德 · 贝尔考依提出的会计理论体系由四大部分构成：① 财务报告的目标；② 与环境和主体有关的假设及其他理论概念；③ 基本会计原则；④ 会计方法。其中财务报告目标是会计核算的基石，会计确认、计量和报告过程均以财务报告的目标为基础。因此，会计的基本理论体系是一套以会计目标为中心，相互关联、协调一致的概念体系。

（三）财务会计的目标

财务会计在现行复杂的经济环境下，不断地应变和发展，越来越多地充当着债权人、投资者、企业管理者等财务信息使用者决策的有力工具和手段。我们可以根据资产负债表、利润表（也称综合收益表）和所有者权益变动表中企业往年的历史数据，预测企业以后的生产经营状况、盈利能力等。

1. 受托责任观

财务会计报告的目标之一，是反映企业管理层受托责任履行情况，帮助财务会计报告使用者作出正确的经济决策，即受托责任观。基于现代企业所有权和经营权的分离，财务会计报告的作用之一应当是使股东和债权人能够了解企业管理者过去某一阶段任职状况，这一会计目标实际上也就是如何评价和衡量企业管理人员业绩的问题。

2. 决策有用观

财务会计报告的另一目标是保证财务会计报告使用者获得充分有效的信息，帮助其做出相应的决策，即会计决策有用观。决策有用观特别重视会计信息的相关性，该观点认为，财务报告提供的信息应对于信息使用者的决策是有用的，即与信息使用者的决策有关，能够帮助使用者消除决策中的不确定性，客观、全面地反映企业的财务状况和经营成果。对决策有用的信息应该既包括关于企业过去和现在的信息，又包括企业未来情况的预测信息。

从企业财务会计目标的角度来看，一方面，应当以净利润、综合收益和其他相关数据指标反映企业管理者工作效率和经营成果，引发管理者基于自身利益对自身工作效果评价的关注。另一方面，为帮助财务报表使用者作出决策，应当呈现具有决策相关性的财务报告，所以财务报告应当包含的是可靠的不受管理当局扭曲和操纵的报表数据。对外发布的报告只能有一份，因此财务会计理论的基本问题就应是如何协调会计信息的这两种不同的作用。

（四）财务会计理论的结构

会计理论发展的主要推动力包括资本市场的发展、组织设计和组织契约的新发展、会计准则市场的形成、相关制度环境与技术体系的发展等。本教材涉及的会计理论的结构为以下五个层次。

（1）会计的目标是为企业内外信息需求者提供决策所需要的财务资料，是会计理论的第一层次和核心。

（2）会计的假设、概念和原则是会计理论的第二层次和基础。

（3）会计的程序和方法即根据会计的假设、概念和原则处理经济业务的具体步骤和方法，是会计理论的第三层次和实现过程。

（4）应用于实际工作中的会计准则即会计理论和方法的具体规范和实施细则，是会计理论的第四层次和会计准则。

(5) 会计报表和报告是会计理论的第五层次和最终表现形式。

上述会计理论结构中的五个层次，前一层次是后一层次的基础指导，而后一层次则是前一层次的表现形式。此外，每个会计名词均有独立的概念，同时它们又处在上下层次的控制与被控制之中。

二、高级会计学的产生

财务会计的模式与特征是与长期以来它所赖以形成的社会经济环境密不可分的，是与 20 世纪 40 年代之后社会经济发展的规模和水平、国际经济交流发展的程度以及市场物价长期处于较为稳定的状态等社会经济条件密切联系的。鉴于当时的社会经济条件，会计理论和方法的发展所达到的水平，作为研究企业再生产活动中会计理论和方法的财务会计学，研究总结的只是指导核算和监督企业再生产过程中一般经济业务的假设、原则、方法及程序。这些指导企业进行会计核算和监督的会计假设、原则、方法及程序一直沿用至今，在企业经营活动的管理及作为市场经济发展的"商业语言"中，发挥着越来越大的作用。

(一) 高级会计学产生的推动因素

第二次世界大战以后，科学技术领域取得突破性进步，世界各国经济、社会环境发生了以下巨大变化。

1. 科技革命助推产业革命，经济发展助推会计改革

科技革命促进各国经济不断迅速发展壮大，公司间相互渗透形成了庞大的企业集团，母子公司成为一种普遍的社会现象，企业间的横向和纵向经济联系更加紧密、依赖性更强，税收与会计的矛盾越发明显；社会经济资源的配置进一步优化，社会对会计信息的要求和依赖性越来越高，会计在企业中的地位也越来越重要。

2. 企业合并兼并，跨国并购整合潮流席卷全球

西方国家不仅进一步推行商品资本和货币资本的国际化，而且还大规模地实行生产资本的国际化，因而促使国际贸易和投资的不断扩大，突破了企业经济活动以国内为主的特征。各国企业为了增强竞争实力，占有更大的市场份额，都在积极寻求合作伙伴，建立联盟，对资产进行重组、合并。在合并、兼并、联合过程中，企业突破了国界，出现了跨国度、跨地区、跨行业的大联合、大兼并和大合并，使得社会经济资源得到了较佳配置，提高了规模效益。

3. 金融工具多样化，世界经济一体化

为满足商品经济发展的资金需要，不仅国内金融市场不断扩大，而且国际金融市场也得以形成并不断发展。由于国际金融市场得以完善，各种衍生金融工具应运而生，并得到快速发展，所以国际资金的流速加强、流量增多。期货交易、融资租赁等行业也随之蓬勃发展，这使各个国家交易投资的规模扩大，频率增高，国际依赖性增大。国际贸易、国际投资、跨国经营迅速增长，为适应现代生产力的发展，在资本生产与资本高度集中的基础上，建立了突破国界、从世界市场范围内合理规划生产和销售的跨国公司，使国际交流大大增加，国际经济趋于一体化。

4. 企业经营范围、经营业务的多元化

由于社会经济的迅速发展，使各企业的经营范围不断扩展，交易形式更加灵活，新的经济业务种类和内容不断增加，新的行业和以往不存在的或不广泛出现的特殊经济业务也不断出现。

5. 货币币值不稳定及通货膨胀问题

在第二次世界大战以后，特别是 20 世纪六七十年代，西方国家和拉丁美洲各国经历了严重的通货膨胀并有向其他国家扩展的趋势。过度的通货膨胀会造成物价过快上涨，商品原料价格上涨，生产成本提高，企业利润随之减少。随后企业倒闭，实业经济不景气，进入经济衰退周期。物价上涨也会导致囤积物资，盲目购买本身没用的物资，形成消费浪费，又进一步加速物价上涨速度，加剧通货膨胀。多次的石油价格波动又对通货膨胀起到了推波助澜的作用，而且波及亚洲及拉丁美洲很多国家。

（二）高级会计学解决的主要问题

这些新的社会经济现象的出现，必然会产生一些在业已成型的财务会计中涉及较少或前所未有的经济业务，以及需要会计进行处理的新问题，主要有以下六个方面。

1. 会计与税收差异的相关问题

由于企业会计核算政策与税法不同，所以会出现需确定和调整应纳税所得额的差异及其所得税会计处理；在集团公司总机构交纳所得税时，还应对其国外分支机构在国外交纳的所得税进行抵免等问题。

2. 外币波动产生的问题

以外币为单位广泛进行的商品购销和劳务供应，向国外借款或对外国投资和由此而发生的保险、管理咨询等有关费用支付业务中的外币交易与结算，以及外币的远期合同、套期保值和融资的互换交易、外币报表折算等事项。

3. 新行业、新经济业务出现产生的问题

为了规范经济生活中出现的新行业、新经济业务的会计核算，必须研究相应的会计原则和方法。如期货交易和期货市场的出现、新租赁业务的出现及其为充分利用金融资本市场开展的金融租赁业务等，均需具有相应的会计理论进行指导，并采用一定的方法进行核算和监督。

4. 集团公司内部的特殊经济业务问题

集团公司内部的特殊经济业务，特别是集团公司内部母公司与子公司、子公司与子公司之间以内部价格转移财产或劳务的业务往来。为了全面综合反映集团公司整体的财务状况和经营成果，会计期末需编制集团公司整体的合并会计报表；在跨国集团公司合并会计报表中，当所属国外子公司会计报表使用的货币种类与母公司不同时，还需要进行外币会计报表的折算等问题。

5. 兼并重组与破产清算产生的问题

企业的兼并与合并、清算与破产，也必然严重冲击会计主体假设与持续经营假设。企业的兼并与合并不仅需要编制合并会计报表，而且在会计处理过程中涉及若干会计主体，这时会计要扮演多种角色，站在不同的立场上，为不同的主体服务；企业的清算与破产宣告企业经济活动的终结，原有的企业不复存在，这必然与企业持续经营假设相矛盾，因此，如何进行清算破产是会计领域的一个新问题。

6. 其他问题

其他在新的社会经济条件下出现的新的经济业务（如生物资产会计），也需要制定相应的会计核算原则和方法。

面对社会经济生活领域出现的诸多新问题，原有财务会计的框架难以容纳，而这些又是财务会计必须解决的问题。因此，必须在原有财务会计学的基础上，谋求建立一门新的学科来解决这些新问题，于是在20世纪60年代的西方国家，高级会计学就应运而生了。

三、高级会计学的发展

从高级会计学所涵盖的内容来看，其发展过程大致可分为三个阶段。

（一）高级会计学的萌芽阶段

现代会计从一开始产生就孕育了高级会计学的胚芽。西方国家工业革命的成功，有力地推动了生产力的发展，使企业由自由竞争逐步走向垄断，于是出现了第一次企业并购的浪潮，企业的兼并、合并必然产生母子公司，因而也就在会计上必然需要编制合并报表，以完整地反映企业集团的财务状况和营运能力。第一次世界大战后，美国的经济得到了快速发展，又促使了第二次企业并购高潮的产生。企业兼并的第二次浪潮使股份公司得到进一步的发展与完善，导致了合并报表的广泛使用，从而产生了一些重要思想，包括经济实体的概念、合并所产生的商誉问题等。在这一时期，西方主要工业国家出现了通货膨胀的局面，而通货膨胀必然影响到财务信息的准确性，从而引起人们的关注。美国早期会计学家亨利·W.斯威尼在1936年就出版了《稳定币值会计》一书，提出了对通货膨胀进行会计处理的方法，被会计界誉为物价变动会计的首创模式。通货膨胀会计思想的出现，标志着高级会计学进入了萌芽期。

（二）高级会计学的发展阶段

第二次世界大战之后，西方主要工业国家开始由军事工业向民间工业转变，这就需要更新设备和扩大投资，而传统的信贷方式已经无法满足这种旺盛的资金需要。在银行和企业的共同参与下，20世纪50年代产生了融资租赁业务，以解决各国各行业资金不足的问题。融资租赁业务一出现，就促使了租赁会计的产生。1953年美国会计程序委员会（CAP）发表了《会计研究公告第43号》，对融资租赁会计处理方法提出了若干意见。

第三次企业并购浪潮发生于20世纪五六十年代，持续时间长，规模空前。这次企业兼并是多元化混合兼并占主导地位，把互无关联的各类企业通过兼并凑合成一个混合体，此时为了规模经济或追逐垄断而进行产权买卖的动机已退居次要位置，更多的是将“经营产权”作为一种企业经营的方式。美国会计程序委员会（CAP）针对企业并购浪潮，于1959年分别发表了会计研究公告第51号《合并财务报表》，对合并财务报表的编制提出了若干指导意见。

20 世纪 60 年代西方国家发生了持续的通货膨胀，对会计信息的真实性和有用性产生了较大的冲击。针对物价变动对财务会计的影响，美国注册会计师协会(AICPA)于 1963 年发表了第 6 号会计研究论文集，美国会计原则委员会(APB)于 1960 年发表了第 3 号公告《重编一般物价水准变动的财务报表》，以指导会计处理物价变动对财务信息质量的影响。在这一时期，国家对企业加强了所得税的征管，允许应税所得与会计利润有一定的差异。面对如何重新计算会税差异对企业所得税的影响这一问题，所得税会计便应运而生了。

20 世纪五六十年代是高级会计学的发展时期，其主要内容已基本形成，并已具有一定的会计处理规则，因此在西方国家出现了高级会计学课程，并步入了西方国家的大学课堂，但高级会计学的内容尚不完善，有待于进一步完善。

（三）高级会计学的成熟阶段

进入 20 世纪 70 年代后，由于之前在企业兼并的基础上形成了庞大的跨国集团公司，必然引起会计计量单位的多元化，即外币和本位币的多重计量单位，于是就产生了大量的外币业务和汇兑业务。因此，跨国集团公司编制合并报表之前还涉及外币报表折算问题等，这些都是当时财务会计无法解决的问题。为了指导处理这些新的会计事项，美国财务会计准则委员会(FASB)于 1973 年颁发了第 1 号财务会计准则公告《外币业务的揭示》，于 1975 年颁布了第 8 号财务会计准则公告《外币交易和外币财务报表换算的会计处理》，于是在 20 世纪 70 年代以后就形成了较为成熟的外币波动会计。在这一时期，西方国家已健全了期货交易市场，尤其是金融期货交易和期权交易得到了较大的发展。金融期货主要包括利率期货、外汇期货和股票指数期货。大批的期货交易必然引起大量的期货交易会计事项，为了指导这些期货交易事项的会计处理，美国财务会计准则委员会(FASB)于 1984 年颁布了第 80 号财务会计准则公告《期货合同的会计处理》，建立了较为完善的期货会计处理方法，形成了期货会计。

在第四次企业并购浪潮中，战略驱动型交易取代了混合兼并而成为主要形式。为了满足大规模企业并购对巨额资金的需要，金融界大量发行一种资信低、风险大、利率高的债券，这种债券被称为“垃圾债券”。为了逃避各种税收，有的企业利用各国的税法和有关法律，进行内部价格转移和财产转移等，都对原有的所得税会计处理、外币业务的处理以及合并报表的编制形成了较大的冲击。相应的，美国财务会计准则委员会(FASB)于 1987 年颁布了第 96 号会计准则公告《所得税会计》，1988 年颁布了第 100 号会计准则公告《所得税法》，又于 1989 年、1991 年、1992 年分别颁布了第 103 号、第 108 号、第 109 号三个同名的会计准则公告《所得税会计》；1981 年颁布了第 52 号会计准则公告《外币税收》，1982 年颁布了第 57 号会计准则公告《有关联者的揭示》，1982 年又颁布了第 70 号会计准则公告《财务报表与物价变动：外币核算》，以期指导处理第四次兼并浪潮所产生的新的会计业务。

20 世纪 80 年代以来，随着经济的发展和社会环境的变化，新会计业务不断出现，西方国家高级会计学的基本内容、会计处理指导思想和方法都已基本形成，并得到了会计职业界的广泛认可与接受，成为一种会计惯例，标志着高级会计学的日益成熟。

第二节　高级会计学的定位

一、高级会计学的界定

（一）高级会计学的形成背景

“高级会计学”一词源于英文 Advanced Accounting（也称为 Advanced Financial Accounting），在国外的会计教材体系中，有关这一概念的内容既有专门论著，也散见于一般财务会计著作（如 *Financial Accounting*）之中。

高级会计学的前身是引自西方国家财务会计体系的合并财务报表会计、外币交易会计、通货膨胀会计等特殊事项或交易会计。这些特殊事项或交易要么基于市场经济环境的变化而产生，要么顺应企业转型发展等新型经营业务的出现而产生。大约在 20 世纪六七十年代，为适应会计理论的发展需求和会计实践的要求，这些特殊事项或交易会计逐步整合为一门相对独立的学科——高级会计学。近年来，尽管国内外针对什么是高级会计学，以及高级会计学包括哪些内容仍有诸多争议，但是高级会计学作为一门独立的课程，适应了社会经济环境变化对会计核算的客观要求。

高级会计产生于会计所处的客观经济环境的变化，是客观经济环境发生变化引起会计假设松动后，人们对背离会计假设的特殊会计事项进行理论和方法研究的结果。因此，高级会计是在对原财务会计理论与方法体系进行修正的基础上，对企业出现的特殊交易和事项进行会计处理的理论与方法的总称。

（二）高级会计学的内容界定

高级会计学到底应该涉及哪些基本内容，目前国内外的相关报道中未见有统一的说法，但学界学者们对高级会计学内容构成的看法还是有一定趋同性的，其中认同率最高的是企业合并和合并财务报表，其次是外币折算会计。当然，仅仅以此来确定高级会计学的内容构成是不够合理的，也是不科学的，一个学科内容的界定应该有其内在的逻辑规律可遵循。

在对高级会计核算的内容上，较为普遍的认同是，传统财务会计核算的内容是企业的一般会计业务，是企业经常普遍发生的会计业务。因此，传统财务会计又称“一般财务会计”或“中级财务会计”。而高级会计则是在一般财务会计中不见得有或不经常发生的特殊经济业务和特殊经营行业的企业特殊会计事项，是一般财务会计所不包括的业务，其内容有的较难，有的则较新。在对于高级会计核算内容的具体范围上，认识也不统一。一种观点认为高级会计就是依据传统财务会计基本理论反映的一般财务会计所不予包括的会计业务，除包括特殊会计业务外，还包括人力资源会计、社会责任会计、国民经济会计、绿色环保会计等，因此，又称其为“其他业务会计”或“特殊业务会计”。而另一种观点则认为高级会计是以企业或企业集团以及企业以外各类单位为会计主体，以传统财务会计的理论与方法提供有关上述特殊业务经济信息的管理活动。作为高级会计核算的内容，应是一般财务会计所不予包括或不经常发生的，需向与企业有经济利害关系的集团或个人提供决策的必要会计信息的特殊会计业务。

界定高级会计内容构成的一个基础是它与传统会计的区别，把传统会计之外的内容都界定为高级会计的内容，将其从传统会计中同源分流是学界比较早的做法。在高级会计核算所依据的会计理论和方法上，较为普遍的认同是，高级会计属于财务会计范畴，因此它继承了传统财务会计的基本理论与方法。它依然以会计目标、会计原则等会计基础观念为指导，进行会计核算，实行会计监督；依然运用传统财务会计的方法，即账户与复式记账、会计科目与会计账簿、会计凭证与财产清查以及会计报表，提供可靠、相关的会计信息。

因此，高级会计是随着社会经济的发展，对原有的财务会计内容进行补充、延伸和开拓的一种会计，是在会计假设松动前提下，利用对财务会计理论与方法的修正，对现有中级财务会计未包括的业务，以及随着客观经济环境变化而产生的新业务，以新的会计观念进行反映和监督的会计分支。这一概念包括以下含义：① 高级会计属于财务会计范畴。② 高级会计处理的是会计假设松动前提下，企业面临的特殊事项或业务。③ 高级会计所依据的理论和采用的方法是对原有财务会计理论与方法的修正。

二、高级会计学的发展变化特征分析

高级会计学的产生是由于与传统财务会计密切联系的社会经济环境发生了变化，所需要核算和监督的是特殊经济事项或业务。它虽然在很大程度上继承着传统财务会计的基本理论，但为了适应对新的社会经济条件产生的前所未有的特殊经济业务的核算与监督，所依据的会计理论和应用的会计方法必然有所发展和变化，并且根据研究具体提出了高级会计对传统财务会计的基本理论在以下诸方面的发展和变化。

（一）在会计假设方面的发展和变化

高级会计在会计假设的不少方面有所变化，如在会计主体上，编报合并财务报表的企业集团已从传统财务会计进行日常核算和定期报告的个别会计核算主体发展为进行定期报告的集团会计报告主体，使会计主体由单一型的会计主体变化为复合型的会计主体；又如在会计分期上，股份有限公司会计信息披露的临时报告与中期报告以及清算企业编制的企业清算会计报表，均突破了传统财务会计以公历年度为基准编制的会计分期；再如，在持续经营假设上，企业清算会计也废止了持续经营假设而代之以终止经营假设；此外，对于货币计量假设，通货膨胀会计也否定了该项假设币值不变的特定条件，而且相应建立了币值大幅降低的会计核算前提。

（二）在会计概念方面的发展和变化

随着大量特殊经济业务的发生及特殊会计业务的兴起，出现了大量新的会计概念，如租赁业务中的融资租赁，外币会计中的远期外汇、外币折算等。另外，即使传统财务会计中的一些概念也有所发展和变化，如资本保全概念随着通货膨胀的不断发展和币值大幅降低也进一步发展，产生了财务资本保全和实物资本保全等新的概念。

（三）在会计原则方面的发展和变化

高级会计在继续遵循传统财务会计原则的同时，也使传统财务会计一般原则的含义得到进一步拓展和强化。例如，在贯彻重要性原则方面，要求对报表使用者经济决策有着重要意义的“特殊会计业务”，均应在会计报表中设专项给予披露。在外币业务中，由于汇率变化可能给企业持有外币资产、负债及权益的折算本位币记账金额带来变化；作为反映企业集团整体财务状况及其盈利能力的会计报表与集团各个成员个别会计报表，二者因内容和编制方法不同所带来的变化；融资租赁业务给企业财务状况带来的变化；企业经营期货或其他衍生金融工具可能给企业带来的风险或收益等，对报表的使用者有着极为重要的意义，在企业的会计报表中均要求设置专项予以反映。

传统财务会计贯彻的配比原则是按权责发生制原则将以公历年度会计分期的同一会计期间的收入和成本费用进行配比，以确定该期收益。而在所得税会计中的“应付税款法”则是进一步将这一原则变化为将同一期间按权责发生制转化为按收付实现制原则，以及税法确定的收入和支出进行配比计算所得；在期货的交易中，则按期货业务交易完成期限的收支进行配比确定收益；对于企业清算会计清算成果，也是以收付实现制原则，按清算期间的收支配比确定等，都在配比的期间、配比的依据及配比的内容上大大发展了配比原则。

此外，对于会计原则的发展还表现在为了适应规范高级会计特殊会计业务核算的需要，废止了一些传统财务会计原则，建立了一些新的会计原则。如为了反映通货膨胀条件下企业资产现时价值的规模，为了在企业清算中维护业主、股东和债权人的权益，在对他们资产计价时，废止了历史成本原则，建立了以资产的现时市场公允价格为基础的现时成本计价原则；为了反映外币业务的本来面目，规范外币会计的核算，建立了复币计价和复币记账原则；为保证向企业投资者和管理者提供决策有用的会计信息，反映外币汇率变动和通货膨胀中物价变动可能给企业带来的损益，相应改变了谨慎性原则而建立了合理反映可能发生损益的原则；此外，为了适应房地产经营的特点，在确定房地产销售收入中还贯彻了实质重于形式的原则等。

三、高级会计学的特殊说明

深入阐述高级会计学这一概念，还需要进行以下三个方面的说明。

（一）高级会计学仍属于财务会计范畴

高级会计学属于财务会计系列，因为：① 它也是以货币为主要计量单位进行核算；② 它也是以合法的会计凭证为记录经济业务的依据；③ 它也是依据会计凭证登记账簿，依据账簿编制对外报出会计报表；④ 从本质上看，它也是以记录经济业务为手段而全面介入企业经营的一种管理活动。总之，高级会计学在会计方法上与中级财务会计完全一致，也符合财务会计的一般特征。

（二）高级会计学与中级财务会计业务范围方面的区别

高级会计学与中级财务会计的区别主要表现在业务范围方面，即高级会计学核算和监督的内容有一些是中级财务会计没有的，或者是不经常发生的业务事项，主要表现为具有一些特殊经济业务和特殊经营方式企业的特殊会计事项。将企业单位普遍存在的会计业务归为中级财务会计的内容，将不普遍存在的会计业务归为高级会计学的内容，从而将两者的关系描述为财务会计中的一般与特殊的关系。这样划分中级财务会计和高级会计学能够与国际会计惯例基本保持一致。当然，在高级会计学中还包括对中级财务会计内容需要深入论述的部分，但这些内容有一定的深度，远非中级财务会计业务所能涉及。

（三）高级会计学与中级财务会计其他方面的区别

高级会计学与中级财务会计的区别还可表现在对会计业务反映的连续性、系统性和全面性方面。高级会计学所反映的业务有些只发生于某一特定时期，且既可能发生于所有企业，也可能发生于部分企业，总之属于中级财务会计所不能完全包括的业务事项。将这样的业务事项归为高级会计学的内容，可以给中级财务会计以完整的外延范围，使其有更为完整、清晰的体系，也使高级会计学在核算范围、内容方面的特殊性得以明确体现。

第三节　高级会计学的理论支撑

一、会计假设的松动

财务报告的关键目标，是向财务报告使用者提供与其决策相关的信息。客观经济环境的变化造成的会计假设松动是高级会计学形成的基础。“松动”在这里有两层含义：一是原有的客观条件发生了较大程度的变化，难以用原有的方式限制和解释；二是原有的条件受客观形式所限，被彻底否定。会计假设的松动只是会计理论发生变化的结果，其根本原因是客观经济环境的变化，是原有的会计前提条件不能完全适应变化了的客观经济环境的表现形式。

（一）会计主体假设的松动

会计主体假设的松动表现为实践中产生了多层次、多方位的会计主体，由此形成了分支机构会计、合并会计报表、分部报告等特有的会计事项。

会计主体假设主要是设定会计为之服务的对象，即限定会计核算的空间范围，但是，现代经济的发展和由此出现的会计业务已向这些假设提出了挑战。比如，构成母、子公司关系的企业集团出现后，会计服务的主体就具有了双重性，会计核算的空间范围也处于一种模糊状态；如果企业集团的母公司本身也是一个大企业，下设若干个表现为独立会计主体的分支机构，若干个负责不同地区、不同行业的事业部和若干子公司，其会计核算的空间范围就更加难以掌握。在这种情况下，一般来说，会计主体与企业法人不是同一概念，说会计主体会随具体情况的变化而有不同的层次是难以令人信服的。在当前情况下，会计主体假设已随客观经济环境的变化而有了新的更丰富的内容。实践促使会计假设有了松动，在此基础上产生了超越该假设前提条件的分支机构会计、合并会计报表、分部报告等新的会计业务，这些会计业务应归为高级会计学的内容。

（二）持续经营假设的松动

持续经营假设的松动表现为实践中有些企业难以持续经营而需要重组或解体，由此形成了企业清算、破产与重组的会计业务。

持续经营假设设定了企业在未来的一定时期内不会进行解体清算，企业要在此基础上组织会计核算。但是，企业在未来的时期内能否持续经营取决于多种因素，也就是说，现代经济中的很多不确定性因素可能随时导致企业解散、重组或是破产。显而易见，企业因各种原因而形成的解体、清算、重组乃至破产，都是对持续经营假设的否定。

持续经营假设为中级财务会计业务设定了前提条件，而这一假设的松动，即由非持续经营形成的会计业务就应成为高级会计学要阐述的内容。

（三）会计分期假设的松动

会计分期假设的松动表现为实践中突破了以年度为核心的会计期间，由此形成了一些特殊的跨期摊配事项和损益确认事项。

会计分期假设将企业持续不断的经营活动人为地划分为等距的会计期间，为分期确定企业经营损益设定了前提条件。无论从哪个角度来看，会计分期都是非常重要的，它是权责发生制的基础，也是会计确认、计量的依据。但是，随着客观经济环境变化而出现的新的经济业务也涉及了这一假设，从而形成了依赖这一假设不能解决的一些会计事项。由于企业有一些特殊的跨期摊配事项，由此而形成了所得税费用的跨期摊配；由于只以会计年度为对外报告期间而提供的会计信息不能满足报表使用者的需要，由此而产生了中期财务报告事项和以企业清算期为特殊报告期的特有报告事项；另外，期货业务、衍生金融工具的出现与发展，已使现行的定期财务报告制度难以及时提供有效的信息，这些业务事项都要求依据各类专门事项而确定出独特的损益确认期限，因此也就有了对期货、期汇等业务进行核算和报告的专门规定。由此可见，超越常规，即等距期间前提条件的松动，也形成了一些中级财务会计难以容纳的会计业务，它们也应是高级会计学的内容。

（四）货币计量假设的松动

货币计量假设的松动表现为实践中由于存在不同货币而引发的有关记账本位币的确定和币值不稳而引发的物价变动，由此形成了外币业务会计与物价变动会计。

众所周知，货币计量假设已在现实的经济活动中受到了巨大冲击。会计要以货币为共同计量单位的含义已由同一企业拥有不同货币而转化为“记账本位币假设”；货币的币值不变含义也因持续的物价变动而被否定，陆续出现了物价变动会计的几种模式。在这种情况下，记账本位币下一种货币被另一种货币所计量的事实，已很难再用货币计量假设说明；而物价变动对社会经济带来的影响又强烈地冲击着建立在货币计量假设基础之上的历史成本原则，使会计界不得不寻求新的会计计量方式。货币计量假设的松动，使外币业务会计和物价变动会计成为现实的会计业务并由高级会计学处理，而建立在原有货币计量假设基础之上的会计业务只能是中级财务会计阐述的内容。

除此之外，还有一些与上述事项交错并生的会计业务。例如：因会计主体、货币计量假设变化而形成的外币报表折算；因会计主体、持续经营假设变化而形成的企业合并；因会计分期、货币计量假设变化而形成的以套期保值为核心的期货会计、期汇会计等。

因此，划分中级财务会计与高级会计学最基本的标志在于是否在上述会计四项假设的限定范围内，如果会计业务被限定在上述四项假设的范围之内，则属于中级财务会计的内容；如果会计业务没有被限定在上述四项假设的范围之内，则应将其视为高级会计学的内容。

根据高级会计学的内容要求，本教材设置包括了《高级会计学》应有的一些内容，并且尽可能地结合我国的具体实际情况，结合最新的企业会计准则内容及财政部发布的相关规定，并结合我国的会计实务和会计教育的现实情况，从理论上来探讨这些具体内容。

二、公认会计规范与会计准则体系

公认会计规范是得到重大权威支持，既有权威性又有公认性的财务会计规范。在世界范围内，企业财务会计规范的形式主要有会计法律、会计准则和会计制度。会计法律、会计准则和会计制度都是国家会计规范体系的重要组成部分，是会计工作和会计行为的规范。会计法律作为经济法律的一部分，既可以单独成法，又可以并入其他经济法律之中。会计准则在形式上要求由一定的权威机构（组织）颁布，并应当具有成文（即书面）的内容。会计制度可以是由政府有关部门制定的行政法规，也可以是由企业制定的主要规范、财务会计处理程序和各项业务处理的规定。

（一）会计准则及其制定

从会计信息的角度来看，如何解决高可靠性和高相关性的会计信息往往是一种“理想”的两难境地，也是财务会计理论的基本问题。

那么，有什么方法可以解决财务会计理论的基本问题？可以从以下方法着手。

首先，做好会计准则的制定。“没有规矩，不能成方圆”，在会计信息加工过程中，我们需要大量地借助各种“规矩”。如一项固定资产，从最初的立项到最终交付使用，通常都需要一个比较长的时间段，应当在什么时点正式记录固定资产？固定资产购、建、试运行等阶段所发生的各项支出，究竟哪些应当计入固定资产的成本，哪些不能计入固定资产的成本？这就需要相应的规则来确定。不同的时点、不同的金额，对企业当期财务状况和经营成果影响较大。可以说，企业几乎每一项经济活动，在进入会计系统、具体转化为明确的会计要素如资产、负债、收入、费用等时，都存在着争议和判断的空间。协调、解决这些判断和争议问题，需要“多管齐下”，制定一套有效的规则。

其次，会计准则制定机构应当保持中立。企业每一项经济活动，在不同的时点，以不同的金额确认和计量，转化为报表中的相关要素时，运用不同的准则往往会有不同的经济后果。因此，会计准则制定过程受到社会各界的干预，已经是各国会计准则制定过程中的一个普遍现象。为了排除各种利益团体对会计准则制定的干扰，财务会计准则委员会应当是一个充分独立的机构，能够保证所发布的准则的质量。一个公平、中立的会计准则，能够在一定程度上解决管理者道德风险问题。

再次，做到会计信息的充分披露。充分披露也可理解为完整性，即：财务报表所提供的信息，应充分地反映与报告主体财务状况和经营成果有关的所有重要方面。如果某些信息的遗漏会导致信息使用者的误解，那么，对这项信息的披露就是必需的。根据这一要求，企业往往在财务报表之外还要补充披露一些重要的事项，如会计政策及变更、关联方交易、重大或特别事项等。特别是在资本市场上，信息披露的充分性要求更高。充分披露制度能够提供大量信息，帮助投资者预测企业未来状况，使得财务报表更具相关性，能够提供一个更为公平的交易平台，解决逆向选择问题。

最后，市场力量的自动协调。随着市场不断发展，特别是资本证券市场的完善。在一个充满竞争性的市场上，会计报表所反映的信息如同普通市场上的商品那样，需求和供给的共同力量可以达到市场出清的状态。也就是说，把投资者和其他财务报告使用者看作是信息的需求者，把管理人员看作是信息的供应者。市场信息需求和供给的力量可以自动协调，决定公司应当提供多少以及什么样的信息。

（二）会计准则的等效

随着全球经济一体化的不断发展，会计准则作为一项重要的国际经济与商业交往的规则和制度安排，已经有越来越多的国家和地区接受和认可国际会计准则（IAS）及更名后的国际财务报告准则（IFRS）。这一过程包括：包含（Incorporation）、比较（Comparison）、认可（Endorsement）、采纳（Adoption）与等效（Equivalence）等不同层次和阶段。

“等效”是指当东道国的准则、规定与外国公司所在国家准则、规定充分接近或在功能上具有相互替代性时，东道国免除外国公司必须执行东道国准则、规定的要求。“等效”并不意味着百分之百完全相同，差异是允许存在的，但必须尽可能减少。具体到“会计准则等效”，则是第三国在实施国际财务报告准则的国家或地区上市时，按照本国会计准则编制的财务报表不再进行调整，即使调整也只对个别项目作出说明或者编制极少项目的调节表，无须再按国际财务报告准则进行全面转换。如果将按照第三国会计准则编制的财务报表与按照国际会计准则或国际财务报告准则编制的财务报表相比，能够让投资者对证券发行企业的资产负债、财务状况、盈利状况及前景作出相似判断，并且很可能会作出相同的投资决定，就可以认为等效。

（三）中国会计准则体系的发展

1. 中国新会计准则的发展历程

改革开放至今，中国会计国际化的基本做法已经从单纯借鉴国际惯例、追求会计准则的国际协调、国际趋同逐步转向追求国家之间的会计准则等效。2006 年，在时任财政部常务副部长、中国会计准则委员会主席楼继伟领导下，中国建立了与国际财务报告准则实质性趋同的新会计准则体系，财政部发布了企业会计准则，实现了与国际财务报告准则的实质性趋同；2010 年，为响应二十国集团关于建立全球统一高质量会计准则的倡议，中国财政部发布了《中国企业会计准则与国际财务报告准则持续趋同路线图》；2014 年，财政部发布了公允价值计量、财务报表列报等 8 项新制定或修订的企业会计准则，进一步保持了中国企业会计准则与国际财务报告准则的持续趋同；2017 年，财政部修订并发布了金融工具确认和计量、收入、政府补助等多项准则，同时为积极配合我国经济供给侧改革，发布了一系列相关会计处理规定，为中国企业会计准则与国际财务报告准则持续趋同打下了坚实的基础。

事实上，中国企业会计准则是市场经济的重要规则，而企业会计准则国际趋同是一个国家经济发展和适应经济全球化的必然选择。改革开放三十多年来，中国政府始终将会计准则建设作为事关经济社会健康、协调、可持续发展的重要基础性工程来抓，建成了与中国经济发展相适应的企业会计准则体系。

2. 中国会计准则体系的未来进展

企业会计准则的实施显著提升了中国企业财务报告的质量及其透明度。同时也极大地提高了中国境内财务报告的质量及其与国际财务报告的一致性,中国市场信用程度得到了提高。这就会为中国带来更多的跨境投资,更高效、合理的资本配置。对于中国企业而言,可以使融资成本降低,风险边际或者风险溢价减少,更容易获得更多海外资金。下一步,中国将根据国际财务报告准则制定进展,将启动租赁、保险等企业会计准则项目的全面修订,继续跟进研究概念框架、同一控制下企业合并等多个项目,结合实际参与国际财务报告准则技术讨论,并适时启动中国相应企业会计准则的修订,推进与国际财务报告准则的持续全面趋同。

三、会计计量的基本概念

目前,中国会计界对会计理论体系的定义有两种代表性的观点,即"信息系统论"和"管理活动论"。选择适当的会计计量基础,有助于向财务报表使用者提供决策相关的信息,同时也能如实反映企业管理层受托责任的履行情况。根据会计计量过程和依据,可以将计量基础归纳为三类:① 以成本为基础的计量,即历史成本。② 以现行市场价格为基础的计量,包括公允价值、重置成本、可变现净值。③ 以现金流量为基础的计量,即现值。

(一)以成本为基础的计量属性

历史成本,又称为实际成本,就是取得或制造某项财产物资时所实际支付的现金或其他等价物。在历史成本计量下,资产按照购置时支付的现金或者现金等价物的金额,或者按照购置资产时所付出的对价的公允价值计量。负债按照因承担现时义务而实际收到的款项或资产的金额,或者承担现时义务的合同金额,或者按照日常活动中为偿还负债预期需要支付的现金或现金等价物的金额计量。现行会计准则中,存货、固定资产、无形资产等大多采用历史成本进行初始计量。以历史成本计量的资产和负债,会随着时间的推移而采用不同的方法加以调整,调整的主要原因包括折旧或摊销、应计利息、溢折价摊销、资产减值以及出现亏损合同时负债账面价值的调增等。

(二)以现行市场价格为基础的计量属性

1. 重置成本

重置成本又称现行成本,是指按照当前市场条件,重新取得同样一项资产所需支付的现金或现金等价物。在重置成本计量下,资产按照现在购买相同或者相似资产所需支付的现金或者现金等价物的金额计量。负债按照现在偿付该项债务所需支付的现金或者现金等价物的金额计量。现行准则中,盘盈存货、固定资产等采用重置成本进行计量。

2. 可变现净值

可变现净值,是指在正常生产经营过程中,以资产预计售价减去进一步加工成本和预计销售费用以及相关税费后的净值。在可变现净值计量下,资产按照其正常对外销售所能收到现金或者现金等价物的金额扣减该资产至完工时估计将要发生的成本、估计的销售费用以及相关税费后的金额计量。现行准则中,可变现净值主要用于存货资产减值测试，在对长期资产进行减值测试时，可变现净值也是需考虑的价值之一。

3. 公允价值

公允价值，是指市场参与者在计量日发生的有序交易中，出售一项资产所能收到或者转移一项负债所需支付的价格。在公允价值计量下，资产和负债按照市场参与者在计量日发生的有序交易中，出售资产所能收到或者转移负债所需支付的价格计量。现行准则中，大部分的金融工具、非同一控制下企业合并取得的净资产等采用公允价值进行初始或后续计量。

（三）以现金流量为基础的计量属性

现值，是指对未来现金流量以恰当的折现率进行折现后的价值，是考虑货币时间价值的一种计量基础。在现值计量下，资产按照预计从其持续使用和最终处置中所产生的未来净现金流入量的折现金额计量。负债按照预计期限内需要偿还的未来净现金流出量的折现金额计量。现行准则中，长期职工薪酬、长期负债以及长期资产的减值测试中均会考虑资产或负债的现值。

四、会计计量属性辨析

（一）历史成本与公允价值

历史成本是按照过去交易和事项发生时的实际成本来进行记录和报告，它反映的是交易标的在初始计量时的成本，而不是交易标的在后续期间的市场价值。历史成本是真实交易的价格，它与具体交易双方对信息掌握程度等因素相关。而公允价值是完全理想状态下虚拟交易的价格，它以市场参与者的角度为基础，与特定交易双方的意图无关。因此，历史成本有可能高于交易标的的公允价值，也可能低于交易标的的公允价值。只有在交易双方获得充分信息并具有平等交易意愿时，实际交易的价格才会等于公允价值。

（二）公允价值与重置成本

首先，在重置成本计量下，资产按照现在购买相同或者相似资产所需支付的现金或者现金等价物的金额计量，而负债按照现在偿付该项债务所需支付的现金或者现金等价物的金额计量。因此，重置成本是根据当前市场价格确定的，最接近于公允价值。但是，二者也存在本质区别。根据前述定义，公允价值是资产和负债的“脱手价格”，而重置成本是“买入价格”，二者在某些情况下存在不一致的可能。同时，公允价值以市场参与者的角度进行估计，对估计所适用的市场具有严格限制。因此，只有在满足公允价值要求的有限条件下，重置成本才可能等于公允价值。

（三）公允价值与可变现净值

首先，在可变现净值计量下，资产按照其正常对外销售所能收到现金或者现金等价物的金额扣减该资产至完工时估计将要发生的成本、估计的销售费用以及相关税费后的金额计量，可变现净值同样也是反映资产现行价值的计量基础。但是，可变现净值与公允价值的不一致之处在于，可变现净值通常是基于特定交易中的预计价格，而不是以市场参与者的角度估计的价格。此外，可变现净值需要扣除销售费用，而公允价值不需要扣除销售费用。

（四）公允价值与现值

在估计公允价值时，也可能采用某项资产的预计未来现金流量现值作为其公允价值，二者在概念上可能有重合的部分。但是，在对公允价值进行估计时，需要以市场参与者的角度估计，不应考虑企业自身的情况。而在对长期资产减值测试时，对资产未来现金净流量的估计，是基于估计企业自身的情况而不是市场参与者的假设，需要考虑企业管理层对某项资产的使用意图、经营策略、未来规划等因素。因此，公允价值估计中的未来现金流量现值，与其他准则中规定采用的现值，在有限的条件下才会相等。

（五）信息有用性的比较

根据前述分析，对于五种计量基础在所提供信息的有用性方面，可以归纳如表 1-1 所示。

表 1-1　　五种计量基础信息比较

计量基础	计量时间基础	是否实际发生	性质	计量成本	相关性
历史成本	过去	实际	投入	最低	最弱
重置成本	现在	假设	投入	低	较弱
可变现净值	现在	假设	产出	较低	较强
现值	未来	假设	产出	较高	强
公允价值	现在	假设	产出	最高	最强

掌握上述分类，对我们分析解决财务会计实务中的问题非常重要。如“可变现净值”的计量时间基础（“现在”还是“未来”），决定了在计算期末存货的“可变现净值”后进而确定售价时，是按照资产负债表日的市场售价还是需要考虑资产负债表日之后相关事实和情况的变动。

延伸阅读

高级会计学会计计量的具体运用

一、金融工具的计量

（一）初始计量

1. 基本原则

在初始确认时，以公允价值计量且其变动计入当期损益的金融资产或金融负债，通常以其初始确认日的公允价值进行计量。其他金融工具的初始计量，也以其公允价值为基础，但还需加上可直接归属于获得或发行该金融资产或金融负债的交易费用。

2. 初始公允价值的估计和处理

金融工具初始公允价值最直接的证据，通常是其交易价格，即所支付或收到对价的公允价值。但是，在某些情况下，实际交易价格并不代表该金融工具的公允价值。例如，如果存在下列情况，交易价格不能代表初始确认时金融资产或负债的公允价值：① 关联方之间的交易，只有企业有证据表明交易按照市场条款进行，关联方的交易价格才可以被作为公允价值计量中的输入值。② 被迫进行的交易或者卖方在交易中被迫接受价格的交易。③ 交易价格所代表的计量单元不同于以公允价值计量的资产或负债的计量单元。④ 进行交易的市场不同于主要市场（或最有利市场）。

公允价值计量准则规定了如何对公允价值进行估计，金融工具准则规定了如何对初始公允价值和交易价格之间的差额进行会计处理。在公允价值计量准则发布后，《国际会计准则第39号——金融工具：确认和计量》(IAS39)(2011年修订)进一步明确，当企业认定交易价格并未代表该金融工具的公允价值时，企业应当按以下原则进行会计处理。

(1) 当该金融工具的公允价值是以活跃市场中相同资产或负债的脱手价格（即第一层级输入值）为基础，或者以仅采用从市场可观察到的数据进行的估值技术估计的公允价值时，企业应将其交易价格与公允价值之间的差额确认为初始计量日的利得或损失（通常称为"首日损益"）。

(2) 在其他情况下，该金融工具的初始公允价值与交易价格之间的差额应当进行递延。后续期间，企业仅应在市场参与者在对该资产或负债进行定价时所考虑的因素（包括时间）发生变动时，才能将递延的差额确认为当期利得或损失。在该金融工具存续期内直线摊销该递延差额，在某些情况下可能是适当的方法。

3. 交易费用

交易费用，是指直接归属于金融资产或金融负债的购买、发行或处置的增量成本。增量成本，是指企业不购买、发行或处置金融工具就不会发生的成本。在后续期间交换或处置金融工具而发生的费用，不属于交易费用。具体的交易费用包括支付给代理商（包括作为销售代理的雇员）、顾问、经纪人和交易商的手续费和佣金，监管机构和证券交易所征收的款项以及证券交易税和关税。交易费用不包括债务溢价或折价、筹资费用和内部的管理费用或持有费用等其他与交易不直接相关的费用。例如，企业为购买金融工具发生的差旅费等，不属于此项交易费用。

（二）后续计量

根据金融工具确认和计量准则，金融资产分为四类：以公允价值计量且其变动计入当期损益的金融资产、持有至到期投资、贷款和应收款项、可供出售金融资产。金融负债则包括：以公允价值计量且其变动计入当期损益的金融负债以及其他金融负债。在初始计量后，金融资产和金融负债的后续计量方法，主要取决于其分类。

1. 以公允价值计量且其变动计入当期损益的金融资产

以公允价值计量且其变动计入当期损益的金融资产和金融负债在初始确认后，被分类为以公允价值计量且其变动计入当期损益的金融资产和金融负债（包括未被指定为有效套期关系的衍生工具），应当以公允价值计量，且不扣除将来可能出售或处置该资产所发生的费用。公允价值变动的相关利得或损失计入当期损益。

对于公允价值无法可靠计量的权益工具投资，以及与这种无标价的权益工具相连接并且必须通过交付这种权益工具进行结算的衍生工具，应当以初始成本减去减值准备进行后续计量。在满足下列条件时，金融工具的公允价值可以可靠计量：① 合理公允价值估计区间的变动性对于该项资产而言并不重大。② 该区间内各种估计的概率能被合理评估并运用到公允价值估计中。相反，则不能可靠计量。在后续期间，如果该金融工具的公允价值能够可靠计量，则该金融工具应当以公允价值重新计量，所产生的利得或损失计入当期损益。相反，如果该金融工具的公允价值从能够可靠计量变为不能可靠计量，则应当以转变日的账面价值为认定成本进行后续计量。

2. 持有至到期投资

持有至到期投资应当采用实际利率法，以其摊余成本进行后续计量，并进行减值测试。在摊销过程中，该金融工具终止确认或发生减值时产生的利得或损失，应计入当期损益。

摊余成本，是指金融资产或金融负债的初始确认金额减去偿还的本金，加上或者减去使用实际利率法对初始金额和到期金额之间差额的累计摊销额，再减去因资产减值或不可收回而（直接或通过备抵账户）减记的金额。

实际利率法，指计算金融资产或金融负债（或一组金融资产或金融负债）摊余成本以及在相关期间内分配利息收益或利息费用的一种方法。实际利率，指将金融工具在预计存续期或更短期间内（若适当）估计未来现金付款额或收款额恰好折现为该金融资产或金融负债账面净额的利率。计算实际利率时，主体应考虑金融工具的所有合同条款以估计现金流量（例如提前偿付选择权，看涨期权或类似期权），但不应当考虑未来的信用损失。这一计算包括合同各方之间支付或收取的属于实际利率组成部分的所有费用和贴息，交易费用以及其他所有溢价或折价。这里存在一项假定，即一组类似金融工具的现金流量和预计存续期能够可靠估计。但是，在极少数情况下，如果无法可靠地估计一项金融工具（或一组金融工具）的现金流量或预计存续期，应当使用该金融工具（或该组金融工具）在整个合同期间内的合同现金流量。

3. 贷款和应收款项

贷款和应收款项的后续计量与持有至到期投资相同，即采用实际利率法，以其摊余成本进行后续计量，并进行减值测试。在摊销过程中，该金融工具终止确认或发生减值时产生的利得或损失，应计入当期损益。无论该贷款或应收款项是否意图持有至到期，均应采用摊余成本进行后续计量。

4. 可供出售金融资产

一般可供出售金融资产应当以公允价值计量，且不扣除将来可能出售或处置该资产所发生的费用。其公允价值变动产生的利得或损失（扣除减值损失以及汇兑利得和损失），应计入其他综合收益。当该资产终止确认或发生减值时，累计的其他综合收益应当从权益重分类至当期损益。但是，采用实际利率法计算的利息应计入当期损益。可供出售的权益工具在持有期间取得的相关股利，应当计入投资收益。

如果可供出售金融资产的公允价值的减少已确认为其他综合收益，并且有客观证据表明该资产发生了减值。那么，即使该金融资产尚未终止确认，也应将已确认为其他综合收益的累计损失作为重分类调整从权益重分类至损益。从权益重分类至损益的累计损失金额应为该金融资产的购买成本（减去偿还的本金和摊销额）和当前公允价值之间的差额，再减去以前计入损益的该金融资产的所有减值损失。归类为可供出售的权益工具投资发生的已经计入损益的减值损失，不应通过损益转回。如果在后续期间内，归类为可供出售的债务工具的公允价值增加,并且该增加客观上与减值损失计入损益后发生的事项有关,则应转回减值损失,转回的金额计入损益。

5. 其他金融负债

一般采用实际利率法,以其摊余成本进行后续计量。在摊销过程中,该金融负债终止确认时产生的利得或损失,应计入当期损益。

（三）重分类

企业在金融资产和金融负债初始确认时对其进行分类后,不得随意变更。

(1) 企业在初始确认时将某金融资产或某金融负债划分为以公允价值计量且其变动计入当期损益的金融资产或金融负债后,不能重分类为其他类金融资产或金融负债;其他类金融资产或金融负债也不能重分类为以公允价值计量且其变动计入当期损益的金融资产或金融负债。

(2) 企业因持有意图或能力的改变,使某项投资不再适合划分为持有至到期投资的,应当将其重分类为可供出售金融资产,但是企业会计准则并不鼓励这种行为。

企业将持有至到期投资部分出售或重分类的金额较大,且出售或重分类不属于企业无法控制、预期不会重复发生且难以合理预计的独立事件所引起,也应当将该类投资的剩余部分重分类为可供出售的金融资产。

(3) 如出售或重分类金融资产的金额较大而受到的"两个完整会计年度"内不能将金融资产划分为持有至到期的限制已解除(已过了两个完整的会计年度),企业可以再将符合规定条件的金融资产划分为持有至到期投资。

将持有至到期投资重分类为可供出售金融资产的,重分类日该投资的账面价值与其公允价值之间的差额计入其他综合收益,在该可供出售金融资产发生减值或终止确认时转出,计入当期损益。

二、石油天然气开采的计量

从事油气开采的企业所拥有或控制的井及相关设施和矿区权益统称油气资产。油气资产是一种递耗资产,反映了企业在油气开采活动中取得的油气储量以及利用这些储量生产原油或天然气的设施的价值。因此,其性质与固定资产、无形资产类似,其初始计量与后续计量也以成本为基础。

（一）初始计量

石油天然气开采包括了矿区的取得、油气勘探、油气开发和油气生产等四个主要环节。因此,油气开采活动的初始计量,主要是对该四个环节的成本进行归集。四个环节发生的支出可以分为矿区取得支出、油气勘探支出、油气开发支出和油气生产支出四类。

(1) 矿区取得支出,是指为了取得一个矿区的探矿权和采矿权(包括未探明和已探明)而发生的购买、租赁支出,包括探矿权价款、采矿权价款、土地使用权、签字费、租赁定金、购买支出、咨询顾问费、审计费以及与获得矿区有关的其他支出。

(2) 油气勘探支出,是指为了识别可以进行勘查的区域和对特定区域探明或进一步探明油气储量而发生的地质调查、地球物理勘探、钻探探井和勘探型详探井、评价井和资料井以及维持未开发储量而发生的支出。勘探支出可能发生在取得有关矿区之前,也可能发生在取得矿区之后。

(3) 油气开发支出，是发生于为了获得探明储量和建造或更新用于采集、处理和现场储存油气的设施而发生的支出。包括开采探明储量的开发井的成本和生产设施的支出，这些生产设施诸如矿区输油管、分离器、处理器、加热器、储罐、提高采收率系统和附近的天然气加工设施。

(4) 油气生产支出，是指在油田把油气提升到地面，并对其进行收集、拉运、现场处理加工和储存的活动成本。这里所指的“生产成本”，并非取得、勘探、开发和生产过程中的所有成本，而是在井上进行作业和井的维护中所发生的相关成本。生产成本包括在井和设施上进行作业的人工费用、修理和维护费用、消耗的材料和供应品、相关税费等。

企业在矿区内废弃井及相关设施的活动，受《环境保护法》等法律法规的约束，有时还可能受到与所在地利益相关方达成协议的约束，例如在废弃时必须拆移、清理设施、恢复生态环境等。因此，企业应当根据对于符合《企业会计准则第13号——或有事项》(CAS13)，按照现值计算确定应计入井及相关设施原价的金额和相应的预计负债。井及相关设施以外的油气储存、集输、加工和销售等设施，企业可参照井及相关设施的弃置义务进行处理。

(二) 后续计量

与固定资产、无形资产后续计量类似，石油天然气开采后续计量也包括了折耗摊销和减值调整两个过程。

1. 折耗摊销

企业应当采用产量法或年限平均法对井及相关设施和矿区权益计提折耗。

(1) 产量法，又称单位产量法。在该方法下，油气资产的服务潜力随着使用程度而减退，特定矿区所发生的资本化成本与发现并开发该矿区的探明经济可采储量密切相关，每一产量单位应当承担相同比例的成本。按照产量法对油气资产计提折耗时，对矿区权益以探明经济可采储量为基础计提折耗，对井及相关设施以探明已开发经济可采储量为基础计提折耗。

(2) 年限平均法，是将资本化支出均衡地分摊到各会计期间。采用这种方法计算的每期油气资产折耗额相等。如果各期间油气产量相对比较稳定，按照年限平均法与按照产量法计提的油气资产折耗无显著差异。

2. 减值调整

石油天然气开采涉及的资产主要有矿区权益(包括探明矿区权益和未探明矿区权益)、井及相关设施、辅助设备及设施。对于这些资产的减值调整，应分别进行处理。

对于探明矿区权益、井及相关设施、辅助设备及设施的减值，与固定资产、无形资产的减值规定一致。油气资产以矿区或矿区组作为资产组，按此进行减值测试、计提减值准备。

对于未探明矿区权益的减值，应分情况处理如下：按照单个矿区进行减值测试并计提准备的，除应每年进行减值测试外，其处理与固定资产、无形资产的减值相同；按照矿区组进行减值测试并计提准备的，该减值损失不在不同的单个矿区权益之间进行分配，因为未探明的矿区权益中包含很大风险，分配到单个矿区没有实际意义。

三、生物资产的计量

生物资产的计量与投资性房地产的计量类似，初始计量采用以成本为基础的计量，后续期间，在满足特定条件的情况下可采用公允价值计量。

（一）初始计量

无论是消耗性生物资产、生产性生物资产还是公益性生物资产，外购的生物资产的成本包括购买价款、相关税费、运输费、保险费以及可直接归属于购买该资产的其他支出。其中，可直接归属于购买该资产的其他支出，包括场地整理费、装卸费、栽植费、专业人员服务费等。企业自行繁殖、营造的生物资产，其成本确定的一般原则是按照自行繁殖或营造过程中发生的必要支出确定。其中，自行繁殖、营造的消耗性生物资产，其成本类似于存货的生产成本；自行繁殖、营造的生产性生物资产，则类似于自建固定资产的成本。

对于非等价交换交易、非交换交易、延期支付取得生物资产的初始计量以及对商业实质的考虑，与投资性房地产的处理原则一致。其中，对于非交换交易取得的生物资产，包括天然林等天然起源的生物资产，只有在企业有确凿证据表明能够拥有或者控制该生物资产时，才能予以确认和计量。

（二）后续计量

与投资性房地产类似，生物资产通常采用历史成本进行后续计量。当有确凿证据表明其公允价值能够持续可靠取得的，可以采用公允价值进行后续计量。

生物资产采用历史成本进行计量的情况下，消耗性生物资产按成本减累计跌价准备计量，即与存货的后续计量类似；未成熟的生产性生物资产按成本减累计减值准备计量，成熟的生产性生物资产按成本减累计折旧及累计减值准备计量，即与固定资产的后续计量类似；公益性生物资产按成本计量。对于公益性生物资产而言，由于其持有目的与消耗性生物资产和生产性生物资产有本质不同，主要是出于防护、环境保护等特殊公益性目的，具有非经营性的特点，因此，公益性生物资产在后续期间不计提减值准备。

在公允价值模式下，企业不再对生物资产计提折旧和计提跌价准备或减值准备，应当按照生物资产的公允价值减去出售费用后的净额计量，各期变动计入当期损益。

（三）转换

一般情况下，企业对生物资产的后续计量模式一经确定，不得随意变更。在满足特定条件进行计量模式变更时，采用与投资性房地产计量模式类似的处理方法。

四、持有待售非流动资产的计量

持有待售的非流动资产（或企业的组成部分），是指同时满足下列条件的资产（或组成部分）：① 该组成部分必须在其当前状况下仅根据出售此类组成部分的惯常条款即可立即出售；② 企业已经就处置该组成部分作出决议，如按规定需得到股东批准的，应当已经取得股东大会或相应权力机构的批准；③ 企业已经与受让方签订了不可撤销的转让协议；④ 该项转让将在一年内完成。持有待售非流动资产主要包括固定资产、无形资产、生物资产、投资性房地产等。

对于持有待售的非流动资产，其持有目的已变为出售，将直接产生现金流量。因此，按照账面价值与公允价值减去处置费用后的净额孰低进行计量，更有助于财务报表使用者的决策。对于以成本模式进行后续计量的固定资产、无形资产等，应在满足持有待售时点，停止成本模式下的折旧、摊销调整，并按前文所述公允价值减去处置费用（可收回金额）的计量原则对其进行估计，当可收回金额低于账面价值时，应计提减值损失。

当某项资产（或组成部分）被划归为持有待售，但后来不再满足持有待售的条件，应停止将其划归为持有待售，并按照下列两项金额中较低者计量：① 资产（或组成部分）被划归为持有待售之前的账面价值，按照其假定在没有被划归为持有待售的情况下原应确认的折旧、摊销或减值进行调整后的金额；② 决定不再出售之日的可收回金额。

（资料来源　天职国际会计师事务所专业技术委员会：《会计准则内在逻辑》，中国财政经济出版社 2016 年版）

特别提示

高级会计学是一门随着社会经济的发展，对原有的财务会计内容进行补充、延伸和开拓的会计；高级会计学是在会计假设松动前提下，利用对财务会计理论与方法的修正，对现有中级财务会计未包括的业务以及随着客观经济环境变化而产生的新业务以新的会计观念进行反映和监督的会计。这一概念包括以下含义：① 高级会计属于财务会计范畴。② 高级会计处理的是会计假设松动前提下，企业面临的特殊事项或业务。③ 高级会计所依据的理论和采用的方法是对原有财务会计理论与方法的修正。

从某种意义上讲，高级会计学核算的核心就是计量的过程，确认的意义是为了计量，而报告就是计量的结果。根据会计计量过程和依据，可以将计量基础归纳为三类：① 以成本为基础的计量，即历史成本计量属性。② 以现行市场价格为基础的计量，包括公允价值、重置成本、可变现净值计量属性。③ 以现金流量为基础的计量，即现值计量属性。

第二章

CHAPTER 2

所得税会计

学习目标

所得税会计的形成和发展是《企业所得税法》(以下简称税法)和企业会计准则(以下简称会计准则)规定相互分离的必然结果。本章阐述所得税会计的确认、计量问题，主要内容有：① 理解所得税会计核算的基本方法；② 掌握资产计税基础、负债计税基础的确认；③ 掌握应纳税暂时性差异和可抵扣暂时性差异的确认，掌握递延所得税资产和递延所得税负债的确认；④ 掌握所得税费用的确认、计量和报告等；⑤辨析资产负债表观与利润表观的联系与区别。

案例引入

A上市公司于2×12年8月1日收购了B公司80%的股权并取得对B公司的控制，该项合并为非同一控制下的企业合并。收购完成后，B公司成为A公司的子公司。B公司于收购日的可辨认净资产的账面价值为6 000万元，经评估确定的可辨认净资产的公允价值为8 000万元，评估增值2 000万元(主要为生产设备及土地使用权)，基于经评估的公允价值，A公司支付的合并对价为8 000万元。A公司与B公司均为我国居民企业，适用的所得税税率均为25%。

该项合并交易为控股合并，B公司在被收购后仍作为独立法人继续存在，因此上述评估增值并不会对B公司的财务报表产生影响。此外，B公司并未因收购而产生所得税纳税义务，各项资产负债的计税基础并未发生变化，假定计税基础与原账面价值一致为6 000万元。

问：在A公司合并财务报表中，是否应当考虑上述评估增值部分的递延所得税影响？

案例分析

企业会计准则要求对资产、负债的计税基础与其账面价值的差异，确认相应的递延所得税。递延所得税的确认所依据的原则是权责发生制原则。按照权责发生制原则，即使在某项交易发生时未发生当期所得税的纳税影响，例如本案例中的企业合并交易，但是如果该项交易使得相关资产或负债的账面价值发生变化从而与计税基础产生差异(某些情况下,也可能是计税基础发生变化从而与账面价值产生差异),则必然产生后续所得税影响,因此需要在交易发生时确认该所得税影响(递延所得税)。

为何计税基础与账面价值有差异时,便会产生后续所得税影响呢?以资产为例,一方面,其账面价值代表的是该资产至少应当能够以等于账面价值的金额回收(否则,该项资产因为可收回金额低于账面价值而需要计提减值准备)。另一方面,资产的计税基础代表的意义是该资产在将来回收时,该金额可作为在计算所得税时税前抵扣。因此,当资产的账面价值与计税基础有差异时,则说明资产在将来回收时,必定产生所得税影响,因为回收金额与抵扣金额有差异。当账面价值(回收金额)大于计税基础(抵扣金额)时,未来需要纳税;反之,未来可以抵税。上述暂时性差异是在交易发生时产生的,按照权责发生制原则,就需要在交易发生时,相应地确认递延所得税负债(未来需要纳税的情形)或递延所得税资产(未来可以抵扣的情形)。

本案例中,A公司收购B公司使其成为子公司,因为属于非同一控制下的企业合并,在A公司合并财务报表中,B公司纳入合并范围的各项资产、负债需要基于收购日的公允价值确定。在A公司合并财务报表层面,A公司及其所有纳入合并范围的子公司是作为一个报告主体存在的。因此,被收购方B公司在A公司合并财务报表中的各项资产负债的账面价值指的是基于收购日的公允价值确认的金额,而非这些资产负债在B公司自身财务报表中的原账面价值。而B公司各项资产负债的计税基础并没有因为收购而发生变化。因此,在A公司合并财务报表中,B公司各项资产负债的账面价值与计税基础产生差异。由于是评估增值,账面价值大于计税基数,如前所述,会产生未来期间需要纳税的后续所得税影响,故应当于企业合并发生时,确认递延所得税负债。同时根据企业会计准则的相关规定,相应地调整所确认的商誉。

综上所述,A公司因为该项合并,在合并财务报表中,应确认纳入合并范围的B公司各项资产负债8 000万元,根据该账面价值与计税基础产生的暂时性差异确认递延所得税负债500万元(2 000×25%),根据支付的对价与购买的可辨认净资产公允价值(包括确认的递延所得税负债)的差额,确认商誉500万元[8 000-(8 000-500)]。

(资料来源 中国证券监督管理委员会会计部:《上市公司执行企业会计准则案例解析》,中国财政经济出版社2016年7月版)

■ 第一节 所得税会计概述

1994年6月,财政部颁布了《企业所得税会计处理的暂行规定》。2000年12月财政部印发的《企业会计制度》规定:在核算所得税时,允许企业在应付税款法和纳税影响会计法两种方法中任意选择。纳税影响会计法进一步可划分为递延法和债务法,而债务法主要是指利润表债务法。2005年8月,财政部发布了《企业会计准则——所得税(征求意见稿)》,在文中借鉴了《国际会计准则》的部分内容,规定企业采用债务法中的资产负债表债务法对所得税进行会计处理。2006年2月15日,财政部颁布《企业会计准则第18号——所得税》(CAS18),实现与《IAS12:Income Taxes》的趋同。

现行所得税准则是从资产负债表出发，通过比较资产负债表上列示的资产、负债按照会计准则规定确定的账面价值与按照税法规定确定的计税基础，对于两者之间的差异分别根据可抵扣暂时性差异与应纳税暂时性差异，确认相关的递延所得税资产与递延所得税负债，并在此基础上确定每一会计期间利润表中的所得税费用，与 2007 年之前普遍采用的应付税款法（或纳税影响会计法）对利润表的时间性差异核算递延所得税的会计核算方法相比，其确认、计量的原则和方法发生了根本性变化。

一、会计与税法的差异

税法和会计两者密切联系，但由于各自的服务宗旨、工作目标和研究对象的差异，最终导致了二者朝着各自的学科方向发展。二者最主要的差异是：目标不同、计量标准不同、核算依据不同。

（一）目标不同

所得税会计依据公平税负、方便经营的要求，根据国家政治权力的需要确立纳税所得范畴，对可供选择的会计方法必须有所约束和控制，在所计算的企业利润中超过税法扣减成本、费用范围规定的支出要依法纳税。而财务会计按照会计的收入和成本的实现原则、配比原则、客观性原则和资产所有者的要求，着重反映企业的获利能力和经营绩效，反映某一时期收支相抵后的利润总额。因而，二者在确认会计收益上存在差异。

（二）计量标准不同

所得税会计和财务会计的最大差异在于确认收益的实现时间和费用的可扣减性不同。税法是按照收付实现制和权责发生制混合计量所得，对某些依照会计原则而确认的收益允许在纳税时予以扣减。而财务会计计算收益的原则主要采用权责发生制，不管当期是否客观实现了现金的流入或流出。由此产生的收益确认的概念和标准不同，成为所得税会计和财务会计的又一分歧点。

（三）核算依据不同

所得税会计依据现行税法规定计算纳税所得，财务会计则以会计准则计算会计利润。

从现代会计学科观点来看，所得税会计和财务会计的关系，实质上就是税法与会计的关系，关系的核心也就是纳税所得与会计利润的关系问题。

二、所得税的性质与所得税会计的属性

（一）所得税性质

在世界各国的财务会计理论和实务中，对所得税的性质存在“收益分配观”和“费用观”两种看法。“收益分配观”认为，企业向政府缴纳的所得税，与向股东分配股利一样，具有收益分配的性质，只不过分配的对象是国家而已。“费用观”则认为，在财务报告中，所得税可视为企业为获取收益而发生的一种支出，如同企业经营中发生的各种支出一样，是费用性质的项目。

（二）所得税会计属性

企业作为独立的经营实体，不仅直接消耗了物化劳动和活劳动，还间接地消耗社会资

源或对社会资源造成影响。因此，国家应以社会管理者身份通过课征所得税的形式向企业收取，而企业则应作为费用从收益中得到补偿。在市场经济条件下，企业实现的利润无一例外地都要依法缴纳所得税，这是企业应尽的义务和责任。只有税后净利润，才能客观地反映企业最终效益，同时，扣税后的公司收益也比扣税前的收益更加稳定。

三、所得税会计涉及的几个基本概念

（一）税前会计利润与应纳税所得额

1. 税前会计利润

税前会计利润，亦称会计收益、会计所得、账面收益或报告收益，是根据财务会计准则的规定，通过财务会计的程序确认的列示在利润表上的利润总额。确认税前会计利润的目的是为了正确地计量企业的经营成果，以利于实现财务会计对外报告的目标。应纳税所得额亦称应税所得、应税收益、计税利润或纳税所得，是根据国家税法及其实施细则的规定计算确认的收益，也是企业申报纳税和政府税收机关核定应税额的依据。应纳税所得额的确认受税法的约束，并因政府修订税法而变化。应纳税所得额按税法规定列示在纳税申报表上。

2. 应纳税所得额

应纳税所得额的计算方法如下：

应纳税所得额＝会计利润＋按照会计准则规定计入利润表但计税时不允许税前扣除的费用±计入利润表的费用与按照税法规定可予税前抵扣的金额之间的差额±计入利润表的收入与按照税法规定应纳税所得额的收入之间的差额－税法规定的不征税收入±其他需要调整的因素

（二）应交所得税与所得税费用

1. 应交所得税

应交所得税是根据税法的规定，按照适用税率和规定的税基（即应纳税所得额）计算的企业当期对政府的纳税责任，列示在纳税申报表及资产负债表中。一般来说，企业应交所得税的计算程序遵循的也是利润表所使用的概念。

（1）应交所得税是按照税法的规定计算的。计算方法如下：

应交所得税＝应纳税所得额×所得税税率

＝（利润总额±纳税调整额）×所得税税率

（2）应交所得税作为负债核算。在核算中，设置“应交税费——应交所得税”科目进行核算。

（3）应交所得税列示在资产负债表中的流动负债中。

2. 所得税费用

所得税费用是根据权责发生制原则确认的与当期收入相配比的所得税金额。它是根据财务会计准则计算的企业当期所创造的收益所应负担的所得税费用，列示在利润表中。

（1）所得税费用是按照会计的规定计算的。在采用资产负债表法核算所得税时，计算方法如下：

所得税费用＝应交所得税＋（期末递延所得税负债－期初递延所得税负债）－（期末递延所得税资产－期初递延所得税资产）

（2）所得税费用作为费用核算。在核算中设置“所得税费用”科目进行核算。

（3）所得税费用列示在利润表中。

（三）永久性差异、时间性差异与暂时性差异

1. 永久性差异

永久性差异，是指在某一期间发生，以后各期不能转回或消除，即该项差异不影响其他会计期间。永久性差异的成因是由于会计准则与税法在收入与费用确认和计量的口径上存在差异。永久性差异有以下四种类型。

（1）按会计准则规定核算时作为收益计入会计报表，在计算应税所得时不确认为收益。会计准则与税法对收益的确认标准不同，在某些情况下，会计准则将其作为收益计入利润表，但在计算应税所得时则不作为收益。如我国相关税收法规规定，企业购买的国债利息收入免交所得税；但按照会计准则规定，企业购买国债产生的利息收入，计入收益。

（2）按会计准则规定核算时不作为收益计入会计报表，但在计算应税所得时作为收益，需要交纳所得税。某些收益按照税法规定应计入应税所得，但按会计准则规定的原则不确认为收益，不计入利润表。如企业以自己生产的产品用于工程项目，税法上规定按该产品的售价与成本的差额计入应税所得；但按会计准则规定则按成本转账，不产生利润，不计入当期损益。

（3）按会计准则规定核算时确认为费用或损失计入会计报表，在计算应税所得时则不允许扣减。如各种赞助费，按会计准则规定计入当期利润表，减少当期利润；但在计算应税所得时则不允许扣减。

（4）按会计准则规定核算时不确认为费用或损失，在计算应税所得时则允许扣减。按照会计准则要求，某些费用或损失不能计入利润表，但在计算应税所得时允许抵减。

2. 时间性差异

时间性差异是指由于税法与会计准则在确定收益、费用或损失时的时间不同而产生的税前会计利润与应纳税所得额的差异。时间性差异发生于某一会计期间，但在以后一期或者若干期间内能够转回。时间性差异与永久性差异共同形成了会计税前利润与应纳税所得额之间的差异。其区分标准是从利润表的角度出发，考察一个期间会计税前利润与应税所得之间的差异，分析是否存在着差异的转回。若存在差异的转回，则属于时间性差异；否则，则属于永久性差异。

3. 暂时性差异

从资产和负债看，暂时性差异是一项资产或一项负债的计税基础和其在资产负债表中的账面价值之间的差额，而且随时间推移将会消除。该项差异在以后年度资产收回或负债清偿时，会产生应税利润或可抵扣金额。

4. 时间性差异和暂时性差异的关系

（1）时间性差异一定是暂时性差异，但暂时性差异并不都是时间性差异。以下情况将产生暂时性差异而不产生时间性差异：① 子公司、联营企业或合营企业没有向母公司分配全部利润；② 重估资产而在计税时不予调整；③ 购买法下的企业合并的购买成本，根据所取得的可辨认资产和负债的公允价值分配计入这些可辨认资产和负债，而在计税时不作相应调整。

（2）暂时性差异并不是时间性差异，例如：① 作为报告企业整体组成部分的国外经营主体的非货币性资产和负债以历史汇率折算；② 资产和负债的初始确认的账面金额不同于其初始计税基础。

因此，所有的时间性差异都是暂时性差异，但并非所有的暂时性差异都是时间性差异。时间性差异侧重于从收入或费用角度分析会计利润和应税利润之间的差异，揭示的是某个会计期间内产生的差异。暂时性差异则侧重于从资产和负债的角度分析会计收益和应税所得之间的差异，反映的是某个时点上存在的此类差异，该差异在以后年度当财务报表上列示的资产收回或列示的负债偿还时，会产生应纳税金额或可抵扣税金额。

第二节　企业所得税会计的核算方法

企业所得税会计核算方法主要有应付税款法和纳税影响会计法，纳税影响会计法又可分为递延法和债务法，债务法中又细分为利润表债务法和资产负债表债务法。目前国际会计准则只允许采用资产负债表债务法。

企业所得税会计核算方法
- 应付税款法
- 纳税影响会计法
  - 递延法
  - 债务法
    - 利润表债务法
    - 资产负债表债务法

图 2-1　企业所得税会计核算方法的类型和层次

一、应付税款法

应付税款法是指企业不确认时间性差异或暂时性差异对所得税的影响额，将按照当期应税所得计算的应交所得税确认为当期所得税费用的方法。在这种方法下，当期所得税费用等于当期应交所得税。这种方法的特点是，本期所得税费用为按照本期应税所得与适用的所得税率计算的应交所得税，即本期从净利润中扣除的所得税费用等于本期应交所得税。

具体会计处理时，企业应该按应税所得计算应交所得税借记“所得税费用”账户，贷记“应交税费——应交所得税” 账户。“所得税费用”账户属于损益类账户，借方登记企业按规定从当期损益中扣除的所得税费用，期末将借方余额从贷方转入“本年利润”账户，结转后无余额。

【例 2-1】 晨锋公司某年度利润表中反映的税前会计利润为 270 万元。该公司在本年度发生非公益救济性捐赠 30 万元，国债利息收入 2 万元；该公司固定资产折旧采用直线法，本年折旧额为 6 万元，按税法规定采用加速折旧法，本年折旧额应为 8 万元。所得税率为 25%。

（1）该公司本期应交所得税和本期所得税费用计算如下。

税前会计利润	2 700 000
加：永久性差异	300 000
减：永久性差异	20 000
减：时间性差异/暂时性差异	20 000
应税所得	2 960 000
所得税率	25%
本期应交所得税	740 000
本期所得税费用	740 000

（2）本期计算应交所得税的会计分录如下。

借：所得税费用	740 000	
贷：应交税费——应交所得税		740 000

（3）实际上交所得税时的会计分录如下。

借：应交税费——应交所得税	740 000	
贷：银行存款		740 000

从上例中可以看出，在应付税款法下，本期发生的时间性差异或暂时性差异不单独核算，与本期发生的永久性差异同样处理。也就是说，不管税前会计利润多少，在计算交纳所得税时均应按税法规定将税前会计利润调整为应税所得，再按应税所得计算出本期应交所得税，作为本期所得税费用，即本期所得税费用等于本期应交所得税。

二、纳税影响会计法

纳税影响会计法，是指企业确认时间性差异或暂时性差异对所得税的影响金额，按照当期应交所得税和时间性差异或暂时性差异对所得税影响金额的合计，确认为当期所得税费用的方法。在这种方法下，时间性差异或暂时性差异的所得税影响金额，递延和分配到以后各期。采用纳税影响会计法，所得税被视为企业在获得收益时发生的一项费用，并应随同有关的收入和费用计入同一期内，以达到收入和费用的配比。

（一）递延法

在采用递延法时，本期的时间性差异的纳税影响，要递延和分配给以后时期，并同时转回原已确认的时间性差异对本期所得税的影响金额。其处理要点在于：第一，发生在本期的时间性差异对纳税的影响，均用现行税率计算；第二，以前各期发生而在本期转销的各项时间性差异对纳税的影响，需用当初的原有税率计算；第三，资产负债表上的递延税款余额，不代表企业拥有的一项资产（收款的权利）或企业的一项现存义务（付款的义务），而是一种递延所得税贷项（当降低当期应付所得税款时）或一种递延所得税借项（当增加当期应付所得税税款时）；第四，由于上一原因，所以无论税率是否变动，是否开征新税，

“递延税款”科目的余额都无须调整。

本期所得税费用＝本期应交所得税＋本期发生的时间性差异所产生的递延税款贷项金额－本期发生的时间性差异所产生的递延税款借项金额＋本期转回的前期确认的递延税款借项金额－本期转回的前期确认的递延税款贷项金额

本期发生的时间性差异所产生的递延税款贷项金额＝本期发生的应纳税时间性差异×现行所得税率

本期发生的时间性差异所产生的递延税款借项金额＝本期发生的可抵减时间性差异×现行所得税率

本期转回的前期确认的递延税款借项金额＝本期转回的可抵减本期应税所得的时间性差异（即前期确认本期转回的可抵减时间性差异）×前期确认递延税款时的所得税率

本期转回的前期确认的递延税款贷项金额＝本期转回的增加本期应税所得的时间性差异（即前期确认本期转回的应纳税时间性差异）×前期确认递延税款时的所得税率

（二）债务法

1. 利润表债务法

采用利润表债务法时，本期的时间性差异的预计纳税影响，在报告中作为将来应付税款的债务，或者作为代表预付未来税款的资产。递延税款余额要按照税率的变动、新征税款或预期的今后税率的变更加以调整。利润表债务法的处理要点是：第一，所得税的跨期摊配是把本期时间性差异的预计纳税影响在当期予以确认。第二，如果这种影响是导致未来年份的应纳税额，则应将纳税影响数确认为递延所得税负债，并在资产负债表中反映为未来应付所得税的一项负债；如果这种影响是导致未来年份的应税亏损（即可抵减额），则应将纳税影响数确认为递延所得税资产，并在资产负债表中反映为预付未来所得税的一项资产。第三，递延所得税负债是按照时间性差异发生逆转期间的预计税率加以计量的；递延所得税资产则要用当年（导致可扣减年度）或基于税法规定的亏损前溯程序能够实现追抵的那一年税率加以计量。第四，如果税率发生变动或课征新税，则对原先的计量结果要按照变动后的税率或新征税率进行调整，或按预计的今后税率的变更进行调整。

在利润表债务法下，一个时期的所得税费用包括三个部分：一是当期应付所得税额；二是本期发生应递延至以后时期或自以前时期转来应在本期转销的时间性差异的预计纳税影响数（包括未来应付的或预付未来的所得税额）；三是为了反映税率变更或课征新税的需要，而对资产负债表中递延所得税资产或负债余额进行的调整数。也就是说，和递延法相比，不仅发生在本期的时间性差异对所得税的影响额用现行税率计算，而且以前发生在本期转回的时间性差异对纳税的影响也用现行税率计算；税率变动或开征新税时，需要调整递延所得税余额；资产负债表上递延所得税的余额代表一项收款的权利或付款的义务。

2. 资产负债表债务法

资产负债表债务法从资产负债表角度考虑，资产的账面价值代表的是企业在持续持有及最终处置某项资产的一定期间内，该项资产为企业带来的未来经济利益，而其计税基础代表的是在这一期间内，就该项资产按照税法规定可以税前扣除的金额。一项资产的账面价值小于其计税基础的，表明该项资产于未来期间产生的经济利益流入低于按照税法规定允许税前扣除的金额，产生可抵减未来期间应纳税所得额的因素，减少未来期间以应交所得税的方式流出企业的经济利益，从其产生时点来看，应确认为资产；反之，一项资产的账面价值大于其计税基础的，两者之间的差额将会于未来期间产生应税金额，增加未来期间的应纳税所得额及应交所得税，对企业形成经济利益流出的义务，应确认为负债。

采用资产负债表债务法的原因：① 国内企业之间缺乏比较。因为国内企业采用的方法是否一致不得而知，而且原有准则的方法给企业通过所得税计算方法调节利润留下了空间。② 和国际缺乏比较，国际会计准则方法是资产负债表债务法，而国内企业采用的是利润表债务法，存在很大差异。③ 原有准则下的利润表债务法对会计人员来说工作量大，新准则下的资产负债表债务法相对来说工作量小，提高了会计核算效率。④ 资产负债表债务法更符合谨慎性质量要求。应纳税暂时性差异比原有准则的时间性差异范围广。

采用资产负债表债务法核算所得税的情况下，企业一般应于每一资产负债表日进行所得税核算。发生特殊交易或事项时，如企业合并，在确认因交易或事项取得的资产、负债时即应确认相关所得税影响。企业进行所得税核算一般应遵循以下程序。

（1）按照相关会计准则规定，确定资产负债表中除递延所得税资产和递延所得税负债以外的其他资产和负债项目的账面价值。其中资产、负债的账面价值，是指企业按照相关会计准则的规定进行核算后在资产负债表中列示的金额。例如，企业持有的应收账款账面余额为 2 000 万元，企业对该应收账款计提了 100 万元的坏账准备，其账面价值 1 900 万元为该应收账款在资产负债表中的列示金额。

（2）按照准则中对于资产和负债计税基础的确定方法，以适用的税收法规为基础，确定资产负债表中有关资产、负债项目的计税基础。

（3）比较资产、负债的账面价值与其计税基础，对于两者之间存在差异的，分析其性质，除准则中规定的特殊情况外，分别界定为应纳税暂时性差异与可抵扣暂时性差异；并乘以所得税税率，确定资产负债表日递延所得税负债和递延所得税资产的应有金额；并与期初递延所得税负债和递延所得税资产的余额相比，确定当期应予进一步确认的递延所得税资产和递延所得税负债金额或应予转销的金额，从而作为构成利润表中所得税费用的其中一个组成部分——递延所得税。

（4）按照适用的税法规定计算确定当期应纳税所得额，将应纳税所得额与适用的所得税税率计算的结果确认为当期应交所得税，作为利润表中应予确认的所得税费用的另外一个组成部分——当期所得税。

（5）确定利润表中的所得税费用。利润表中的所得税费用包括当期所得税和递延所得税两个组成部分，企业在计算确定了当期所得税和递延所得税后，两者之和，是利润表中的所得税费用。

(三) 递延法和债务法的比较

递延法和债务法之间、利润表债务法和资产负债表债务法之间存在很多差异，具体区别分别如表 2-1 及表 2-2 所示。

表 2-1　递延法和债务法比较

项目	递延法	债务法
递延税款账户余额的性质	既不代表收款权利、也不代表付款义务(借项或贷项)	代表收款权利或者付款义务(资产或负债)
本期转回前期时间性差异对所得税影响选用的税率	原先税率	现行税率
税率、税基变动对递延税款账面余额的影响	不调整递延税款账面余额	调整递延税款账面余额
已知转回时期预计税率，发生时间性差异对所得税影响	采用现行税率	采用预计税率
会计报表的导向	以利润表为导向	以资产负债表为导向
递延税款账户的信息含量	客观地反映权责发生制下的当期损益的计量	相关地反映当前和未来期间与纳税有关的现金流量

表 2-2　利润表债务法和资产负债表债务法比较

项目	利润表债务法	资产负债表债务法
递延税款的核算基础	会计利润与应纳税所得额之间的时间性差异	资产或负债的账面价值与其计税基础之间的暂时性差异
差异所容纳的范围	时间性差异属于当期差异，范围相对狭小	暂时性差异属于累计差异，范围很广泛
所得税的计算程序	(1) 所得税费用＝会计利润×现行税率＋税率变动对前期递延税款的调整数	(1) 期末递延所得税负债/资产＝暂时性差异×预计税率
	(2) 应交所得税＝应纳税所得额×现行税率	(2) 递延所得税负债/资产＝期末递延所得税负债/资产－期初递延所得税负债/资产
	(3) 应纳税所得额＝应税收入－准予扣除项目	(3) 应交所得税＝应纳税所得额×现行税率
	(4) 递延税款＝应交所得税－所得税费用	(4) 所得税费用＝应交所得税±递延所得税负债/资产
报表项目的转移方向	由利润表项目推出资产负债表项目	由资产负债表项目推出利润表项目
递延税款调整项目	对当期所得税费用的调整	对期末资产或负债的调整
对收益的理解	收入费用观	资产负债观
	配比收益＝收入－费用	全面收益＝期末净资产－期初净资产－业主投资和业主派得
企业财务目标	企业利润最大化	企业价值最大化

三、应付税款法与纳税影响会计法的比较

应付税款法和纳税影响会计法在核算思路和差异处理方法方面存在差异，具体区别如表 2-3 所示。

表 2-3　　应付税款法和纳税影响会计法比较

项目	应付税款法	纳税影响会计法
核算思路	本期税前会计利润与应纳税所得额之间的差异造成的影响纳税的金额直接计入当期损益，而不递延到以后各期	将本期税前会计利润总额与应纳税所得额之间的暂时性差异造成的纳税影响额递延分配到以后期间
差异处理方法	差异视作永久性差异	差异区分为永久性差异和暂时性差异

【例 2-2】 晨锋公司 2×15 及 2×16 年度每年(税前)利润总额均为 1 500 万元。公司于 2×15 年就未来产品保修计提了 300 万元预计负债。公司于 2×16 年实际支付了该保修费用，并可于 2×16 年在税前列支。公司 2×15 及 2×16 年度所得税税率均为 30%。

(1) 采用应付税款法。

单位：万元

年份	2×15	2×16
利润总额	1 500	1 500
预计保修费用	300	(300)
应纳税所得额	1 800	1 200
所得税费用(30%)	(540)	(360)
净利润	960	1 140

(2) 采用纳税影响会计法。

单位：万元

年份	2×15	2×16
利润总额	1 500	1 500
预计保修费用	300	(300)
应纳税所得额	1 800	1 200
当年应纳所得税(30%)	(540)	(360)
预计保修费用产生的递延所得税(300×30%)	90	(90)
所得税费用	(450)	(450)
净利润	1 050	1 050

上述第(1)种方式是按照当期应交所得税确认利润表中的所得税费用。该种方式下，财务报表中不确认由于该项产品保修负债可以抵减未来的应纳税所得额而产生的经济利益流入；第(2)种方式则通过按权责发生制确认该项产品保修负债可以抵减未来的应纳税所得额而产生的经济利益流入，确认一项递延所得税资产，以按照与其他收入、费用一致

的确认和计量基础确认所得税费用。按上面两种方法计算的2×15及2×16年度的所得税费用之和均为900万元，净利润之和均为2 100万元。

第三节 资产、负债的计税基础及暂时性差异

所得税会计的关键在于确定资产、负债的计税基础。在确定资产、负债的计税基础时，应严格遵循税收法规中对于资产的税务处理以及可税前扣除的费用等规定。

一、资产的计税基础

资产的计税基础，是指企业收回资产账面价值过程中，计算应纳税所得额时按照税法规定可以自应税经济利益中抵扣的金额，即某一项资产在未来期间计税时按照税法规定可以税前扣除的金额。

资产在初始确认时，其计税基础一般为取得成本，即企业为取得某项资产支付的成本在未来期间准予税前扣除。在资产持续持有的过程中，其计税基础是指资产的取得成本减去以前期间按照税法规定已在税前扣除的金额后的余额。如固定资产、无形资产等长期资产在某一资产负债表日的计税基础是指其成本扣除按照税法规定已在以前期间税前扣除的累计折旧额或累计摊销额后的金额。现分别举例说明部分资产项目计税基础的确定。

（一）固定资产

以各种方式取得的固定资产，初始确认时其账面价值一般等于计税基础。固定资产在持有期间进行后续计量时，由于会计与税收规定就折旧方法、折旧年限以及固定资产减值准备的提取等处理的不同，可能造成固定资产的账面价值与计税基础的差异。

1. 折旧方法、折旧年限的差异

会计准则规定，企业应当根据与固定资产有关的经济利益的预期实现方式合理选择折旧方法，如可以按年限平均法计提折旧，也可以按照双倍余额递减法、年数总和法等计提折旧。税法中除某些按照规定可以加速折旧的情况外，基本上可以税前扣除的是按照年限平均法计提的折旧；另外税法还就每一类固定资产的折旧年限作出了规定，而会计处理时按照准则规定折旧年限是由企业根据固定资产的性质和使用情况合理确定的。

2. 因计提固定资产减值准备产生的差异

持有固定资产的期间内，在对固定资产计提了减值准备以后，因税法规定企业计提的资产减值准备在发生实质性损失前不允许税前扣除，也会造成固定资产的账面价值与计税基础的差异。

【例2-3】 晨锋公司于2×16年12月20日取得的某项环保用固定资产，原价为800万元，使用年限为10年，会计上采用年限平均法计提折旧，净残值为0元。税法规定该类(由于技术进步、产品更新换代快的)固定资产采用加速折旧法计提的折旧可予税前扣除，该公司在计税时采用双倍余额递减法计提折旧，净残值为0元。2×18年12月31日，企业估计该项固定资产的可收回金额为600万元。

分析：

2×18 年 12 月 31 日，该项固定资产的账面余额＝800－80×2＝640（万元），该账面余额大于其可收回金额 600 万元，两者之间的差额应计提 40 万元的固定资产减值准备。

2×18 年 12 月 31 日，该项固定资产的账面价值＝800－80×2－40＝600（万元）。

其计税基础＝800－800×20％－（800－800×20％）×20％＝512（万元）。

该项固定资产的账面价值 600 万元与其计税基础 512 万元之间的 88 万元差额，将于未来期间计入企业的应纳税所得额。

【例 2-4】 金泓公司于 2×15 年年末以 800 万元购入一项生产用固定资产，按照该项固定资产的预计使用情况，金泓公司在会计核算时估计其使用寿命为 5 年，计税时，按照适用税法规定，其最低折旧年限为 10 年，该企业计税时按照 10 年计算确定可税前扣除的折旧额。假定会计与税收均按年限平均法计提折旧，净残值均为 0 元。2×16 年该项固定资产按照 12 个月计提折旧，且假定固定资产未发生减值。

分析：

该项固定资产在 2×16 年 12 月 31 日的账面价值＝800－800÷5＝640（万元）。

该项固定资产在 2×16 年 12 月 31 日的计税基础＝800－800÷10＝720（万元）。

该项固定资产的账面价值 640 万元与其计税基础 720 万元之间产生的 80 万元差额，在未来期间会减少企业的应纳税所得额。

（二）无形资产

除内部研究开发形成的无形资产以外，其他方式取得的无形资产，初始确认时其按会计准则规定确认的入账价值与按照税法规定确定的计税基础之间一般不存在暂时性差异。无形资产的差异主要产生于内部研究开发形成的无形资产以及使用寿命不确定的无形资产。

（1）内部研究开发形成的无形资产，其会计准则规定的成本为开发阶段符合资本化条件以后至达到预定用途前发生的支出。除此之外，研究开发过程中发生的其他支出应予费用化计入损益；税法规定，自行开发的无形资产，以开发过程中该资产符合资本化条件后至达到预定用途前发生的支出为计税基础。对于享受税收优惠的研究开发支出，在形成无形资产时，按照会计准则规定确定的成本为研究开发过程中符合资本化条件后至达到预定用途前发生的支出，而因税法规定按照无形资产成本的 150％（或 175％）摊销，则其计税基础应在会计入账价值的基础上加计 50％（或 75％），因而产生账面价值与计税基础在初始确认时的差异。但若该无形资产的确认不是产生于合并交易、同时在确认时既不影响会计利润也不影响应纳税所得额，则按照所得税准则的规定，不确认有关暂时性差异的所得税影响。

【例 2-5】 晨锋公司为开发新技术当期发生研究开发支出计 600 万元，其中研究阶段支出 120 万元，开发阶段不符合资本化条件的支出为 160 万元，符合资本化条件的支出为 320 万元。假定该公司研发形成的无形资产在当期达到预定可使用状态，并在当期摊销 16 万元。税法规定，企业为开发新技术、新产品、新工艺发生的研究开发费用，未形成无形资产计入当期损益的，按照研究开发费用的 50％加计扣除；形成无形资产的，按照无形资产成本的 150％摊销。

分析：

该公司当期期末无形资产的账面价值＝320－16＝304(万元)，该公司当期期末无形资产的计税基础为304×150%＝456(万元)，形成暂时性差异152万元。

(2) 无形资产在后续计量时，会计与税收的差异主要产生于是否需要摊销及无形资产减值准备的提取。

会计准则规定，应根据无形资产的使用寿命情况，区分为使用寿命有限的无形资产与使用寿命不确定的无形资产。对于使用寿命不确定的无形资产，不要求摊销，但持有期间每年应进行减值测试。税法规定，企业取得的无形资产成本，应在一定期限内摊销。对于使用寿命不确定的无形资产，会计处理时不予摊销，但计税时按照税法规定确定的摊销额允许税前扣除，造成该类无形资产账面价值与计税基础的差异。

在对无形资产计提减值准备的情况下，因税法规定计提的无形资产减值准备在转变为实质性损失前不允许税前扣除，即无形资产的计税基础不会随减值准备的提取发生变化，从而造成无形资产的账面价值与计税基础的差异，具体可参照固定资产计提减值的会计处理。

【例2-6】 金泓公司于2×18年1月1日取得的某项无形资产，取得成本为1 200万元，取得该项无形资产后，根据各方面情况判断，金泓公司无法合理预计其使用期限，将其作为使用寿命不确定的无形资产。2×18年12月31日，对该项无形资产进行减值测试表明其未发生减值。公司在计税时，对该项无形资产按照10年的期限摊销，摊销金额允许税前扣除。

分析：

在会计上该使用寿命不确定的无形资产，因未发生减值，故其在2×18年12月31日的账面价值为1 200万元。

该项无形资产在2×18年12月31日的计税基础为1 200－1 200÷10＝1 080(万元)。

该项无形资产的账面价值1 200万元与其计税基础1 080万元之间的差额120万元将计入未来期间的应纳税所得额。

(三) 以公允价值计量且其变动计入当期损益或其他综合收益的金融资产

按照《企业会计准则第22号——金融工具：确认和计量》(CAS22)的规定，以公允价值计量且其变动计入当期损益的金融资产于某一会计期末的账面价值为公允价值。税法规定，企业以公允价值计量的金融资产、金融负债以及投资性房地产等，持有期间公允价值的变动不计入应纳税所得额，在实际处置或结算时，处置取得的价款扣除其历史成本后的差额应计入处置或结算期间的应纳税所得额。按照税法规定，以公允价值计量的金融资产在持有期间市价的波动在计税时不予考虑，有关金融资产在某一会计期末的计税基础为其取得成本，从而造成在公允价值变动的情况下，对以公允价值计量的金融资产账面价值与计税基础之间的差异。

企业持有的可供出售金融资产计税基础的确定，与以公允价值计量且其变动计入当期损益的金融资产类似，可比照处理。

【例2-7】 2×16年10月20日，晨锋公司自公开市场取得一项权益性投资，支付价款1 200万元，作为交易性金融资产核算。2×16年12月31日，该投资的市价为1 400万元。

分析：

2×16 年资产负债表日的账面价值为 1 400 万元。因税法规定交易性金融资产在持有期间的公允价值变动不计入应纳税所得额，其在 2×16 年资产负债表日的计税基础为 1 200 万元。

该交易性金融资产的账面价值 1 400 万元与其计税基础 1 200 万元之间产生了 200 万元的暂时性差异，该暂时性差异在未来期间转回时会增加未来期间的应纳税所得额。

（四）其他资产

因会计准则规定与税法规定不同，企业持有的其他资产，可能造成其账面价值与计税基础之间存在差异的。

1. 投资性房地产

企业持有的投资性房地产进行后续计量时，会计准则规定可以采用两种模式，一种是成本模式，采用该种模式计量的投资性房地产，其账面价值与计税基础的确定与固定资产、无形资产相同；另一种是在符合规定条件的情况下，可以采用公允价值模式对投资性房地产进行后续计量。对于采用公允价值模式进行后续计量的投资性房地产，其计税基础的确定类似于以公允价值计量且其变动计入当期损益的金融资产。

【例 2-8】 晨锋公司于 2×14 年 12 月以 15 000 万元购入一项投资性房地产，并采用公允价值模式进行后续计量，税法上规定的计税折旧期为 5 年，采用年限平均法计提折旧。该项投资性房地产 2×15 年 12 月 31 日的公允价值为 15 000 万元，2×16 年 12 月 31 日的公允价值为 18 000 万元；2×17 年 12 月 31 日的公允价值为 12 000 万元；2×18 年 1 月，公司转让该项投资性房地产，转让价格为 11 000 万元，假定所得税率为 30%，见表 2-4。

表 2-4　投资性房地产各年递延所得税负债计算表　　单位：万元

年份	2×14	2×15	2×16	2×17
账面价值	15 000	15 000	18 000	12 000
计税基础	15 000	12 000	9 000	6 000

2. 其他计提了资产减值准备的各项资产

有关资产计提了减值准备后，其账面价值会随之下降，而税法规定资产在发生实质性损失之前，不允许税前扣除（即其计税基础不会因减值准备的提取而变化），造成在计提资产减值准备以后，资产的账面价值与计税基础之间的差异。

二、负债的计税基础

负债的计税基础，是指负债的账面价值减去未来期间计算应纳税所得额时按照税法规定可予抵扣的金额，可表示如下：

负债的计税基础＝账面价值－未来期间按照税法规定可予税前扣除的金额

负债的确认与偿还一般不会影响企业的损益，也不会影响其应纳税所得额，未来期间计算应纳税所得额时按照税法规定可予抵扣的金额为0元，计税基础即为账面价值。但是，某些情况下，负债的确认可能会影响企业的损益，进而影响不同期间的应纳税所得额，使得其计税基础与账面价值之间产生差额，如按照会计规定确认的某些预计负债。

（一）企业因销售商品提供售后服务等原因确认的预计负债

按照《企业会计准则第13号——或有事项》(CAS13)（以下简称或有事项准则）的规定，企业对于预计提供售后服务将发生的支出在满足有关确认条件时，销售当期即应确认为费用，同时确认预计负债。如果税法规定，与销售产品相关的支出应于发生时税前扣除，则该类事项产生的预计负债在期末的计税基础为其账面价值与未来期间可税前扣除的金额之间的差额（即为0元）；如果税法规定对于费用支出按照权责发生制原则确定税前扣除时点，则所形成负债的计税基础等于账面价值。

其他交易或事项中确认的预计负债，应按照税法规定的计税原则确定其计税基础。某些情况下，因有些事项确认的预计负债，税法规定其支出无论是否实际发生均不允许税前扣除（即未来期间按照税法规定可予抵扣的金额为0元），账面价值等于计税基础。

【例2-9】 晨锋公司2×16年因销售产品承诺提供3年的保修服务，在当年度利润表中确认了800万元的销售费用，同时确认为预计负债，当年度未发生任何保修支出。假定按照税法规定，与产品售后服务相关的费用在实际发生时允许税前扣除。

分析：

该项预计负债在晨锋公司2×16年12月31日资产负债表中的账面价值为800万元。

该项预计负债的计税基础＝账面价值－未来期间计算应纳税所得额时按照税法规定可予抵扣的金额＝800万元－800万元＝0元。

（二）预收账款

企业在收到客户预付的款项时，因不符合收入确认条件，会计上将其确认为负债。税法中对于收入的确认原则一般与会计准则规定相同，即会计准则上未确认收入时，计税时一般亦不计入应纳税所得额，该部分经济利益在未来期间计税时可予税前扣除的金额为0元，计税基础等于账面价值。

某些情况下，因不符合会计准则规定的收入确认条件，未确认为收入的预收款项，按照税法规定应计入当期应纳税所得额时，有关预收账款的计税基础为0元，即因其产生时已经计算交纳所得税，未来期间可全额税前扣除。

【例2-10】 晨锋公司于2×16年12月20日自客户收到一笔合同预付款，金额为2 000万元，作为预收账款核算。按照适用税法规定，该款项应计入取得当期应纳税所得额计算交纳所得税。

分析：

该预收账款在晨锋公司2×16年12月31日资产负债表中的账面价值应为2 000万元。

该预收账款的计税基础＝账面价值－未来期间计算应纳税所得额时按照税法规定可予抵扣的金额＝2 000万元－2 000万元＝0元。

该项负债的账面价值 2 000 万元与其计税基础 0 元之间产生的 2 000 万元暂时性差异，会减少企业于未来期间的应纳税所得额。

（三）应付职工薪酬

会计准则规定，企业为获得职工提供的服务给予的各种形式的报酬以及其他相关支出均应作为企业的成本费用，在未支付之前确认为负债。税法中对于合理的职工薪酬基本允许税前扣除，但税法中明确规定了税前扣除标准的，按照会计准则规定计入成本费用支出的金额超过规定标准部分，应进行纳税调整。

（四）其他负债

其他负债如企业应交的罚款和滞纳金等，在尚未支付之前按照会计准则规定确认为费用，同时作为负债反映。税法规定，罚款和滞纳金不得税前扣除，即该部分费用无论是在发生当期还是在以后期间均不允许税前扣除，其计税基础为账面价值减去未来期间计税时可予税前扣除的金额 0 元之间的差额，即计税基础等于账面价值。其他交易或事项产生的负债，其计税基础的确定应当按照适用税法的相关规定确定。

【例 2-11】 晨锋公司 2×16 年 12 月因违反当地有关环保法规的规定，接到环保部门的处罚通知，要求其支付罚款 800 万元。税法规定，企业因违反国家有关法律法规支付的罚款和滞纳金，计算应纳税所得额时不允许税前扣除。至 2×16 年 12 月 31 日，该项罚款尚未支付。

分析：

应支付罚款产生的负债账面价值为 800 万元。

该项负债的计税基础＝账面价值－未来期间计算应纳税所得额时按照税法规定可予抵扣的金额＝800 万元－0 元＝800 万元。

该项负债的账面价值 800 万元与其计税基础 800 万元相同，不形成暂时性差异。

三、特殊交易或事项中产生的资产、负债计税基础的确定

除企业在正常生产经营活动过程中取得的资产和负债以外，对于某些特殊交易中产生的资产、负债，其计税基础的确定应遵从税法规定，如企业合并过程中取得资产、负债计税基础的确定。

《企业会计准则第 20 号——企业合并》(CAS20)中，视参与合并各方在合并前后是否为同一方或相同的多方最终控制，分为同一控制下的企业合并与非同一控制下的企业合并两种类型。同一控制下的企业合并，合并中取得的有关资产、负债基本上维持其原账面价值不变，合并中不产生新的资产和负债；对于非同一控制下的企业合并，合并中取得的有关资产、负债应按其在购买日的公允价值计量，企业合并成本大于合并中取得可辨认净资产公允价值的份额部分确认为商誉，企业合并成本小于合并中取得可辨认净资产公允价值的份额部分计入合并当期损益。

对于企业合并的税务处理，通常情况下被合并企业应视为按公允价值转让，处置全部资产，计算资产的转让所得，依法缴纳所得税。合并企业接受被合并企业的有关资产，计税时可以按经评估确认的价值确定计税成本。另外，在考虑有关企业合并是应税合并还

是免税合并时，某些情况下还需要考虑在合并中涉及的非股权支付额的比例，具体划分标准和条件应遵从税法规定。

由于会计准则与税收法规对企业合并的划分标准不同，处理原则不同，某些情况下，会造成企业合并中取得的有关资产、负债的入账价值与其计税基础的差异。

四、暂时性差异

暂时性差异是指资产、负债的账面价值与其计税基础不同产生的差额。因资产、负债的账面价值与其计税基础不同，产生了在未来收回资产或清偿负债的期间内，应纳所得额增加或减少并导致未来期间应交所得税增加或减少的情况，形成企业的资产和负债。在有关暂时性差异发生当期，符合确认条件的情况下，应当确认相关的递延所得税负债或递延所得税资产。

根据暂时性差异对未来期间应纳税所得额的影响，分为应纳税暂时性差异和可抵扣暂时性差异。除因资产、负债的账面价值与计税基础不同产生的暂时性差异以外，按照税法规定可以结转以后年度的未弥补亏损和税款抵减，也视同可抵扣暂时性差异处理。

（一）应纳税暂时性差异

应纳税暂时性差异，是指在确定未来收回资产或清偿负债期间的应纳税所得额时，将导致产生应税金额的暂时性差异，即在未来期间不考虑该事项影响的应纳税所得额的基础上，由于该暂时性差异的转回，会进一步增加转回期间的应纳税所得额和应缴所得税金额，在其产生当期应当确认相关的递延所得税负债。

应纳税暂时性差异通常产生于以下两种情况。

（1）资产的账面价值大于其计税基础。资产的账面价值代表的是企业在持续使用或最终出售该项资产时将取得的经济利益的总额，而计税基础代表的是资产在未来期间可予税前扣除的总金额。资产的账面价值大于其计税基础，该项资产未来期间产生的经济利益不能全部税前抵扣，两者之间的差额需要缴税，产生应纳税暂时性差异。例如，一项无形资产账面价值为500万元，计税基础如为375万元，两者之间的差额会造成未来期间应纳税所得额和应交所得税的增加，在其产生当期，应确认相关的递延所得税负债。

（2）负债的账面价值小于其计税基础。负债的账面价值为企业预计在未来期间清偿该项负债时的经济利益流出，而其计税基础代表的是账面价值在扣除税法规定未来期间允许税前扣除的金额之后的差额。负债的账面价值与其计税基础不同产生的时间性差异，实质上是税法规定就该项负债在未来期间可以税前扣除的金额（即与该项负债相关的费用支出在未来期间可予税前扣除的金额）。负债的账面价值小于其计税基础，则意味着就该项负债在未来期间可以税前抵扣的金额为负数，即应在未来期间应纳税所得额的基础上调增，增加应纳税所得额和应交所得税金额，产生应纳税暂时性差异，应确认相关的递延所得税负债。

（二）可抵扣暂时性差异

可抵扣暂时性差异是指在确定未来收回资产或清偿负债期间的应纳税所得额时，将导致产生可抵扣金额的暂时性差异。该差异在未来期间转回时会减少转回期间的应纳税所得额，减少未来期间的应交所得税。在可抵扣暂时性差异产生当期，符合确认条件时，应当确认相关的递延所得税资产。

可抵扣暂时性差异一般产生于以下两种情况。

（1）资产的账面价值小于其计税基础，意味着资产在未来期间产生的经济利益少，按照税法规定允许税前扣除的金额多，两者之间的差额可以减少企业在未来期间的应纳税所得额并减少应交所得税，符合有关条件时，应当确认相关的递延所得税资产。例如，一项资产的账面价值为500万元，计税基础为650万元，则企业在未来期间就该项资产可以在其自身取得经济利益的基础上多扣除150万元，未来期间应纳税所得额会减少，应交所得税也会减少，形成可抵扣暂时性差异。

（2）负债的账面价值大于其计税基础，负债产生的暂时性差异实质上是税法规定就该项负债可以在未来期间税前扣除的金额。

负债产生的暂时性差异＝账面价值－计税基础

＝账面价值－（账面价值－未来期间计税时按照税法规定可予税前扣除的金额）

＝未来期间计税时按照税法规定可予税前扣除的金额

负债的账面价值大于其计税基础，意味着未来期间按照税法规定与负债相关的全部或部分支出可以自未来应税经济利益中扣除，减少未来期间的应纳税所得额和应交所得税。符合有关确认条件时，应确认相关的递延所得税资产。

（三）特殊项目产生的暂时性差异

1. 未作为资产、负债确认的项目产生的暂时性差异

某些交易或事项发生以后，因为不符合资产、负债确认条件而未体现为资产负债表中的资产或负债，但按照税法规定能够确定其计税基础的，其账面价值0元与计税基础之间的差异也构成暂时性差异。如企业发生符合条件的广告费和业务宣传费支出，除另有规定外，不超过当年销售收入15%的部分，准予扣除；超过部分准予在以后纳税年度结转扣除。该类费用在发生时按照会计准则规定即计入当期损益，不形成资产负债表中的资产，但按照税法规定可以确定其计税基础，两者之间的差异也形成暂时性差异。

【例2-12】 晨锋公司在2×17年发生了1 200万元广告费支出，发生时已作为销售费用计入当期损益。税法规定，该类支出不超过当年销售收入15%的部分允许当期税前扣除，超过部分允许以后年度结转税前扣除。晨锋公司2×17年实现销售收入6 000万元。

分析：

该广告费支出因按照会计准则规定在发生时已计入当期损益，不体现为期末资产负债表中的资产，如果将其视为资产，其账面价值为0元。

因按照税法规定，该类支出税前列支有一定的标准限制，根据当期晨锋公司销售收入15%计算，当期可予税前扣除900万元（6 000×15%），当期未予税前扣除的300万元可

以向以后年度结转，其计税基础为 300 万元。

该项资产的账面价值 0 元与其计税基础 300 万元之间产生了 300 万元的暂时性差异，该暂时性差异在未来期间可减少企业的应纳税所得额，为可抵扣暂时性差异，符合确认条件时，应确认相关的递延所得税资产。

2. 可抵扣亏损及税款抵减产生的暂时性差异

按照税法规定，可以结转以后年度的未弥补亏损及税款抵减，虽不是因资产、负债的账面价值与计税基础不同产生的，但与可抵扣暂时性差异具有同样的作用，均能够减少未来期间的应纳税所得额，进而减少未来期间的应交所得税。会计处理上视同可抵扣暂时性差异，符合条件的情况下，应确认与其相关的递延所得税资产。

第四节 递延所得税负债及递延所得税资产的确认

企业在计算确定了应纳税暂时性差异与可抵扣暂时性差异后，应当按照所得税会计准则规定的原则确认相关的递延所得税负债以及递延所得税资产。

一、递延所得税负债的确认和计量

（一）递延所得税负债的确认

企业在确认因应纳税暂时性差异产生的递延所得税负债时，应遵循以下原则。

1. 确认递延所得税负债的一般原则

除所得税准则中明确规定可不确认递延所得税负债的情况以外，企业对于所有的应纳税暂时性差异均应确认相关的递延所得税负债。除直接计入所有者权益的交易或事项以及与企业合并中取得资产、负债相关的以外，在确认递延所得税负债的同时，应增加利润表中的所得税费用。

【例 2-13】 2×10 年 12 月 25 日，晨锋公司购入一台价值 100 000 元不需要安装的设备。该设备预计使用期限为 4 年，会计上采用直线法计提折旧，无残值。假定税法规定应采用年数总和法计提折旧，无残值。晨锋公司每年的利润总额均为 140 000 元，无其他纳税调整项目，假定所得税税率为 20%，如表 2-5 所示。

表 2-5　　固定资产递延所得税负债计算表　　单位：元

年份		2×10	2×11	2×12	2×13	2×14
会计准则	本年折旧额		25 000	25 000	25 000	25 000
	累计折旧		25 000	50 000	75 000	100 000
	账面价值	100 000	75 000	50 000	25 000	0
税收法规	本年折旧额		40 000	30 000	20 000	10 000
	累计折旧		40 000	70 000	90 000	100 000
	计税基础	100 000	60 000	30 000	10 000	0

续表 2-5

年份	2×10	2×11	2×12	2×13	2×14
暂时性差异		15 000	20 000	15 000	0
所得税税率		20%	20%	20%	20%
递延所得税负债余额		3 000	4 000	3 000	0
本期应确认的递延所得税负债		3 000	1 000	(1 000)	(3 000)

2×11 年,应缴企业所得税为 25 000 元{[140 000－(40 000－25 000)]×20%}。

借:所得税费用　　28 000

　贷:应交税费——应交所得税　　25 000

　　递延所得税负债　　3 000

2×12 年,应缴企业所得税为 27 000 元{[140 000－(30 000－25 000)]×20%}。

借:所得税费用　　28 000

　贷:应交税费——应交所得税　　27 000

　　递延所得税负债　　1 000

2×13 年,应缴企业所得税为 29 000 元{[140 000＋(25 000－20 000)] ×20%}。

借:所得税费用　　28 000

　递延所得税负债　　1 000

　贷:应交税费——应交所得税　　29 000

2×14 年,应缴企业所得税为 31 000 元{[140 000＋(25 000－10 000)] ×20%}。

借:所得税费用　　28 000

　递延所得税负债　　3 000

　贷:应交税费——应交所得税　　31 000

2. 不确认递延所得税负债的特殊情况

有些情况下,虽然资产、负债的账面价值与其计税基础不同,产生了应纳税暂时性差异,但出于各方面考虑,所得税准则中规定不确认相应的递延所得税负债,主要包括以下三个方面。

(1) 商誉的初始确认。非同一控制下的企业合并中,合并成本大于合并中取得的被购买方可辨认净资产公允价值份额的差额,按照会计准则规定应确认为商誉。因会计与税收的划分标准不同,按照税法规定非同一控制下的企业合并在免税合并的情况下,商誉的计税基础为 0 元,其账面价值与计税基础的不同形成应纳税暂时性差异,但准则中规定不确认与其相关的递延所得税负债。

【例 2-14】 晨锋公司以增发市场价值为 1 600 万元的自身普通股为对价购入金泓公司 100%的净资产,对金泓公司进行吸收合并,合并前晨锋公司与金泓公司不存在任何关联方关系。假定该项合并符合税法规定的免税合并条件,购买日金泓公司各项可辨认资产、负债的公允价值及其计税基础如表 2-6 所示。

表 2-6　　金泓公司各项资产、负债公允价值及计税基础表　　单位:万元

项目	公允价值	计税基础	暂时性差异
固定资产	675	387.5	287.5
应收账款	525	525	—
存货	435	310	125
其他应付款	(75)	0	(75)
应付账款	(300)	(300)	0
不包括递延所得税的可辨认资产、负债的公允价值	1 260	922.5	337.5

分析:

金泓公司适用的所得税税率为25%,该项交易中应确认递延所得税负债及商誉的金额计算如下:

① 可辨认净资产公允价值　1 260 万元

② 递延所得税资产(75×25%)　18.75 万元

③ 递延所得税负债(412.5×25%)　103.13 万元

④ 考虑递延所得税后可辨认资产、负债的公允价值(①+②-③)　1 175.62 万元

⑤ 商誉　424.38 万元

⑥ 企业合并成本　1 600 万元

其中此时商誉计算思路是:商誉=⑥企业合并成本 1 600 万元-④考虑递延所得税后可辨认资产、负债的公允价值 1 175.62 万元=424.38 万元。

因该项合并符合税法规定的免税合并条件,购买方在免税合并中取得的被购买方有关资产、负债应维持其原计税基础不变。被购买方原账面上未确认商誉,即商誉的计税基础为 0 元。如果按照正常暂时性差异核算程序,因为商誉的账面价值(424.38 万元)>计税基础(0 元),会形成应纳税暂时性差异。上述"③递延所得税负债"将会增加,进而进一步改变"④考虑递延所得税后可辨认资产、负债的公允价值",下面商誉还将进一步增加,产生新的应纳税暂时性差异,如此循环往复,将没有尽头。因此,按照所得税准则规定,该项合并中所确认的商誉金额 424.38 万元与其计税基础(0 元)之间产生的应纳税暂时性差异,按照企业会计准则的规定,不再进一步确认相关的所得税影响。

(2) 在除企业合并以外的其他交易或事项中,如果该项交易或事项发生时既不影响会计利润,也不影响应纳税所得额,则所产生的资产、负债的初始确认金额与其计税基础不同,形成应纳税暂时性差异的,交易或事项发生时不确认相应的递延所得税负债。该规定主要是由于交易发生时既不影响会计利润,也不影响应纳税所得额,确认递延所得税负债的直接结果是增加有关资产的账面价值或是降低所确认负债的账面价值,使得资产、负债在初始确认时,违背历史成本原则,影响会计信息的可靠性。

(3) 与子公司、联营企业、合营企业投资等相关的应纳税暂时性差异,一般应确认相应的递延所得税负债,但同时满足以下两个条件的除外:一是投资企业能够控制暂时性差异转回的时间;二是该暂时性差异在可预见的未来很可能不会转回。满足上述条件时,投资企业可以运用自身的影响力决定暂时性差异的转回,如果不希望其转回,则在可预见的

未来该项暂时性差异即不会转回，从而无须确认相应的递延所得税负债。

（二）递延所得税负债的计量

所得税准则规定，资产负债表日对于递延所得税负债，应当根据适用税法规定，按照预期收回该资产或清偿该负债期间的适用税率计量。即递延所得税负债应以相关应纳税暂时性差异转回期间按照税法规定适用的所得税税率计量。无论应纳税暂时性差异的转回期间如何，相关的递延所得税负债不要求折现。

二、递延所得税资产的确认和计量

（一）递延所得税资产的确认

1. 确认递延所得税资产的一般原则

递延所得税资产产生于可抵扣暂时性差异。确认因可抵扣暂时性差异产生的递延所得税资产，应以未来期间可能取得的应纳税所得额为限。在可抵扣暂时性差异转回的未来期间内，企业无法产生足够的应纳税所得额用以利用可抵扣暂时性差异的影响，使得与可抵扣暂时性差异相关的经济利益无法实现的，不应确认递延所得税资产；企业有明确的证据表明其于可抵扣暂时性差异转回的未来期间能够产生足够的应纳税所得额，进而利用可抵扣暂时性差异的，则应以可能取得的应纳税所得额为限，确认相关的递延所得税资产。

在判断企业于可抵扣暂时性差异转回的未来期间是否能够产生足够的应纳税所得额时，应考虑企业在未来期间通过正常的生产经营活动能够实现的应纳税所得额以及以前期间产生的应纳税暂时性差异在未来期间转回时将增加的应纳税所得额。

(1) 对于与子公司、联营企业、合营企业的投资相关的可抵扣暂时性差异，同时满足下列条件的，应当确认相关的递延所得税资产：一是暂时性差异在可预见的未来很可能转回；二是未来很可能获得用来抵扣可抵扣暂时性差异的应纳税所得额。

对联营企业和合营企业等的投资产生的可抵扣暂时性差异，主要产生于权益法下的被投资单位发生亏损时，投资企业按照持股比例确认应予承担的部分相应减少长期股权投资的账面价值；但税法规定长期股权投资的成本在持有期间不发生变化，造成长期股权投资的账面价值小于其计税基础，产生可抵扣暂时性差异。

(2) 对于按照税法规定可以结转以后年度的未弥补亏损和税款抵减，应视同可抵扣暂时性差异处理。在有关的亏损或税款抵减金额得到税务部门的认可或预计能够得到税务部门的认可，且预计可利用、可弥补亏损或税款抵减的未来期间内能够取得足够的应纳税所得额时，除所得税准则中规定不予确认的情况外，应当以很可能取得的应纳税所得额为限，确认相应的递延所得税资产，同时减少确认当期的所得税费用。

2. 不确认递延所得税资产的特殊情况

某些情况下，企业发生的某项交易或事项不属于企业合并，并且交易发生时既不影响会计利润也不影响应纳税所得额，且该项交易中产生的资产、负债的初始确认金额与其计税基础不同，产生可抵扣暂时性差异的，所得税准则中规定在交易或事项发生时不确认相应的递延所得税资产。

（二）递延所得税资产的计量

同递延所得税负债的计量原则相一致，确认递延所得税资产时，应当以预期收回该资产期间的适用所得税税率为基础计算确定。无论相关的可抵扣暂时性差异转回期间如何，递延所得税资产均不要求折现。

企业在确认了递延所得税资产以后，资产负债表日应当对递延所得税资产的账面价值进行复核。如果未来期间很可能无法取得足够的应纳税所得额用以利用可抵扣暂时性差异带来的利益，应当减记递延所得税资产的账面价值。减记的递延所得税资产，除原确认时记入所有者权益的递延所得税资产，其减记金额亦应记入所有者权益外，其他的情况均应增加所得税费用。

因无法取得足够的应纳税所得额利用可抵扣暂时性差异减记递延所得税资产账面价值的，以后期间根据新的环境和情况判断能够产生足够的应纳税所得额，利用可抵扣暂时性差异，使得递延所得税资产包含的经济利益能够实现的，应相应恢复递延所得税资产的账面价值。

另外，无论是递延所得税资产还是递延所得税负债的计量，均应考虑资产负债表日企业预期收回资产或清偿负债方式的所得税影响，在计量递延所得税资产和递延所得税负债时，应当采用与收回资产或清偿债务的预期方式相一致的税率和计税基础。例如，企业持有的某项固定资产，一般情况下是为企业的正常生产经营活动提供必要的生产条件，但在某一时点上，企业决定将该固定资产对外出售，实现其为企业带来的未来经济利益，且假定税法规定长期资产处置时适用的所得税税率与一般情况有所不同，则企业在计量因该资产产生的应纳税暂时性差异或可抵扣暂时性差异的所得税影响时，应考虑该资产带来的经济利益预期实现方式的影响。

三、适用税率变化对已确认递延所得税资产和递延所得税负债的影响

递延所得税资产和递延所得税负债的金额代表的是有关可抵扣暂时性差异或应纳税暂时性差异于未来期间转回时导致企业应交所得税金额的减少或增加的情况。适用税率变动的情况下，应对原已确认的递延所得税资产及递延所得税负债的金额进行调整，按照新的税率进行重新计量。

除直接计入所有者权益的交易或事项产生的递延所得税资产及递延所得税负债，相关的调整金额应计入所有者权益以外，其他情况下产生的调整金额应确认为税率变化当期的所得税费用（或收益）。

【例 2-15】 晨锋公司 2×11 年 12 月 20 日购置一台设备，价值 64 万元（不含增值税），该设备的预计使用寿命为 5 年，预计净残值为 4 万元，采用年限平均法计提折旧。该公司 2×12 年至 2×16 年每年扣除折旧额前的税前利润为 120 万元，所得税税率为 33%，会计政策与税法要求相符。2×14 年 12 月 31 日，该设备可收回金额为 14 万元。假设不考虑其他相关税费，该设备在 2×14 年 12 月 31 日以前没有计提减值准备，重新预计的净残值和使用寿命均不变。

假定从 2×15 年 1 月起，晨锋公司经改组成为股份制企业，所得税税率从 33% 调整为 15%，其他条件不变，则晨锋公司的相关会计处理如表 2-7 所示。

表 2-7　　各项资产或负债的计税基础及其暂时性差异　　单位：万元

年份	原值	净残值	本期计提折旧	累计折旧	本期计提减值准备	累计计提准备	账面价值	计税基础	暂时性差异	所得税税率
2×12	64	4	12	12	0	0	52	52	0	33%
2×13	64	4	12	24	0	0	40	40	0	33%
2×14	64	4	12	36	14	14	14	28	14	33%
2×15	64	4	5	41	0	14	9	16	7	15%
2×16	64	4	5	46	0	14	4	4	0	15%

分析：

2×12 年 1 月 1 日至 2×14 年 12 月 31 日，公司每年计提折旧额为 12 万元[(64－4)÷5]。

借：制造费用等　　120 000

　贷：累计折旧　　120 000

2×12 年 1 月 1 日至 2×13 年 12 月 31 日，公司每年计提所得税费用为 35.64 万元[(120－12)×33%]。

借：所得税费用　　356 400

　贷：应交税费——应交所得税　　356 400

2×14 年 12 月 31 日，该设备账面价值为 28 万元(64－36)；可收回金额为 14 万元，该设备减值。

借：资产减值损失　　140 000

　贷：固定资产减值准备　　140 000

计提减值准备后资产的账面价值为 14 万元(64－36－14)，计税基础为 28 万元，产生暂时性差异 14 万元。

借：所得税费用　　310 200

　　递延所得税资产(140 000×33%)　　46 200

　贷：应交税费——应交所得税[(1 200 000－120 000)×33%]　　356 400

2×15 年 1 月起所得税税率从 33%调整为 15%，年末会计分录为：

借：制造费用等[(140 000－40 000)÷2]　　50 000

　贷：累计折旧　　50 000

借：所得税费用　　151 500

　　递延所得税资产(70 000×15%)　　10 500

　贷：应交税费——应交所得税[(1 200 000－120 000)×15%]　　162 000

2×16 年，设备按时报废，收到残值 4 万元，报废前计提折旧 5 万元，递延所得税资产应全部转销，应交税费为 16.8 万元[(120－12＋4)×15%]，会计分录为：

借：制造费用　　50 000

　贷：累计折旧　　50 000

借:所得税费用(56 700+168 000)　　224 700
　贷:递延所得税资产(46 200+10 500)　　56 700
　　应交税费——应交所得税　　168 000

第五节　所得税费用的确认、计量和列报

所得税会计的主要目的之一是为了确定当期应交所得税以及利润表中的所得税费用。在按照资产负债表债务法核算所得税的情况下,利润表中的所得税费用包括当期所得税费用和递延所得税费用两个部分。

一、当期所得税费用

当期所得税费用是指企业按照税法规定计算确定的针对当期发生的交易和事项,应交纳给税务部门的所得税金额,等于当期应交所得税。

企业在确定当期应交所得税时,对于当期发生的交易或事项,会计处理与税收处理是不同的,应在会计利润的基础上,按照适用税收法规的规定进行调整,计算出当期应纳税所得额,按照应纳税所得额与适用所得税税率计算确定当期应交所得税。一般情况下,应纳税所得额可在会计利润的基础上考虑会计与税收之间的差异,计算方法如下:

应纳税所得额=会计利润+按照会计准则规定计入利润表但计税时不允许税前扣除的费用±计入利润表的费用与按照税法规定可予税前抵扣的金额之间的差额±计入利润表的收入与按照税法规定应计入应纳税所得的收入之间的差额-税法规定的不征税收入±其他需要调整的因素

二、递延所得税费用

递延所得税费用是指按照会计准则规定当期应予确认(包括转销)的递延所得税资产和递延所得税负债金额,即递延所得税资产及递延所得税负债当期发生额的综合结果,但不包括计入所有者权益的交易或事项的所得税影响。计算方法如下:

递延所得税=(递延所得税负债的期末余额-递延所得税负债的期初余额)-(递延所得税资产的期末余额-递延所得税资产的期初余额)

应予说明的是,企业因确认递延所得税资产和递延所得税负债产生的递延所得税,一般应当记入所得税费用,但以下两种情况除外:一是某项交易或事项按照会计准则规定应计入所有者权益的,由该交易或事项产生的递延所得税资产或递延所得税负债及其变化亦应计入所有者权益不构成利润表中的递延所得税费用。二是企业合并中取得的资产、负债,其账面价值与计税基础不同,应确认相关递延所得税的,该递延所得税的确认影响合并中产生的商誉或是记入当期损益的金额,不影响所得税费用。

【例 2-16】 晨锋公司持有的某项可供出售金融资产,成本为 500 万元,会计期末,其公允价值为 700 万元,该公司适用的所得税税率为 25%。除该事项外,该公司不存在其他会计与税收之间的差异,且递延所得税资产和递延所得税负债不存在期初余额。

首先,确认期末公允价值变动。

借：可供出售金融资产　　2 000 000

　贷：其他综合收益　　2 000 000

其次，确认应纳税暂时性差异的所得税影响。

借：其他综合收益　　500 000

　贷：递延所得税负债　　500 000

三、所得税费用

确定了当期所得税及递延所得税以后，利润表中应予确认的所得税费用为两者之和，计算方法如下：

所得税费用＝当期所得税费用＋递延所得税费用

【例 2-17】 晨锋公司 2×17 年度利润表中利润总额为 3 000 万元，该公司适用的所得税税率为 25％。递延所得税资产及递延所得税负债不存在期初余额。与所得税核算有关的情况如下：

2×17 年发生的有关交易和事项中，会计处理与税收处理存在差别的有：

(1) 2×17 年 1 月开始计提折旧的一项固定资产，成本为 1 800 万元，使用年限为 10 年，净残值为 0 元。会计处理按双倍余额递减法计提折旧，税收处理按直线法计提折旧。假定税法规定的使用年限及净残值与会计准则规定相同。

(2) 向关联企业捐赠现金 500 万元。假定按照税法规定，企业向关联方的捐赠不允许税前扣除。

(3) 当期取得作为交易性金融资产核算的股票投资成本为 800 万元，2×17 年 12 月 31 日的公允价值为 1 200 万元。税法规定，以公允价值计量的金融资产持有期间市价变动不计入应纳税所得额。

(4) 违反环保法规定应支付罚款 400 万元。

(5) 期末对持有的存货计提了 100 万元的存货跌价准备。

该公司 2×17 年资产负债表相关项目金额及其计税基础，如表 2-8 所示。

表 2-8　　2×17 年资产负债表相关项目及其计税基础　　单位：万元

项目	账面价值	计税基础	差异	
			应纳税暂时性差异	可抵扣暂时性差异
存货	2 000	2 100		100
固定资产：				
固定资产原价	1 800	1 800		
减：累计折旧	360	180		
减：固定资产减值准备	0			
固定资产账面价值	1 440	1 620		180
交易性金融资产	1 200	800	400	
其他应付款	400	400		
总 计			400	280

分析：

(1) 确认2×17年度当期应交所得税。

应纳税所得额=3 000+180+500−400+400+100=3 780(万元)

应交所得税=3 780×25%=945(万元)

(2) 确认2×17年度递延所得税。

递延所得税资产=280×25%=70(万元)

递延所得税负债=400×25%=100(万元)

递延所得税=100−70=30(万元)

(3) 利润表中应确认的所得税费用。

所得税费用=945+30=975(万元)，确认所得税费用的会计处理如下：

借：所得税费用	9 750 000	
递延所得税资产	700 000	
贷：应交税费——应交所得税		9 450 000
递延所得税负债		1 000 000

四、所得税的列报

企业所得税的相关核算，除利润表中列示“所得税费用”项目以外，在资产负债表中列示“应交税费”(应交所得税)以及“递延所得税资产”和“递延所得税负债”应当遵循相关明细账和总账的余额进行列报。其中，递延所得税资产和递延所得税负债作为非流动资产和非流动负债在资产负债表中列示，所得税费用在利润表中单独列示，同时还应在附注中披露与所得税有关的信息。

第六节　资产负债表观和利润表观的比较

会计处理是对经济环境的反映，随着经济环境的不断变化，会计理论也经历了从资产负债表观占主导，到利润表观占主导，再到资产负债表观占主导的过程。

一、资产负债表观的内涵

资产负债表观认为收入和费用仅是资产和负债变化的结果：收入是资产的增加或负债的减少，费用是资产的减少或负债的增加，并要求收益的计量服从资产负债表中对资产、负债的计量要求。资产负债表观是指会计准则制定者在制定规范某类交易或事项的会计准则时，应首先定义并规范由此类交易产生的资产或负债的计量；然后，再根据所定义的资产和负债的变化来确认收益。企业的收益是企业期末净资产比期初净资产的净增长额，而净资产又是由资产减去负债计算得到的。

二、利润表观的内涵

利润表观首先考虑与某类交易相关的收入和费用的直接确认和计量。利润表观认为资产和负债仅仅是配比程序的余值，它们在配比结束后计入账面的借方或贷方，资产负债表只是确认和合理计量收益的跨期摊配中介，成为利润表的附属。因此，首先按照实现原则确认收入和费用，然后再根据配比原则，将收入和费用按其经济性质上的一致性联系起来确定收益。

三、资产负债表观的优势

资产负债表观认为，利润表中的利润总额并未包含企业的全面（综合）收益。比如，可供出售金融资产公允价值变动的利得与损失，并未包含在利润表的利润总额当中，反映企业综合收益的最好指标，应是企业净资产的增长额。

企业的综合收益＝净资产的增长额
＝期末净资产－期初净资产
＝（期末资产－期末负债）－（期初资产－期初负债）
＝（期末资产－期初资产）－（期末负债－期初负债）
＝资产增长额－负债增长额

当然，由于所有者投入资本和向所有者分配利润引起的净资产变化，不应包括在收益之中。因此，利润的完整计算方法为：

企业的综合收益＝本期净资产的增长额－本期所有者投入资本＋本期向所有者分配的利润

由于“本期所有者投入资本”项目和“本期向所有者分配的利润”项目不涉及损益，直接计入所有者权益，所以不影响所得税的计算。

四、资产负债表债务法的优势

（一）资产负债表债务法能够反映出更真实、更详细的所得税会计信息

利润表债务法虽然考虑了时间对纳税的影响，但只注重差异本身，而对差异产生的根源没有清晰地反映出来。资产负债表债务法不仅强调暂时性差异，更强调产生暂时性差异的根源在于资产和负债，因而能够真实、详细地反映企业所得税的核算和缴纳过程。

（二）资产负债表债务法为税务机关稽查提供便利

在采用资产负债表债务法核算所得税的过程中，每一笔暂时性差异都能够准确地反映出与其对应的资产或负债。因此，税务机关在检查企业是否偷漏税时可以与企业资产负债表对应起来，为税务稽查提供了便利。

（三）资产负债表债务法为报表使用者的决策提供更可靠的依据

资产负债表债务法确认的递延项目揭示的是资产负债表日存在的在缴纳所得税时产生的资产或负债在未来期间导致企业现金流入或流出的情况，有助于报表使用者分析企业的未来现金流量等财务信息并作出决策。

延伸阅读

会税差异：资本市场有何反应？

会税差异，是指会计利润与应税利润之间的差异。会计利润与应税利润之所以存在

差异，首先是因为企业会计准则与所得税法关于年度收入、费用从而利润的确认和计量规则不尽一致，从而导致按会计准则得出的利润（即会计利润）与按所得税法核定的利润（即应税利润）之间的差异。此乃制度性差异。除此之外，会税差异还可能来源于盈余管理和避税行为。企业如果操纵那些非应税利润项目（例如：资产减值准备的计提或转回），就会影响会计利润但不影响应税利润，从而扩大会税差异；相反，企业如果通过那些非会计利润项目进行税收筹划实现避税目的（例如：通过转移定价将利润由盈利子公司向亏损子公司转移），则会影响应税利润但不影响会计利润。

一、会税差异的市场反应：经验证据

如上所述，会税差异主要是由制度因素、盈余管理行为和避税行为三方面所导致的。美国金融学教授Desai指出美国于20世纪90年代末迅速扩大的会税差异，近50%需要用盈余管理行为和避税行为来解释（Desai，2003），这一点在发展中国家也得到了印证。发展中国家的经验数据表明，盈余管理行为和避税行为的影响因子和代理变量与会税差异高度一致，制度因素只可以解释部分会税差异（Dwi，Yulianti，Debby，2011；戴德明，2006）。

Desai（2003）最早清晰地解释了会税差异的全部组成部分，基于美国1996—2000年的数据，首次通过构建衡量盈余管理和避税的指标，来测试盈余管理行为和避税行为对会税差异的解释度，发现盈余管理行为和避税行为可以解释除制度因素以外的剩余50%的会税差异。而发展中国家的会税差异，同样是由盈余管理行为和避税行为两部分构成。Dwi，Yulianti和Debby（2011）用印尼的数据证明了盈余管理的变动趋势和会税差异的变动趋势具有很强的一致性，同时影响盈余管理的因素同样也对会税差异有很大影响。

我国学者也通过研究会税差异的经济后果为盈余管理驱动型和避税驱动型的会税差异提供了间接经验证据。伍利娜（2007）根据会税差异幅度的大小构造投资组合，获得了较好的套利回报，说明了会税差异蕴含了明显的盈余管理信息，得出了会税差异是盈余管理和税收筹划行为的直接结果的结论。叶康涛（2006）通过考察会税差异和盈余管理之间的关系，证明了上市公司盈余管理程度越大，会计利润与应税利润差异也越大。Chan等（2010）发现中国上市公司的会税差异与其被税务部门出具的税务审计调整额显著正相关，这意味着用会税差异及其变体来刻画企业避税行为在中国适用，中国的经验数据同样证明了避税驱动的会税差异的存在。

总结上述国内外经验研究证据，我们可以知道，资本市场能够比较有效的区分会税差异的不同驱动因素，并对不同驱动因素导致的会税差异作出不同的反应。

二、案例：会税差异的市场反应

A公司2016年年度报告显示，该公司2016年度利润总额为6 200万元。但是，由于所得税费用为－13 000万元，导致净利润为19 200万元。

为什么所得税费用出现如此之大的一个负数？为什么净利润比利润总额还要大那么多？对于许多财务报表阅读者而言，这恐怕是一个令人费解的问题。通过查阅财务报告附注可以发现，该公司2016年“可抵扣亏损”对所得税费用的影响是－23 000万元。如前所述，利润表上显示的所得税费用为－13 000万元。可以推算，如果没有“可抵扣亏损”对所得税费用的影响－23 000万元，A公司2016年度的所得税费用应该是10 000万元

[－13 000 万元－(－23 000 万元)]，那么，净利润就应该是－3 800 万元[6 200 万元－10 000 万元]。而有了"可抵扣亏损"对所得税费用的影响－23 000 万元，净利润便是 19 200 万元。也就是说，由于"可抵扣亏损"对所得税费用的影响，使净利润增加了 23 000 万元[19 200 万元－(－3 800 万元)]。

分析至此，问题的关键就在于为什么存在"可抵扣亏损"对所得税费用的影响－23 000 万元？事实上，这是一种判断。也就是说 A 公司管理层和审计师认为，A 公司的一些子公司未来有可能产生盈利去弥补以前年度的亏损，从而在 2016 年度新增确认了递延所得税资产 23 000 万元，相应地，就形成了前文所述的"可抵扣亏损"对所得税费用的影响－23 000 万元。

那么，A 公司管理层和审计师的判断是否适当呢？也就是说，A 公司下属的这些目前亏损的子公司，未来究竟有没有可能盈利呢？我们发现，在 2014 年年末至 2016 年年末这三年年末的时间节点上，A 公司下属子公司中可弥补亏损持续扩大，没有好转的迹象。而且，A 公司 2016 年合并利润表显示，主营业务呈现亏损状态。因此，在以往三年子公司亏损持续扩大的情况下，A 公司管理层和审计师依然认为亏损可以由未来盈利弥补的判断和相应的会计处理，就很容易引起争议。虽然这是一个判断问题，管理层和审计师如此判断，监管机构未必作出什么反应。但是，监管机构不作反应，并不意味着媒体从而资本市场也不会作出什么反应。

经验和研究表明，媒体负面报道会影响公司价值。近年来，A 公司的媒体负面报道较多，其股价也确实因为这些负面报道而受到了比较明显的不利影响。虽然我们难以将资本市场对管理层关于"可抵扣亏损"对所得税费用影响的判断和相应的会计处理所作出的反应单独分离出来，但资本市场对媒体负面报道作出的反应，从理论逻辑上分析应该是包含了这方面影响的。因此，面对有效资本市场，在充分披露信息的情况下，A 公司通过会计估计和判断进行盈余管理，未必能达到"糊弄"投资者的目的，反而使公司形象和公司价值受损。

三、启示与建议

企业会计准则给管理层留下的估计与判断的空间，是上市公司进行盈余管理的一个重要机会。不少资本市场参与者非常希望企业会计准则不要给管理层留下那么大的估计与判断空间，以使管理层的盈余管理受到更多限制。但是，企业会计准则制定机构也不能剥夺管理层的估计与判断的权利，更不能越俎代庖。然而，本文的分析告诉我们，当企业会计准则留给管理层较大的估计与判断空间的情况下，管理层其实不应该肆意利用估计与判断的机会进行盈余管理。如果过分利用这种估计与判断机会进行盈余管理，即便监管机构不作任何反应和任何处罚，资本市场也会作出反应和给予惩罚的。这就是市场的力量。只要市场机制能够有效发挥作用，大多数公司管理层盈余管理的程度就会受到限制。因此，我们建议，当企业会计准则留给管理层较大的估计与判断空间的情况下，管理层应该敬畏资本市场，对不确定事件尽可能作出客观、审慎的估计与判断；审计师应该保持足够的独立性和专业性，客观、中立地审核管理层所作的估计与判断及其依据；资本市场监管机构应该加强对上市公司信息披露的监管，特别是要加强对引起资本市场广泛关注的上市公司重大估计与判断问题的检查监督；资本市场投资者应该理性看待会计估计问题，充分关注上市公司公开披露的信息，善于利用这些公开信息分析和判断企业会计估计的恰当性，并以此指导自己的投资决策。

（资料来源 大华研究院，大华会计师事务所：《会税差异：资本事场有何所应？》，载大华研究院2017年4月24日，http://url.cn/4CUtptW）

特别提示

所得税会计采用资产负债表债务法核算所得税，资产负债表债务法是从资产负债表出发，通过比较资产负债表上列示的资产、负债，按照企业会计准则规定确定的账面价值与按照税法规定确定的计税基础，对于两者之间的差异可分为应纳税暂时性差异与可抵扣暂时性差异；进而确认相关的递延所得税负债与递延所得税资产，并在此基础上确定每一期间利润表中的所得税费用。

第三章

CHAPTER 3

外币折算会计

学习目标

财政部发布的《企业会计准则第19号——外币折算》(CAS19)自2007年1月1日起在上市公司范围内施行，并鼓励其他企业执行，并基本上与《国际会计准则第21号——汇率变动的影响》(IAS21)一致。本章内容阐述外币交易的确认、计量和记录问题以及外币财务报表的折算和披露问题。本章应关注的主要内容有：① 理解外币、外币交易、外币折算、记账本位币等基本概念；② 掌握外币交易的构成内容和类型，以及外币交易会计处理；③ 掌握中国会计准则对外币财务报表折算的相关操作规定；④ 了解不同外币财务报表折算方法的异同和优缺点。

案例引入

人民币击穿“铁底” 一大波上市公司汇兑损失过亿

2016年11月15日，人民币中间价报6.849 5，调贬204点，也是连跌第8天，创下自2008年12月8日以来历史最低。自人民币正式“入篮”以来，人民币中间价已累计跌去2.7%。面对人民币连跌，上市公司出现冰火两重天的境遇。部分以出口为主的行业如纺织服装、建筑装饰类企业都表示人民币贬值将给企业带来积极的影响。而航空公司则因持有大量美元负债遭受汇兑损失，从而造成利润下降。

2015年汇兑损失最大的三家企业分别为南方航空、中国国航和东方航空，被航空板块包揽，三家公司的汇兑亏损分别是57.02亿元、51.56亿元和49.87亿元，三家航空公司的汇兑亏损额大体与当年利润相当。以中国国航为例，2016年上半年人民币兑美元贬值约2.1%，公司产生汇兑损失16.98亿元；人民币每贬值1%，公司净利润将减少4.82亿元。东方航空和南方航空的情况如出一辙，上半年的汇兑损失为13.6亿元和15.1亿元。

部分上市公司也认为，人民币贬值将对公司业务带来利好。比如孚日股份就表示，第三季度单季营收同比增长7.04%，明显快于2016年上半年，人民币贬值对于公司外销业务是长期趋势性利好。

中信建投的研究报告也指出，渤海金控的业绩也将受益于人民币贬值。其半年报显示，公司海外收入占比71.6%，估算境外资产占比约70%。以三季度时点数据测算，海外收入约为121.8亿元，海外净资产约为204亿元。由于境外资产、负债均匹配，美元升值10%，即可带来以人民币计价的报表收入和净资产提高10%。截至2016年半年末，渤海金控定增为境外租赁公司增资投入已超过8亿美元，该部分股权投资可享受美元增值收益。

晨鸣纸业表示，公司通过进出口对冲、开立远期信用证、贸易融资以及利率调期等措施规避了汇率波动风险，由此，对未来公司业务整体经营的影响不大。

与此同时，因为汇率贬值产生负面影响的公司也在积极自救，部分上市公司表示已经或将要开展外汇套期保值业务，以规避人民币贬值带来的汇兑损失。

请思考企业汇兑损失产生的原因是什么？人民币的贬值对中国经济总体来说是好还是不好？

（资料来源　杨苗：《人民币击穿"铁底"一大波上市公司汇兑损失过亿》，载搜狐财经·搜狐网2016年11月16日，http://business.sohu.com/20161116/n473290481.shtml）

第一节　外币折算会计概述

一、外币、外币交易、外币折算

（一）外币

外币是指除了本国货币以外的其他国家或地区的货币。它通常用于企业因贸易、投资等经济活动所引起的对外结算业务中。从会计确认与计量的角度而言，外币则指记账本位币以外的货币。

（二）外币交易

外币交易是指企业以记账本位币以外的货币计价或者结算的交易。根据我国企业会计准则的规定，不论企业以何种货币作为记账本位币，均可能存在外币交易。如果企业以非人民币作为记账本位币，该企业与其他企业发生的以人民币计价的交易则为外币交易。尽管外币交易本身是以非记账本位币计量的，但会计上计量和记录这些交易时必须将其表述为记账本位币。

（三）外币折算

外币折算是建立在外币、外币交易基础上的一种会计业务，指将以外币编制的财务报表转换为以记账本位币表述的财务报表的折合换算过程。

二、记账本位币

（一）记账本位币的含义

对于发生多种货币计价的企业，需要选择一种统一的作为会计基本计量尺度的记账货币，并以该种货币计量和处理经济业务，我们将这种作为会计基本计量尺度的货币称为记账本位币，通常它是企业主要收支现金的经济环境中的货币。

我国《企业会计准则第19号——外币折算》(CAS19)中规定，企业通常应选择人民币作为记账本位币，业务收支以人民币以外的货币为主的企业，也可以选定其中一种货币作为记账本位币。但是，最后编制的财务报表应当折算为以人民币表述的财务报表。

(二) 记账本位币的确定

1. 企业选定记账本位币的因素

企业应当根据经营所处的主要经济环境选定记账本位币，在选定记账本位币时，应当考虑下列因素：① 该货币对商品和劳务的销售价格有主要影响，通常以该种货币进行商品和劳务的计价和结算。② 该货币对商品和劳务所需人工、材料和其他费用有主要影响，通常以该货币进行上述费用的计价和结算。③ 融资活动获得的货币以及保存从经营活动中收取款项所使用的货币。视融资活动获得的资金在其生产经营活动中的重要性，或者企业通常留存销售收入的货币而定。

应当指出，在确定企业记账本位币时，上述因素的重要程度因企业的具体情况不同而不同，需要企业管理当局根据实际情况进行判断，但这并不是说企业管理当局可以根据需要随意选择记账本位币，根据实际情况确定的记账本位币只能有一种货币。该货币一经确定，不得改变，除非与确定记账本位币相关的企业经营所处的主要经济环境发生重大变化。

2. 企业境外经营记账本位币的确定

所谓境外经营，是指企业在境外的子公司、合营企业、联营企业、分支机构。当企业在境内的子公司、合营企业、联营企业、分支机构，采用不同于本企业记账本位币的，也视同境外经营。

企业在选定境外经营的记账本位币时，还应当考虑下列因素：① 境外经营对其所从事的活动是否拥有很强的自主性。② 境外经营活动中与企业的交易是否占有较大比重。③ 境外经营活动产生的现金流量是否直接影响企业的现金流量，是否可以随时汇回。④ 境外经营活动产生的现金流量是否足以偿还其现有债务和可预期的债务。

(三) 记账本位币的变更

企业记账本位币一经确定，不得随意变更，除非企业经营所处的主要经济环境发生重大变化。这里的重大变化通常是指企业主要收入和支出现金的经济环境发生了重大变化，使用该环境中的货币最能反映企业的主要交易业务的经济结果。

企业因经营所处的主要经济环境发生重大变化，确需变更记账本位币的，应当采用变更当日的即期汇率将所有项目折算为变更后的记账本位币。折算后的金额作为以新的记账本位币计量的历史成本。由于采用同一即期汇率进行折算，因此不会产生汇兑损益。当然，企业需要提供确凿的证据以证明企业经营所处的主要经济环境确实发生了重大变化，并应在报表附注中披露变更的理由。

企业记账本位币发生变更的，应按照变更当日的即期汇率将所有项目折算为变更后的记账本位币时，其比较财务报表也应当以可比当日的即期汇率折算所有资产负债表和利润表项目。

三、外币折算

外币折算主要包括外币交易的折算和外币报表的折算。

（一）外币交易的折算

外币交易主要有以下四种类型。

（1）买入或卖出以外币计价的商品或劳务。

（2）借入或借出外币资金。

（3）外币兑换，即企业将一种货币兑换成另一种货币。

（4）其他以外币计价或者结算的交易。比如，企业接受外币资本投资、接受外币现金捐赠等。

（二）外币报表的折算

企业为了把境外经营反映在企业的财务报表里，需要将境外经营以外币表示的财务报表折算为以记账本位币表示的财务报表，这就涉及对外币财务报表的折算。

四、外汇汇率

汇率，又称汇价，是以一国货币表示另一国货币的价格，亦即将一国货币换算成另一国货币的比率。

对于一个国家来说，汇率的变化是经常性的，它受许多因素的影响，既有政治因素，也有经济因素，如国际收支状况、通货膨胀、利率水平、国家对汇率的干预程度、战争爆发和政局变化等。

（一）汇率的标价

汇率的标价，是以外国货币表示本国货币的价格或以本国货币表示外国货币的价格，可用以下两种方式加以表述。

1. 直接标价法

直接标价法，是以一定单位的外币为标准折合成一定数额的本国货币，又称应付标价法。其特点是：外币数额固定不变，本国货币的数额随着汇率的高低变化而变化，本国货币币值的大小与汇率的高低成反比。例如，一定单位的外币折算成的本币数量比原来增多，说明外币汇率上升或本币汇率下跌，即外币币值上升或本币币值下跌。目前，世界上大多数国家汇率的标价均采用直接标价法，我国也采用这种方法。

2. 间接标价法

间接标价法，是以一定单位的本国货币为标准折合成一定数额的外国货币。其特点是：本国货币数额固定不变，外国货币的数额随着汇率的高低变化而变化，本国货币币值的大小与汇率的高低成正比。例如，一定单位的本国货币折算成的外币数量比原来增多，说明本币汇率上升或外币汇率下跌，即本币升值或外币贬值。通常英国、美国采用这种方法，但美国对英国采用直接标价法。

（二）汇率的种类

外汇根据不同的要求，具有不同的分类，现介绍几种主要的分类。

1. 固定汇率和浮动汇率

（1）固定汇率，是指某一国家的货币与别国货币的兑换比率是基本不变的，或者是指因某种限制而在一定幅度内进行波动的汇率。固定汇率一般是由政府规定的，将汇率变动规定在一定幅度之内，超出幅度，则实行政府干预。

（2）浮动汇率，是指某一国货币与另一国货币的兑换比率是根据外币市场的供求关系决定汇率的涨落而不受限制的汇率。浮动汇率制度又可以进一步分为自由浮动、管理浮动、联合浮动、钉住浮动等。

2. 现行汇率、历史汇率和平均汇率

（1）现行汇率，是指资产负债表日，本国货币与外国货币之间的比率。

（2）历史汇率，是指取得外币资产或承担外币债务时的汇率。

（3）平均汇率，是将现行汇率或历史汇率按简单算术平均或加权平均计算出的汇率。

3. 买入汇率、卖出汇率和中间汇率

（1）买入汇率，即买入价，是指银行从同业或者客户那里买入外汇时使用的汇率。

（2）卖出汇率，即卖出价，是指银行向同业或者客户那里卖出外汇时使用的汇率。

（3）中间汇率，即中间价，是买入汇率与卖出汇率的算术平均值。

4. 即期汇率和即期汇率的近似汇率

（1）即期汇率，通常是指中国人民银行公布的当日人民币外汇牌价的中间价。所谓中间价，是银行买入价与卖出价的平均价。企业发生的外币兑换业务或涉及外币兑换的交易事项，应当按照交易实际采用的汇率，即银行买入价或卖出价进行折算。

（2）即期汇率的近似汇率，是指按照系统合理的方法确定的与交易发生日即期汇率近似的汇率，通常采用当期平均汇率或加权平均汇率等。

我国企业会计准则规定，企业在处理外币交易和对外币报表进行折算时，应当采用交易发生日的即期汇率将外币金额折算为记账本位币金额反映；也可以采用按照系统合理的方法确定的，与交易日即期汇率近似的汇率折算。

五、汇兑损益

（一）汇兑损益的概念

汇兑损益，是指对同样数量的外币金额采用不同的汇率进行折算而产生的折合为记账本位币的差额，它反映了汇率变动给企业带来的利得或损失。汇兑损益主要与外币交易和外币财务报表折算有关。

（1）汇兑损益主要与外币交易有关。一方面，随着汇率的变化，同样一笔外币金额采用不同时点（交易发生日、结算日、资产负债表日）的汇率进行折算，折合成的记账本位币金额会出现差额。另一方面，在货币兑换业务中，由于两种货币所采用的汇率不同，也会导致折合成的记账本位币出现差额。

(2) 汇兑损益还可能与外币财务报表折算有关。在对外币财务报表进行折算时,由于对不同的项目采用不同的折算汇率而导致的折算为记账本位币的差额,通常称为外币折算差额。广义的汇兑损益应该包括外币报表折算差额。

(二) 汇兑损益的分类

汇兑损益按其是否已经在本期实现,可分为已实现的汇兑损益和未实现的汇兑损益。汇兑损益与外币交易和外币财务报表折算的关系,如图 3-1 所示。

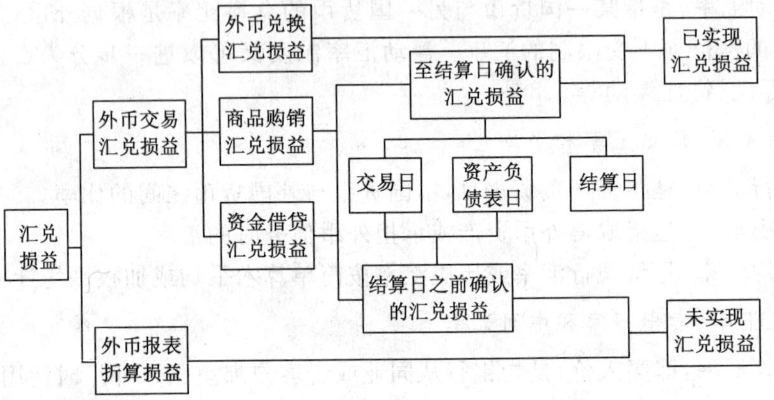

图 3-1 汇兑损益的分类

另外,汇兑损益根据其业务划分,一般还可以分为四种经常性汇兑损益:交易损益、兑换损益、调整损益和换算损益。

(三) 汇兑损益的确认

对于汇兑损益的确认,存在两种不同的观点。

一种观点认为,要划分已实现汇兑损益和未实现汇兑损益。这种观点认为本期汇兑损益的确认,应以实现为准,即只有已实现的汇兑损益才能作为本期的汇兑损益登记入账。未实现的汇兑损益不能确认入账,待以后实现时才能予以确认。根据这种观点,除已实现的汇兑损益可以入账外,不管外部实际汇率发生多大变化,对于企业外币性资产和负债项目,一般不能因汇率变动而调整其账面的记账本位币金额。即使调整也应区分已实现汇兑损益和未实现汇兑损益,对于未实现汇兑损益要递延到以后会计期间,待实际业务发生或已结算完成后,再计入该期损益。

另一种观点认为,不必划分已实现汇兑损益和未实现汇兑损益。这种观点主张将本期已实现汇兑损益和未实现汇兑损益全部计入当期损益。即只要汇率发生变动,就应确认其汇兑损益已经实现。因此,期末对于各项外币货币性项目均应按照规定的汇率作为折算汇率,重新调整所有外币账户的余额。产生的汇兑损益不论是否在本期内已经实现,全部计入当期损益。

目前,在我国会计实务中,对于外币资金借贷所产生的调整损益大多数企业采用的是第二种观点,而对于外币报表折算损益则先作递延处理,待处置境外经营时再计入当期损益。

（四）汇兑损益的处理

我国企业会计准则规定，对汇兑损益应当按照下列规定进行处理。

（1）外币货币性项目，采用资产负债表日即期汇率折算。因资产负债表日即期汇率与初始确认或者前一资产负债表日即期汇率不同而产生的汇兑损益，计入当期损益。

（2）以历史成本计量的外币非货币性项目，仍采用交易日发生的即期汇率折算，不改变其记账本位币金额。由于已在交易发生日按当日即期汇率折算，资产负债表日不应改变其原记账本位币金额，不产生汇兑差额。

（3）以公允价值计量的外币非货币性项目，如交易性金融资产，采用公允价值确定日的即期汇率折算，折算后的记账本位币金额与原记账本位币金额的差额，作为公允价值变动损益（含汇率变动）处理，计入当期损益。

（4）企业收到投资者以外币投入的资本，应当采用交易发生日即期汇率折算，不得采用合同约定汇率和即期汇率的近似汇率折算。外币投入资本与相应的货币性项目的记账本位币金额之间不产生外币资本折算差额。

（5）企业编制合并财务报表涉及境外经营的，如有实质上构成对境外经营净投资的外币货币性项目，因汇率变动而产生的汇兑损益，应列入所有者权益“其他综合收益——外币报表折算差额”项目。处置境外经营时，汇兑损益计入处置当期损益。

■ 第二节　外币交易的会计处理

一、外币交易会计处理的基本方法

外币商品购销交易中，如果货物的交易和款项的结算没有同时进行，相应的会计处理方法取决于企业在记录外币交易时所选择的观点，即“单一交易”观点和“两项交易”观点。

（一）“单一交易”观点和“两项交易”观点

1.“单一交易”观点

“单一交易”观点，亦称为一笔业务交易观点，是指企业将发生的购货或销货业务以及以后的款项结算视为一项交易的两个阶段。在这种观点下，汇率变动的影响应作为原入账销售收入或购货成本的调整，也就是说，按记账本位币计量的销售收入和购货成本，最终取决于结算日的汇率。这种方法的要点如下所述。

（1）在交易发生日，按当日汇率将交易发生的外币金额折算为记账本位币入账。

（2）在资产负债表日，如果交易尚未结算，应按资产负债表日规定的汇率将交易发生额折算为记账本位币金额，并对有关外币资产、负债、收入、成本账户进行调整。

（3）在交易结算日，应按结算日汇率将交易发生额折算成记账本位币金额，并对有关外币资产、负债、收入、成本账户进行调整。

2.“两项交易”观点

“两项交易”观点，亦称为两笔业务交易观点，是指企业发生购货或销货业务时，将交易的发生和以后的货款结算视为两项交易。在这种观点下，购货成本或销售收入均按交易日的汇率确定，而与结算日的汇率无关，在交易中形成的外币债权债务将承受汇率变动风险。

在“两项交易”观点下，对结算日前的汇兑损益有两种处理方法：第一种方法是作为已实现的损益，列入当期利润表。第二种方法是作为未实现损益作递延处理，列入资产负债表，待到结算日再作为已实现的汇兑损益入账。

（二）两种不同会计处理方法的举例

1. “单一交易”观点举例

【例 3-1】 晨锋公司记账本位币为人民币，对外币交易采用交易日的即期汇率折算。该公司于 2×15 年 12 月 7 日，以赊销方式向美国某公司出口商品一批，货款共计 60 000 美元，当日汇率为 1 美元＝6.4 元人民币；2×15 年 12 月 31 日的汇率为 1 美元＝6.3 元人民币；结算日为 2×16 年 2 月 2 日，当天汇率为 1 美元＝6.2 元人民币。

买卖双方约定货款以美元结算，按照“单一交易”观点，其会计处理如下：

(1) 2×15 年 12 月 7 日，按交易日汇率反映出口商品销售。

借：应收账款——美元（＄60 000×6.4）　　384 000

　贷：主营业务收入（＄60 000×6.4）　　384 000

(2) 2×15 年 12 月 31 日，按期末汇率调整原入账的销售收入和应收账款。

借：主营业务收入[＄60 000×(6.4－6.3)]　　6 000

　贷：应收账款——美元[＄60 000×(6.4－6.3)]　　6 000

(3) 2×16 年 2 月 2 日结算时，先按当日汇率调整销售收入和应收账款账户。

借：主营业务收入[＄60 000×(6.3－6.2)]　　6 000

　贷：应收账款——美元[＄60 000×(6.3－6.2)]　　6 000

同时：

借：银行存款——美元（＄60 000×6.2）　　372 000

　贷：应收账款——美元（＄60 000×6.2）　　372 000

2. “两项交易”观点举例

【例 3-2】 承例 3-1，出口业务资料按照“两项交易”观点，将汇兑损益作已实现损益处理，其会计处理如下：

(1) 2×15 年 12 月 7 日，按交易日汇率反映出口商品销售。

借：应收账款——美元（＄60 000×6.4）　　384 000

　贷：主营业务收入（＄60 000×6.4）　　384 000

(2) 2×15 年 12 月 31 日，按期末汇率确认未结算交易损益。

借：财务费用——汇兑差额[＄60 000×(6.4－6.3)]　　6 000

　贷：应收账款——美元[＄60 000×(6.4－6.3)]　　6 000

(3) 2×16 年 2 月 2 日结算时，先按当日汇率调整应收美元账款，确定汇兑损益。

借：财务费用——汇兑差额[＄60 000×(6.3－6.2)]　　6 000

　贷：应收账款——美元[＄60 000×(6.3－6.2)]　　6 000

同时：

借：银行存款——美元（$60 000×6.2）　　372 000

　贷：应收账款——美元（$60 000×6.2）　　372 000

【例 3-3】 承例 3-1，出口业务资料按照“两项交易”观点，将汇兑损益作递延处理，其会计处理如下：

(1) 2×15 年 12 月 7 日，按交易日汇率反映出口商品销售。

借：应收账款——美元（$60 000×6.4）　　384 000

　贷：主营业务收入（$60 000×6.4）　　384 000

(2) 2×15 年 12 月 31 日，按期末汇率将未结算交易损益予以递延。

借：递延汇兑损益［$60 000×(6.4−6.3)］　　6 000

　贷：应收账款——美元［$60 000×(6.4−6.3)］　　6 000

(3) 2×16 年 2 月 2 日结算时，先按当日汇率调整应收美元账款和递延汇兑损益。

借：递延汇兑损益［$60 000×(6.3−6.2)］　　6 000

　贷：应收账款——美元［$60 000×(6.3−6.2)］　　6 000

同时：

借：银行存款——美元（$60 000×6.2）　　372 000

　贷：应收账款——美元（$60 000×6.2）　　372 000

同时，将递延汇兑损益结转为已实现的汇兑损益。

借：财务费用——汇兑差额　　12 000

　贷：递延汇兑损益　　12 000

（三）两种会计处理方法的比较与选择

从上述的会计处理的比较可以看出：

(1) 在采用“单一交易”观点时，最终确认的营业收入为 372 000 元人民币，是以实际收到货款日汇率计算美元折合为记账本位币的数额。汇率变化形成的差额计入营业收入，实际上遵循的是收付实现制原则。

(2) 在采用“两项交易”观点时，最终确认的营业收入为 384 000 元人民币，是以发出货物日汇率计算美元折合为记账本位币的数额。汇率变化形成的差额 12 000 元人民币计入财务费用的汇兑差额，遵循的是权责发生制原则。

“两项交易”的观点不仅理论上更加严谨，计算也更为清晰、简便。因此，“两项交易”观点已为大多数国家的会计准则所采用。《国际会计准则 21 号——汇率变动的影响》(IAS21)规定，原则上采用“两项交易”观点的第一种方法，但也未完全否定“两项交易”观点的第二种方法。我国采用的基本上是“两项交易”观点的第一种方法，即将汇兑损益作为已实现的损益，列入当期损益。

二、外币交易的记账方法

外币交易的记账方法有外币统账制和外币分账制两种。外币统账制是指企业发生外币交易时，即折算为记账本位币入账。外币分账制是指在日常核算时分别币种记账，资产负债表日分别对货币性项目和非货币性项目进行调整：货币性项目按资产负债表日即期汇率折算，非货币性项目按交易日即期汇率折算，产生的汇兑差额计入当期损益。

从我国目前的情况来看，绝大多数企业采用外币统账制，只有银行等金融企业由于外币交易频繁，涉及外币币种较多，可以采用分账制记账方法进行日常核算。无论是采用分账制记账方法还是采用统账制记账方法，只是会计处理的程序不同，但产生的结果相同，即计算出的汇兑损益相同；相应的会计处理也相同，即均计入当期损益。

三、外币交易的会计处理

外币交易折算的会计处理主要涉及两个环节，一是在交易日对外币交易进行初始确认，将外币金额折算为记账本位币金额；二是在会计期末或结算日对相关项目进行折算，因汇率变动产生的差额记入当期损益。

（一）交易日的会计处理

企业发生外币交易的，应当在初始确认时采用交易发生日的即期汇率或即期汇率的近似汇率将外币金额折算为记账本位币金额。这里的即期汇率可以是外汇牌价的买入价或卖出价，也可以是中间价，在银行不进行货币兑换的情况下，一般以中间价作为即期汇率。

1. 外币结算的商品交易

【例 3-4】 晨锋公司的记账本位币为人民币，对外币交易采用交易日的即期汇率折算。该公司于2×16 年 12 月 4 日，向美国某公司出口商品一批，货款共计 80 000 美元，尚未收到货款，当日汇率为 1 美元＝6.5 元人民币。假定不考虑增值税等相关税费，其会计处理如下：

借：应收账款——美元（＄80 000×6.5）	520 000	
贷：主营业务收入（＄80 000×6.5）		520 000

【例 3-5】 晨锋公司的记账本位币为人民币，对外币交易采用交易日的即期汇率折算。该公司于 2×16 年 4 月 3 日，从美国某公司购入不需要安装的设备一台，设备价款为 80 000 美元，购入该设备当日的即期汇率为 1 美元＝6.5 元人民币，适用的增值税税率为 17%，款项尚未支付，增值税以银行存款支付。其会计处理如下：

借：固定资产——机器设备（＄80 000×6.5）	520 000	
应交税费——应交增值税（进项税额）	88 400	
贷：应付账款——美元（＄80 000×6.5）		520 000
银行存款		88 400

2. 外币计价的借款业务

【例 3-6】 晨锋公司的记账本位币为人民币，对外币交易采用交易日的即期汇率折算。该公司于 2×16 年 6 月 18 日从中国工商银行借入欧元 10 000 元，期限为 6 个月，年利率为 6%，当日的即期汇率为 1 欧元＝10 元人民币。假定借入的欧元暂存银行，其会计处理如下：

借：银行存款——欧元(€ 10 000×10)　　100 000

　贷：短期借款——欧元(€ 10 000×10)　　100 000

3. 投入外币资本业务

企业收到投资者以外币投入的资本，应当采用交易发生日即期汇率折算，不得采用合同约定汇率和即期汇率的近似汇率折算，外币投入资本与相应的货币性项目的记账本位币金额之间不产生外币资本折算差额。

【例 3-7】 晨锋公司的记账本位币为人民币，对外币交易采用交易日的即期汇率折算。该公司于 2×16 年 1 月 12 日收到美国某公司的外币投入资本 32 000 美元，当日的即期汇率为 1 美元＝6.5 元人民币。其会计处理如下：

借：银行存款——美元($ 32 000×6.5)　　208 000

　贷：实收资本——美元($ 32 000×6.5)　　208 000

4. 外币兑换业务

企业发生的外币兑换业务或涉及外币兑换的交易事项，应当以交易实际采用的汇率，即银行买入价或卖出价折算。因为汇率变动而产生的折算差额应计入当期损益。

【例 3-8】 晨锋公司的记账本位币为人民币，2×16 年 6 月 18 日以人民币向中国银行买入 6 000 美元，甲公司以中国人民银行公布的人民币汇率中间价作为即期汇率，当日的即期汇率为 1 美元＝6.5 元人民币，中国银行当日美元卖出价为 1 美元＝6.55 元人民币。其会计处理如下：

借：银行存款——美元($ 6 000×6.5)　　39 000

　财务费用——汇兑差额[$ 6 000×(6.55－6.5)]　　300

　贷：银行存款——人民币($ 6 000×6.55)　　39 300

(二) 会计期末或结算日对外币交易余额的会计处理

会计期末或结算日，企业应当分别对外币货币性项目和外币非货币性项目进行处理。

1. 货币性项目的处理

货币性项目是企业持有的货币和将以固定或可确定金额的货币收取的资产或者偿付的负债。货币性项目分为货币性资产和货币性负债，货币性资产包括现金、银行存款、应收账款和应收票据以及持有至到期投资等；货币性负债包括应付账款、其他应付款、短期借款、应付债券、长期借款、长期应付款等。

对于外币货币性项目，资产负债表日或结算日，因汇率波动而产生的汇兑差额作为财务费用处理，同时调增或调减外币货币性项目的记账本位币金额。

【例 3-9】 晨锋公司的记账本位币为人民币，对外币交易采用交易日的即期汇率折算。2×15 年 11 月 4 日，向美国某公司出口商品一批，货款共计 90 000 美元，货款尚未收到，当日即期汇率为 1 美元＝6.4 元人民币。假定 2×15 年 12 月 31 的即期汇率为 1 美元＝6.5 元人民币，假定不考虑增值税等相关税费。

分析：

对该笔交易产生的外币货币性项目“应收账款”采用 2×15 年 12 月 31 的即期汇率 1 美元＝6.5元人民币折算为记账本位币为 585 000 元人民币($ 90 000×6.5)，与其交易日折算为记账本位币的金额576 000元人民币的差额为9 000元人民币，应当计入当期损益，同时调整货币性项目的原记账本位币金额。相应的会计分录为：

借：应收账款——美元[＄90 000×(6.5－6.4)]　　9 000

　贷：财务费用——汇兑差额[＄90 000×(6.5－6.4)]　　9 000

假定2×16年1月31日收到上述货款(即结算日)，当日的即期汇率为1美元＝6.6元人民币，甲公司实际收到的货款90 000美元折算为人民币应当是594 000(＄90 000×6.6)元人民币，与当日应收账款中该笔货币资金的账面金额585 000元人民币的差额为9 000元人民币。当日甲公司的会计分录：

借：银行存款——美元(＄90 000×6.6)　　594 000

　贷：应收账款——美元(＄90 000×6.5)　　585 000

　　财务费用——汇兑差额[＄90 000×(6.6－6.5)]　　9 000

【例3-10】 晨锋公司的记账本位币为人民币，对外币交易采用交易日的即期汇率折算。2×16年8月24日，向美国某供货商购入商品一批，商品已经验收入库。根据双方供货合同，货款共计120 000美元，货到后10日内晨锋公司付清所有货款。当日即期汇率为1美元＝6.4元人民币。假定2×16年8月31日的即期汇率为1美元＝6.5元人民币。假定不考虑增值税等相关税费。

分析：

对该笔交易产生的外币货币性项目"应付账款"采用8月31日即期汇率1美元＝6.5元人民币折算为记账本位币为780 000元人民币(＄120 000×6.5)，与其交易日折算为记账本位币的金额768 000元人民币(＄120 000×6.4)的差额为12 000元人民币，应计入当期损益，相应的会计分录为：

借：财务费用——汇兑差额[＄120 000×(6.5－6.4)]　　12 000

　贷：应付账款——美元[＄120 000×(6.5－6.4)]　　12 000

9月3日，晨锋公司根据供货合同以自有美元存款付清所有货款(即结算日)。当日的即期汇率为1美元＝6.55元人民币。相应的会计分录为：

借：应付账款——美元(＄120 000×6.5)　　780 000

　财务费用——汇兑差额[＄120 000×(6.55－6.5)]　　6 000

　贷：银行存款——美元(＄120 000×6.55)　　786 000

【例3-11】 承例3-6，假定2×16年7月31日的即期汇率为1欧元＝10.5元人民币，则"银行存款——欧元"产生的汇兑差额为5 000元人民币[10 000 €×(10.5－10)]，"短期借款——欧元"产生的汇兑差额为5 000元人民币[10 000 €×(10.5－10)]，由于借贷方均为货币性项目，产生的汇兑差额相互抵销，相应会计分录为：

借：银行存款——欧元[€ 10 000×(10.5－10)]　　5 000

　贷：短期借款——欧元[€ 10 000×(10.5－10)]　　5 000

2×17年1月18日以人民币归还所借欧元，当日银行的欧元卖出价为1欧元＝11元人民币，假定借款利息在到期归还本金时一并支付，则当日应归还银行借款利息300欧元(10 000 €×6%÷12×6)，按当日欧元卖出价折算为人民币为3 300元(300 €×11)。相关会计分录如下：

借:短期借款——欧元(€10 000×10.5)　　105 000
　财务费用——汇兑差额[€10 000×(11－10.5)]　　5 000
　贷:银行存款——欧元(€10 000×11)　　110 000

同时:

借:财务费用[€10 000×6%÷12×6×11]　　3 300
　贷:银行存款——人民币[€10 000×6%÷12×6×11]　　3 300

2. 非货币性项目的处理

非货币性项目是货币性项目以外的项目,如:存货、长期股权投资、交易性金融资产(股票与基金)、固定资产、无形资产等。

(1) 对于以历史成本计量的外币非货币性项目,已在交易发生日按当日即期汇率折算,资产负债表日不应改变其原记账本位币金额,不产生汇兑差额。因为这些项目在取得时已按取得时日即期汇率折算,从而构成这些项目的历史成本;如果再按资产负债表日的即期汇率折算,就会导致这些项目价值不断变动,从而使这些项目的折旧、摊销和减值不断地随之变动。这与这些项目的实际情况不符。

【例 3-12】 晨锋公司的记账本位币是人民币。2×15 年 6 月 15 日,进口一台机器设备,设备价款 600 000 美元,尚未支付,当日的即期汇率为 1 美元＝6.4 元人民币。2×15 年 6 月 30 日的即期汇率为 1 美元＝6.45 元人民币。

分析:

假定不考虑其他相关税费,该项设备属于企业的固定资产,在购入时已按当日即期汇率折算为人民币 3 840 000 元。由于"固定资产"属于非货币性项目,因此,2×15 年 6 月 30 日,不需要按当日即期汇率进行调整。

但是,由于存货在资产负债表日采用成本与可变现净值孰低计量。因此,在以外币购入存货并且该存货在资产负债表日的可变现净值以外币反映的情况下,在计提存货跌价准备时应当考虑汇率变动的影响。

【例 3-13】 晨锋公司的记账本位币是人民币。2×16 年 11 月 11 日以每台 3 000 美元的价格从美国某供货商手中购入 A 商品 10 台,并于当日支付了相应货款(假定晨锋公司有美元存款)。2×16 年 12 月 31 日,已售出 A 商品 2 台,国内市场仍无 A 商品供应,但 A 商品在国际市场的价格已降至每台 2 900 美元。

分析:

① 2×16 年 11 月 11 日的即期汇率是 1 美元＝6.4 元人民币,12 月 31 日的汇率是 1 美元＝6.5 元人民币。假定不考虑增值税等相关税费,晨锋公司应作会计分录如下:

2×16 年 11 月 11 日,购入 A 商品:

借:库存商品——A($3 000×10×6.4)　　192 000
　贷:银行存款——美元($3 000×10×6.4)　　192 000

② 12 月 31 日,由于库存 8 台 A 商品市场价格下跌,表明其可变现净值低于成本,应计提存货跌价准备:

借:资产减值损失($3 000×8×6.4－$2 900×8×6.5)　　2 800
　贷:存货跌价准备($3 000×8×6.4－$2 900×8×6.5)　　2 800

本例中，期末，在计算库存商品——A商品的可变现净值时，在国内没有相应产品的价格。因此，只能依据A商品的国际市场价格为基础确定其可变现净值，但需要考虑汇率变动的影响；期末，以国际市场价格为基础确定的可变现净值应按照期末汇率折算，再与库存A商品的记账本位币成本相比较，确定其应提的跌价准备。

(2) 对于以公允价值计量的股票、基金等非货币性项目，如果期末的公允价值以外币反映，则应当先将该外币按照公允价值确定当日的即期汇率折算为记账本位币金额，再与原记账本位币金额进行比较，其差额作为公允价值变动损益，计入当期损益。如属于可供出售外币非货币性项目的，形成的汇兑差额，计入其他综合收益。

【例3-14】 晨锋公司的记账本位币为人民币。2×16年11月15日以每股2美元的价格购入飞鸿公司B股8 000股作为交易性金融资产，当日即期汇率为1美元=6.2元人民币，款项已付。2×16年12月31日，由于市价变动，当月购入的飞鸿公司B股的市价变为每股2.5美元，当日即期汇率为1美元=6.25元人民币。假定不考虑相关税费的影响。

分析：

① 2×16年12月15日，该公司对上述交易应作以下财务处理：

借：交易性金融资产——成本（＄2×8 000×6.2）　　99 200

　贷：银行存款——美元（＄2×8 000×6.2）　　99 200

② 根据《企业会计准则第22号——金融工具：确认和计量》(CAS22)规定，交易性金融资产以公允价值计量。由于该项交易性金融资产是以外币计价，在资产负债表日，不仅应考虑美元市价的变动，还应一并考虑美元与人民币之间汇率变动的影响，上述交易性金融资产在资产负债表日的人民币金额为125 000元（＄2.5×8 000×6.25），与原账面价值99 200元的差额为25 800元人民币，应计入公允价值变动损益。相应的会计分录为：

借：交易性金融资产——公允价值变动（＄2.5×8 000×6.25－＄2×8 000×6.2）
　　25 800

　贷：公允价值变动损益（＄2.5×8 000×6.25－＄2×8 000×6.2）　　25 800

上述25 800元人民币既包含晨锋公司所购飞鸿公司B股股票公允价值变动的影响，又包含人民币与美元之间汇率变动的影响。

③ 2×17年2月27日，晨锋公司将所购飞鸿公司B股股票按当日市价每股2.7美元全部售出（即结算日），所得价款为21 600美元，按当日汇率为1美元=6.4元人民币折算为人民币金额为138 240元，与其上年年末原账面价值人民币金额125 000元的差额为13 240元人民币，对于汇率的变动和股票市价的变动不进行区分，均作为投资收益进行处理。因此，售出当日，晨锋公司应作会计分录为：

借：银行存款——美元（＄2.7×8 000×6.4）　　138 240

　贷：交易性金融资产（＄2×8 000×6.2＋＄2.5×8 000×6.25－＄2×8 000×6.2）
　　125 000

　　投资收益（＄2.7×8 000×6.4－＄2.5×8 000×6.25）　　13 240

第三节　外币财务报表折算

一、外币财务报表折算的目的

外币财务报表折算是指将以外币表示的财务报表折算为以某一特定货币表示的财务报表。编制合并报表的前提条件是母公司和子公司的报表要使用统一的列报货币。通常是以母公司的报告货币作为统一的货币计量单位，将不同的货币金额换算成同一货币计量单位来重新表述。在外币报表折算中，会计上要处理以下两个基本问题：一是如何选择折算标准，即外币报表中的各个项目按什么汇率进行折算，是选择现行汇率、历史汇率，还是与即期汇率相近似的平均汇率折算；二是如何处理折算差额，是计入当期损益，还是作递延处理。外币财务报表折算的目的在于以下三点。

（1）在母公司拥有境外经营子公司的情况下，在编制合并报表之前，需对纳入合并范围的境外经营子公司以外币表示的财务报表折算为以母公司记账本位币表示的财务报表。

（2）为了向国外股东和其他报表使用者提供适合他们使用的报表，就需要将以本国货币表示的财务报表折算为某一外国货币表示的会计报表。

（3）为了在国外证券市场上发行股票和债券，就需要将以本国货币表示的财务报表折算为以某种外国货币表示的财务报表。

本书所阐述的外币报表折算主要针对上述第一个目的。

二、外币财务报表折算的基本方法

目前，世界各国对外币财务报表折算方法主要有以下四种。

（一）流动与非流动项目法

流动与非流动项目法是将资产负债表项目按其流动性划分为流动项目和非流动项目两类。

具体折算方法是：对于流动资产和流动负债项目按报表编制日的现行汇率折算；对于非流动资产项目按资产取得或负债发生时的历史汇率折算；对于利润表项目，除了折旧费和摊销费用按其相关资产取得时的历史汇率折算外，其他收入和费用项目均按会计报告期内的平均汇率折算。

这种方法是早在 20 世纪 30 年代美国曾普遍使用的方法，目前国际上仅有少数国家采用这种方法。

（二）货币性与非货币性项目法

货币性与非货币性项目法是将资产负债表项目划分为货币性项目和非货币性项目两类。

具体折算方法是：对于货币性项目，按现行汇率折算；对于非货币性项目，按其取得或发生时的历史汇率折算；对于利润表项目，除了折旧费用和摊销费用按其相关资产取得时的历史汇率折算外，其他收入和费用项目均按会计报告期内的平均汇率折算。

这种方法和流动与非流动项目法的主要区别在于存货的折算，在流动与非流动项目法下，存货是按现行汇率折算，而采用这种方法对存货则按历史汇率折算。

（三）时态法

时态法，亦称时间量度法，是针对资产负债表项目的计量方法和时间的不同，而选择不同汇率进行折算的一种方法。

具体折算方法是：① 对于现金、应收和应付项目，无论是按原始成本，还是按现行成本计价，均按现行汇率折算。② 对于其他资产负债项目，如果在子公司财务报表上以历史成本计价，则按历史成本汇率折算；如果在子公司财务报表上以现行成本计价，则按现行汇率折算。③ 对于所有者权益项目，按发生时的历史汇率折算。④ 对于利润表项目，除了折旧费和摊销费用按历史汇率折算外，其他项目均按平均汇率折算。外币资产负债表和利润表项目在折算过程中形成的折算损益均应确认为当期损益。

时态法目前是国际上广泛采用的一种方法。如美国财务会计准则委员会在财务会计准则公告第 8 号《外币交易外币报表折算的会计处理》(SFAS8)中，将时态法确立为外币报表折算的唯一公认原则。

（四）现行汇率法

现行汇率法，是对外币资产负债表中的所有资产负债项目均按现行汇率折算。这种方法的具体折算方法是：对于所有的资产负债项目均按现行汇率折算；对于收入和费用项目均按平均汇率折算；对于实收资本项目按发生时的历史汇率折算。

现行汇率法采用单一汇率对各项资产负债进行折算，相当于对各项目乘上一个常数，因而计算简便，而且折算后报表中各项目之间的比例关系能够与原外币报表中各项目之间的比例关系保持一致。这种方法的缺点是：将外币报表中按历史成本表示的资产项目按编表日现行汇率折算，其折算结果既不是资产的历史成本，也不是资产的现行市价，而是外币资产的历史成本与资产负债表日现行汇率两个不同时点数字的乘积。此外，现行汇率法假设所有的外币资产都将受汇率变动的影响，这显然与实际情况不符。

尽管现行汇率法存在种种不足，但在会计实务中是应用较为广泛的一种方法。美国财务会计准则委员会在财务会计准则公告第 52 号《外币折算》(SFAS52)中也肯定了这一方法。

对于上述四种方法，按照国际会计准则委员会的要求，各国可从后两种方法中选择一种应用。各种外币财务报表的折算方法的比较，见表 3-1。

表 3-1　　外币财务报表折算方法比较表

资产负债项目	流动与非流动项目法	货币性与非货币性项目法	时态法	现行汇率法
货币资金	CR	CR	CR	CR
应收账款	CR	CR	CR	CR
存货				

续表 3-1

资产负债项目	流动与非流动项目法	货币性与非货币性项目法	时态法	现行汇率法
按成本	CR	HR	HR	CR
按市价	CR	HR	CR	CR
投资				
按成本	HR	HR	HR	CR
按市价	HR	HR	CR	CR
固定资产	HR	HR	HR	CR
其他资产	HR	HR	HR	CR
应付账款	CR	CR	CR	CR
长期负债	HR	CR	CR	CR
股本	HR	HR	HR	HR
留存收益	☆	☆	☆	☆☆

注:CR——现行成本;HR——历史汇率;☆——轧算的平衡数字,其中该数字为通过轧算平衡计算出的累计折算调整额。☆☆——在现行汇率法下,该数字是利润分配表折算后的结果。

三、外币财务报表折算差额的处理

外币财务报表折算差额,是指在外币报表折算时,由于不同项目所采用的汇率不同而产生的差额。企业无论采用哪种折算方法都会产生一个折算差额,即折算损益。这里需要注意的是,折算损益只是在编制合并报表过程中形成的一种未实现汇兑损益。外币财务报表折算所产生的损益,主要取决于两个因素:一是汇率变动所引起的有关资产和负债项目相比的差额;二是汇率变动的方向,即外汇汇率变动是升值还是贬值。当汇率发生变动时,如果有关资产项目和有关负债项目金额相等,发生的损益就会相互抵销。如果资产项目金额大于负债项目金额,当外币升值时,就会产生折算收益;贬值时,将会产生折算损失。

外币折算损益的大小,除以上两个影响因素外,还取决于所选用的折算方法。在不同的折算方法下,对不同的项目使用不同的汇率折算,由此产生的折算损益的金额也不一样。目前,国际上主要有以下两种基本处理方法。

(一)折算差额全部作当前损益处理

折算差额全部作当前损益处理是将外币报表折算差额作为当前损益处理,以"折算损益"项目列示在利润表中,采用时态法时,应将折算差额作为当期损益处理。

这种处理方法认为,汇率变动是不容掩盖的客观事实。这是因为,汇率变动会引起资产和负债折算后价值的改变,而资产净额的变动必然会使企业收益受到影响。只有将折算损益计入当前损益,才能给报表使用者以真实的信息。

但是,在通货膨胀情况下,将大幅度的汇率变动所造成的外币折算损益计入当期损益,利润表中企业的收益反映不出企业的正常经营成果。另外,把未实现的折算损益计入当期损益,也容易使人误解合并财务报表提供的信息。

（二）折算差额计入所有者权益

折算差额计入所有者权益是将外币报表折算差额在资产负债表的股东权益中“其他综合收益”项目中的“外币报表折算差额”项目内列示，不予摊销。这种方法认为，折算差额只是外币报表重新表述过程的产物，它们与母公司的境外经营子公司中的长期投资相联系，在境外子公司结束经营活动并把全部净资产分配给母公司之前，这种折算“损益”都不可能实现。折算差额是在报表折算过程中形成的，并不是真正的损失和利得也没有真正实现，而且不影响国外子公司的现金流量。因而它不应列入利润表，而应列入资产负债表。因此，应作为合并业主权益的一部分单独积累，即将折算差额作为“其他综合收益”子项目列示于资产负债表的股东权益内，作为“外币报表折算差额”累计反映。

四、我国外币财务报表折算的会计处理方法

企业的子公司、合营企业、联营企业和分支机构如果采用与企业相同的记账本位币，即使是设在境外，其财务报表也不存在折算问题。但是，如果企业境外经营的记账本位币不同于企业的记账本位币，在将企业的境外经营通过合并报表、权益法核算等纳入到企业的财务报表中时，需要将企业境外经营的财务报表折算为以企业记账本位币反映的财务报表。

（一）境外经营财务报表的折算

根据我国《企业会计准则第 19 号 ——外币折算》(CAS19)，在对企业境外经营财务报表进行折算前，应当调整境外经营的会计期间和会计政策，使之与企业会计期间和会计政策相一致，根据调整后会计政策及会计期间编制相应货币（记账本位币以外的货币）的财务报表，再按照以下方法对境外经营财务报表进行折算。

(1) 资产负债表中的资产和负债项目，采用资产负债表日的即期汇率折算，所有者权益项目除“未分配利润”项目外，其他项目采用发生时的即期汇率折算。

(2) 利润表中的收入和费用项目，采用交易发生日的即期汇率或即期汇率的近似汇率折算。

(3) 产生的外币财务报表折算差额，在编制合并财务报表时，应在合并资产负债表中“其他综合收益”项目列示。

【例 3-15】 晨锋公司的记账本位币为人民币，假设该公司仅有一全资子公司科创公司，无其他境外经营。科创公司设在美国，自主经营，所有办公设备及绝大多数人工成本等均以美元支付，除极少量的商品购自晨锋公司外，其余的商品采购均来自当地，科创公司对所需资金自行在当地融资、自担风险。因此，根据记账本位币的选择确定原则，科创公司的记账本位币应为美元。2×16 年 12 月 31 日，晨锋公司准备编制合并财务报表，需要先将科创公司的美元财务报表折算为人民币表述。

科创公司的有关资料如下：2×16 年 12 月 31 日的即期汇率为 1 美元＝8 元人民币，2×16年的平均汇率为 1 美元＝8.2 元人民币，实收资本为 120 000 美元，发生日的即期汇率为 1 美元＝8.3 元人民币；累计盈余公积为 110 00 美元，折算人民币为 90 300 元；累计未分配利润为 20 000 美元，折算人民币为 166 000 元；科创公司在本年年末提取盈余公积 5 000 美元。

科创公司相关的利润表、资产负债表、所有者权益变动表的编制分别如表 3-2、表 3-3、表 3-4 所示。

表 3-2 利润表

编制单位:科创公司(2×16 年度) 单位:元

项目	本年累计数(美元)	汇率	折算为人民币金额
一、营业收入	100 000	8.2	820 000
减:营业成本	42 000	8.2	344 400
营业税金及附加	6 000	8.2	49 200
销售费用	7 000	8.2	57 400
管理费用	11 000	8.2	90 200
财务费用	10 000	8.2	82 000
二、营业利润	24 000		196 800
加:营业外收入	6 000	8.2	49 200
减:营业外支出	5 000	8.2	41 000
三、利润总额	25 000		205 000
减:所得税费用	7 500	8.2	61 500
四、净利润	17 500		143 500
五、每股收益	—		
六、其他综合收益	0	—	−47 800
七、综合收益总额	17 500	—	95 700

表 3-3 资产负债表

编制单位:科创公司(2×16 年 12 月 31 日) 单位:元

资产	期末数(美元)	汇率	折算为人民币金额	负债和股东权益	期末数(美元)	汇率	折算为人民币金额
流动资产:				流动负债:			
货币资金	18 000	8	144 000	短期借款	10 000	8	80 000
以公允价值计量且其变动计入当期损益的金融资产	10 000	8	80 000	应付票据	2 000	8	16 000
应收票据	6 500	8	52 000	应付账款	15 000	8	120 000
应收账款	20 000	8	160 000	应付职工薪酬	12 000	8	96 000
存货	38 000	8	304 000	应交税费	3 000	8	24 000
流动资产合计	92 500		740 000	流动负债合计	42 000		336 000
非流动资产:				非流动负债:			
固定资产	120 000	8	960 000	长期借款	12 000	8	96 000
无形资产	30 000	8	240 000	长期应付款	20 000	8	160 000

续表 3-3

资产	期末数（美元）	汇率	折算为人民币金额	负债和股东权益	期末数（美元）	汇率	折算为人民币金额
非流动资产合计	150 000		1 200 000	非流动负债合计	32 000		256 000
				所有者权益：			
				实收资本	120 000	8.3	996 000
				盈余公积	16 000		131 300
				未分配利润	32 500		268 500
				其他综合收益	0		−47 800
				所有者权益合计	168 500		1 348 000
资产总计	242 500		1 940 000	负债和所有者权益总计	242 500		1 940 000

注：上表中其他综合收益是指因外币报表折算产生的差额。《企业会计准则第 30 号——财务报表列报》(CAS30)应用指南指出，企业对境外经营的财务报表进行折算时，应当将外币财务报表折算差额在资产负债表中所有者权益项目下单独列示(其他综合收益)。外币报表折算差额为以记账本位币反映的净资产减去以记账本位币反映的实收资本、资本公积及累计未分配利润后的余额。

表 3-4　所有者权益变动表

编制单位：科创公司(2×16 年度)　　单位：元

项目	实收资本			盈余公积			未分配利润		外币报表折算差额	所有者权益合计(人民币)
	美元	汇率	人民币	美元	汇率	人民币	美元	人民币		
一、本年年初余额	120 000	8.3	996 000	11 000		90 300	20 000	166 000		1 252 300
二、本年增减变动金额										
（一）净利润							17 500	143 500		143 500
（二）其他综合收益										−47 800
外币报表折算差额									−47 800	−47 800
（三）利润分配										
提取盈余公积				5 000	8.2	41 000	−5 000	−41 000		
三、本年年末余额	120 000	8.3	996 000	16 000		131 300	32 500	268 500	−47 800	1 348 000

（二）包含境外经营的合并财务报表编制的特殊处理

1. 少数股东应分担的外币报表折算差额

在企业境外经营为其子公司的情况下，企业在编制合并财务报表时，应按少数股东在境外经营所有者权益中所享有的份额计算少数股东应分担的外币报表折算差额，并入少数股东权益列示于合并资产负债表。

2. 实质上构成对子公司(境外经营)净投资的外币货币性项目产生的汇兑差额

母公司含有实质上构成对子公司(境外经营)净投资的外币货币性项目的情况下，在编制合并财务报表时，应分别以下两种情况编制抵销分录。

(1) 实质上构成对子公司净投资的外币货币性项目以母公司或子公司的记账本位币反映，则该外币货币性项目产生的汇兑差额应转入“其他综合收益”项目。即借记或贷记“财务费用——汇兑差额”科目，贷记或借记“其他综合收益”科目。

(2) 实质上构成对子公司净投资的外币货币性项目，以母、子公司的记账本位币以外的货币反映，则应将母、子公司此项外币货币性项目产生的汇兑差额相互抵销，差额计入“其他综合收益”科目。

如果合并财务报表中各子公司之间也存在实质上构成对另一子公司(境外经营)净投资的外币货币性项目，在编制合并财务报表时应比照上述原则编制相应的抵销分录。

(三) 恶性通货膨胀经济中境外经营财务报表的折算

1. 恶性通货膨胀经济的判定

当一个国家经济环境显示出(但不局限于)以下特征时，应当判定该国处于恶性通货膨胀经济中。

(1) 三年累计通货膨胀率接近或超过 100%。

(2) 利率、工资和物价与物价指数挂钩，物价指数是物价变动趋势和幅度的相对数。

(3) 公众一般不是以当地货币、而是以相对稳定的外币为单位作为衡量货币金额的基础。

(4) 公众一般倾向于以非货币性资产或相对稳定的外币来保存自己的财富，持有的当地货币立即用于投资以保持购买力。

(5) 即使信用期限很短，赊销、赊购交易仍按补偿信用期预计购买力损失的价格成交。

2. 处于恶性通货膨胀经济中境外经营财务报表的折算

企业对处于恶性通货膨胀经济中的境外经营财务报表进行折算时，需要先对其财务报表进行重述：对资产负债表项目运用一般物价指数予以重述，对利润表项目运用一般物价指数变动予以重述。然后，再按资产负债表日即期汇率进行折算。

按照《国际会计准则第 29 号——恶性通货膨胀经济中的财务报告》(IAS29) 的要求，要根据不同的项目对各报表项目进行重述。

(1) 资产负债表项目的重述。在对资产负债表项目进行重述时，由于现金、应收账款、其他应收款等货币性项目已经以资产负债表日的计量单位表述，因此不需要进行重述；通过协议与物价变动挂钩的资产和负债，应根据协议约定进行调整；非货币项目中，有些是以资产负债表日的计量单位列示的，如存货已经以可变现净值列示，不需要进行重述。其他非货币性项目，如固定资产、投资、无形资产等，应自购置日起以一般物价指数予以重述。但是，对于在资产负债表日以公允价值计量的非货币性资产，例如投资性房地产，以资产负债表日的公允价值列示。

(2) 利润表项目的重述。在对利润表项目进行重述时，所有项目金额都需要自其初始确认之日起，以一般物价指数变动进行重述，以使利润表的所有项目都以资产负债表日的计量单位表述。由于上述重述而产生的差额计入当期净利润。

(3) 对资产负债表项目和利润表项目进行重述后，再按最近资产负债表日的即期汇率将资产负债表和利润表折算为记账本位币报表。在境外经营不再处于恶性通货膨胀经济中时，应当停止重述，按照停止之日的价格水平重述的财务报表进行折算。

（四）境外经营的处置

企业可能通过出售、清算、返还股东或放弃全部或部分权益等方式处置其在境外经营中的利益。企业应在处置境外经营的当期，将已列入合并财务报表所有者权益的外币报表折算差额中与该境外经营相关部分，自所有者权益项目转入处置当期损益。如果是部分处置境外经营项目，应当按处置的比例计算处置部分的外币报表折算差额，转入处置当期损益。

（五）外币折算信息的披露

我国企业会计准则与国际会计准则相比，要求披露的信息比较简单，只要求在附注中披露与外币折算有关的如下信息。

(1) 企业及其境外经营选定的记账本位币及选定的原因，记账本位币发生变更的，说明变更的理由。

(2) 采用近似汇率的，说明近似汇率的确定方法。

(3) 计入当期损益的汇兑差额。

(4) 处置境外经营对外币财务报表折算差额的影响。

特别提示

外币财务报表折算方法是针对境外经营的外币报表折算，企业对境外经营的财务报表进行折算时，应当遵循下列规定：① 资产负债表中的资产和负债项目——采用资产负债表日的即期汇率折算，所有者权益项目除“未分配利润”项目外，其他项目采用发生时的即期汇率折算。② 利润表中的收入和费用项目——采用交易发生日的即期汇率折算；也可以采用按照系统合理的方法确定的、与交易发生日即期汇率近似的汇率折算。③ 按照上述规定折算产生的外币财务报表折算差额——在资产负债表中所有者权益“其他综合收益”项目下列示。

第四章

CHAPTER 4

油气开采会计

学习目标

本章应重点关注的内容有：①了解油气行业基本生产活动特点与支出种类；②熟悉油气资产的初始计量以及弃置义务的确认与计量；③熟悉油气资产折耗的会计处理；④了解油气资产的转让；⑤熟悉油气资产减值的会计处理。

案例引入

中国石油化工股份有限公司是一家能源化工公司，通过各附属公司在中国从事石油及天然气和化工业务。石油及天然气业务包括：勘探、开发及生产原油和天然气；管输原油、天然气；将原油提炼为石油制成品；营销原油、天然气和成品油。化工业务包括制造及营销广泛的工业用化工产品。采用成果法计算本集团的油气生产活动。根据成果法，开发井、相关辅助设备及已探明矿区权益的成本会被资本化。探井成本会在决定该井是否已发现探明储量前先行资本化为在建工程。探井成本的减值会在决定该井未能发现探明储量时发生。

2016 年度的财务报表显示，按照现行法规，管理层相信没有可能发生将会对本集团的财务状况或经营业绩有重大不利影响的负债。然而，我国政府已经开始执行适用的法规并可能加大执行力度，以及采纳更为严谨的环保标准。环保方面的负债存在着若干不确定因素，影响管理层估计各项补救措施最终费用的能力。这些不确定因素包括：① 各个场地，包括但不限于炼油厂、油田、加油站、码头及土地开发区（不论是正在运作、已经关闭或已经出售），受污染的性质和程度；② 所需清理措施的范围；③ 可供选择的补救策略而产生不同的成本；④ 环保补救规定方面的变动；⑤ 物色新的补救场地。由于未知的可能受污染程度和未知的所需纠正措施的实施时间和范围，现时无法厘定这些日后费用的数额。因此，现时无法合理地估计建议中的或未来的环保法规所引致环保方面的负债后果，而后果也可能会重大。

截至 2016 年 12 月 31 日，集团计入合并财务报表标准的污染物清理费用约人民币 63.58 亿元（相对比，2015 年为人民币 58.13 亿元；2014 年为人民币 53.52 亿元）。确认油气资产弃置义务时应进行如下处理，应在取得油气资产时，按预计弃置费用的现值，借记“油气资产清理”,贷记“预计负债”科目。在油气资产的使用寿命内,计算确定各期应负担的利息费用,借记“财务费用”科目,贷记“预计负债”科目。

(资料来源 中国石油化工股份有限公司:《中石化2016年年度报告摘要》,载巨潮资讯网2017年3月27日,http://www.cninfo.com.cn/cninfo-new/disclosure/fulltext/bulletin_detail/true/1203202017?announceTime=2017-03-27)

第一节 采掘工业和油气行业概述

石油天然气行业(简称油气行业)属于采掘工业,也属于重工业。采掘工业有广义和狭义之分。广义的采掘工业包括采矿工业和森林采伐业,以天然存在的物产为劳动对象,即从自然界直接开采各种原料、燃料的工业部门的总称,主要包括各种金属和非金属矿(如煤炭、铁矿石、石油与天然气、化学矿物等)的采选,木材采伐及自来水的提取、净化与供应等。狭义的采掘工业仅指前面所述的采矿工业,包括煤炭、石油、金属和非金属矿产资源的开采。采掘工业的特点是以自然资源为生产对象,其发展与布局取决于自然资源的赋存状况。

采掘工业一般具有建设周期长、投资大、产品运输量大、产品成本中原材料所占比重高等特点。采掘工业的发展和布局必须考虑到国际国内的需求状况,资源的赋存条件,如储量、品位、分布、所处的交通地理位置、技术水平、工艺流程以及合理的经济、社会和生态效益,以确定其合理的开采规模、年限以及开发时序。

油气行业,是指从事石油天然气勘探、开发、开采、运输和销售业务的行业。根据国际上通行的划分,石油天然气业务分为上游活动和下游活动两部分。上游活动是指勘探、发现、取得和开发石油天然气储量直到储量能够开始被销售和使用之前的各种活动,利用开采设施将石油天然气从井下提升到地面并进行必要的处理过程也列入上游活动范围之内;下游活动是指对石油天然气进行炼制、加工、分配和销售的过程。油气行业的上游活动和下游活动都涉及会计问题,但上游活动的生产经营特征明显区别于其他行业,而下游活动属于加工业,与其他行业(产品制造业)区别不十分明显。因此,本章主要以上游活动为阐述问题的范围。

我国有三大石油公司,分别是中国石油天然气集团公司、中国石油化工集团公司、中国海洋石油总公司。这三大石油公司均在海外资本市场成功上市,它们的财务会计与报告必须按照国际惯例来进行。为使我国的油气行业的会计核算与国际趋同,财政部在2006年颁布了《企业会计准则第27号——石油天然气开采》(CAS27),专门对石油天然气开采的确认、计量与披露进行了规范。这项准则也主要是以上游活动为规范范围,至于下游活动中的石油产品的加工与销售可以比照其他制造业进行处理。

第二节 油气行业生产活动与支出种类

石油天然气生产活动是指从矿权取得至油气从地下开采出地面的全过程。整个过程可以分为四个阶段:矿权取得阶段、勘探阶段、开发阶段和开采阶段。支出相应也分为矿区取得支出、勘探支出、开发支出和开采支出。

一、矿权取得阶段与矿区取得支出

（一）矿权取得阶段

矿权取得阶段包括了从普查开始到矿权分享协议签署为止的全过程。具体包括：① 对有兴趣的地区进行大面积的地质及地球物理勘测，通常采用航空摄影及航空重磁力勘测的方法，随之进行地震普查。② 分析普查结果和有关商业情报。③ 签署矿区租赁协议。④ 签署矿权分享协议。

在我国，矿物为国家所有，土地为国家和集体所有，而且土地实行有偿使用制度。因此，在我国，石油天然气的经营者既应与土地所有者签订土地租赁协议，又应与矿物所有者即国家矿物资源管理机关——国土资源部及其他合作者签署矿权分享协议。

（二）矿区取得支出

矿权取得阶段发生的支出称为矿区取得支出。矿区取得支出是指为了取得一个矿区的探矿权和采矿权而发生的购买、租赁支出，包括探矿权价款、采矿权价款、土地使用权、签字费、租赁定金、购买支出、咨询顾问费、审计费以及与获得矿区有关的其他支出。

二、勘探阶段和勘探支出

（一）勘探阶段

油气勘探，是指为了识别勘探区域或探明油气储量而进行的地质调查、地球物理勘探、钻探活动以及其他相关活动。油气勘探包括：① 确认可以授权勘察的区域；② 勘察被认为具有石油天然气储量勘探前景的特定区域，包括钻探勘探井和勘探型地层实验井。油气企业在取得了矿权后就可以对有利地区进行地质及地球物理详查，进行密度较大的地震详查，并钻探井。应当说，钻井是确定某一地区是否具有商业性石油天然气储量的最终手段。在不确定是否具有石油天然气储量的地区所钻的井称为探井。当完成一定数量的探井而没有发现石油天然气储量，就应该放弃该租赁矿区；当完成一定数量的探井而发现了具有商业开采价值的石油天然气储量，石油天然气生产就可以转入第三阶段——开发阶段。在这个阶段，发生的支出主要是油气勘探支出。油气勘探支出包括钻井勘探支出和非钻井勘探支出。钻井勘探支出主要包括钻探区域探井、勘探型详探井、评价井和资料井等活动发生的支出；非钻井勘探支出主要包括进行地质调查、地球物理勘探等活动发生的支出。

（二）勘探支出

企业在油气勘探过程中发生的支出，包括辅助设备及设施的折旧和相应作业成本以及其他勘探活动成本在内的主要勘探成本。种类有：① 地形、地质及地球物理研究成本、获得进入矿区进行这些研究权利的成本、地质学者、地球物理工作者以及其他人员从事上述研究的工资以及其他费用；② 置存及保留未开发矿区权益的成本，如延期租金、矿区权益的税收、产权保护的法律成本以及土地和租赁记录的维护成本；③ 干井贡献与井底贡献；④ 勘探井的钻探及装备成本；⑤ 勘探型地层实验井的钻探成本等。

三、开发阶段和开发支出

（一）开发阶段

油气开发，是指为了取得探明矿区中的油气而建造或更新井及相关设施的活动。在勘探阶段的基础上，取得采矿权的企业在探明具有商业开采价值的地区进行产能建设，为石油天然气的开采准备物质条件。具体包括：① 钻开发井。② 矿区道路、桥梁建设。③ 矿区集输管线建设。④ 天然气净化处理厂的建设等。

（二）开发支出

在开发阶段，发生的支出主要是油气开发支出。油气开发支出是指为了获得探明储量和提供用于采集、处理、聚集和储存石油、天然气的设施而发生的支出，包括开采探明储量的开发井的成本和生产设施的支出，这些设施诸如矿区输油管、分离器、处理器、加热器、储罐、提高采收率系统和附近的天然气加工设施。

四、开采阶段和生产成本

（一）开采阶段

开采阶段是指将石油天然气从地下采出地面并送往集输站以备销售的过程，该阶段的任务主要有：① 将油气采出地面。② 油气去除杂质（如脱硫）的处理。③ 油气在矿区内的输送。④ 油气开采设施的维护。

（二）生产成本

在开采阶段，发生的支出称作油气生产成本。油气生产成本是指在油田把石油和天然气提升到地面、并对其进行聚集、处理加工和储存等活动的成本。矿区取得支出、油气勘探支出和油气开发支出的发生都是为了生产石油天然气所发生的支出。因此，从广义上来看，油气生产成本包括取得、勘探、开发和生产的所有成本。

■ 第三节　油气资产的初始计量

一、账户的设置

为反映油气资产的增减变化，专门设置“油气资产”账户，可以按照油气资产的类别、不同矿区或油田等进行明细核算。

由于油气勘探支出、油气开发支出在发生时不能直接计入油气资产价值，因此，需要设置“油气勘探支出”和“油气开发支出”账户反映油气企业在勘探和开发过程中发生的成本，待符合资本化条件时，再从这些账户转入“油气资产”账户中。为分别反映矿区权益和井及相关设施的价值，也可以在“油气资产”下设置两个明细项目“油气资产——矿区权益”和“油气资产——井及相关设施”。

二、矿区权益取得的初始计量

企业为取得矿区权益而发生的成本应当在发生时予以资本化。企业取得的矿区权益,应当按照取得时的成本进行初始计量。矿区权益的取得方式不同,其初始成本的确定也各不相同。

(一)申请取得的矿区权益

对于企业申请取得的矿区权益,应当按照在申请取得过程中发生的探矿权使用费、采矿权使用费、土地或海域使用权支出、中介费以及可直接归属于矿区权益的其他申请取得支出,借记"油气资产——矿区权益"科目,贷记"银行存款"、"应付票据"等科目。

【例 4-1】 2×14 年 1 月 1 日,经国家有关部门批准,中国石油天然气集团所属子公司晨锋股份有限公司(以下简称"晨锋公司")申请取得某矿区权益,共发生各种支出 25 000 000 元,款项以银行存款支付。

晨锋公司的会计处理为:

借:油气资产——矿区权益　　25 000 000

　贷:银行存款　　25 000 000

(二)购买取得的矿区权益

对于企业购买取得的矿区权益,应当按照购买价款、中介费以及可直接归属于矿区权益的其他购买取得支出,借记"油气资产——矿区权益"科目,贷记"银行存款"、"应付票据"等科目。购买取得矿区权益后发生的探矿权使用费、采矿权使用费和租金等维持矿区权益的支出,应当按照有关支出金额,借记"管理费用"科目,贷记"银行存款"科目。

【例 4-2】 2×14 年 2 月 14 日,晨锋公司通过外购方式取得某矿区权益,支付银行存款 46 000 000 元。

晨锋公司的会计处理如下:

借:油气资产——矿区权益　　46 000 000

　贷:银行存款　　46 000 000

(三)其他方式取得的矿区权益

除了自行申请和购买取得矿区权益,还可以通过接受投资者投入、债务重组或非货币性资产交换取得矿区权益。

1. 投资者投入的矿区权益

投资者投入的矿区权益,应当按照投资合同或协议约定的价值作为初始成本,借记"油气资产——矿区权益"科目,按照投资者出资构成实收资本(或股本)的部分,贷记"实收资本"(或股本)科目,按照两者之间的差额,贷记"资本公积——资本溢价(或股本溢价)"科目。

2. 通过债务重组取得的矿区权益

企业通过债务重组取得的矿区权益,应当按照受让的矿区权益的公允价值加上应支付的相关税费作为矿区权益的成本。企业应当按照受让的矿区权益的公允价值加上应支付的相关税费，借记“油气资产”科目；按照重组债权已计提的减值准备，借记“坏账准备”科目；按照重组债权的账面余额，贷记“应收账款”等科目；按照应支付的相关税费，贷记“银行存款”、“应交税费”等科目；按照借贷双方之间的差额，借记“营业外支出——债务重组损失”科目或贷记“营业外收入——债务重组收益”科目。

【例 4-3】 2×14 年 6 月 15 日，晨锋公司销售一批产品给金泓公司，开出的增值税专用发票上注明的销售价款为 17 000 000 元，增值税销项税额为 2 890 000 元；产品已发出，款项尚未收到。2×14 年 9 月 24 日，金泓公司由于遭受自然灾害，资金周转困难，无法按合同规定偿还债务，经双方协议，晨锋公司同意金泓公司用某矿区权益抵偿该债务，矿区权益的公允价值为 18 500 000 元。假设该公司在接受矿区权益过程中发生相关税费 200 000 元，以银行存款支付；该公司没有为该项应收账款计提坏账准备；债务重组交易过程没有发生除运杂费以外的其他相关税费。

分析：

应收账款账面余额	19 890 000
支付的相关税费	200 000
减：受让油气资产的公允价值	18 500 000
支付的相关税费	200 000
减：已计提坏账准备	0
账务重组损失	1 390 000

晨锋公司的会计处理为：

借：油气资产——矿区权益	18 700 000	
营业外支出——债务重组损失	1 390 000	
贷：应收账款		19 890 000
银行存款		200 000

3. 通过非货币性资产交换取得的矿区权益

非货币性资产交换取得矿区权益，是指企业通过换出存货、固定资产、无形资产等非货币性资产而换入的矿区权益。应该按照《企业会计准则第 7 号——非货币性资产交换》(CAS7)进行处理。

【例 4-4】 经有关部门批准，晨锋公司决定以库存商品交换金泓公司的某矿区权益。库存商品的账面余额为 3 240 000 元，公允价值和计税价格均为 3 680 000 元，适用的增值税税率为 17%。假设该公司没有为库存商品计提存货跌价准备；整个交易过程中没有发生除增值税以外的其他相关税费。

分析：

由于该项交易中换出的库存商品与换入的矿区权益给公司带来经济利益的方式和金额存在着实质性差异，可以将该交易确定为具有商业实质的非货币性资产交换。

该公司的会计处理为：

第一步，计算换出资产库存商品的增值税销项税额。

根据增值税的有关规定，企业以存货与其他资产进行交换，视同销售行为发生，应计算增值税销项税额，缴纳增值税。

换算出资产库存商品的增值税销项税额为3 680 000×17%=625 600(元)。

第二步,编制会计分录为。

借:油气资产——矿区权益　　4 305 600

　贷:主营业务收入　　3 680 000

　　　应交税费——应交增值税(销项税额)　　625 600

借:主营业务成本　　3 240 000

　贷:库存商品　　3 240 000

三、矿区权益的转换

未探明矿区(组)内发现探明经济可采储量而将未探明矿区(组)转为探明矿区(组)的,应当按照其账面价值转为探明矿区权益,借记"油气资产——探明矿区权益"科目,贷记"油气资产——未探明矿区权益"科目。

未探明矿区因最终未能发现探明经济可采储量而放弃的,应当按照放弃时的账面价值转销未探明矿区权益并计入当期损益。因未完成义务工作量等因素导致发生的放弃成本,计入当期损益,借记"勘探费用"科目,贷记"油气勘探支出"科目。

四、井及相关设施的初始计量

(一)油气勘探支出

企业在勘探过程中发生的支出,应当借记"油气勘探支出"科目,贷记"银行存款"、"累计折旧"、"应付职工薪酬"等科目。勘探过程完工,属于发现探明经济可采储量的钻井勘探支出,借记"油气资产——井及相关设施"科目,贷记"油气勘探支出"科目;属于未发现探明经济可采储量的钻井勘探支出,借记"勘探费用"科目,贷记"油气勘探支出"科目。

【例4-5】 2×14年1月1日至8月30日,晨锋公司所属某子公司在勘探过程中发生支出如下:工程人员工资76 000 000元、机械设备折旧费32 000 000元、其他支出18 000 000元(以银行存款支付)。探明储量的勘探作业结束,结转相关应资本化的勘探支出108 000 000元,其余的不符合资本化条件。

分析:

本例中,晨锋公司在勘探过程中共发生的支出=76 000 000+32 000 000+18 000 000=126 000 000(元),其中,属于发现探明经济可采储量应资本化部分=108 000 000(元),属于未发现探明经济可采储量应费用化部分=126 000 000-108 000 000=18 000 000(元)。晨锋公司的会计处理为:

借:油气勘探支出　　126 000 000

　贷:应付职工薪酬　　76 000 000

　　　累计折旧　　32 000 000

　　　银行存款　　18 000 000

借:油气资产——井及相关设施　　108 000 000

　　勘探费用　　18 000 000

　贷:油气勘探支出　　126 000 000

（二）油气开发支出

油气开发活动所发生的支出，应当根据其用途分别予以资本化，作为油气开发形成的井及相关设施的成本。

企业应当根据油气开发过程中发生的支出，借记“油气开发支出”科目，贷记“银行存款”、“累计折旧”、“应付职工薪酬”等科目。开发工程达到预定可使用状态时，借记“油气资产——井及相关设施”科目，贷记“油气开发支出”科目。

【例 4-6】 2×14 年 5 月 16 日至 10 月 30 日，晨锋公司在油气开发过程中发生职工工资 6 783 000 元，机械设备折旧费 5 326 000 元，其他支出 3 975 300 元（以银行存款支付）。假定 10 月 30 日，开发完成，形成井及相关设施。假定不考虑其他因素。

分析：

本例中，晨锋公司在油气开发过程中共发生支出＝6 783 000＋5 326 000＋3 975 300＝16 084 300（元），因开发完成形成井及相关设施，即工程达到预定可使用状态，将“油气开发支出”科目余额结转至“油气资产——井及相关设施”科目，形成油气资产。

该公司的会计处理为：

借：油气开发支出	16 084 300	
贷：应付职工薪酬		6 783 000
累计折旧		5 326 000
银行存款		3 975 300
借：油气资产——井及相关设施	16 084 300	
贷：油气开发支出		16 084 300

五、弃置义务的确认与计量

对于石油天然气开采行业的油气资产，确定其初始入账成本还应考虑弃置费用。弃置费用通常是指根据国家法律和行政法规、国际公约等规定，企业因承担的环境保护和生态恢复等义务所确定的支出，如恢复环境等义务。在确认井及相关设施成本时，弃置义务应当以矿区为基础进行预计，主要涉及井及相关设施的弃置、拆移、填埋、清理和恢复生态环境等所发生的支出。对于油气资产的弃置费用，如果符合预计负债确认条件的，应当将该义务确认为预计负债，并相应增加井及相关设施的账面价值。不符合预计负债确认条件的，在废弃时发生的拆卸、搬移、场地清理等支出，应当计入当期损益。

企业应当按照弃置费用的现值计入相关油气资产的成本。在油气资产的使用寿命内，按照预计负债的摊余成本和实际利率计算确定的利息费用，应当在发生时计入财务费用。

第四节　油气资产的折耗

油气资产属于递耗资产。所谓递耗资产，是指通过开采、采伐、利用而逐渐耗竭，以致无法恢复或者难以恢复、更新或按原样重置的自然资源，如矿藏等。油气资产的折耗，是指油气资产随着当期开发进展而逐渐转移到所开采产品(油气)成本中的价值。

一、油气资产折耗的范围

油气资产由矿区权益和井及相关设施两个部分组成。其中,矿区权益又分为探明矿区权益和未探明矿区权益。根据我国企业会计准则的规定,未探明矿区权益不计提折耗。

二、油气资产折耗的方法

根据我国企业会计准则的规定,企业应当采用产量法或年限平均法对油气资产计提折耗。企业选用的油气资产折耗方法,一经选定,不得随意变更。

(一) 产量法

产量法,又称单位产量法。该方法是以单位产量为基础对探明矿区权益的取得成本和井及相关设施成本计提折耗。采用该方法对油气资产计提折耗时,矿区权益应以探明经济可采储量为基础,井及相关设施以探明已开发经济可采储量为基础。折耗额可按照单个矿区计算,也可按照若干具有相同或类似地质构造特征或储层条件的相邻矿区所组成的矿区组计算。

(1) 探明矿区权益折耗额的计算方法。

$$探明矿区权益折耗额=探明矿区权益账面价值\times探明矿区权益折耗率$$

$$探明矿区权益折耗率=\frac{探明矿区当期产量}{探明矿区期末探明经济可采储量+探明矿区当期产量}$$

(2) 井及相关设施折耗额的计算方法。

$$矿区井及相关设施折耗额=期末矿区井及相关设施账面价值\times矿区井及相关设施折耗率$$

$$矿区井及相关设施折耗率=\frac{矿区当期产量}{矿区期末探明已开发经济可采储量+矿区当期产量}$$

探明已开发经济可采储量,包括矿区的开发井网钻探和配套设施建设完成后已全面投入开采的探明经济可采储量,以及在提高采收率技术所需的设施已建成并已投产后相应增加的可采储量。

【例 4-7】 2×14 年 12 月 31 日,晨锋公司于 2×14 年取得的已探明矿区权益账面价值为 756 000 000 元。探明矿区当期产量为 150 万吨,探明矿区期末探明经济可采储量为 3 600 万吨。

晨锋公司计算折耗额如下:

探明矿区权益折耗率=150/(150+3 600)=4%

探明矿区权益折耗额=756 000 000×4%=30 240 000(元)

(二) 年限平均法

年限平均法,又称直线法。该方法将油气资产成本均衡地分摊到各会计期间。采用该方法计算的每期油气资产折耗金额相等。这与固定资产计提折旧采用的年限平均法相同。

三、油气资产折耗的会计处理

为反映油气资产计提的折耗，应当设置“累计折耗”科目。该科目和“油气资产”一样，可按油气资产的类别、不同矿区或油田进行明细核算。企业按期（月）计提油气资产的折耗时，借记“生产成本”等科目，贷记“累计折耗”科目。

【例4-8】 承例4-7，2×14年12月31日，晨锋公司计算出的探明矿区权益的折耗额为30 240 000元，计算出的井及相关设施折耗额为28 500 000元。

分析：

油气资产折耗会计处理应当通过“累计折耗”科目核算，并根据用途计入相关资产的成本或者当期损益。本例中，矿区权益和相关设施折耗主要为生产油气资产而发生，应计入相关油气资产的生产成本。

晨锋公司的会计处理为：

借：生产成本——油气资产折耗费	58 740 000	
贷：累计折耗——矿区权益折耗		30 240 000
累计折耗——井及相关设施折耗		28 500 000

第五节 油气资产的转让

一、转让探明矿区权益

转让探明矿区权益，分为转让全部探明矿区权益和转让部分探明矿区权益两种。企业转让全部探明矿区权益的，应当将转让所得与矿区权益账面价值的差额计入当期损益。转让部分探明矿区权益的，按照转让权益和保留权益的公允价值比例，计算确定已转让部分矿区权益账面价值，转让所得与已转让矿区权益账面价值的差额计入当期损益。

企业应当按照转让矿区权益获得的价款，借记“银行存款”科目，按照转让矿区权益已计提的折耗，借记“累计折耗”科目，按照转让矿区权益已计提的减值准备，借记“油气资产减值准备”科目；按照转让矿区权益的账面原价，贷记“油气资产”科目；按照借贷双方之间的差额，借记“营业外支出”科目或贷记“营业外收入”科目。

【例4-9】 2×14年3月25日，晨锋公司决定转让某探明矿区权益，收到价款187 000 000元。该矿区权益已计提折耗36 500 000元，已计提减值准备15 360 000元，账面原价为219 300 000元。

晨锋公司的会计处理为：

借：银行存款	187 000 000	
累计折耗——矿区权益折耗	36 500 000	
油气资产减值准备	15 360 000	
贷：油气资产——矿区权益		219 300 000
营业外收入		19 560 000

二、转让未探明矿区权益

（一）转让单独计提减值准备的未探明矿区权益

企业转让单独计提减值准备的全部未探明矿区权益的，应当将转让所得与未探明矿区权益账面价值的差额，计入当期损益。转让单独计提减值准备的部分未探明矿区权益的，如果转让所得大于矿区权益账面价值，将其差额计入当期损益；如果转让所得小于矿区权益账面价值，以转让所得冲减矿区权益账面价值，不确认损益。

企业应当按照转让矿区权益获得的价款，借记“银行存款”科目，按照转让矿区权益已计提的减值准备，借记“油气资产减值准备”科目；按照转让矿区权益的账面原价，贷记“油气资产”科目；按照借方余额大于贷方余额的差额，贷记“营业外收入”科目。

在转让所得小于矿区权益账面价值的情况下，企业应当按照转让矿区权益获得的价款，借记“银行存款”科目，贷记“油气资产”科目。

【例 4-10】 2×14 年 8 月 20 日，晨锋公司决定转让某未探明矿区权益，收到价款为 48 600 000 元。该矿区权益已计提减值准备为 15 200 000 元，账面原价为 37 000 000 元。

晨锋公司的会计处理为：

借：银行存款	48 600 000	
油气资产减值准备	15 200 000	
贷：油气资产——矿区权益		37 000 000
营业外收入		26 800 000

假定该公司转让价格为 19 000 000 元，则该公司的会计处理为：

借：银行存款	19 000 000	
贷：油气资产——矿区权益		19 000 000

（二）转让以矿区组为基础计提减值准备的未探明矿区权益

企业转让以矿区组为基础计提减值准备的未探明矿区权益的，如果转让所得大于矿区权益账面原值，将其差额计入当期损益；如果转让所得小于矿区权益账面原值，以转让所得冲减矿区权益账面原值，不确认损益。转让该矿区组最后一个未探明矿区的剩余矿区权益时，转让所得与未探明矿区权益账面价值的差额，计入当期损益。

企业应当按照转让矿区权益获得的价款，借记“银行存款”科目；按照转让矿区权益的账面原价，贷记“油气资产”科目，按照借方余额大于贷方余额的差额，贷记“营业外收入”科目。

在部分转让且转让所得小于矿区权益账面价值的情况下，企业应当按照转让矿区权益获得的价款，借记“银行存款”科日，贷记“油气资产”科目。

■ 第六节　油气资产的减值

在资产负债表日，对于油气资产也要进行减值测试。矿区权益和井及相关设施都有可能发生减值。但是，对于矿区权益，应区分探明矿区权益和未探明矿区权益，对两者分别进行测试，而井及相关设施可以和探明矿区权益采用一样的方法。为反映油气资产的减值，应当设置“油气资产减值准备”科目。

一、探明矿区权益和井及相关设施的减值

探明矿区权益和井及相关设施的减值按照《企业会计准则第8号——资产减值》(CAS8)进行处理。具体来说，企业应当在发生减值迹象时，计算探明矿区权益和井及相关设施的可收回金额。其中，可收回金额，是指油气资产的公允价值减去处置费用后的净额与该资产预计未来现金流量的现值两者之间的较高者。其中，处置费用包括与资产处置有关的法律费用、相关税费、搬运费以及为使资产达到可销售状态所发生的直接费用等。如果油气资产的可收回金额高于其账面价值，则说明油气资产没有发生减值，不需要计提油气资产减值准备。如果油气资产的可收回金额低于其账面价值，则说明油气资产发生了减值，企业应当按照油气资产的可收回金额低于其账面价值的差额，计提油气资产减值准备，借记“资产减值损失”科目，贷记“油气资产减值准备”科目。

二、未探明矿区权益的减值

对于未探明矿区权益，应当至少每年进行一次减值测试。单个矿区取得成本较大的，应当以单个矿区为基础进行减值测试，并确定未探明矿区权益减值金额。单个矿区取得成本较小且与其他相邻矿区具有相同或类似地质构造特征或储层条件的，可按照若干具有相同或类似地质构造特征或储层条件的相邻矿区所组成的矿区组进行减值测试。

未探明矿区权益公允价值低于账面价值的差额，应当确认为减值损失，计入当期损益。按照矿区组进行减值测试并计提减值准备的，确认的减值损失不分摊至单个矿区权益的账面价值。未探明矿区权益减值损失一经确认，不得转回。

【例4-11】 2×14年12月31日，晨锋公司所属某子公司对某矿区权益进行减值测试时发现其可能发生减值，计算确定的可收回金额为548 000 000元，该矿区权益的账面价值为672 000 000元。

晨锋公司的会计处理为：

借：资产减值损失	124 000 000	
贷：油气资产减值准备		124 000 000

延伸阅读

2017年油气行业，这六个趋势不得不看

2016年，油气行业在再平衡进程中艰难前行。放眼国际，全球经济曲折复苏，《巴黎气候协定》生效加快推动世界能源消费结构转型，清洁能源发展加快。世界石油供需持续宽松，市场再平衡慢于预期，国际油价年均价较上年下跌，但价格于2016年年初触底反弹，年内价格上涨一倍。

同时，我们也应该看到，欧佩克“囚徒困境”凸显，无奈放弃增产保市场份额策略，2016

年年底与部分非欧佩克产油国达成减产协议;天然气市场供需宽松加剧,气价跌至近十年的低位,区域市场联动性增强,三大市场价差收窄;世界油气投资持续大幅压减,油气产量油稳气增,工程技术服务市场大幅萎缩。

目光转向国内,随着中国能源行业“十三五”规划陆续发布,改革力度加大,能源发展思路和目标、改革的方向和路径进一步明晰。中国能源消费小幅增长,供给侧改革初见成效,能源结构持续优化。尽管有诸多利好,但也存在如下问题:石油消费增速大幅放缓,成品油消费首次出现萎缩;受政策影响,地方炼厂快速发展,国内成品油供需宽松态势加剧,竞争日益激烈,净出口猛增。

那么问题来了,在接下来的2017年,国内外油气行业会延续什么样的走势呢?是曲折前行还是原地徘徊?

一、国际

(一)世界石油市场重归平衡,国际油价将实质性回升

2017年世界石油需求将温和增长。2017年全球GDP预计增长3.2%,较2016年小幅回升0.1个百分点。世界石油需求达到9 700万桶/日,比上年增长110万~130万桶/日,增量与上一年基本持平。印度有望超越中国成为世界石油需求增长最快的国家。

石油市场供需重归平衡。欧佩克与非欧佩克产油国达成联合减产协议,鉴于产油国平衡市场的决心,预计本次减产协议执行效果好于以往,扣除尼日利亚和利比亚的增产潜力,预计本次减产协议实际削减产量可达130万~150万桶/日。

美国页岩油革命使其成为新的机动生产国,完全的市场化机制可使该国页岩油生产及时作出反应,预计2017年美国石油产量将增加50万~60万桶/日。综合估算,2017年石油供应将减少20万桶/日,市场供需趋于平衡,在极端情况下甚至会出现供需缺口100万桶/日。

油价迎来实质性回升。预计2017年布伦特原油年均价为53~58美元/桶,全年油价可能会小幅快频震荡。此外,由于世界石油市场供需形势好转将为布伦特油价提供较强支撑,而美国原油产量反弹可能令WTI油价承压,2017年布伦特原油与WTI的价差可能有所扩大。

值得注意的是,特朗普就任美国总统后的施政走向或给国际石油市场和油价带来不确定性。另外,预计2017年美国加息将影响美元汇率走势,会对油价构成一定打压。

(二)全球天然气供需宽松加剧,天然气市场再平衡尚需时日

预计2017年全球天然气需求量为3.59万亿立方米,比上年增长1.7%;天然气产量为3.73万亿立方米,比上年增长1.9%。全球LNG供应富余进一步扩大,LNG市场全球化趋势凸显。

2017年,全年将有6个百万吨级LNG液化项目投产,设计产能共计3 310万吨/年,全球LNG液化产能比上年增长11%,至3.4亿吨/年。

二、国内

(一)我国的石油对外依存度突破65%,终端销售竞争将更加激烈

随着我国经济增速缓中趋稳,结构调整加快,产业转型不断升级,成品油需求对经济增长的弹性总体下行,加之替代能源快速发展,中国成品油需求将进入平台期。

同时，由于近两年国际油价低位运行，我国加快原油进口，导致原油库存高企，未来原油需求增长空间有限。预计 2017 年我国的石油表观需求量为 5.68 亿吨，比上年增长 2.1%，增速较 2016 年下降约 0.7 个百分点。国内原油产量仍将低于 2 亿吨，中国的石油对外依存度将升至 65.1%。

2017 年，我国成品油需求增速将由上年的负增长转为缓慢增长，汽油、柴油、煤油需求表现继续分化。预计 2017 年我国原油加工量为 5.57 亿吨，较上年增加 1 800 万吨，成品油产量为 3.6 亿吨，成品油净出口量将超过 4 000 万吨。国内成品油价格有望全面放开，在国内成品油供大于求的情况下，终端销售环节的市场竞争将更加激烈。

（二）天然气需求稳中趋升，国家有望全面放开非居民用气价格

2017 年，受环保政策和天然气价格竞争力提升的拉动，中国天然气需求稳步增长。预计天然气表观消费量为 2 162 亿立方米，比上年增长 5.9%，天然气在一次能源消费结构中的占比达 6.5%。考虑库存因素，预计天然气消费量为 2 130 亿立方米，比上年增长 6.5%。

此外，国家提出了 2017 年天然气在能源消费中的占比为 6.8%、2020 占比为 10% 的规划目标。在当前政策情景下，实现此目标面临较大的挑战，需要国家强有力的政策支持和引导。

预计 2017 年国内天然气产量为 1 380 亿立方米（含煤制气），比上年增长 2.9%；天然气进口量为 815 亿立方米，比上年增长 11.2%，对外依存度升至 38.3%。用气淡季天然气市场供应宽松，用气旺季供应紧张的局面将进一步加剧。

（三）炼油能力重回增长轨道，炼厂开始新一轮油品质量升级工程

中国炼油能力将由前两年的减少和略增恢复为较快增长，预计 2017 年全国炼油能力净增 3 500 万吨/年，达到 7.9 亿吨/年，比上年增长 4.6%。2017 年，预计全国原油加工量为 5.57 亿吨，比上年增长 3.3%；成品油产量为 3.60 亿吨，比上年增长 4.3%；成品油净出口将会继续增加，预计将超过 4 000 万吨，石油大进大出的格局开始显现，中国炼油能力过剩形势将更加严峻。

炼厂方面，预计开工率将由 76.7% 下降至 75%，原料成本回升使得炼油毛利低于上年，但仍保持较好的水平。2017 年，在全面完成国Ⅴ汽柴油质量升级的基础上，国内炼油企业将在未来两年实施国Ⅵ油品生产装置的升级改造，炼厂面临实现低投入高效益的油品质量升级、在碳排放约束下进一步节能减排、系统优化升级以提高资源综合利用水平和国际竞争力等诸多挑战。

（四）油气行业市场化改革将全面深入推进

2017 年，油气行业以“三去一降一补”（去产能、去库存、去杠杆，降成本，补短板）为主的供给侧改革仍是政策调节的重点，油气体制改革也将快速展开。《石油天然气体制改革总体方案》预计将于年内推出，相关实施细则和配套政策也将加紧制定。

此外，国有企业改革将进入实施阶段，三大石油央企的改革将务实深入推进。在总部改革方面，将明确定位、调整功能，压缩机构和人员；在体制机制改革方面，将加快业务整合和专业化重组，推进混合所有制改革，同时加快剥离社会服务功能，启动“三供一业”（供水、供电、供暖和物业管理）等企业办社会职能移交地方的工作。

（资料来源　刘朝全，姜学峰：《2016 年国内外油气行业发展概述及 2017 年展望》，国际石油经济，2017 年第 1 期，第 22～31 页）

特别提示

油气资产属于递耗资产。油气资产的折耗，是指油气资产随着当期开发进展而逐渐转移到所开采产品（油气）成本中的价值。油气资产由矿区权益和井及相关设施两个部分组成。其中，矿区权益又分为探明矿区权益和未探明矿区权益。根据我国企业会计准则的规定，未探明矿区权益不计提折耗。对于油气企业来说，油气资产的转让主要是转让矿区权益。

（1）转让探明矿区权益。转让探明矿区权益，分为转让全部探明矿区权益和转让部分探明矿区权益两种。企业转让全部探明矿区权益的，应当将转让所得与矿区权益账面价值的差额计入当期损益。转让部分探明矿区权益的，按照转让权益和保留权益的公允价值比例，计算确定已转让部分矿区权益账面价值，转让所得与已转让矿区权益账面价值的差额计入当期损益。

（2）转让未探明矿区权益。企业转让单独计提减值准备的全部未探明矿区权益的，应当将转让所得与未探明矿区权益账面价值的差额，计入当期损益。转让单独计提减值准备的部分未探明矿区权益的，如果转让所得大于矿区权益账面价值，将其差额计入当期损益；如果转让所得小于矿区权益账面价值，以转让所得冲减矿区权益账面价值，不确认损益。

CHAPTER 5

第五章

生物资产会计

学习目标

本章应重点关注的内容有:①了解生物资产的概念与分类以及生物资产的会计核算特征;②熟悉生物资产的确认与初始计量,包括生物资产的确认条件、科目设置和初始计量过程;③熟悉生物资产以成本模式和公允价值模式的后续计量,主要包括生物资产的折旧计提和减值准备;④了解生物资产的收获和处置;⑤了解生物资产的列报和披露。

案例引入

獐子岛集团股份有限公司(ZONECO)始创于1958年,为农业产业化国家级重点龙头企业、国家级高新技术企业、中国首家MSC渔场认证企业。2014年9月15日至10月12日间,獐子岛按制度进行秋季底播虾夷扇贝存量抽测,发现部分海域的底播虾夷扇贝存货异常。10月31日,獐子岛第三季度报表显示因遭遇北黄海异常的冷水团,公司决定对105.64万亩(1亩≈666.67平方米)海域成本为7.35亿元的底播虾夷扇贝存货放弃本轮采捕,进行核销处理;对43.02万亩海域成本为3亿元的底播虾夷扇贝存货计提跌价准备2.83亿元;扣除递延所得税影响2.54亿元,合计影响净利润7.63亿元,全部计入2014年第三季度。一夜之间獐子岛从一只连续盈利的绩优股转为巨亏8亿元,同比下滑幅度高达1 389%,导致大量个人投资者和包括社保基金在内的机构投资人巨额损失的黑洞。

根据企业会计准则生物资产中的相关规定:生物资产属于自然灾害等非常损失的计入"营业外支出"账户。獐子岛将此次扇贝减产主要归因于冷气团这一自然因素影响,所以导致14年营业外支出和资产减值损失出现大幅提升。根据这一准则,大华事务所在部分海域底播虾夷扇贝监盘、核销及计提跌价准备会计处理的专项说明中认为存货核销计入营业外支出,计提跌价准备计入资产减值损失的会计处理方式符合企业会计准则的相关规定。

生物性资产因其本身的特殊性在计量和计提减值准备时会影响其账面价值的准确性,同时不同生物资产的类别会影响其减值损失的转回,这些都为企业进行利润操纵提供了空间。在关于獐子岛集团股份有限公司部分海域底播虾夷扇贝监盘、核销及计提跌价准备会计处理的专项说明中可以看到2014年盘点海域总面积为105.6584万亩，但监盘日期只有3天，所以最后监盘总数仅为1498.39亩，另外由于海底扇贝海下监盘复杂，采集数量大，在监盘中只是随机采取平均壳高进行测量，会影响存货的账面价值及计提的存货跌价准备的真实性和准确性。

由于生物性资产本身的特殊性以及受自然灾害影响的不确定性，导致对生物性资产的监盘很困难，无法准确确定其账面价值。企业会计准则对于某些特殊性生物资产（如海下种植养殖）的成本计量和监盘也没给出相关衡量标准和监盘方法，同时在披露方面只规定披露生物资产的类别，但没有要求披露生物资产的用途及划分标准，影响了会计信息披露的质量，导致一些农业企业很容易利用生物资产进行利润操纵。

（资料来源 獐子岛集团股份有限公司：《獐子岛2015年年度报告》，载巨潮资讯网2016年4月30日，http://www.cninfo.com.cn/cninfo－new/disclosure/fulltext/bulletin_detail/true/1202284288?announceTime＝2016-04-30）

■ 第一节　生物资产的概念与分类

一、生物资产的概念

生物资产是指与农业生产相关的有生命的（即活的）动物和植物。《企业会计准则第5号——生物资产》（CAS5）所称"农业"是广义的范畴，即"农林牧副渔"，包括种植业、畜牧养殖业、林业和水产业等行业。企业从事农业生产就是要增强生物转化能力，最终获得更多的符合市场需要的农产品。农业生产管理的对象包括如下两部分：① 将生物资产转化为农产品的活动。这主要是指通过消耗性生物资产的生产和收获而获得农产品的活动过程，以及利用生产性生物资产产出农产品的活动过程。例如，种植业通过农作物的生长和收获而获得稻谷、小麦等农产品的活动过程；畜牧养殖业通过试验和收获而获得仔猪、肉猪、鸡蛋、牛奶等蓄产品的活动过程；林业中通过材林的生产和管理而获得林产品、通过经济林木的生产和管理获得水果等的活动过程；水产业中通过养殖获得水产品等活动过程，都属于将生物资产转化为农产品的活动。② 其他生物资产的生物转化的活动，主要是指除①之外的生物资产的生长和管理。例如，经济林木在达到预定生产经营目的前的生产和管理、奶牛在第一次产奶前的饲养等管理活动。

生物资产的会计核算具有以下七个方面的特征。

(1) 转化性和自然增殖性。生物资产最基本的特征是具有生物转化性和自然增殖性。生物资产是有生命的动物或植物，有生命的动物和植物具有能够进行生物转化的能力。生物转化，是指导致生物资产质量或数量发生变化的生长、蜕化、生产和繁殖的过程。在生物转化的过程中，生物自身的价值往往又会增加。这种生物转化能力、自然增殖的特性是其他通常意义上的资产（如存货、固定资产、无形资产等）所不具有的。

(2) 阶段性。生物资产在生长的过程中，都会经历繁育、成长、成熟、蜕化、消亡这几个阶段。

(3) 周期性。生物资产的生物学年、生命周期与会计年度可能不一致，对其进行会计期间假设时必须考虑生命周期的特点。

(4) 多样性。不同类型的生物资产生长、发育、繁殖规律和周期差异十分显著。例如,动物和植物具有完全不同的生长发育规律,畜禽通过养殖及自身生长由种苗变成成年畜禽,并可以不断进行繁殖成群;花苗通过培植由幼苗长成花卉等。

(5) 双重资产特性。生物资产具有流动资产和长期资产的双重特性,而且可以相互转化。

(6) 未来经济利益不确定性。生物资产在存续期间具有较大的风险,如农作物受自然条件的制约,特别是自然灾害对农作物的生长发育以及产出危害较大;动物的疾病发生等使得生物资产的未来经济利益具有很大的不确定性。

(7) 生物资产在存续期间需要连续不断地投入,才能维持生物资产活体的存在,如果中断投入,将影响生物资产的生存及其收获品的数量和质量,因此生物资产的后续支出数额通常比较大。

二、生物资产的分类

(一) 消耗性生物资产

消耗性生物资产,是指为出售而持有的,或在将来收获为农产品的生物资产,包括生长中的大田作物、蔬菜、用材林以及存栏待售的牲畜等。

(二) 生产性生物资产

生产性生物资产,是指以产出农产品、提供劳务或出租等目的而持有的生物资产,包括经济林、薪炭林、产畜和役畜等。

(三) 公益性生物资产

公益性生物资产,是指以防护、环境保护为主要目的的生物资产,包括防风固沙林、水土保持林和水源涵养林等。

从目的上来看,公益性生物资产与消耗性生物资产和生产性生物资产有本质不同。后两者的目的是为了直接给企业带来经济利益,而公益性生物资产主要是出于防护、环境保护等目的。尽管其不能直接给企业带来经济利益,但具有服务潜能,有助于企业从相关资产中获得经济利益。如防风固沙林和水土保持林能带来防风固沙、保持水土的效能;风景林具有美化环境、休息游览的效能等,因此应当确认为生物资产单独核算。

基于此,生物资产准则对收获时点的农产品的会计处理进行了规范,即应该采用规定的方法,从消耗性生物资产或生产性生物资产生产成本中转出,确认为收获时点的农产品的成本;而收获时点之后的农产品的加工、销售等会计处理,应该适用《企业会计准则第1号——存货》(CAS1)。

第二节 生物资产的初始计量

《企业会计准则第5号——生物资产》(CAS5)规定,生物资产应当按照成本进行初始计量。生物资产取得方式不同,其成本确定和会计处理也有所不同。

一、生物资产的确认条件

生物资产同时满足下列条件的，才能予以确认：① 企业因过去的交易或者事项而拥有或者控制该生物资产；② 与该生物资产有关的经济利益或服务潜能很可能流入企业；③ 该生物资产的成本能够可靠地计量。

二、生物资产会计科目的设置

根据《企业会计准则应用指南——会计科目和主要账务处理》的规定，生物资产的核算分别采用"消耗性生物资产"、"生产性生物资产"、"生产性生物资产累计折旧"、"公益性生物资产"四个会计科目。

（一）"消耗性生物资产"科目

"消耗性生物资产"科目核算企业（农业）持有的消耗生物资产的价值。该科目应当按照消耗性生物资产的种类、群别进行明细核算。期末借方余额，反映的是企业消耗性生物资产的价值。

（二）"生产性生物资产"科目

"生产性生物资产"科目核算企业（农业）持有的生产性生物资产的原价。本科目应当分为"未成熟生产性生物资产"和"成熟生产性生物资产"以及"生产性生物资产"的种类、群别、所属部门等进行明细核算。生产性生物资产发生减值的，应在本科目下设置"减值准备"明细科目进行核算，也可以单独设置"生产性生物资产减值准备"科目进行核算。期末借方余额，反映企业生产性生物资产的价值。

（三）"生产性生物资产累计折旧"科目

"生产性生物资产累计折旧"科目核算企业（农业）对成熟生产性生物资产计提的累计折旧。本科目应当按照生产性生物资产的种类、群别、所属部门等进行明细核算。在企业对成熟生产性生物资产按期计提折旧时，借记"农业生产成本"、"管理费用"等科目，贷记本科目。资产负债表日，本科目通常有期末贷方余额，用以反映企业成熟生产性生物资产的累计折旧额。

（四）"公益性生物资产"科目

"公益性生物资产"科目核算企业（农业）持有的公益性生物资产的价值。本科目应当按照公益性生物资产的种类或项目进行明细核算。期末借方余额，反映企业公益性生物资产的价值。

三、生物资产的初始计量

（一）外购的生物资产

无论是消耗性生物资产、生产性生物资产还是公益性生物资产，外购的生物资产的成本包括购买价款、相关税费、运输费、保险费以及可直接归属于购买该资产的其他支出。其中，可直接归属于购买该资产的其他支出包括场地整理费、装卸费、栽植费、专业人员服务费等。

企业外购的生物资产，按照应计入生物资产成本的金额，借记"消耗性生物资产"、"生产性生物资产"或"公益性生物资产"科目，贷记"银行存款"、"应付账款"、"应付票据"等科目。

企业以一笔款项一次性购入多项生物资产时，购买过程中发生的相关税费、运输费、保险费等可直接归属于购买该资产的其他支出，并且应当按照各项生物资产的价款比例进行分配，分别确定各项生物资产的成本。

【例 5-1】 2×17 年 2 月，晨锋公司（农业企业）从市场上一次性购买了 8 头种牛、20 头种猪和 500 头猪苗，单价分别为 4 500 元、1 500 元和 300 元，支付的价款共计 216 000 元。此外，发生的运输费为 5 000 元，保险费为 3 300 元，装卸费为 2 500 元，款项全部以银行存款支付。

有关计算如下：

(1) 确定应分摊的运输费、保险费和装卸费。

分摊比例＝(5 000＋3 300＋2 500)÷216 000＝5%

因此，8 头种牛应分摊：8×4 500×5%＝1 800(元)

20 头种猪应分摊：20×1 500×5%＝1 500(元)

500 头猪苗应分摊：500×300×5%＝7 500(元)

(2) 确定种牛、种猪和猪苗的入账价值。

8 头种牛的入账价值：8×4 500＋1 800＝37 800(元)

20 头种猪的入账价值：20×1 500＋1 500＝31 500(元)

500 头猪苗的入账价值：500×300＋7 500＝157 500(元)

晨锋公司的会计处理如下：

借：生产性生物资产——种牛	37 800	
——种猪	31 500	
消耗性生物资产——猪苗	157 500	
贷：银行存款		226 800

(二) 自行繁殖、营造的生物资产

对于企业自行营造的生物资产，应当按照不同的种类核算，分别按照消耗性生物资产、生产性生物资产和公益性生物资产确定其取得的成本，并分别借记"消耗性生物资产"、"生产性生物资产"或"公益性生物资产"科目，贷记"银行存款"等科目。

对自行繁殖、营造的消耗性生物资产而言，其成本确定的一般原则是按照自行繁殖或营造（即培育）过程中发生的必要支出确定，既包括直接材料、直接人工、其他直接费，也包括应分摊的间接费用。

【例 5-2】 晨锋公司于 2×17 年 3 月使用一台拖拉机翻耕土地 200 公顷（1 公顷＝10 000 平方米），用于小麦和玉米的种植，其中 120 公顷种植玉米、80 公顷种植小麦。该拖拉机原值为 50 500 元，预计净残值为 500 元，按照工作量法计提折旧，预计可以翻耕土地 5 000 公顷。

有关计算如下：

应当计提的拖拉机折旧费＝(50 500－500)÷5 000×200＝2 000(元)

玉米应当分摊的机械作业费＝2 000÷200×120＝1 200(元)

小麦应当分摊的机械作业费＝2 000÷200×80＝800(元)

晨锋公司的会计处理如下：

借:消耗性生物资产——玉米	1 200	
——小麦	800	
贷:累计折旧		2 000

(三) 投资投入

投资者投入生物资产的成本,应当按照投资合同或协议约定的价值确定,但合同或协议约定价值不公允的除外。

【例 5-3】 晨锋公司接受投资者投入一批生物资产,作为本公司的生产性生物资产,该批生物资产的账面原值为 240 000 元,已经计提折旧为 40 000 元,双方协商按照当时的市场价值 200 000 元来确定投资额。

晨锋公司的会计处理为:

借:生产性生物资产	200 000	
贷:股本		200 000

(四) 其他方式取得

非货币性资产交换、债务重组和企业合并取得的生物资产的成本,应当分别按照:《企业会计准则第 7 号——非货币性资产交换》(CAS7)、《企业会计准则第 12 号——债务重组》(CAS12)、《企业会计准则第 20 号——企业合并》(CAS20)来确定取得成本。

【例 5-4】 晨锋公司自行营造的白桦林,用于生产薪炭,属于林木类生产性生物资产。郁闭前发生的已经支付的造林费、抚育费、营林设施费、良种试验费、调查设计费合计是 150 000 元。为了营造此林,公司专门向农业银行借款 100 000 元,其中应资本化的借款费用是 5 000 元。

晨锋公司会计处理为:

借:生产性生物资产——白桦林	155 000	
贷:银行存款		150 000
长期借款		5 000

■ 第三节　生物资产的后续计量

一、采用成本模式计量生物资产

在我国,处于不同生长阶段的各类生物资产尚缺乏成熟的市场,公允价值有时难以取得。因此,生物资产准则规定一般应当采用历史成本对生物资产进行后续计量,但有确凿证据表明其公允价值能够持续可靠取得的除外。具体而言,消耗性生物资产按成本减累计跌价准备计量;未成熟的生产性生物资产按成本减累计减值准备计量,成熟的生产性生物资产按成本减累计折旧及累计减值准备计量；公益性生物资产按成本计量。

（一）成熟的生产性生物资产的计提折旧

成熟的生产性生物资产进入正常生产期，可以多年连续稳定产出农产品、提供劳务或出租。因此，应当按期计提折旧，以与其给企业带来的经济利益流入相配比。例如，已经开始挂果的苹果树的折旧额与从苹果树上采摘的苹果取得的收入相配比，役牛每期的折旧额与其犁地为企业带来的经济利益流入相配比等。

生产性生物资产的折旧，是指在生产性生物资产的使用寿命内，按照确定的方法对应计折旧额进行系统分摊。其中，应计折旧额是指应当计提折旧的生产性生物资产的原价扣除预计净残值后的余额；如果已经计提减值准备，还应当扣除已计提的生产性生物资产减值准备累计金额。预计净残值是指预计生产性生物资产使用寿命结束时，在处置过程中所发生的处置收入扣除处置费用后的余额。

1. 需要计提折旧的生产性生物资产的范围

当期增加的成熟生产性生物资产应当计提折旧，一旦提足折旧，不论能否继续使用，均不再计提折旧。需要注意的是，以融资租赁租入的生产性生物资产和以经营租赁方式租出的生产性生物资产，应当计提折旧；以融资租赁租出的生产性生物资产和以经营租赁方式租入的生产性生物资产，不应计提折旧。

2. 预计生产性生物资产的使用寿命

企业确定生产性生物资产的使用寿命，应当考虑下列因素：① 该资产的预计产出能力或实物产量；② 该资产的预计有形损耗，如产畜和役畜衰老、经济林老化等；③ 该资产的预计无形损耗，如因新品种的出现而使现有的生产性生物资产的产出能力和产出农产品的质量等方面相对下降、市场需求的变化使生产性生物资产产出的农产品相对过时等。

在具体实务中，企业应在考虑这些因素的基础上，结合不同生产性生物资产的具体情况作出判断。例如，在考虑林木类生产性生物资产的使用寿命时，可以考虑诸如温度、湿度和降雨量等生物特征、灌溉特征、嫁接和修剪程序、植物的种类和分类、植物的株间距、所使用初生主根的类型、采摘或收割的方法、所生产产品的预计市场需求等。在相同的环境下，同样的生产性生物资产的预计使用寿命应该基本相同。

3. 生产性生物资产的折旧方法

《企业会计准则第 5 号——生物资产》(CAS5)规定了企业可选用的折旧方法包括年限平均法、工作量法、产量法等。在具体运用时，企业应当根据生产性生物资产的具体情况，合理选择相应的折旧方法。

4. 合理确定生产性生物资产的使用寿命、预计净残值和折旧方法

企业应当结合本企业的具体情况，根据生产性生物资产的类别，制定适合本企业的生产性生物资产目录、分类方法。对于达到预定经营目的的生产性生物资产，还应根据生产性生物资产的性质、使用情况和有关经济利益的预期实现方式，合理确定生产性生物资产的使用寿命、预计净残值和折旧方法，作为进行生产性生物资产核算的依据。

企业制定的生产性生物资产目录、分类方法、预计使用寿命、预计净残值、折旧方法

等，应当编制成册，并按照管理权限，经股东大会或董事会，或经理（场长）会议或类似机构批准，按照法律、行政法规的规定报送有关各方备案，同时备置于企业所在地，以供投资者等有关各方查阅。企业已经确定并对外报送，或备置于企业所在地的有关生产性生物资产目录、分类方法、预计净残值、预计使用寿命、折旧方法等，一经确定不得随意变更；如需变更，仍然应按照上述程序，经批准后报送有关各方备案，并在报表附注中予以说明。

此外，《企业会计准则第5号——生物资产》（CAS5）规定，企业至少应当于每年年度终了对生产性生物资产的使用寿命、预计净残值和折旧方法进行复核。如果生产性生物资产的使用寿命或预计净残值的预期数与原先估计数有差异的，或者有关经济利益预期实现方式有重大改变的，企业应当作为会计估计变更，按照《企业会计准则第28号——会计政策、会计估计变更和差错更正》（CAS28）的规定进行会计处理，调整生产性生物资产的使用寿命或预计净残值或者改变折旧方法。

5. 生产性生物资产计提折旧的会计处理

企业应当按期对达到预定生产经营目的的生产性生物资产计提折旧，并根据受益对象分别计入将收获的农产品成本、劳务成本、出租费用等。对成熟生产性生物资产按期计提折旧时，借记“生产成本”、“管理费用”等科目，贷记“生产性生物资产累计折旧”科目。

（二）生物资产减值

《企业会计准则第5号——生物资产》（CAS5）规定，企业至少应当于每年年度终了对消耗性生物资产和生产性生物资产进行检查，有确凿证据表明上述生物资产发生减值的，应当计提生物资产跌价准备或减值准备。企业首先应当注意消耗性生物资产和生产性生物资产是否有发生减值的迹象；如有，在此基础上计算确定消耗性生物资产的可变现净值或生产性生物资产的可收回金额。

1. 判断消耗性生物资产和生产性生物资产减值的主要迹象

对生物资产减值的会计处理，《企业会计准则第5号——生物资产》（CAS5）的规定比《企业会计准则第8号——资产减值》（CAS8）中根据有关减值迹象的判断等进行减值测试的方法有所简化，这主要是考虑到生物资产与其他资产相比具有显著的特点，即生物资产本身具有自我生长性，有时短暂的减值可能会通过以后的自我生长而得以恢复其价值，特别是林木资产生长周期短则几十年、长则上百年。因此，生物资产准则对消耗性生物资产和生产性生物资产的减值采取了易于判断的方式。企业至少应当于每年年度终了对消耗性生物资产和生产性生物资产进行检查，有确凿证据表明由于遭受自然灾害、病虫害、动物疫病侵袭或市场需求变化等原因的情况下，上述生物资产才可能存在减值迹象。具体来说，消耗性生物资产和生产性生物资产存在下列情形之一的，通常表明可变现净值或可收回金额低于账面价值：

(1) 因遭受火灾、旱灾、水灾、冻灾、台风、冰雹等自然灾害，造成消耗性生物资产或生产性生物资产发生实体损坏，影响该资产的进一步生长或生产，从而降低其产生经济利益的能力。

(2) 因遭受病虫害或者疯牛病、禽流感、口蹄疫等动物疫病侵袭，造成消耗性生物资产或生产性生物资产的市场价格大幅度持续下跌，并且在可预见的未来无回升的希望。

(3) 因消费者偏好改变而使企业的消耗性生物资产或生产性生物资产收获的农产品的市场需求发生变化，导致市场价格逐渐下跌。与工业产品不同，一般情况下技术进步不会对生物资产的价值产生明显的影响。

(4) 因企业所处经营环境，如动植物检验检疫标准等发生重大变化，从而对企业产生不利影响，导致消耗性生物资产或生产性生物资产的市场价格逐渐下跌。

(5) 其他足以证明消耗性生物资产或生产性生物资产实质上已经发生减值的情形。

2. 计提减值准备

消耗性生物资产的可变现净值或生产性生物资产的可收回金额低于其账面价值时，企业应当按照可变现净值或可收回金额低于账面价值的差额，计提生物资产跌价准备或减值准备，借记"资产减值损失"科目，贷记"存货跌价准备——消耗性生物资产"或"生产性生物资产减值准备"科目。

消耗性生物资产的可变现净值是指在日常活动中，消耗性生物资产的估计售价减去至出售时估计将要发生的成本、估计的销售费用以及相关税费后的金额，其确定应当遵循《企业会计准则第 1 号——存货》(CAS1)。生产性生物资产的可收回金额根据其公允价值减去处置费用后的净额与资产预计未来现金流量的现值两者之间的较高者确定，应当遵循《企业会计准则第 8 号——资产减值》(CAS8)。

【例 5-5】 晨锋公司种植玉米 180 公顷，已发生成本 460 000 元。2×17 年 7 月遭受冰雹，致使玉米严重受灾，期末玉米的可变现净值估计为 400 000 元。

晨锋公司的会计处理如下：

借：资产减值损失——消耗性生物资产(玉米)	60 000	
贷：存货跌价准备——消耗性生物资产(玉米)		60 000

3. 已确认的消耗性生物资产跌价损失的转回

企业在每年年度终了对消耗性生物资产进行检查时，如果消耗性生物资产减值的影响因素已经消失的，减记金额应当予以恢复，并在原已计提的跌价准备金额内转回，转回的金额计入当期损益，借记"存货跌价准备——消耗性生物资产"科目，贷记"资产减值损失"科目。此外，值得注意的是，根据《企业会计准则第 8 号——资产减值》(CAS8)的规定，生产性生物资产减值准备一经计提，不得转回。

(三) 公益性生物资产不计提减值准备

对于公益性生物资产而言，由于其持有目的与消耗性生物资产和生产性生物资产有本质不同，主要是出于防护、环境保护等特殊公益性目的，具有非经营性的特点，因此生物资产准则规定公益性生物资产不计提减值准备。

二、采用公允价值模式计量生物资产

(一) 采用公允价值计量的条件

根据生物资产准则的规定，生物资产通常按照成本计量，但有确凿证据表明其公允价值能够持续可靠取得的除外。对于采用公允价值计量的生物资产，生物资产准则规定了严格的条件，应当同时满足下列两个条件。

(1) 生物资产有活跃的交易市场,即该生物资产能够在交易市场中直接交易。活跃的交易市场,是指同时具有下列特征的市场:① 市场内交易的对象具有同质性;② 可随时找到自愿交易的买方和卖方;③ 市场价格信息是公开的。就我国目前的情况而言,生长中的生物资产尚不存在活跃市场,可验证的市场价格尚难以取得,比如生长中的果园、生长中的林木等。因此,企业在对生物资产应用公允价值时应当特别加以注意。

(2) 能够从交易市场上取得同类或类似生物资产的市场价格及其他相关信息,从而对生物资产的公允价值作出科学合理的估计。同类或类似的生物资产,是指品种相同、质量等级相同或类似、生长时间相同或类似、所处气候和地理环境相同或类似的有生命的动物和植物。这一规定表明,企业能够客观而非主观随意地使用公允价值。

(二) 公允价值模式下的会计处理

在公允价值模式下,企业不对生物资产计提折旧和计提跌价准备或减值准备,应当以资产负债表日生物资产的公允价值减去估计销售时所发生费用调整其账面价值,其与原账面价值之间的差额计入当期损益。一般情况下,企业对生物资产的计量模式一经确定,不得随意变更。

第四节　生物资产的收获和处置

一、生物资产的收获

收获,是指消耗性生物资产生长过程的结束(如收割小麦、采伐用材林等),以及农产品从生产性生物资产上分离(如从苹果树上采摘下苹果、奶牛产出牛奶、绵羊产出羊毛等)。

(一) 收获农产品成本核算的一般要求

农产品按照所处行业,一般可以分为种植业产品(如小麦、水稻、玉米、棉花、糖料等)、畜牧养殖业产品(如牛奶、羊毛、肉类、禽蛋等)、林产品(如苗木、原木、水果等)和水产品(如鱼、虾、贝类等)。企业应当按照成本核算对象(消耗性生物资产、生产性生物资产、公益性生物资产和农产品)设置明细账,并按成本项目设置专栏,进行明细分类核算。

从收获农产品成本核算的截止时点来看,由于种植业产品和林产品一般具有季节性强、生产周期长、经济再生产与自然再生产相交织的特点,种植业产品和林产品成本计算期因不同产品的特点而异。因此,企业在确定收获农产品的成本时,应特别注意成本计算的截止时点,而在收获时点之后的农产品应当适用《企业会计准则第 1 号——存货》(CAS1)。

(二) 收获农产品的会计处理

1. 消耗性生物资产收获农产品的会计处理

从消耗性生物资产上收获农产品后,消耗性生物资产自身完全转为农产品而不复存在,企业应当将收获时点消耗性生物资产的账面价值结转为农产品的成本。会计处理时,借记“农产品”科目，贷记“消耗性生物资产”科目；已计提跌价准备的，还应同时结转跌价准备，借记“存货跌价准备——消耗性生物资产”科目；对于不通过入库直接销售的鲜活产品等，按实际成本，借记“主营业务成本”。

【例 5-6】 晨锋公司于2×17年6月入库小麦40吨，成本为24 000元。

晨锋公司的会计处理如下：

借：农产品——小麦　　24 000

　贷：消耗性生物资产——小麦　　24 000

2. 生产性生物资产收获农产品的会计处理

生产性生物资产具备自我生长性，能够在生产经营中长期、反复使用，从而不断产出农产品。从生产性生物资产上收获农产品后，生产性生物资产这一母体仍然存在。农业生产过程中发生的各项生产费用，按照经济用途可以分为直接材料、直接人工等直接费用以及间接费用，企业应当区别处理。

(1) 农产品收获过程中发生的直接材料、直接人工等直接费用，直接计入相关成本核算对象，借记“农业生产成本——农产品”科目，贷记“库存现金”、“银行存款”、“原材料”、“应付职工薪酬”、“生产性生物资产累计折旧”等科目。

【例 5-7】 晨锋公司于2×17年1月发生奶牛(已进入产奶期)的饲养费用如下：领用饲料6 000千克，计1 500元，应付饲养人员工资3 500元，以现金支付防疫费600元。

分析：

本例中，农业生产成本初始计量的成本=1 500+3 500+600=5 600(元)。

晨锋公司的会计处理如下：

借：生产成本——农业生产成本(牛奶)　　5 600

　贷：原材料　　1 500

　　　应付职工薪酬　　3 500

　　　库存现金　　600

(2) 农产品收获过程中发生的间接费用，如材料费、人工费、生产性生物资产的折旧费等应分摊的共同费用，应当在生产成本归集时，借记“农业生产成本——共同费用”科目，贷记“库存现金”、“银行存款”、“原材料”、“应付职工薪酬”、“生产性生物资产累计折旧”等科目；在会计期末按一定的分配标准，分别计入有关的成本核算对象，借记“农业生产成本——农产品”科目，贷记“农业生产成本——共同费用”科目。

二、生物资产的处置

(一) 生物资产出售

生物资产出售时，应当按照其账面价值结转成本。企业应按实际收到的金额，借记“银行存款”等科目，贷记“主营业务收入”等科目；应按其账面余额，借记“主营业务成本”等科目，贷记“生产性生物资产”、“消耗性生物资产”等科目。另外，已计提跌价或减值准备或折旧的，还应同时结转跌价或减值准备或累计折旧。

【例 5-8】 晨锋公司于2×17年1月将育成的50头仔猪出售给乙食品加工厂，价款总额为 25 000 元，货款尚未收至。出售时仔猪的账面余额为 15 000 元，未计提跌价准备。

分析：

本例中，晨锋公司应按价款确定相关主营业务收入 25 000 元，同时结转相关主营业务成本 15 000 元。

晨锋公司的会计处理如下：

借：应收账款——乙食品加工厂　　25 000

　贷：主营业务收入　　25 000

借：主营业务成本　　15 000

　贷：消耗性生物资产——育肥猪　　15 000

（二）生物资产盘亏或死亡、毁损

生物资产盘亏或死亡、毁损时，应当将处置收入扣除其账面价值和相关税费后的余额先记入“待处理财产损益”科目，待查明原因后，根据企业的管理权限，经股东大会、董事会、经理（场长）会议或类似机构批准后，在期末结账前处理完毕。生物资产因盘亏或死亡、毁损造成的损失，在减去过失人或者保险公司等的赔款和残余价值之后，计入当期管理费用；属于自然灾害等非常损失的，计入营业外支出。生物资产因盘亏或死亡、毁损造成的损失，如在期末结账前尚未经批准的，应在对外提供财务报表时先按上述规定进行处理，并在报表附注中作出说明；如果其后批准处理的金额与已处理的金额不一致，应按其差额调整财务报表相关项目的年初数。

【例 5-9】 2×17 年 1 月 10 日，晨锋公司的养猪场死亡 2～4 个月幼猪 4 头，其账面余额为 400 元。同年 1 月 25 日，经查明，这 4 头幼猪是因为体弱而被其他幼猪踩踏而死。

晨锋公司的会计处理如下：

借：待处理财产损益　　400

　贷：消耗性生物资产　　400

借：管理费用　　400

　贷：待处理财产损益　　400

【例 5-10】 晨锋公司的养猪场于 2×17 年 2 月 5 日丢失两头种猪，账面原值为 1 500 元，已经计提折旧 500 元；同年 2 月 25 日，经查实，饲养员赵五应赔偿 200 元。

晨锋公司的会计处理如下：

借：待处理财产损益　　1 000

　　生产性生物资产累计折旧　　500

　贷：生产性生物资产——种猪　　1 500

借：其他应收款——赵五　　200

　　管理费用　　800

　贷：待处理财产损益　　1 000

（三）生物资产转换

生物资产改变用途后的成本应当按照改变用途时的账面价值确定，即应将转出生物资产的账面价值作为转入资产的实际成本。生物资产转换通常包括如下两种情况。

(1) 产畜或役畜淘汰转为育肥畜,或者林木类生产性生物资产转为林木类消耗性生物资产时,按转群或转变用途时的账面价值,借记"消耗性生物资产"科目;按已计提的累计折旧,借记"生产性生物资产累计折旧"科目;按其账面余额,贷记"生产性生物资产"科目。另外,已计提减值准备的,还应同时结转已计提的减值准备。

【例 5-11】 2×17 年 4 月,晨锋公司自行繁殖的 50 头种猪转为育肥猪,此批种猪的账面原价为 400 000 元,已经计提的累计折旧为 150 000 元,已经计提的资产减值准备为 20 000 元。

晨锋公司的会计处理如下:

借:消耗性生物资产——育肥猪　　230 000
　生产性生物资产累计折旧　　150 000
　生产性生物资产减值准备　　20 000
　贷:生产性生物资产——成熟生产性生物资产(种猪)　　400 000

(2) 消耗性生物资产、生产性生物资产转为公益性生物资产时,应按其账面余额或账面价值,借记"公益性生物资产"科目;按已计提的生产性生物资产累计折旧,借记"生产性生物资产累计折旧"科目;按账面余额,贷记"消耗性生物资产"、"生产性生物资产"科目。另外,已计提跌价准备或减值准备的,还应同时结转跌价准备或减值准备。

公益性生物资产转为消耗性生物资产或生产性生物资产时,应按其账面余额,借"消耗性生物资产"或"生产性生物资产"科目,贷记"公益性生物资产"科目。

【例 5-12】 2×17 年 7 月,由于区域生态环境的需要,晨锋公司的 12 公顷造纸原料林(杨树)被划为防风固沙林,仍由公司负责管理,该林的账面余额 86 000 元,已经计提的跌价准备为 6 000 元。

晨锋的会计处理如下:

借:公益性生物资产——防风固沙林(杨树)　　80 000
　存货跌价准备——消耗性生物资产　　6 000
　贷:消耗性生物资产—造纸原料林(杨树)　　86 000

第五节　生物资产的列报与披露

一、生物资产的表内列报

将"农业生产成本"账户的借方余额在减去"存货跌价准备——消耗性生物资产跌价准备"账户贷方余额后,计入资产负债表中的"存货"项目中,并且在表中单独列示存货中的消耗性生物资产的金额。

"生物性在建工程"账户的借方余额在减去"生物性在建工程减值准备"账户贷方余额后,计入资产负债表中的"在建工程"项目中。

生产性生物资产账户的借方余额在减去"生物资产累计折旧"账户贷方余额后,以净额计入资产负债表中的"固定资产"项目中。

二、生物资产的表外披露

企业应当在附注中披露与生物资产有关的下列六项信息。

(1) 生物资产的类别,以及各类生物资产的实物数量和账面价值。

(2) 各类消耗性生物资产的跌价准备累计金额,以及各类生产性生物资产的使用寿命、预计净残值、折旧方法、累计折旧和减值准备累计金额。

(3) 天然起源生物资产的类别、取得方式和实物数量。

(4) 用于担保的生物资产的账面价值。

(5) 与生物资产相关的风险情况与管理措施。

(6) 企业应当在附注中披露与生物资产增减变动有关的下列信息:① 因购买而新增加的生物资产;② 因自行培育而新增加的生物资产;③ 因出售而减少的生物资产;④ 因盘亏或死亡、毁损而减少的生物资产;⑤ 计提的折旧及计提的跌价准备或减值准备;⑥ 因接受捐赠、盘盈等而增加的部分;⑦ 因产出农产品而减少的部分;⑧ 因天然起源而增加的部分;⑨ 其他变动。

延伸阅读

新三板农业股财务造假问题突出　业绩两极分化严重

2017 年 2 月 5 日,2017 年中央一号文件《中共中央、国务院关于深入推进农业供给侧结构性改革加快培育农业农村发展新动能的若干意见》公布,中央一号文件明确提出要加快农村金融创新,支持符合条件的涉农企业上市融资、发行债券、兼并重组。

据 Wind 数据统计,目前新三板农业类挂牌企业接近 200 家,其中种植类企业占比近半。同时,作为传统行业,新三板农业类挂牌企业由于行业的特殊性,不少企业的经营状况和业绩情况均堪忧,通过低成本的财务造假来“弥补”业绩不足的情况时有发生。

一、财务造假成农业公众公司突出问题

农业类公众公司财务数据造假的“传统”由来已久,这与行业的特殊性关系密切。其中“天灾”的影响与其他行业相比尤其突出,在农业生产过程中,气候、地理环境、病疫、种养殖周期等多重因素,使得农业企业(简称农企)产品存在诸多风险和不确定性因素。此前 A 股上市公司獐子岛(002069)就因为水文气象原因,遭遇扇贝突然“消失”的黑天鹅,从而也引起外界对于獐子岛是否存在财务造假的争议。

另外,“人祸”也是农企财务造假的重要原因之一,由于农企尽职调查的复杂性和困难性,使得不少农企浑水摸鱼的概率大大提升。15 年前震惊全国的蓝田股份造假事件,就是彻底的人为财务造假事件。

财务造假的成本极低,但对于公众公司,尤其是农业类公司来说,财务造假的风险极大。有业内分析师从“另一个角度”对中国网财经记者解释,财务造假之所以常在农企中出现,是因其产品与不少高新技术企业的虚拟产品存在较大差异。例如:你养了多少头猪,多少棵树,很容易核对;而很多数据公司的数据,即使是假的,也很难去印证核对。

反观新三板挂牌企业,涉及各类造假时有发生,而这些造假企业中,农企造假尤其引人关注。一方面，财务造假常出现在农业类公众公司中；另一方面，此类公司造假的规模都不小。

先有“野生参第一股”参仙源开新三板造假先河，后有鑫秋农业被曝虚增收入，中间还有已经摘牌的宝莲生物因财务问题被质疑。

2016年7月，参仙源财务造假坐实，受到证监会处罚，成为“新三板造假第一股”。据了解，2013年参仙源将外购野山参作为自挖野山参销售，虚增利润5 538.22万元；另外，参仙源通过价格不公允的关联交易，虚增利润7 372.93万元，上述两项合计金额达1.29亿元。参仙源公开转让说明书显示，公司拥有林地约8万亩，其中野山参种植面积约为3.6万亩。由于野山参种植面积广泛，作为主办券商的国金证券无法对种植情况进行全面查看；同时，由于野山参在地下生长，也无法核实野山参的存活率以及数量。由于尽调的局限性，也为参仙源后来的财务造假埋下“祸根”。

2016年6月底，新三板种子公司ST鑫秋压哨披露2015年年度报告，该年报将公司涉嫌财务造假推出水面。ST鑫秋2015年年报显示，公司报告期内营收和净利润分别为8 485.1万元和－1.1亿元，同比下降58.85%和1 537.87%。而值得注意的是，ST鑫秋2015年半年报显示，其营收和净利润分别为8 666.2万元和1 030.8万元。面对这份半年时间营收“逆生长”的奇葩财务报告，ST鑫秋的主办券商中泰证券出具了“不予认可的风险提示公告”。随后，ST鑫秋董事会秘书（简称：董秘）宋洪胜对媒体公开表示：“鑫秋农业涉嫌严重的财务造假问题。”宋洪胜称，公司董事长张友秋涉嫌虚增收入、虚增利润等财务造假行为，是导致公司陷入今天如此局面的主要原因。另外，ST鑫秋2016年的半年报也被中泰证券认为是“部分披露事项前后矛盾，相关报表数据难以钩稽、存在披露财务数据错误情形。”目前，ST鑫秋因重大资产重组停牌，并且仍在接受监管部门立案调查。

被质疑财务造假的新三板农业类企业还有已经摘牌的宝莲生物，该公司主动摘牌被外界认为是与自身财务数据存疑有关，有宝莲生物投资人对中国网财经记者称：“宝莲生物摘牌的原因主要是公司农业项目在财务核算上存在问题，为避免被动摘牌，才提出主动摘牌。”而宝莲生物董秘魏萍在接受中国网财经记者采访时表示，摘牌是出于后期IPO考虑。

另外，魏萍表示，农业种植有着很高的不确定性，所以在财务核算方面非常严格。

二、业绩两极分化严重

业绩方面，据Wind数据统计，186家披露2016年半年报的新三板农业类企业中，45家企业净利润出现亏损，46家企业净利润超千万元，整体业绩出现明显的两极分化。

业绩亏损前三名中，就包括上文提及财务造假的参仙源和ST鑫秋。2016年半年报显示，参仙源报告内完成营业收入375.51万元，归母净利润亏损2 495.21万元；ST鑫秋报告期内完成营业收入767.55万元，归母净利润亏损2 488.21万元。

2016年上半年农业股“亏损王”银丰棉花，报告期内完成营收9.33亿元，但归母净利润亏损达1.20亿元之多。对于巨额亏损，银丰棉花表示，报告期内公司期货业务发生了重大损失，对公司造成了巨大的冲击。

对于期货业务亏损，银丰棉花表示，在棉花产业基本面无实质改变的情况下，棉花期货价格发生剧烈波动，公司棉花期货业务出现重大损失；截至2016年5月31日，公司棉花期货业务亏损总额为6.66亿元。这对于作为期货市场“老炮”的银丰棉花来说，实属罕见。有业内人士指出，投机交易或许才是银丰棉花巨亏的主要原因。

由此可见，期货农业作为分散农产品风险的重要方式，在实际操作过程中其自身也存在相当的风险。同时，值得一提的是，2017年中央一号文件提出，要深入推进农产品期货、期权市场建设，积极引导涉农企业利用期货、期权管理市场风险，稳步扩大“保险+期货”试点。

有分析人士指出，尽管有中央文件支持，但类似银丰棉花这样出现业务“黑天鹅”新三板农企，在借助政策东风的同时，做好自身风控更为重要。

另外，在46家2016上半年净利润超千万的新三板农企中，垦丰种业尽管受制于政策原因导致出现营收净利双降，但仍以16.24亿元的营收和5.35亿元的归母净利润排在所有挂牌农企首位；三瑞农科则以2.08亿元的营收和1.16亿元的归母净利润排在业绩榜第二位。同时，归母净利润超5 000万元的还有中喜生态、联创种业、枫华种业、伊禾农品等。

农业供给侧改革自提出以来，政策高度不断上升，今年更是将其作为2017年中央一号文件的主题，并作为当前和今后一个时期农业农村工作的主线。上海证券研报称，从主题投资角度看，农业供给侧改革利好土地流转、禽畜养殖、现代种业等多个板块；广发证券同样继续推荐农业供给侧改革主题。

有券商分析师表示，2017年农业类公众公司会受到市场更多关注，这对于新三板已挂牌农企来说，应该充分借助政策东风，将业绩实实在在地做起来。

（资料来源 《新三板农业股财务造假问题突出 业绩两极分化严重》，载和讯网2017年2月7日 http://stock.hexun.com/2017-02-07/188030676.html）

特别提示

企业至少应当于每年年度终了对消耗性生物资产和生产性生物资产进行检查，有确凿证据表明由于遭受自然灾害、病虫害、动物疫病侵袭或市场需求变化等原因，使消耗性生物资产的可变现净值或生产性生物资产的可收回金额低于其账面价值的，应当按照可变现净值或可收回金额低于账面价值的差额，计提生物资产跌价准备或减值准备，并计入当期损益。上述可变现净值和可收回金额，应当分别按照《企业会计准则第1号——存货》(CAS1)和《企业会计准则第8号——资产减值》(CAS8)确定。消耗性生物资产减值的影响因素已经消失的，减记金额应当予以恢复，并在原已计提的跌价准备金额内转回，转回的金额计入当期损益。生产性生物资产减值准备一经计提，不得转回。公益性生物资产不计提减值准备。

CHAPTER 6

第六章

金融工具会计

学习目标

本章主要阐述金融工具会计的相关内容，通过对本章的学习，应掌握的内容有：① 金融工具的相关概念体系，从"合约"的角度正确理解金融资产、金融负债、权益工具的含义，能够从企业管理金融资产的业务模式以及单个金融资产合同现金流量特征的角度出发对金融资产进行分类；② 能够在实际财务报表项目上对金融工具进行辨别，掌握金融工具的会计核算；③ 了解金融资产转移相关内容；④ 理解衍生金融工具的定义，熟知衍生工具的各种类型；⑤ 理解衍生工具会计的特征和内容，掌握套期会计、嵌入式衍生工具会计的构成内容及其会计处理要求。

案例引入

在2008金融危机之中，《国际会计准则第39号——金融工具：确认和计量》（下文简称：IAS39）暴露了本身的设计与逻辑缺陷：金融资产四分类划分标准不一致，违反"相互独立，完全穷尽"（Mutually Exclusive Collectively Exhaustive）的最佳原则，造成理解和实施困难；历史损失模型下，已发生减值计提太迟太少，市场危机状态下难以及时反映财务状况；减值计提不统一，例如可供出售类金融工具减值计提比较基准是公允价值，而贷款与应收款以及持有至到期投资的减值基准是预计可回收现金流量缺口；原有的套期会计原则较为僵化复杂，执行成本过高，例如80%～125%套期有效比率测试造成许多企业套期活动无法在财务报告之中确认，只能够以补充披露的形式另行说明。

在这种背景下，2014年7月，国际会计准则理事会（IASB）发布《国际财务报告准则第9号——金融工具》（下文简称：IFRS9）的最终版本，将金融工具的分类和计量、金融资产减值和套期保值会计全盘纳入，全面取代原有的IAS39。IFRS9改变了根据主体持有金融资产的意图进行分类的方式，将金融工具的分类由原来的"四分类"转变为"三分类"；在IFRS9中最值得关注的是其强调信用风险损失的提前确认，统一了金融资产减值的计量基础。解决了IAS39在金融危机中暴露出的金融资产损失准备计提过少、过迟的问题；IFRS9对被套期项目和套期保值工具的资格、套期有效性的测试，以及披露要求进行了扩展，取消了"80%～125%"这一衡量套期有效性的量化界限标准，选择通过复核风险管理策略来评估套期有效性。在 IFRS9 中关联套期项目与被套期项目能够更加真实公允的反映企业经济套期风险管理活动成果。

从准则发展或会计理论的角度，IFRS9 的分类与计量突出了逻辑一致，其减值与套期部分体现了决策相关性和信息有效性，例如预期损失比已发生损失更加突出了经济意义上的资产风险价值和时间价值，套期会计使得会计核算可以紧密结合套期风险管理实践。

（资料来源 《图解 IFRS9(1)：总体介绍》，载财经·搜狐网 2016 年 6 月 13 日，http://www.sohu.com/a/82889935_438418；党红：《IFRS9 金融工具尘埃落定：单一预期信用损失模式》，载首席财务官杂志 2015 年 1 月 7 日，http://www.topcfo.net/index.php/News/index/id/38920.html）

第一节　金融工具概述

在国际会计准则体系下，金融工具相关准则包括：《国际会计准则第 32 号——金融工具：列报》(IAS32)；《国际会计准则第 39 号——金融工具：确认和计量》(IAS39)；《国际财务报告准则第 9 号——金融工具》(IFRS9)。此外，还有一些解释公告阐述了相关准则的规定，包括：《国际财务报告准则解释第 2 号——合作主体中的成员份额及类似工具》(IFRIC2)；《国际财务报告准则解释第 9 号——嵌入衍生工具的重估值》(IFRIC9)；《国际财务报告准则解释第 10 号——中期财务报告和减值》(IFRIC10)；《国际财务报告准则解释第 16 号——国外经营净投资套期》(IFRIC16)；《国际财务报告准则解释第 19 号——金融负债和权益工具的区别》(IFRIC19)。

2014 年 7 月 24 日，国际会计准则理事会发布了《国际财务报告准则第 9 号——金融工具》(IFRS9)，从而完成了综合应对金融危机的最后一个环节（尚未完成的“宏观套期会计”属于另一个独立项目）。改进后的《国际财务报告准则第 9 号——金融工具》(IFRS9)引入了一套更具逻辑性的分类和计量方法，一套单一的、具有前瞻性的“预期损失”减值模型，以及一套发生了实质性变革的套期会计处理方法。至此，《国际财务报告准则第 9 号——金融工具》(IFRS9)全面取代《国际会计准则第 39 号——金融工具：确认和计量》(IAS39)等准则，根据国际会计准则理事会终稿的要求，《国际财务报告准则第 9 号——金融工具》(IFRS9)将于 2018 年 1 月 1 日开始生效。

2017 年 3 月 31 日，我国财政部对金融工具相关准则进行了重新修订，对金融资产分类进行了重新界定、引入了会计错配等概念。当前我国金融工具相关准则包括：《企业会计准则第 22 号——金融工具确认和计量》(CAS22)；《企业会计准则第 23 号——金融资产转移》(CAS23)；《企业会计准则第 24 号——套期保值》(CAS24)，这三项准则与《国际财务报告准则第 9 号——金融工具》(IFRS9)相关内容实质趋同。此外，2017 年 5 月 2 日，财政部对《企业会计准则第 37 号——金融工具列报》(CAS37)完成了重新修订及颁布，至此，我国有关金融工具的会计准则均得到了更新。

金融工具(Financial Instruments)也称金融商品，可以根据以下有关金融工具的定义，理解金融工具的含义。

美国财务会计准则委员会(FASB)1991 年 12 月颁布的第 107 号财务会计准则公告

《金融工具公允价值的披露》(SFAS107)指出,金融工具是指现金、一个实体的所有者权益凭证或一份同时具备以下两个特征的合约。

(1) 对一个实体形成合约义务。① 向另一实体交割现金或另一种金融工具;② 在潜在不利的条件下与另一实体交换金融工具。

(2) 赋予另一实体合约权利。① 从前一实体接受现金或另一金融工具;② 在潜在有利的条件下与前一实体交换金融工具。

国际会计准则理事会(IASB)2004 年修订后的《国际会计准则第 32 号——金融工具:列报》(IAS32)中指出,金融工具是指“形成一个企业的金融资产并形成另一个企业的金融负债或权益工具的合约”。我国在新的企业会计准则中提出金融工具是指形成一方的金融资产并形成其他方的金融负债或权益工具的合同。

可以看出,把握金融工具定义的关键,是从“合约”的角度正确理解金融资产、金融负债、权益工具的含义。“合约”的签订决定了签约者交易的法律性质,“合约”的各方也由此拥有相应的权利或承担相应的义务。

本章将金融工具进一步划分为基本金融工具与衍生金融工具,并分别对其进行介绍。

一、基本金融工具

基本金融工具(Primary Financial Instruments),即传统金融工具,基本上已构成传统财务报表项目。基本金融工具的以下两个特点使其有别于衍生金融工具:① 基本金融工具的取得或发生通常伴随着资产的流入或流出;② 基本金融工具的价值取决于标的物本身的价值。

基本金融工具主要包括现金、存放于金融机构的款项等货币资金;普通股和优先股等股权证券;代表在未来期间收取金融资产的合同权利或支付金融资产的合同义务的债券投资、应付债券,应收账款、应收票据、其他应收款、应付账款、应付票据、其他应付款、存入保证金、存出保证金、客户贷款、客户存款等。

(一) 金融资产

根据我国《企业会计准则第 22 号——金融工具确认和计量》(CAS22)对金融资产(Financial Assets)的定义为:企业持有的现金、其他方的权益工具以及符合下列条件之一的资产。

(1) 从其他方收取现金或其他金融资产的合同权利。

(2) 在潜在有利条件下,与其他方交换金融资产或金融负债的合同权利。

(3) 将来须用或可用企业自身权益工具进行结算的非衍生工具合同,且企业根据该合同将收到可变数量的自身权益工具。

(4) 将来须用或可用企业自身权益工具进行结算的衍生工具合同,但以固定数量的自身权益工具交换固定金额的现金或其他金融资产的衍生工具合同除外。其中,企业自身权益工具不包括应当按照《企业会计准则第 37 号——金融工具列报》(CAS37)分类为权益工具的可回售工具或发行方仅在清算时才有义务向另一方按比例交付其净资产的金融工具,也不包括本身就要求在未来收取或交付企业自身权益工具的合同。

理解金融资产定义的关键是，从“合约”的角度将金融资产与非金融资产予以区别。企业是否形成收取现金或其他金融资产(或交换金融负债或权益工具)的合约权利，是判断金融资产与非金融资产的主要标准。金融资产的判别，见表 6-1。

表 6-1　　金融资产判别表

资产类型	是否属于金融资产	原因
货币资金	是	交换媒介
应收款项(应收账款，应收票据、应收贷款等)	是	在未来收取现金的合同权利
存货、固定资产、租入资产和无形资产	否	不引起收取现金或其他金融资产的现时权利
预付费用	否	属于收取商品或服务的权利而不是收取现金或另外一项金融资产的权利
经营租赁	否	出租方继续核算的是租赁资产本身而不是根据合同在未来应收取的租金
融资租赁	是	出租方租赁合同下的长期应收款是金融资产

在 2017 年更新后的我国会计准则中，根据企业管理金融资产的业务模式和金融资产的合同现金流量特征，将金融资产划分为以下三类。

(1) 以摊余成本计量的金融资产(Financial Assets Measured at Amortized Cost，简称：AMC)；

(2) 以公允价值计量且其变动计入其他综合收益的金融资产(Financial Assets at Fair Value Through Other Comprehensive Income，简称：FVOCI)；

(3) 以公允价值计量且其变动计入当期损益的金融资产(Financial Assets at Fair Value Through Profit or Loss，简称：FVPL)。

以上三种金融资产的业务模式与合同现金流量的特征，见表 6-2。

表 6-2　　金融资产业务模式与合同现金流量特征

金融资产种类	金融资产管理的业务模式(即企业如何通过持有金融资产获取现金流量)	合同现金流量特征
以摊余成本计量的金融资产	收取合同现金流量	对本金和以未偿付本金金额为基础的利息的支付
以公允价值计量且其变动计入其他综合收益的金融资产	既收取合同现金流量同时持有以备出售获利	对本金和以未偿付本金金额为基础的利息的支付
以公允价值计量且其变动计入当期损益的金融资产	其他(属于剩余类别，特殊情况：如果能够消除或显著减少会计错配，企业可以将金融资产指定为以公允价值计量且其变动计入当期损益的金融资产，且该指定一经作出不得撤销)	

(二) 金融负债

金融负债(Financial Liabilities)，指属于下列某项合约义务的负债：① 向另一个企业交付现金或另一项金融资产的合约义务；② 在潜在不利的条件下，与另一个企业交换金融工具的合约义务。

我国2017年重新修订的《企业会计准则第37号——金融工具列报》(CAS37)指出：金融负债，是指企业的下列四项负债。

(1) 向其他方交付现金或其他金融资产的合同义务。

(2) 在潜在不利条件下，与其他方交换金融资产或金融负债的合同义务。

(3) 将来须用或可用企业自身权益工具进行结算的非衍生工具合同，且企业根据该合同将交付可变数量的自身权益工具。

(4) 将来须用或可用企业自身权益工具进行结算的衍生工具合同，但以固定数量的自身权益工具交换固定金额的现金或其他金融资产的衍生工具合同除外。其中，企业自身权益工具不包括应当按照《企业会计准则第37号——金融工具列报》(CAS37)分类为权益工具的可回售工具或发行方仅在清算时才有义务向另一方按比例交付其净资产的金融工具，也不包括本身就要求在未来收取或交付企业自身权益工具的合同。

金融负债可以划分为以摊余成本计量的金融负债、以公允价值计量且其变动计入当期损益的金融负债，具体又包括交易性金融负债(含属于金融负债的衍生工具)和指定为以公允价值计量且其变动计入当期损益的金融负债、金融资产转移不符合终止确认条件或继续涉入被转移金融资产所形成的金融负债以及以低于市场利率贷款的贷款承诺。正确理解金融负债还需对金融负债与权益工具进行区分。

(三) 权益工具

权益工具(Equity Instrument)，指证明在扣除所有负债后的企业资产中拥有剩余利益的合同。同时满足下列条件的，发行方应当将发行的金融工具分类为权益工具。

(1) 该金融工具不包括交付现金或其他金融资产给其他方，或在潜在不利条件下与其他方交换金融资产或金融负债的合同义务；

(2) 将来须用或可用其他企业自身权益工具进行结算该金融工具的，如果该金融工具为非衍生工具，不包括交付可变数量的自身权益工具进行结算的合同义务；如果该金融工具为衍生工具，企业只能通过以固定金额的现金或其他金融资产换取固定数量的自身权益工具为结算该金融工具。企业自身权益工具不应包括分类为权益工具的金融工具，也不包括本身就要求在未来收取或交付企业自身权益工具的合同。

权益工具包括：不可回售的普通股、优先股(不包括可赎回优先股)、企业发行的、使持有者有权以固定价格购入固定数量该企业普通股的认股权证、股票期权等。

(四) 金融负债和权益工具区分

(1) 是否存在无条件地避免交付现金或其他金融资产的合同义务。如果企业不能无条件地避免以交付现金或其他金融资产来履行一项合同义务，则该合同义务符合金融负债的定义。有些金融工具虽然没有明确地包含交付现金或其他金融资产义务的条款和条件，但有可能通过其他条款和条件间接地形成合同义务，即要考虑合同的实质，而不仅仅是法律形式。

(2) 是否通过交付固定数量的自身权益工具结算。如果一项金融工具须用或可用企业自身权益工具进行结算，企业需要考虑用于结算该工具的自身权益工具，是作为现金或其他金融资产的替代品，还是为了使该工具持有方享有在发行方扣除所有负债后的资产中的剩余权益。如果是前者，该工具是发行方的金融负债；如果是后者，该工具是发行方的权益工具。因此，对于以企业自身权益工具结算的金融工具，其分类需要考虑所交付的自身权益工具的数量是可变的还是固定的。

总的来说，区分金融负债与权益工具的一般原则为：是否存在无条件地避免交付现金或其他金融资产的义务；判断的形式不是法律形式而是实质；结算方式的不同带来不同的会计确认结果。

【例 6-1】 晨锋公司与矿达公司签订的合同约定，晨锋公司以 100 万元等值的自身权益工具偿还所欠矿达公司债务。

分析：

晨锋公司需偿还的负债金额 100 万元是固定的，即企业用于结算该工具的自身权益工具，是作为现金的替代品。在这种情况下，晨锋公司发行的该金融工具应当划分为金融负债。

【例 6-2】 晨锋公司 2×16 年 10 月发行了一项年利率为 10%、无固定还款期限、可自主决定是否支付利息的不可累积永续债，其他合同条款如下（假定没有其他条款导致该工具分类为金融负债）：

（1）该永续债嵌入了一项看涨期权，允许晨锋公司在发行第 5 年及之后以面值回购该永续债。

（2）如果晨锋公司在第 5 年年末没有回购该永续债，则之后的票息率增加至 12%。

（3）该永续债票息在晨锋公司向其普通股股东支付股利时必须支付。

假设：晨锋公司根据相应的议事机制能够自主决定普通股股利的支付；该公司发行该永续债之前多年来均支付普通股股利。

分析：

尽管晨锋公司多年来均支付普通股股利，但由于晨锋公司能够根据相应的议事机制自主决定普通股股利的支付，并进而影响永续债利息的支付，对晨锋公司而言，该永续债并未形成支付现金或其他金融资产的合同义务；尽管晨锋公司有可能在第 5 年年末行使其回购权，但是晨锋公司并没有回购的合同义务，因此该永续债应整体被分类为权益工具。

【例 6-3】 晨锋公司发行了名义金额人民币 100 元的优先股，合同条款规定晨锋公司在 3 年后将优先股强制转换为普通股，转股价格为转股日前一工作日的该普通股市价。

分析：

转股价格是变动的，未来须交付的普通股数量是可变的，实质可视作晨锋公司将在 3 年后使用自身普通股并按其市价履行支付优先股每股人民币 100 元的义务。在这种情况下，该强制可转换优先股整体是一项金融负债。

为了进一步地理解金融资产的三种分类，我们对金融资产的分类与计量进行了如下总结，如图 6-1 所示。

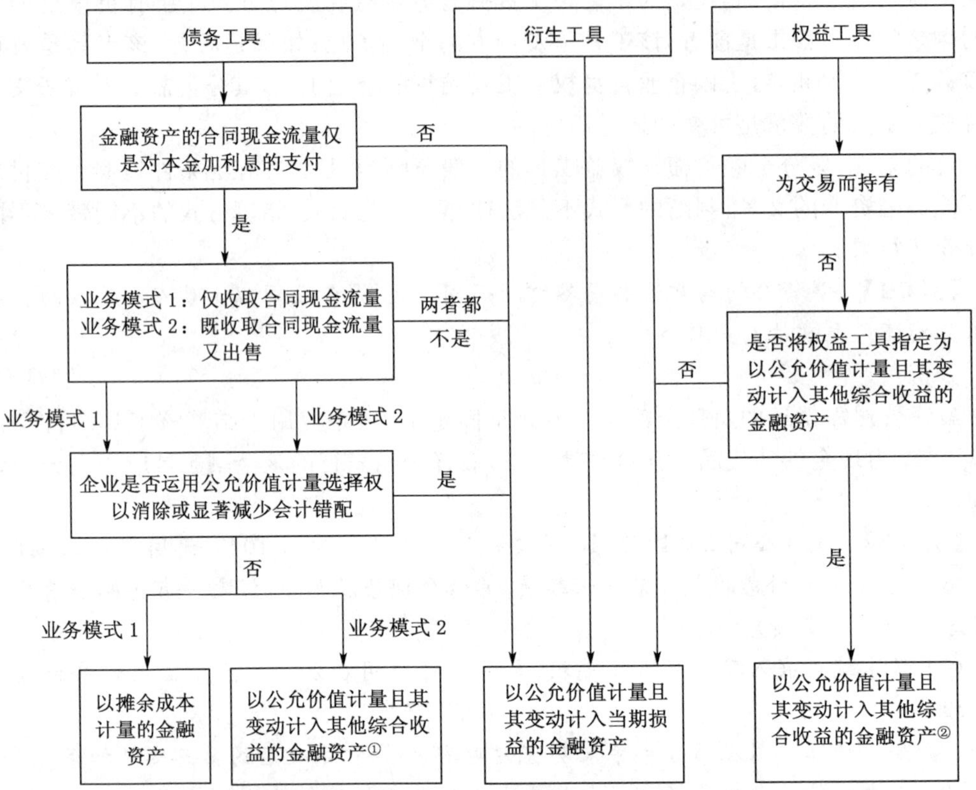

图 6-1　金融工具分类图

注：① 只适用于债务工具，终止确认时，累计在其他综合收益的公允价值变动计入当期损益。

② 只适用于权益工具，终止确认时，累计在其他综合收益的公允价值变动不可计入当期损益。

二、衍生金融工具

衍生金融工具（Derivative Financial Instruments），亦称衍生金融产品、派生金融产品或衍生品等，是在货币、债券、股票等传统金融工具的基础上衍化和派生的，以杠杆和信用交易为特征的金融工具，其价格随基础金融产品的价格（或数值）变动。

（一）衍生金融工具概念

经济合作与发展组织（OECD）在有关衍生金融工具的文献中的定义是：一般地说，金融衍生交易是一份双边合约或支付交换协议，它们的价值是从基础资产或某种作为基础的利率或指数上衍生出来的。现今，衍生交易所依赖的基础包括利率、汇率、商品价格、股票价格及其他指数；衍生工具一词被用来包括上述衍生工具，或包含了有选择权的债务工具以及其他拆开工具，如拆开本金与利息而生成的债务工具。

国际互换和衍生品协会（ISDA）对衍生金融工具的定义如下：衍生产品是有关互换现金流量和旨在为交易者转移风险的双边合约。合约到期时，交易者所欠对方的金额由基础商品、证券或指数的价格来决定。

目前国际上主要的金融工具会计准则，都是从衍生金融工具的特性上对其进行定义。依据美国财务会计准则委员会（FASB）于 1998 年发布的第 133 号财务会计准则公告（SFAS133）《衍生工具和套期保值活动会计处理》对衍生工具的定义，衍生金融工具指同时具有如下三个特征的金融工具或其他合约：① 该合约有一个或多个标的且有一个或多个名义金额或支付条款或名义金额和支付条款均有。这些因素决定了结算金额，并在某些情况下决定是否需要进行结算。② 该合约不要求初始净投资，或所要的初始净投资相对于那些预期对市场条件具有类似反应的其他类型的合约要少。③ 该合约的条款要求或允许净额结算；能容易地借助于合约之外的方式进行净额结算；或要求交付一项资产，其使资产的收受者看来，本质上无异于以净额结算。

国际会计准则理事会（IASB）在 2004 年修订的《国际会计准则第 39 号——金融工具：确认和计量》（IAS39）中指出，衍生金融工具是同时具有以下三个特征的金融工具：① 其价值随特定利率、金融工具价格、商品价格、汇率、价格或利率指数、信用等级或信用指数或其他变量的变动而变动；② 不要求初始净投资，或要求的初始净投资小于预期对市场因素变化有类似反应的其他类型合同所要求的初始净投资；③ 在未来某一日期进行结算。

我国在《企业会计准则第 22 号——金融工具确认和计量》（CAS22）中指出，衍生工具，是指具有下列特征的金融工具或其他合同：①其价值随特定利率、金融工具价格、商品价格、汇率、价格指数、费率指数、信用等级、信用指数或其他类似变量的变动而变动，变量为非金融变量的，该变量与合同的任一方不存在特定关系；②不要求初始净投资，或与对市场情况变化有类似反应的其他类型合同相比，要求很少的初始净投资；③ 在未来某一日期结算。常见的衍生工具包括远期合同、期货合同、互换合同和期权合同等。

【例 6-4】 晨锋公司与矿达公司签订了一项按 100 万美元为名义本金确定的利率互换合同，该合同要求晨锋公司按 10%的固定利率向矿达公司支付利息，矿达公司按伦敦银行同业拆借季利率的变动金额向晨锋公司支付利息，双方并不交换名义本金。判断该合同是否属于衍生金融工具。

分析：

该合同属于衍生金融工具。因为合同价值随基础变量（伦敦银行同业拆借利率）的变动而变动，而且没有初始净投资，在未来某一日期结算。

【例 6-5】 晨锋公司与矿达公司签订了一项远期合约，约定一年后晨锋公司按每股 100 元的价格购入现行市价每股 95 元的 X 股票 10 万股，晨锋公司在合同开始时按约定向矿达公司预付 500 万元。请判断此项远期合约是否属于衍生金融工具。

分析：

该合同不属于衍生金融工具。因为合同开始时预付款 500 万元不符合衍生金融工具定义中的第二个特征“不要求初始净投资，或要求的初始净投资小于预期对市场因素变化有类似反应的其他类型合同所要求的初始净投资”。

（二）衍生金融工具的种类

按不同的标准，可将衍生金融工具进行不同的分类，见表 6-3。

表 6-3 衍生金融工具种类

分类标准	类别	具体内容
(1) 按衍生金融工具据以衍生的基本金融工具划分	① 股票衍生工具	股票(股指)期货、股票(股指)期权、股票互换、股权关联负债票据
	② 外汇衍生工具	远期外汇合约、外汇期货、外汇期权、货币互换(期货、期权)
	③ 利率衍生工具	远期利率协议、利率保底期权、利率期货、利率期权、利率互换
	④ 商品衍生工具	商品期货、商品互换、场外市场商品期权
(2) 按风险和收益的对称与否划分	① 风险和收益对称式衍生工具(也称远期式衍生工具)	远期外汇合约、远期利率协议 → 远期合约 股票期货、股指期货、货币期货、利率期货 → 期货合约 货币互换、利率互换 → 互换合约
	② 风险和收益不对称式衍生工具(也称期权式衍生工具)	股票期权、股指期权、货币期权、利率期权 → 期权合约 利率上限、利率下限、认股权证 → 期权的变形
(3) 按交易场所不同划分	① 场内交易衍生工具(也称交易所交易的衍生工具)	期货合约 部分标准化的期权合约
	② 场外交易衍生工具(也称柜台交易衍生工具)	远期合约 互换合约 大部分期权合约
(4) 按用途进行划分	① 套期工具	公允价值套期、现金流量套期、境外经营净投资套期
	② 投机套利工具	期现套利、价差套利

此外,按衍生工具交易的方式和特点,可以分为金融远期、金融期货、期权以及金融互换。

1. 金融远期

金融远期(Financial Forward)合约是最基础的金融衍生产品。金融远期是指合约双方现在约定的在将来某一特定日期按照事先商定的价格和方式买卖约定数量的某种金融工具的合约,具有合约非标准化、场外交易、非保证金制度以及实物交割等特点。金融远期主要包括远期外汇合约和远期利率协议等。

2. 金融期货

金融期货(Financial Futures)产生于 20 世纪 70 年代的美国市场,是远期合约的标准化。期货合约与远期合约都是“先买卖,后交割”的合约,但是两者无论在合约形式、交易方式、交易的主要目的还是交易的标的物方面，均有所不同。金融期货是指合约双方在有组织的交易所内，根据交易规则，通过公开竞价的方式达成的在未来特定时间交割特定数量的特定金融工具的标准合约。金融期货主要包括外汇期货、利率期货以及股票指数期货等，其实物交割比例较小，实行保证金制度。

3. 期权

期权(Option)是指持权人(买方)有权选择在未来是否买卖一定数量的标的物的合约。金融期权是指合约双方达成的是否在约定日(或以前)按约定价格买卖特定数量某种金融工具的合约。金融期权包括外汇期权、利率期权、股票期权、股指期权。值得注意的是，金融期权除了上述几种常见类型之外，还包括一些与基本金融工具结合而成的新兴的金融工具，如可转换债券、认股权证等。

4. 金融互换

金融互换(Financial Swap)亦称掉期，是两个或两个以上的个体以特定方式在未来某一时段内交换一系列现金流的协议。就金融远期、金融期货、金融期权三种合约而言，如果未来标的物价格发生变化，交易双方必有一方获利而另一方发生损失；与此不同的是，金融互换通常有双赢甚至三赢的结果。金融互换主要有货币互换和利率互换。

【例 6-6】 晨锋公司为建水电站项目，向国外融资了 8 000 万美元，期限为 10 年，利率为浮动利率 LIBOR。为避免融资成本浮动带来的投资风险，晨锋公司与境外银行进行了利率互换交易。与互换方进行浮动利率与固定利率的互换，把浮动利率成本转换为固定利率成本。即对 10 年期的债务，在每年付息时，向掉期行支付 6.2%的固定利率，同时接受互换行按 LIBOR 支付的浮动利率。实际清算时，则支付 6.2%与 LIBOR 的差额，例如，在 LIBOR 为 4.5%时，晨锋公司应按 6.2%与 4.5%之差向互换对方支付；当 LIBOR 为 7%时，互换对方应按 7%与 6.2%之差向晨锋公司支付。

分析：

本例中的金融互换合约是为了将风险控制纳入资本营运战略，降低筹资成本，企业越来越积极主动地利用衍生金融工具来规避汇率、利率等风险。

(三) 衍生金融工具的特征及作用

1. 衍生金融工具的特征

衍生金融工具具有下列四个显著的经济特性。

(1) 跨期性。衍生金融工具是交易双方通过对利率、汇率、股价等因素变动趋势的预测，约定在未来某一时间按照一定条件进行交易或选择是否交易的合约。无论是哪一种金融衍生工具，都会影响交易者在未来一段时间内或未来某时点上的现金流，跨期交易的特点丨分突出。这就要求交易双方对利率、汇率、股价等价格因素的未来变动趋势作出判断，而判断的准确与否直接决定了交易者的交易盈亏。

(2) 杠杆性。衍生金融工具交易一般只需要支付少量的保证金或权利金就可签订远期大额合约或互换不同的金融工具。例如，若期货交易保证金为合约金额的 5%，则期货交易者可以控制 20 倍于所投资金额的合约资产，实现以小搏大的效果。在收益可能成倍放大的同时，投资者所承担的风险与损失也会成倍放大，基础工具价格的轻微变动也许就会带来投资者的大盈大亏。衍生金融工具的杠杆效应一定程度上决定了它的高投机性和高风险性。

(3) 联动性。联动性是指衍生金融工具的价值与基础产品或基础变量紧密联系、规则变动。通常,衍生金融工具与基础变量相联系的支付特征由衍生工具合约规定,其联动关系既可以是简单的线性关系,也可以表达为非线性函数或者分段函数。

(4) 不确定性或高风险性。衍生金融工具的交易后果取决于交易者对基础金融工具(变量)未来价格(数值)的预测和判断的准确程度。基础金融工具价格的变幻莫测决定了衍生金融工具交易盈亏的不稳定性,这是衍生金融工具高风险性的重要诱因。基础金融工具价格不确定性仅仅是衍生金融工具风险性的一个方面。

国际证监会组织在 1994 年 7 月公布的一份报告中认为衍生金融工具还伴随着以下几种风险:① 交易中对方违约,没有履行所作承诺造成损失的信用风险;② 因资产或指数价格不利变动可能带来损失的市场风险;③ 因市场缺乏交易对手而导致投资者不能平仓或变现所带来的流动性风险;④ 因交易对手无法按时付款或交割可能带来的结算风险;⑤ 因交易或管理人员的人为错误或系统故障、控制失灵而造成的运作风险;⑥ 因合约不符合所在国法律而无法履行或合约条款遗漏及模糊导致的法律风险。

2. 衍生金融工具的作用

衍生金融工具的主要作用是:促进金融市场的稳定和发展,有利于加速经济信息的传递,其价格形成有利于资源的合理配置和资金的有效流动,还可以增强国家金融宏观调控的能力,还具有分割,转移风险,提高金融市场经济效率的作用。

第二节 基本金融工具会计处理

一、金融资产与金融负债的确认与计量

(一) 金融资产与金融负债的初始确认与计量

金融资产与金融负债初始确认的时点是:企业成为金融工具合同的一方时,应当确认一项金融资产或金融负债。具体的金融资产与金融负债的初始确认与计量方法的归纳,见表 6-4。

表 6-4 金融资产与金融负债的初始计量规范

类别	初始计量
以公允价值计量且其变动计入当期损益的金融负债和金融资产	公允价值(交易费用计入当期损益)
以摊余成本计量的金融资产	公允价值+交易费用
以公允价值计量且其变动计入其他综合收益的金融资产	公允价值+交易费用
其他金融负债	公允价值+交易费用

上表 6-4 中的交易费用是指可直接归属于购买、发行或处置金融工具的增量费用。

增量费用是指企业没有发生购买、发行或处置相关金融工具的情形就不会发生的费用，包括支付给代理机构、咨询公司、券商、证券交易所、政府有关部门等的手续费、佣金、相关税费以及其他必要支出，不包括债券溢价、折价、融资费用、内部管理成本和持有成本等与交易不直接相关的费用。

金融资产和金融负债在初始确认时的公允价值一般为交易价格，若公允价值与交易价格存在差异，应当分别按照以下情况进行处理。

（1）在初始确认时，金融资产或金融负债的公允价值依据相同资产或负债在活跃市场上的报价或者以仅使用可观察市场数据的估值技术确定的，企业应当将该公允价值与交易价格之间的差额确认为一项利得或损失。

（2）在初始确认时，金融资产或金融负债的公允价值以其他方式确定的，企业应当将该公允价值与交易价格之间的差额递延。初始确认后，企业应当根据某一因素在相应会计期间的变动程度将该递延差额确认为相应会计期间的利得或损失。该因素应当仅限于市场参与者对该金融工具定价时将予考虑的因素，例如包括时间因素。

【例 6-7】 2×16 年 1 月 1 日，晨锋公司支付价款 105 元（含交易费用）从上海证券交易所购入矿达公司发行的 5 年期公司债券，债券票面价值总额为 100 元，票面年利率为 5%，于本年年末支付本年度债券利息，本金在债券到期时一次性偿还。晨锋公司将其划分为持有至到期投资。该债券投资的实际利率为 3.89%。写出晨锋公司会计处理分录。

分析：

晨锋公司持有该债权的目的是为了获取利息收入，属于以摊余成本计量的金融资产，入账价值为“公允价值与交易费用”之和。

晨锋公司会计处理如下：

（1）购入时（2×16 年 1 月 1 日）。

借：持有至到期投资——成本	100	
持有至到期投资——利息调整	5	
贷：银行存款		105

（2）年末收取利息时（2×16 年 12 月 31 日）。

借：应收利息	5	
贷：投资收益		4.08
持有至到期投资——利息调整		0.92

（3）收到利息时。

借：银行存款	5	
贷：应收利息		5

本年年末该持有至到期投资的摊余成本＝100＋5－0.92＝104.08（元）。

【例 6-8】 2×17 年 2 月 1 日，晨锋公司支付 1 106 万元（含交易费用 6 万元，未收取利息 100 万元）购入矿达公司发行的 3 年期债券，票面利率 5%，实际利率为 4%。当天，市场上相同债券的价格为 1 200 万元。晨锋公司持有该债券用于获取利息收入并随时准备出售。写出晨锋公司会计处理分录。

分析：

晨锋公司持有该债券的目的既有获取利息收入又有出售获利，属于以公允价值计量且其变动计入其他综合收益的金融资产，入账价值为“公允价值与交易费用”之和。

晨锋公司会计处理如下：

2×17 年 2 月 1 日。

借：可供出售金融资产——成本　12 000 000

——利息调整　60 000

应收利息　1 000 000

贷：银行存款　11 060 000

其他综合收益　2 000 000

（二）金融资产与金融负债的后续计量

1. 后续计量的总体原则

在确定报告期末的账面余额时，金融资产一般应当采用公允价值进行后续计量；但对于以摊余成本计量的金融资产，应按金融资产的摊余成本进行后续计量。

在确定资产负债表日的报告价值时，采用公允价值确定期末余额的金融资产应按公允价值进行报告，采用摊余成本或成本确定期末余额的金融资产，则需要按扣除计提的资产减值准备后的账面价值作为报告价值。

2. 后续计量的具体规范

具体来看，各类金融资产和金融负债的后续计量方法如下所述。

（1）以公允价值计量且其变动计入当期损益的金融资产。资产负债表日，企业应将以公允价值计量且其变动计入当期损益的金融资产按公允价值予以计量，公允价值变动的利得或损失，计入当期损益。处置该金融资产时，将处置时该金融资产公允价值与初始入账金额之间的差额确认为投资收益，同时调整公允价值变动损益。该类金融资产的报告价值等于其公允价值。

（2）以摊余成本计量的金融资产。以摊余成本计量的金融资产在持有期间应当按照实际利率法确认利息收入，计入其账面价值。实际利率应当在取得该金融资产时确定，对于购入或源生的未发生信用减值、但在后续期间成为已发生信用减值的金融资产，企业应当在后续期间，按照该金融资产的摊余成本和实际利率计算确定其利息收入。

若该金融工具在后续期间因信用风险有所改善而不再存在信用减值，并且这一改善在客观上可与应用上述规定之后发生的某一事件相联系（如债务人的信用评级被上调），企业应当转按实际利率乘以该金融资产账面余额来计算确定利息收入。资产负债表日，以摊余成本计量的金融资产应当按摊余成本计量。处置以摊余成本计量的金融资产时，应将所取得对价的公允价值与该投资账面价值之间的差额确认为投资收益。在不考虑资产减值因素的情况下，持有至到期投资的报告价值等于其摊余成本。

其中，经信用调整的实际利率，是指将购入或源生的已发生信用减值的金融资产在预计存续期的估计未来现金流量，折现为该金融资产摊余成本的利率。在确定经信用调整的实际利率时，应当在考虑金融资产的所有合同条款（例如提前还款、展期、看涨期权或其他类似期权等）以及初始预期信用损失的基础上估计预期现金流量。

（3）以公允价值计量且其变动计入其他综合收益的金融资产。资产负债表日，以公允价值计量且其变动计入其他综合收益的金融资产应当以公允价值计量，且公允价值变动的利得或损失计入其他综合收益，该金融资产的报告价值等于其公允价值。

（4）金融负债。初始确认以后，绝大部分的金融负债均应按照实际利率法以摊余成本进行后续计量。但是，以下情况除外：① 对于指定为以公允价值计量且其变动计入当期损益的金融负债，应当按公允价值予以计量，由企业自身风险变动引起的公允价值变动金额计入其他综合收益，该金融负债的其他公允价值变动计入当期损益。但如果该金融负债自身风险变动的影响会造成或扩大会计错配，则其全部利得或损失均应计入当期损益。该金融负债终止确认时，之前计入其他综合收益的累计利得或损失应从其他综合收益转入留存收益。② 对于不属于指定为以公允价值计量且其变动计入当期损益的金融负债的财务担保合同，应当在初始确认后按照下列两项金额之中的较高者进行后续计量：一是按照《企业会计准则第 13 号——或有事项》（CAS13）确定的金额；二是初始确认金额扣除按照《企业会计准则第 14 号——收入》（CAS14）的原则确定的累计摊销额后的余额。

综上所述，金融资产、金融负债的初始计量与后续计量规范，如表 6-5 所示。

表 6-5　　金融资产、金融负债的计量规范

类别	后续计量
以公允价值计量且其变动计入当期损益的金融资产和金融负债	公允价值（除金融负债由于自身风险变动计入其他综合收益的部分外，其他公允价值变动计入当期损益）
以公允价值计量且其变动计入其他综合收益的金融资产	公允价值（公允价值变动计入其他综合收益）
以摊余成本计量的金融资产	摊余成本（实际利率法）
其他金融负债	摊余成本（实际利率法）

【例 6-9】 承例 6-8，假设 2×17 年 2 月 28 日，该金融资产公允价值为 1 300 万元。请写出晨锋公司 2×17 年 2 月 28 日对该金融资产的会计处理。

分析：

以公允价值计量且其变动计入其他综合收益的金融资产公允价值发生变动，变动金额计入其他综合收益。

借：可供出售金融资产—公允价值变动　　940 000

　贷：其他综合收益　　940 000

3. 相关利得或损失的处理

相关利得或损失的处理方法如下所述。

（1）以公允价值计量且其变动计入当期损益的金融资产，其公允价值变动形成利得或损失应计入当期损益。

（2）以摊余成本计量且不属于任何套期关系的一部分的金融资产所产生的利得或损失，应当在终止确认、重分类、按照实际利率法摊销或确认减值时，计入当期损益。

以摊余成本计量且不属于任何套期关系的一部分的金融负债所产生的利得或损失，

应当在终止确认时计入当期损益或在按照实际利率法摊销时计入相关期间损益。

(3) 以公允价值计量且其变动计入其他综合收益的金融资产所产生的所有利得或损失，除减值损失或利得和汇兑损益之外，均应当计入其他综合收益，直至该金融资产终止确认或被重分类。

(4) 以公允价值计量且其变动计入当期损益的金融负债，该金融负债所产生的利得或损失如果是由企业自身信用风险变动引起的，那么该利得或损失计入其他综合收益，该金融负债的其他公允价值变动计入当期损益。该金融负债终止确认时，之前计入其他综合收益的累计利得或损失应当从其他综合收益中转出，直接计入留存收益。

值得注意的是，企业不应对任何金融负债作出重分类。

4. 金融资产减值

金融资产的后续计量还涉及一个重要问题：金融资产减值。现行的会计准则中对金融资产减值采用"已发生损失"减值模型。此模型只有在存在减值迹象的情况下才计提减值准备，在一定程度上来说，该模型延迟确认了金融资产的减值损失。而新的会计准则中引入了预期信用损失模型替代了原来准则中已发生损失模型，并规定企业应以预期信用损失为基础，对金融资产进行减值会计处理并确认损失准备。

(1) 金融资产减值范围包括：① 以摊余成本计量的金融资产和以公允价值计量且其变动计入其他综合收益的金融资产；② 租赁应收款；③ 合同资产，即《企业会计准则第 14 号——收入》(CAS14)定义的合同资产；④ 以公允价值计量且其变动计入当期损益的金融负债以外的贷款承诺和财务担保合同。

(2) 金融资产减值的一般方法。根据《企业会计准则第 22 号——金融工具确认和计量》(CAS22)要求，除了所购买或源生的已发生信用减值的金融资产之外，预期信用损失必须通过损失准备计量，所计提的准备金额应相当于金融工具未来 12 个月内预期信用损失，或整个存续期的信用损失。

修订后的《企业会计准则第 22 号——金融工具确认和计量》(CAS22)将金融资产按信用风险区分为三个阶段，并分别对不同阶段的金融资产计提预期信用损失准备。第一阶段：如果金融工具自初始确认后信用风险并未显著增加，预期信用损失应按照相当于该金融工具未来 12 个月内预期信用损失的金额计量。第二阶段和第三阶段：金融工具信用风险显著增加，针对整个存续期的预期信用损失计提损失准备。

对于处于减值第三阶段的金融资产，其利息收入为实际利率乘以摊余成本账面净额(扣除损失准备)，而前两阶段的利息收入为实际利率乘以不扣除损失准备的账面总额计算。

未来 12 个月的预期信用损失是指因资产负债表日后 12 个月内(若金融资产存续期少于 12 个月，则为预计存续期)可能发生的金融工具违约事件而导致的预期信用损失，是整个存续期信用损失的一部分。整个存续期的预期信用损失是指因金融工具整个预计存续期内所有可能发生的违约事件而导致的预期信用损失。

对于逾期的金融资产，如果逾期超过 30 天，表明金融工具的信用风险已经显著增加。除非企业能够证明即使逾期超过 30 日，信用风险自初始确认后仍未显著增加。如果企业在合同付款逾期超过 30 日前已确定信用风险显著增加，则应当按照整个存续期的预期信用损失确认损失准备。

该一般方法可总结为金融工具减值三阶段模型，其特征、损失准备以及利息收入计算如表 6-6 所示。

表 6-6　　金融工具减值三阶段模型

阶段	第一阶段	第二阶段	第三阶段
减值特征	初始确认后信用风险并未显著增加(包括在资产负债表日信用风险较低的金融工具)	初始确认后信用风险显著增加，但未发生信用减值(不存在表明发生信用损失事件的客观证据)	在资产负债日发生信用减值(存在表明发生信用损失事件的客观证据)
损失准备确认	12 个月内预期信用损失	整个存续期内预期信用损失	整个存续期内预期信用损失
利息收入计算	【总额法】利息收入＝账面总额×资产收益率	【总额法】利息收入＝账面总额×资产收益率	【净额法】利息收入＝账面净额(账面总额－预期信用损失)×资产收益率

试通过以下例子理解预期信用损失的核算(三阶段模型)。

【例 6-10】 甲银行在某地有一组住房贷款组合，在初始确认时对所有贷款按照 12 个月内预期信用损失计提减值损失准备。

分析：

这是金融资产计提减值损失的第一阶段，在该贷款初始确认时信用风险较低，因而对其 12 个月内预期信用损失计提了减值准备。

后续有信息表明这一地区某市发生整体经济困难的情况。因而，甲银行对这一个市的贷款整个存续期内的预期信用损失计提减值准备。

分析：

这是金融资产计提减值损失的第二阶段，在这一阶段贷款信用风险显著增加，但并不存在客观事件表明贷款发生信用减值。对于其他市的贷款仍按照 12 个月内预期信用损失计提减值损失准备(包括与初始确认时减值损失的变化)。这仍是第一阶段，贷款风险并未显著增加。

该市的贷款之后发生了更多的事件，甲银行获得了更多的信息确定某些贷款发生违约和逾期，或者发生借款人重大财务困难等其他信用减值迹象。

分析：

对于这些贷款仍按照整个存续期内的预期信用损失计提减值损失准备，但对该部分的贷款利息收入转按净额法确认。这是金融资产减值准备的第三阶段，在这一阶段存在表明发生信用损失事件的客观证据。

(3) 所购买或源生的已发生信用减值的金融资产。对于购买或源生的已发生信用减值的金融资产，企业应当在资产负债表日仅将自初始确认后整个存续期内预期信用损失的累计变动确认为损失准备。在每个资产负债表日，企业应当将整个存续期内预期信用损失的变动金额作为减值损失或利得计入当期损益。即使该资产负债表确定的整个存续期内预期信用损失小于初始确认时估计现金流量所反映的预期信用损失的金额，企业也应当将预期信用损失的有利变动确认为减值利得。

当对金融资产预期未来现金流量具有不利影响的一项或多项事件发生时，该金融资产发生信用减值。金融资产发生信用减值的迹象有：① 发行方或债务人发生重大财务困难；② 债务人违反合同，如偿付利息或本金违约或逾期等；③ 债权人出于与债务人财务困难有关的经济或合同考虑，给予债务人在任何其他情况下都不会作出的让步；④ 债务人很可能破产或进行其他财务重组；⑤ 发行方或债务人财务困难导致该金融资产的活跃市场消失；⑥ 以大幅折扣购买或源生一项金融资产，该折扣反映了发生信用损失的事实。

金融资产发生信用减值有可能是多个事件的共同作用所致，未必是可单独识别的事件所致。

(4) 预期信用损失的计算。预期信用损失，是指以发生违约的风险为权重的金融工具信用损失的加权平均值。预期信用损失考虑付款的金额和时间分布，即使企业预计可以全额收款但收款时间晚于合同规定的到期期限，也会产生信用损失。

计算预期信用损失首先应计算信用损失：信用损失为合同应收的所有现金流量与预期收取的所有现金流量差值按照原实际利率进行折现的差值。

原实际利率是指将金融资产或金融负债在预计存续期的估计未来现金流量，折现为该金融资产账面余额或该金融负债摊余成本所使用的利率。其中，对于已发生信用减值的金融资产，应按照该金融资产经信用调整的实际利率折现。经信用调整的实际利率，是指将已发生信用减值的金融资产在预计存续期的估计未来现金流量，折现为该金融资产摊余成本的利率。当企业无法可靠估计金融工具预计存续期时，应当基于该金融工具的剩余合同期间。

(5) 金融资产减值的会计处理。① 减值损失的确认与减值准备的计提。对于以摊余成本计量的金融资产，有客观证据表明其发生了减值的，应当根据合约中应收的所有现金流量与预期收取的所有现金流量之间的差额折现计算减值损失。对发生的减值损失，一方面计入当期损益，另一方面直接通过使用备抵账户减少有关资产的账面价值。对于以公允价值计量且其变动计入其他综合收益的金融资产，应在其他综合收益中确认损失准备，并将减值损失或利得计入当期损益，不减少该金融资产在资产负债表中列示的账面价值。② 已确认的减值损失的转回处理。对于金融资产形成的损失准备的转回金额应当作为减值利得计入当期损益。

【例 6-11】 甲银行在 2×16 年 1 月 1 日对矿达公司发放了 2 年期贷款。假设矿达公司贷款 2 000 万元，年利率为 5%，分期付息，到期还本。根据甲银行对同类公司贷款违约的历史数据分析，预计 2×16 年底违约概率为 5%，违约损失率为 100%。2×17 年，矿达公司发生财务困难，预计 2×17 年年底违约概率为 10%，违约损失率为 100%，计算甲银行在初始确认时计提的减值准备。

分析：

该金融资产在初始确认时，按照 12 个月内预期信用损失计提减值损失准备，即初始确认时计提减值为：$2\ 000\times5\%\times5\%\times(1+5\%)^{-1}=4.76$(万元)。

2×17 年年底存在客观事实证明矿达公司无法足额偿还甲银行贷款，因而应对该贷款整个存续期内计提预期信用损失。根据金融资产减值计算方法，则该贷款的现金短缺为：2 000×（1＋5%）×10%＝210（万元），预期信用损失现值为：210×$(1+5\%)^{-2}$＝190.48（万元）。因为2×16年年底已计提减值损失4.76万元，因而2×17年年底应计提减值为：190.48－4.76＝185.72（万元）。

【例6-12】 2×16年1月1日，晨锋公司购入矿达公司发行的价值为100万元的五年期债券，合同年利率与实际利率均为5%，到期一次偿还本金，利息按年支付，晨锋公司将其划分为以公允价值计量且其变动计入其他综合收益的金融资产。初始购入时预期未来12个月内该金融资产不会发生信用损失。2×16年12月31日，矿达公司发生重大财务困难。晨锋公司于2×16年12月31日、2×17年12月31日对预期现金流量的估计分别如表6-7、表6-8所示。2×17年12月31日后，晨锋公司没有变更对预期现金流量的估计。请计算晨锋公司应确认的资产减值准备，写出相关会计分录。

表6-7　　2×16年年底晨锋公司合同现金流量与预期现金流量　　单位：元

日期	合同现金流量	预期现金流量
2×16.12.31	50 000	50 000
2×17.12.31	50 000	50 000
2×18.12.31	50 000	49 500
2×19.12.31	50 000	49 000
2×20.12.31	1 050 000	1 008 000

表6-8　　2×17年年底晨锋公司合同现金流量与预期现金流量　　单位：元

日期	合同现金流量	预期现金流量
2×17.12.31	50 000	50 000
2×18.12.31	50 000	48 500
2×19.12.31	50 000	48 000
2×20.12.31	1 050 000	997 500

分析：

2×16年12月31日晨锋公司应确认的预期损失＝（50 000－50 000）×$(1+5\%)^{-1}$＋（50 000－49 500）×$(1+5\%)^{-2}$＋（50 000－49 000）×$(1+5\%)^{-3}$＋（1 050 000－1 008 000）×$(1+5\%)^{-4}$＝35 870.86（元）。

2×17年12月31日应确认的预期损失＝（50 000－48 500）×$(1+5\%)^{-1}$＋（50 000－48 000）×$(1+5\%)^{-2}$＋（1 050 000－997 500）×$(1+5\%)^{-3}$＝48 594.10（元）。

由于2×16年12月31日已确认预期损失35 870.86元，因而2×17年12月31日应确认预期损失48 594.10－35 870.86＝12 723.24（元）。

相关会计分录如下：

(1) 2×16年1月1日购入时。

借：可供出售金融资产　　1 000 000

　贷：银行存款　　1 000 000

(2) 2×16 年 12 月 31 日发生减值时。

借:资产减值损失 35 870.86

　贷:其他综合收益 35 870.86

(3) 2×17 年 12 月 31 日发生减值时。

借:资产减值损失 12 723.24

　贷:其他综合收益 12 723.24

5. 金融资产重分类

当金融资产的业务模式发生改变时,应当对相关的金融资产进行重分类。对金融资产进行重分类时,应当自重分类日起采用未来适用法,不得进行追溯调整。

(1) 以摊余成本计量的金融资产重分类为以公允价值计量且其变动计入当期损益的金融资产,应当按照该资产在重分类日的公允价值进行计量。原账面价值与公允价值之间的差额计入当期损益。

(2) 以摊余成本计量的金融资产重分类为以公允价值计量且其变动计入其他综合收益的金融资产,应当按照该金融资产在重分类日的公允价值进行计量。原账面价值与公允价值之间的差额计入其他综合收益。该金融资产重分类不影响其实际利率和预期信用损失的计量。

(3) 以公允价值计量且其变动计入其他综合收益的金融资产重分类为以摊余成本计量的金融资产,应当将之前计入其他综合收益的累计利得或损失转出,调整该金融资产在重分类日的公允价值,并以调整后的金额作为新的账面价值,即视同该金融资产一直以摊余成本计量。该金融资产重分类不影响其实际利率和预期信用损失的计量。

(4) 以公允价值计量且其变动计入其他综合收益的金融资产重分类为以公允价值计量且其变动计入当期损益的金融资产,应当继续以公允价值计量该金融资产。同时,企业应当将之前计入其他综合收益的累计利得或损失从其他综合收益转入当期损益。

(5) 以公允价值计量且其变动计入当期损益的金融资产重分类为以摊余成本计量的金融资产,应当以其在重分类日的公允价值作为新的账面余额。

(6) 以公允价值计量且其变动计入当期损益的金融资产重分类为以公允价值计量且其变动计入其他综合收益的金融资产,应当继续以公允价值计量该金融资产。

(三) 金融资产与金融负债的终止确认

1. 金融资产终止确认的条件

金融资产满足下列条件之一的,应当终止确认。

(1) 收取该金融资产现金流量的合同权利终止。

(2) 该金融资产部分仅包括金融资产所产生的特定可辨认现金流量。如企业就某债务工具与转入方签订一项利息剥离合同,合同规定转入方有权获得该债务工具利息现金流量,但无权获得该债务工具本金现金流量,终止确认的规定适用于该债务工具的利息现金流量。

(3) 该金融资产部分仅包括与该金融资产所产生的全部现金流量完全成比例的现金流量部分。如企业就某债务工具与转入方签订转让合同,合同规定转入方拥有获得该债务工具全部现金流量一定比例的权利，终止确认的规定适用于该债务工具全部现金流量一定比例的部分。

(4) 该金融资产部分仅包括与该金融资产所产生的特定可辨认现金流量完全成比例的现金流量部分。如企业就某债务工具与转入方签订转让合同，合同规定转入方拥有获得该债务工具利息现金流量一定比例的权利，终止确认的规定适用于该债务工具利息现金流量一定比例的部分。

2. 金融负债终止确认的条件

终止确认金融负债的条件是：金融负债(或金融负债的一部分)消除时，即合同中规定的义务解除、取消或到期时。

此外，值得注意的是，当企业与出借方协议以承担新的金融负债方式替换原金融负债且新金融负债与原金融负债的合同条款在实质上有所不同时，企业应当终止确认原金融负债，同时还应确认一项新金融负债。当企业对原金融负债合同条款作出实质性的修改时，企业也应终止确认原金融负债。

金融负债(或金融负债的一部分)符合终止确认条件的，应将其账面价值与支付的对价(包括转出的非现金资产或承担的负债)之间的差额，计入当期损益。

【例 6-13】 晨锋公司有两笔应收票据：一笔是向矿达公司销货收到的面值为 350 万元的不带息商业汇票，另一笔是向丙企业销货收到的 400 万元的不带息商业汇票。在票据到期日，晨锋公司收到矿达公司支付的票款 350 万元，由于晨锋公司急于使用资金，将付款人为丙企业的票据办理贴现，贴现所得款为 340 万元。如何根据这两笔业务理解金融资产终止确认的处理规范?

分析：

一方面，晨锋公司收到矿达企业支付的票款时，进行如下会计处理：

借：银行存款	3 500 000	
贷：应收票据		3 500 000

此处，贷记“应收票据”350 万元的处理，就实现了对该笔金融资产的终止确认。

另一方面，晨锋公司在对于付款方为丙企业的应收票据进行贴现的相关会计处理过程中，借记“银行存款”的同时，是否可以贷记该笔应收票据还不确定，这就涉及在金融资产转移情况下金融资产终止确认的条件问题。

【例 6-14】 晨锋公司于 2×16 年年末向矿达公司出售机器一批，在合同上规定矿达公司 3 个月后以现金支付合同款项。3 个月到期时，矿达公司发生财务困难无法偿还原有账款。预计矿达公司 2×17 年盈利状况较好，因此经过两公司协商，合同约定改为矿达公司于 2×17 年年末以其净利润的 5%偿还该款项。

分析：

在本例中，晨锋、矿达公司通过协商改变了合同条款，对于矿达公司来说该应付账款发生了实质性的变化，已不再属于金融负债的范围，因而矿达公司应当终止确认该应收账款并确认一项新的负债。

（四）权益工具的确认与计量

1. 发行权益工具

企业发行普通股权益工具时，按所收到的对价扣除交易费用后，确认为股本（或实收资本）、股本溢价（或资本溢价）；企业发行除普通股以外的归类为权益工具的各种金融工具，通过所有者权益类科目下的“其他权益工具”科目进行核算。同时，按照发行的金融工具的种类进行明细核算，如“其他权益工具——优先股”或“其他权益工具——永续债”等。

企业自身权益工具经初始确认后，不确认公允价值变动。在存续期间分派股利的，作为利润分配处理。发行方应根据经批准的股利分配方案，按应分配给持有者的股利金额，借记“利润分配——应付优先股股利、应付永续债利息等”科目，贷记“应付股利——优先股股利、永续债利息等”科目。

此外，最新修订的《企业会计准则第 22 号——金融工具确认和计量》（CAS22）中规定，企业可以将非交易性权益工具投资指定为以公允价值计量且其变动计入其他综合收益的金融资产进行处理，一经指定则无法撤销，在处置时不得将原计入其他综合收益的累计公允价值变动额结转计入当期损益。

2. 回购、注销、出售权益工具

企业回购自身权益工具通过库存股核算，按支付的对价和交易费用，减少所有者权益。企业回购、出售或注销自身权益工具，均不应当确认利得或损失。企业回购的股份尚未注销或转让的，按库存股管理，库存股的计量采用成本法。

3. 权益工具与金融负债重分类的会计处理

（1）权益工具重分类为金融负债。由于发行的金融工具原合同条款约定的条件或事项随着时间的推移或经济环境的改变而发生变化，导致原归类为权益工具的金融工具重分类为金融负债的，应当于重分类日，按该工具的账面价值，借记“其他权益工具——优先股、永续债等”科目；按该工具的面值，贷记“应付债券——优先股、永续债等（面值）”科目；按该工具的公允价值与面值之间的差额，借记或贷记“应付债券——优先股、永续债等（利息调整）”科目；按该工具的公允价值与账面价值的差额，贷记或借记“资本公积——资本溢价（或股本溢价）”科目，如资本公积不够冲减的，依次冲减盈余公积和未分配利润。发行方以重分类日计算的实际利率作为应付债券后续计量利息调整等的基础

（2）金融负债重分类为权益工具。因发行的金融工具原合同条款约定的条件或事项随着时间的推移或经济环境的改变而发生变化，导致原归类为金融负债的金融工具重分类为权益工具的，应于重分类日，按金融负债的面值，借记“应付债券——优先股、永续债等（面值）”科目；按利息调整余额，借记或贷记“应付债券——优先股、永续债等（利息调整）”科目；按金融负债的账面价值，贷记“其他权益工具——优先股、永续债等”科目。

【例 6-15】 晨锋公司 2×16 年 12 月 31 日所有者权益中，股本为 20 000 万元（面值为 1 元），资本公积（股本溢价）为 6 000 万元，盈余公积为 5 000 万元，未分配利润为 0 元。经董事会批准回购本公司股票并注销。2×16 年分别以 3 元、2 元的价格回购本公司股票 2 000 万股、4 000 万股。写出晨锋公司的会计分录。

分析：

(1) 以每股3元的价格回购本公司股票2 000万股时。

借：库存股　　60 000 000

　贷：银行存款　　60 000 000

(2) 以每股2元的价格回购本公司股票4 000万股时。

借：库存股　　80 000 000

　贷：银行存款　　80 000 000

(3) 注销股票时。

借：股本　　60 000 000

　　资本公积——股本溢价　　60 000 000

　　盈余公积　　20 000 000

　贷：库存股　　140 000 000

二、金融资产转移的确认与计量

（一）金融资产转移的含义

金融资产(包括单项或一组类似金融资产)转移，是指企业(转出方)将金融资产(或其现金流量)让与或交付给该金融资产发行方之外的另一方(转入方)。金融资产转移包括金融资产整体转移和部分转移。企业在经营管理过程中，有时会为满足资产流动性或风险管理等需要，将所持有的金融资产转移给该资产发行方以外的其他方。票据背书、商业票据贴现、应收账款保理等业务中均涉及了金融资产转移的会计处理。

企业金融资产转移包括下列两种情形：一是将收取金融资产现金流量的合同权利转移给其他方，比如将未到期的票据向银行贴现。二是保留收取金融资产现金流量的合同权利，并承担将收取的该现金流量支付给一个或多个最终收款方的合同义务。另外，金融资产转移还应同时满足下列三个条件。

(1) 从该金融资产收到对等的现金流量时，其才有义务将其支付给最终收款方。企业发生短期垫付款，但有权全额收回该垫付款并按照市场利率计收利息的，视同满足本条件。

(2) 根据合同约定不能出售或抵押该金融资产，但可以将其作为向最终收款方支付现金流量义务的保证。

(3) 有义务将代表最终收款方收取的所有现金流量及时划转给最终收款方，且无重大延误。企业无权将该现金流量进行再投资，但在收款日和最终收款方要求的划转日之间的短暂结算期内，将所收到的现金流量进行现金或现金等价物投资，并且按照合同约定将此类投资的收益支付给最终收款方的，视同满足本条件。

（二）金融资产转移的确认与计量原则

金融资产转移的确认，主要解决的是金融资产转移中的被转移金融资产是否应当终止确认，以及如何终止确认的问题。当与相关金融资产的所有权有关的风险和报酬转移时，应终止确认该金融资产。在判断转移的金融资产是否终止确认时，应评价金融资产所有权上的风险和报酬转移程度进而确定金融资产是否转让。

1. 终止确认

按照金融资产转移准则，金融资产转移满足下列条件的，企业应当终止确认该金融资产。

(1) 企业已将金融资产所有权上几乎所有的风险和报酬转移给转入方的。

(2) 企业既没有转移也没有保留金融资产所有权上几乎所有的风险和报酬，同时未保留对该金融资产的控制。

企业可终止确认所转移的金融资产的情形主要有：① 企业无条件出售金融资产；② 企业出售金融资产，同时约定按回购日该金融资产的公允价值回购；③ 企业出售金融资产，同时与转入方签订看跌期权合同(即转入方有权将该金融资产返售给企业)或看涨期权合同(即转出方有权回购该金融资产)，且根据合同条款判断，该看跌期权或看涨期权为一项重大价外期权(即期权合约的条款设计，使得金融资产的转入方或转出方极小可能会行权)。

【例 6-16】 2×16 年 3 月晨锋公司销售一批商品给矿达公司，获得销售收入 300 万元，收到矿达公司的银行票据。2×16 年 5 月，晨锋公司将应收矿达公司的票据出售给中国银行，价款为 290 万元，在应收矿达公司的货款到期无法收回时，中国银行不能向晨锋公司追偿。写出晨锋公司出售该票据的会计处理。

分析：

本例涉及将应收票据不附追索权出售，在这种情况下，企业应将应收票据予以转销。

借：银行存款	2 900 000	
财务费用	100 000	
贷：应收票据		3 000 000

2. 继续确认

如果企业保留了金融资产所有权上几乎所有的风险和报酬，则企业应当不能终止确认该金融资产。这种情形主要有：① 企业出售金融资产并与转入方签订回购协议，协议规定企业将回购原被转移金融资产，或者将予回购的金融资产与售出的金融资产相同或实质上相同、回购价格固定或原售价加上回报；② 企业融出证券或进行证券出借；③ 企业出售金融资产并附有将市场风险敞口转回给企业的总回报互换；④ 企业出售短期应收款项或信贷资产，并且全额补偿转入方可能因被转移金融资产发生的信用损失；⑤ 企业出售金融资产，同时与转入方签订看跌期权合同或看涨期权合同，且根据合同条款判断，该看跌期权或看涨期权为一项重大价内期权(即期权合约的条款设计，使得金融资产的转入方或转出方很可能会行权)。

对于不符合终止确认条件的金融资产转移，要继续确认被转移资产整体，同时将收到的转移对价确认为一项负债。该继续确认资产与确认的相关金融负债不得互相抵销，随后各期间企业应继续确认该资产的收入和该负债的费用；所转移资产以摊余成本计量的，确认的相关负债不能指定为公允价值计量且其变动计入当期损益的负债。

【例 6-17】 假定在例 6-16 中晨锋公司出售的应收票据属于有追索权的债券，则晨锋公司出售该应收票据时不能对其进行终止确认，因为一旦票据到期日贴现银行无法收到矿达公司支付的货款，就需要向晨锋公司追回货款。写出晨锋公司相关会计处理。

分析：

(1) 出售票据时不能对应收票据终止确认。

借：银行存款　　2 900 000

　贷：短期借款　　2 900 000

(2) 在贴现日至票据到期日之间的相关期末，确认利息费用。

借：财务费用　　100 000

　贷：应付利息　　100 000

(3) 票据到期时，如果不需要退回已贴现票款，则对贴现票据进行终止确认。

借：短期借款　　2 900 000

　　应付利息　　100 000

　贷：应收票据　　3 000 000

(4) 票据到期时，如果矿达公司没有及时支付票款，一方面，要退回已贴现票款。

借：短期借款　　2 900 000

　　应付利息　　100 000

　贷：银行存款　　3 000 000

另一方面，对到期应收票据予以终止确认。

借：应收账款　　3 000 000

　贷：应收票据　　3 000 000

3. 继续涉入

如果企业既没有转让也没有保留金融资产所有权上几乎所有风险和报酬，则企业应当判定其是否保留了对金融资产的控制。如果没有保留控制，应当终止确认金融资产，并将在转让中产生或保留的权利和义务单独确认为资产或负债；如果保留了控制，则应当根据主体对该金融资产的继续涉入程度继续确认该金融资产。

继续涉入所转移金融资产的程度，是指该金融资产价值变动使企业面临的风险水平。在这种情况下，这种转移实际上反映了企业对所转移金融资产风险和报酬的风险敞口，这一风险敞口并不与资产整体有关，而是限制为一定的金额(即企业对被转移资产继续涉入的程度)。在转移金融资产时，根据继续涉入程度，在充分反映保留的权利和承担的义务的基础上，确认有关金融资产，并相应确认有关负债；在后续计量时，对继续涉入所形成的有关资产确认其产生的收益，对有关负债确认其所产生的费用，继续涉入所形成的有关资产和有关负债不得相互抵销；在部分继续涉入的情况下，要按转让日因继续涉入而继续确认部分和不再确认部分的相对公允价值，分配账面价值。

继续涉入的方式主要有：享有继续服务权、签订回购协议、签发或持有期权以及提供担保等。有时，企业仅继续涉入所转移金融资产的一部分。例如，保留一项买入期权，以回购所转移金融资产的某一部分；保留所转移金融资产上的一项剩余权益，该剩余权益使企业仅保留了所转移金融资产所有权上的部分重大风险和报酬。

继续涉入的常见情形有：① 企业转移金融资产，并采用保留次级权益或提供信用担保等方式进行信用增级，企业只转移了被转移金融资产所有权上的部分（非几乎所有）风险和报酬，且保留了对被转移金融资产的控制；② 企业转移金融资产，并附有既非重大价内也非重大价外的看涨期权或看跌期权，导致企业既没有转移也没有保留所有权上几乎所有风险和报酬，但保留了对被转移金融资产的控制。

被转移金融资产以摊余成本计量的，相关负债的账面价值等于继续涉入被转移金融资产的账面价值减去企业保留的权利（如果企业因金融资产转移保留了相关权利）的摊余成本并加上企业承担的义务（如果企业因金融资产转移承担了相关义务）的摊余成本；相关负债不得指定为以公允价值计量且其变动计入当期损益的金融负债；被转移金融资产以公允价值计量的，相关负债的账面价值等于继续涉入被转移金融资产的账面价值减去企业保留的权利（如果企业因金融资产转移保留了相关权利）的公允价值并加上企业承担的义务（如果企业因金融资产转移承担了相关义务）的公允价值，该权利和义务的公允价值应为按独立基础计量时的公允价值。

企业通过对被转移金融资产提供担保方式继续涉入的，应当在转移日按照金融资产的账面价值和担保金额两者的较低者，继续确认被转移金融资产，同时按照担保金额和担保合同的公允价值（通常是提供担保收到的对价）之和确认相关负债。担保金额，是指企业所收到的对价中可被要求偿还的最高金额。

■ 第三节　衍生金融工具会计处理

一、套期会计

（一）套期保值

衍生工具在很多情况下被用于套期保值。套期（Hedge）原意是建立“防护墙”，有规避风险之意。《国际会计准则第 39 号——金融工具：确认和计量》（IAS39）对“套期”的解释为：套期是指定一个或多个套期工具（Hedging Instrument），以使其公允价值的变化全部或部分抵销被套期项目（Hedged Item）的公允价值或现金流量的变化。最新修订的《企业会计准则第 24 号——套期保值》（CAS24）认为，套期是指企业为管理外汇风险、利率风险、价格风险、信用风险等特定风险引起的风险敞口，指定金融工具为套期工具，以使套期工具的公允价值或现金流量变动，预期抵销被套期项目全部或部分公允价值或现金流量变动的风险管理活动。套期分为公允价值套期、现金流量套期和境外经营净投资套期。

（二）套期工具与被套期项目

1. 套期工具

“套期工具”是相对于“被套期项目”的、用于规避被套期项目所引起的风险的工具。作为套期工具的基本条件是：其公允价值应当能够可靠地计量。指定为套期工具的基本原则是，第一，衍生工具通常可以作为套期工具。例外情况是：无法有效地对冲被套期项目风险的衍生工具不能作为套期工具，如企业发行的期权就不能作为套期工具。第二，非衍生金融资产或非衍生金融负债通常可以作为套期工具。例如，某种外币借款可以作为对同种外币结算的销售承诺的套期工具；又如，持有至到期投资可以作为规避外汇风险的套期工具。第三，只有涉及报告主体以外的主体的工具(含符合条件的衍生工具或非衍生金融资产或非衍生金融负债)才能作为套期工具。例如，在集团合并财务报表中，如果这些套期工具及相关套期指定并不涉及集团外的主体，则不能对其运用套期会计方法进行处理。套期工具包括下述两种。

(1) 以公允价值计量且其变动计入当期损益的衍生工具，但签出期权除外。企业只有在对购入期权(包括嵌入在混合合同中的购入期权)进行套期时，签出期权才可以作为套期工具。嵌入在混合合同中但未分拆的衍生工具不能作为单独的套期工具。

(2) 以公允价值计量且其变动计入当期损益的非衍生金融资产或非衍生金融负债，但指定为以公允价值计量且其变动计入当期损益且其自身信用风险变动引起的公允价值变动计入其他综合收益的金融负债除外。

最新修订的《企业会计准则第 24 号——套期保值》(CAS24)中规定，符合套期会计条件的套期工具包括以公允价值计量且其变动计入当期损益的非衍生金融工具。修订的《企业会计准则第 24 号——套期保值》(CAS24)中不再侧重于套期工具是衍生工具还是非衍生工具的具体标准，而是着眼于套期工具是否以公允价值计量且其变动计入当期损益。

值得注意的是：企业自身的权益工具不能作为套期工具。对于外汇风险套期，企业可以将非衍生金融资产(选择以公允价值计量且其变动计入其他综合收益的非交易性权益工具投资除外)或非衍生金融负债的外汇风险成分指定为套期工具。

2. 被套期项目

被套期项目是指使企业面临公允价值或现金流量变动风险，且被指定为被套期对象的、能够可靠计量的项目。企业可将下列单个项目、项目组合或其组成部分指定为被套期项目：① 已确认资产或负债。② 尚未确认的确定承诺。确定承诺，是指在未来某特定日期或期间，以约定价格交换特定数量资源、具有法律约束力的协议。③ 极可能发生的预期交易。预期交易，是指尚未承诺但预期会发生的交易。④ 境外经营净投资。

(三) 套期关系的认定

套期工具与被套期项目，是一项套期关系的两个组成要素。只有当企业特定的风险管理策略将这两个要素有机地连接起来，才构成一项套期关系。为了减少企业管理当局对套期关系认定进行职业判断时的失误和主观性，我国《企业会计准则第 24 号——套期保值》(CAS24)规定了运用套期会计方法的下列条件。

(1) 套期关系仅由符合条件的套期工具和被套期项目组成。

(2) 在套期开始时，企业正式指定了套期工具和被套期项目，并准备了关于套期关系和企业从事套期的风险管理策略和风险管理目标的书面文件。该文件至少载明了套期工具、被套期项目、被套期风险的性质以及套期有效性评估方法(包括套期无效部分产生的原因分析以及套期比率确定方法)等内容。

(3) 套期关系符合套期有效性要求。套期有效性，是指套期工具的公允价值或现金流量变动能够抵销被套期风险引起的被套期项目公允价值或现金流量变动的程度。套期工具的公允价值或现金流量变动大于或小于被套期项目的公允价值或现金流量变动的部分为套期无效部分。

(四) 套期关系的种类

按照会计核算的目的,套期关系可以分为以下三类。

1. 公允价值套期

公允价值套期是指对已确认资产或负债或确定承诺的公允价值变动风险所作的套期。公允价值套期中包括外币公允价值套期(如对未确认的确定承诺的外币风险所作的套期、对可出售证券的外币风险所作的套期)。

确定承诺指(实体)的一方与一个非关联方的协议。该协议约束协议双方,并且一般由法律保证强制实施,而且有以下特征:① 该协议规定了所有重要方面,包括交易数量、固定的价格和交易时间。② 该协议规定了较高的违约成本,目的是为了保证协议有效执行。

根据上述确定承诺的定义可以看出,对未确认的确定承诺进行套期,所规避的风险显然属于公允价值变动风险。第 133 号财务会计准则公告《衍生工具和套期保值活动会计处理》(SFAS133)将其归类于公允价值套期,而《国际会计准则第 39 号——金融工具:确认和计量》(IAS39)则认为,以企业的报告货币表示的以固定价格买、卖资产的未确认的确定承诺,即使承受公允价值变动风险,也应作为现金流量套期进行核算,以避免将现行实务中不作为资产或负债确认的承诺确认为资产或负债。

2. 现金流量套期

现金流量套期是指对已确认资产或负债或预期交易的现金流量变动风险所作的套期。现金流量套期中包括外币现金流量套期(如对预期交易的外币风险所作的套期)。

已确认的资产或负债承受的现金流量变动风险与已确认的资产或负债承受的公允价值变动风险显然不同。前者如浮动利率债权或债务的未来利息收入或利息支付,后者如已入账存货未来的跌价损失。

预期交易可能承受的风险与已确认的资产或负债承受的风险也不相同。前者承受的是未来现金流量风险,后者承受的则多是未来公允价值变动的风险(除类似于浮动利率债券以外已确认资产或负债承受的是未来现金流量风险)。例如,企业在未来 6 个月里预计需要消耗 100 单位的原料,现已有库存 40 单位,预期采购 60 单位。库存 40 单位的原料将承受的是公允价值变动风险,而采购 60 单位原料这一预期交易所承受的则是现金流量风险。

3. 境外经营净投资的套期

境外经营净投资的套期,是指对企业在境外经营净资产中享有的份额所面临的外汇风险进行的套期。

以上三类套期关系中,公允价值套期中的外币公允价值套期、现金流量套期中的外币现金流量套期和对境外经营净投资中的外币风险的套期,还可统称为外币套期。

（五）套期有效性

讨论套期有效性问题的意义在于：只有达到一定程度的有效性和在整个报告期内均有效的套期行为，才能认定套期关系成立，进而采用套期会计程序进行处理；对符合有效性标准的套期行为中套期无效部分的未实现损益，应按常规会计程序进行处理。

套期有效性是指套期工具的公允价值或现金流量变动可抵销归属于被套期风险的被套期项目公允价值或现金流量变动的程度。可见，套期有效性涉及的是通过套期工具抵销被套期风险的程度问题。体现套期保值效应是套期关系套期有效性的标志。

当套期同时满足下列条件时，企业应当认定套期关系符合套期有效性要求。

（1）被套期项目和套期工具之间存在经济关系。该经济关系使得套期工具和被套期项目的价值因面临相同的被套期风险而发生方向相反的变动。

（2）被套期项目和套期工具经济关系产生的价值变动中，信用风险的影响不占主导地位。

（3）套期关系的套期比率，应当等于企业实际套期的被套期项目数量与对其进行套期的套期工具实际数量之比，但不应当反映被套期项目和套期工具相对权重的失衡。因为这种失衡会导致套期无效，并可能产生与套期会计目标不一致的会计结果。例如，企业确定拟采用的套期比率是为了避免确认现金流量套期的套期无效部分，或是为了创造更多的被套期项目进行公允价值调整以达到增加使用公允价值会计的目的，可能会产生与套期会计目标不一致的会计结果。

对判断有效的套期关系，还要经常进行有效性测试。一般至少在年报或半年报时进行一次有效性测试。套期有效性评价方法应当与企业的风险管理策略相吻合，并在套期开始时就在风险管理有关的正式文件中加以详细说明。在这些正式文件中，企业应当就套期有效性评价的程序和方法、评价时是否包括套期工具的全部利得或损失、是否包括套期工具的时间价值等作出说明。

（六）套期会计处理规范

1. 公允价值套期的确认与计量

公允价值套期满足运用套期会计方法条件的，应当按照下列规定处理：

（1）套期工具产生的利得或损失应当计入当期损益。如果套期工具是对选择以公允价值计量且其变动计入其他综合收益的非交易性权益工具投资（或其组成部分）进行套期的，套期工具产生的利得或损失应当计入其他综合收益。

（2）被套期项目因被套期风险敞口形成的利得或损失应当计入当期损益，同时调整未以公允价值计量的已确认被套期项目的账面价值。以公允价值计量且其变动计入其他综合收益的金融资产（或其组成部分），其因被套期风险敞口形成的利得或损失应当计入当期损益；被套期项目为以公允价值计量且其变动计入其他综合收益的非交易性权益工具投资（或其组成部分），其因被套期风险敞口形成的利得或损失应当计入其他综合收益。两者的账面价值已经按公允价值计量，不需要调整。

（3）被套期项目为以摊余成本计量金融工具（或其组成部分）的，企业对被套期项目账面价值所作的调整应当按照开始摊销日重新计算的实际利率进行摊销，并计入当期损益。以公允价值计量且其变动计入其他综合收益的金融资产(或其组成部分)的,企业应当按照相同的方式对累计已确认的套期利得或损失进行摊销,并计入当期损益,但不调整金融资产(或其组成部分)的账面价值。

套期满足下列条件之一的,企业应终止运用公允价值套期会计:① 套期工具已到期、被出售、合同终止或已行使。套期工具展期或被另一项套期工具替换时,展期或替换是企业正式书面文件所载明的套期策略组成部分的,不作为已到期或合同终止处理。② 因风险管理目标发生变化,导致套期关系不再满足风险管理目标。③ 被套期项目与套期工具之间不再存在经济关系,或者被套期项目和套期工具经济关系产生的价值变动中,信用风险的影响开始占主导地位。

2. 现金流量套期的确认与计量

套期工具产生的利得或损失中属于套期有效的部分,计入其他综合收益;利得或损失中属于套期无效的部分计入当期损益。

计入其他综合收益的金额,应当按照下列两项的绝对额中较低者确定:① 套期工具自套期开始的累计利得或损失;② 被套期项目自套期开始的预计未来现金流量现值的累计变动额。

此外,对于被套期的未来现金流量预期仍然会发生的,其他综合收益中确定的累计现金流量套期储备金额应当予以保留。若被套期的未来现金流量预期不再发生,累计现金流量套期储备的金额应当从其他综合收益中转出,计入当期损益。

3. 境外经营净投资套期的确认与计量

对于境外经营净投资套期的会计处理原则,与现金流量套期的会计处理原则相类似。

(1) 套期工具形成的利得或损失中属于套期有效的部分,应当计入其他综合收益。全部或部分处置境外经营时,应将计入其他综合收益的套期工具利得或损失应当相应转出,计入当期损益。

(2) 套期工具形成的利得或损失中属于套期无效的部分,应当计入当期损益。

【例 6-18】 2×16 年 1 月 1 日,晨锋公司为规避所持有 A 原材料公允价值变动风险,决定在期货市场上建立套期保值头寸,并指定期货合约 B 为 2015 年上半年 A 原材料价格变化引起的公允价值变动风险的套期。期货合约 B 的标的资产与被套期项目 A 原材料在数量、质次、价格变动和产地方面相同。

2×16 年 1 月 1 日,期货合约 B 的公允价值为 0 元,被套期项目(A 原材料)的账面价值和成本均为 200 万元,公允价值为 220 万元。2×16 年 6 月 30 日,期货合约 B 的公允价值上涨了 5 万元,A 原材料的公允价值下降了 5 万元。当日,该公司将 A 原材料出售,并将期货合约 B 结算。

晨锋公司采用比率分析法评价套期有效性,即通过比较期货合约 B 和 A 原材料的公允价值变动评价套期有效性。晨锋公司预期该套期完全有效。假定不考虑期货合约的时间价值、商品销售相关的增值税及其他因素。

(1) A 原材料属于套期项目还是被套期项目? 采用了何种套期工具?

(2) 在会计处理时,应将该套期保值分类为哪种套期工具?

(3) 应将套期工具公允价值变动形成的利得计入哪个科目?

(4) 被套期项目因套期风险形成的损失应计入哪个科目?

(5) 试分析套期保值结果。

分析:

(1) A 原材料使企业面临公允价值变动风险,而且被指定为被套期对象,因此,A 原材料属于被套期项目;由于 B 期货合约是企业为进行套期而指定的、其公允价值变动预期可抵销被套期项目公允价值变动风险的衍生工具,因此属于公允价值套期工具。

(2) A 原材料套期的目的是抵销持有资产公允价值变动对损益的影响,属于公允价值套期。

(3) 在公允价值套期下,应将套期工具公允价值变动形成的利得计入当期损益。

(4) 由于该套期属于公允价值套期,按照规定被套期项目因被套期风险形成的利得或损失计入当期损益,同时调整被套期项目的账面价值。

(5) 该公司采用套期策略,规避了 A 原材料公允价值变动风险,因此其公允价值下降没有对预期毛利额 20 万元(220－200)产生不利影响。

二、嵌入式衍生工具会计

(一) 嵌入式衍生工具概念

嵌入式衍生工具,是指嵌入到非衍生工具(即主合同)中,使混合工具的全部或部分现金流量随特定利率、金融工具价格、商品价格、汇率、价格指数、费率指数、信用等级、信用指数或其他类似变量的变动而变动的衍生工具。对嵌入衍生工具概念的理解,应该注意以下两个方面。

1. 主合同

主合同通常包括租赁合同、保险合同、服务合同、特许权合同、债务工具合同、合营合同等。嵌入衍生工具与主合同构成混合工具,如企业持有的可转换公司债券。

2. 嵌入式衍生工具的表现方式

在混合工具中,嵌入式衍生工具通常以具体合同条款体现。例如,甲公司签订了按通胀率调整租金的 3 年期租赁合同。根据该合同,第 1 年的租金先约定,从第 2 年开始,租金按前一年的一般物价指数调整。在此例中,主合同是租赁合同,嵌入式衍生工具体现为一般物价指数调整条款。除一般物价指数调整条款外,以下条款也可能体现嵌入式衍生工具:在可转换公司债券中嵌入的股份转换选择权条款(对应可转换公司债券)、与权益工具挂钩的本金或利息的支付条款、与商品或其他非金融项目挂钩的本金或利息支付条款、看涨期权条款、看跌期权条款、信用违约支付条款等。

(二) 嵌入式衍生工具的会计处理原则

根据修订的《企业会计准则第 22 号——金融工具确认和计量》(CAS22),所有属于其规定范围内的衍生工具均必须以公允价值计量。

对于从混合合同中分拆的嵌入式衍生工具,应当将其作为单独存在的衍生工具处理。企业无法根据嵌入式衍生工具的条款和条件对嵌入式衍生工具的公允价值进行可靠计量的,该嵌入式衍生工具的公允价值应当根据混合合同公允价值和主合同公允价值之间的差额确定。

对于主合同属于《企业会计准则第 22 号——金融工具确认和计量》(CAS22)范围的资产的以及在活跃市场中没有报价且公允价值不能可靠计量的衍生金融资产,需将其整体指定为以公允价值计量且其变动计入当期损益的金融工具。

(三) 嵌入式衍生工具的分拆条件

混合工具没有直接指定为以公允价值计量且其变动计入当期损益的金融资产或金融负债的,如果嵌入式衍生工具符合以下两项条件,应该从其混合工具中分拆,作为单独存在的衍生工具处理:第一,与主合同在经济特征及风险方面不存在紧密联系;第二,与嵌入式衍生工具条件相同、单独存在的工具符合衍生工具定义。其中,"紧密关系"是指嵌入式衍生工具与主合同之间在经济特征和风险方面存在的相似性。

企业在成为混合工具合同一方时,即应评价嵌入式衍生工具是否应拆分出来作为单独的衍生工具处理。随后,除非混合工具合同条款的变化将重大影响原混合工具合同现金流量,否则企业不能对是否分拆重新进行评价。企业在确定现金流量调整是否"重大"时,应当分析判断与嵌入式衍生工具、主合同或两者相关的预计未来现金流量发生改变的程度是否重大,以及相对于合同以前预计现金流量是否有重大的改变。

【例 6-19】 晨锋公司 2×16 年年初按每份面值 20 000 元发行了 2 000 份可转换公司债券,期限为 3 年,票面年利率为 5%,每年年末支付利息;每份债券可在到期前的任何时间转换为 250 股普通股。该债券发行时不具备转换选择权的类似债券的市场利率为 8%。其中,(P/F,8%,3)=0.793 8,(P/A,8%,3)=2.577 1。

分析:

该金融工具为可以分拆的嵌入式衍生工具。具体分拆过程如下。

(1) 本金的现值。

按 8%的折现率计算的第 3 年年末应付 40 000 000 元的现值为:40 000 000×(P/F,8%,3)=31 752 000(元)。

(2) 利息的现值。

按 8%的折现率计算的第 3 年内每年应付 2 000 000 元的现值为:2 000 000×(P/A,8%,3)=5 154 200(元)。

(3) 负债部分总额。

面值的现值与利息的现值之和为:31 752 000+5 154 200=36 906 200(元)。

(4) 债券发行收入为:20 000×2 000=40 000 000(元)。

(5) 权益部分金额为:40 000 000-36 906 200=3 093 800(元)。

初始确认的会计分录如下:

借:银行存款	40 000 000	
应付债券——可转换公司债券(利息调整)	3 093 800	
贷:应付债券——可转换公司债券(面值)		40 000 000
其他权益工具		3 093 800

■ 第四节　金融工具披露

一、信息披露的要求

金融工具披露，是指企业在附注中披露已确认和未确认金融工具的有关信息，旨在有助于财务报告使用者就金融工具对企业财务状况和经营成果影响的重要程度作出合理评价。根据企业会计准则相关规定，金融工具的信息披露有以下十七项主要要求。

（1）企业应当披露编制财务报表时对金融工具所采用的重要会计政策、计量基础等信息。

（2）企业应当披露金融资产和金融负债的账面价值。

（3）企业将单项或一组贷款或应收款项指定为以公允价值计量且其变动计入当期损益的金融资产的，应当披露有关信用风险信息以及因信用风险变化引起的公允价值变动信息。

（4）企业将某项金融负债指定为以公允价值计量且其变动计入当期损益的金融负债的，应当披露本期因相关信用风险变化引起的公允价值变动额和累计变动额以及账面价值与到期日按合同约定应支付金额之间的差额。

（5）企业将金融资产进行重分类，使该金融资产后续计量基础由成本或摊余成本改为公允价值，或由公允价值改为成本或摊余成本的，应当披露该金融资产重分类前后的公允价值或账面价值和重分类的原因。

（6）对于不满足《企业会计准则第 23 号——金融资产转移》（CAS23）规定的金融资产终止确认条件的金融资产转移，企业应当披露有关信息。

（7）企业应当披露与作为担保物的金融资产的账面价值信息和与担保物有关的期限及条件信息。

（8）企业收到的担保物（金融资产或非金融资产）在担保物所有人没有违约时就可以出售或再作为担保物的，应当披露有关信息。

（9）企业应当披露每类金融资产减值损失的详细信息，包括前后两期可比的金融资产减值准备期初余额、本期计提数、本期转回数、期末余额之间的调节信息等。

（10）企业应当披露与违约借款有关的信息。

（11）企业应当披露与每类套期保值有关的信息。

（12）企业应当披露与现金流量套期有关的信息。

（13）对于公允价值套期，企业应当披露本期套期工具形成的利得或损失，以及被套期项目因被套期风险形成的利得或损失。

（14）对于境外经营净投资套期，企业应当披露本期无效套期形成的利得或损失。

（15）企业在披露金融资产或金融负债的公允价值信息时，除非这些金融资产或金融负债是账面价值与公允价值相差很小的短期金融资产或金融负债，或者是在活跃市场中没有报价的权益工具投资以及与该权益工具挂钩并须通过交付该权益工具结算的衍生工具，否则应当按照每类金融资产和金融负债披露有关公允价值信息。

(16) 企业应当披露在活跃市场中没有报价的权益工具投资,以及与该权益工具挂钩并须通过交付该权益工具结算的衍生工具有关信息。

(17) 企业应当披露与金融工具有关的收入、费用、利得或损失信息。

二、金融工具风险信息披露要求

企业既应披露金融工具风险的描述性信息,同时还应披露金融工具风险的数量信息。企业还应当披露与每类金融工具信用风险、流动性风险(指企业在履行与金融负债有关的义务时遇到资金短缺的风险)、市场风险有关的信息。

具体来说企业应当披露与每类金融工具信用风险有关的下列信息:① 在不考虑可利用的担保物或其他信用增级的情况下,企业在资产负债表日的最大信用风险敞口。金融工具的账面价值能代表最大信用风险敞口的,无须提供此项披露。② 可利用担保物或其他信用增级的信息及其对最大信用风险敞口的财务影响。③ 未逾期且未减值的金融资产的信用质量信息。

最新修订的《企业会计准则第 37 号——金融工具列报》(CAS37)中对于关于金融工具分类涉及的报表列示项目与披露内容进行了修订。

(一) 关于金融工具减值的披露

为使财务报表使用者能够了解信用风险对未来现金流量的金额、时间和不确定性的影响,要求披露以下信息。

(1) 有关企业信用风险管理实务及其如何与预期信用损失的确认与计量相联系的信息,包括用于计量预期信用损失的方法、假设和信息。

(2) 使财务报表使用者能够评价财务报表中因预期信用损失产生的相关影响的定量和定性信息,包括用于计量预期信用损失金额的变动及此类变动的原因。

(3) 关于企业信用风险敞口的信息,包括重大信用风险集中度。

(二) 关于套期会计的相关披露

为了向财务报表使用者提供有关套期工具的目的和影响以及如何用于风险管理的信息。新的披露规定以三类目标为依据,要求企业提供与以下各项有关的信息:① 企业的风险管理策略以及如何应用于风险管理;② 企业的套期活动如何影响未来现金流量的金额、时间和不确定性;③ 套期会计对企业的资产负债表、损益表和权益变动表的影响。

延伸阅读

金融资产分类与计量:变化、影响和建议

2017 年 3 月 31 日,财政部发布了经修订的包括《企业会计准则第 22 号——金融工具确认和计量》(CAS22)在内的三项金融工具会计准则(以下简称“新准则”)。本报告着重就金融资产分类与计量进行新旧准则比较,分析新准则实施的潜在影响,并就新准则应用提出相关建议。

一、新准则的主要变化及其意义

(一) 变化

关于金融资产分类与计量,新准则较现行准则最主要的变化有如下两个方面。

1. 金融资产分类由现行“四分类”改为“三分类”

现行准则下,金融资产按照持有意图和目的分为四类:以公允价值计量且其变动计入当期损益的金融资产(以下简称:FVPL)、持有至到期投资、贷款和应收款项以及可供出售金融资产。新准则以企业持有金融资产的“业务模式”和“金融资产合同现金流量特征”作为金融资产分类的判断依据,将金融资产分为三类:以摊余成本计量的金融资产、以公允价值计量且其变动计入其他综合收益的金融资产(以下简称:FVOCI)以及FVPL三类。

2. 金融资产减值会计由“已发生损失法”改为“预期信用损失法”

现行相关准则下,对于金融资产减值的会计处理采用的是“已发生损失法”,即只有在客观证据表明金融资产已经发生损失时,才对相关金融资产计提减值准备。新准则下,将金融资产减值会计处理由“已发生损失法”修改为“预期信用损失法”,要求考虑金融资产未来预期信用损失情况。

(二) 意义

现行准则下的金融资产分类较为复杂,也存在一定的主观性,从而一定程度上影响了会计信息的可比性。新准则下的金融资产分类方法减少了金融资产类别,提高了分类的客观性和会计处理的一致性。金融资产减值会计处理采用“预期信用损失法”,能够更加及时、足额地计提金融资产减值准备,有助于更好地揭示和防控金融资产信用风险。具体而言,新准则的积极意义主要表现在以下方面。

(1) 新准则下金融资产分类突出了企业持有金融资产的“业务模式”和“金融资产合同现金流量特征”,有助于推动企业在战略决策、业务管理和合同管理层面提升金融资产的精细化管理水平。同时,新准则还赋予了企业灵活的选择权,允许企业将金融资产指定为以公允价值计量且其变动计入当期损益,有助于消除或显著减少金融资产和负债的会计错配。

(2) 新准则要求基于过去、现在和前瞻性信息,按照“预期信用损失法”计提金融资产减值准备,有助于推动企业建立以信用数据和评价为基础的信用风险管理体系,提升应对信用风险事件和信用损失的能力。

(3) 新准则的实施带来以下新的变化:需要业务部门、风险管理部门和财务部门的密切配合,对业务模式的判断可能使业务部门的业务流程产生变化,预期信用损失将对许多业务部门的经济实质产生重大影响,而这些变化都将推动企业风险管理和会计工作的深度融合,全面提升企业的风险管理水平。

(4) 新准则要求企业充分披露信用风险等相关信息,有助于进一步提高信息披露的质量和金融市场的整体透明度,从而为监管部门强化金融监管、提升监管效能奠定坚实基础。

二、新准则的潜在影响

(一) 对金融企业(以银行为例)的影响

1. 分类与计量的影响

(1) 现行准则下,可供出售金融资产的公允价值变动计入权益。根据资本充足率的计算方法，公允价值储备若是正值，可以将一半计入附属资本；若是负值，需全额从附属资本中扣除。因此，公允价值负向波动较大时会对资本充足率的计算结果产生不利影响。在新准则下，金融资产中的权益工具，除非企业不是为交易而持有，并且指定为 FVOCI，否则，都将分类为 FVPL。因此，新准则下权益工具分类为 FVOCI 的情况就会比现有准则下大大减少，从而对资本充足率的影响也会减少。

(2) 银监会规定，商业银行从净利润中提取一般准备以进行利润分配处理，标准是其余额不能低于风险资产年末余额的 1%。由于可供出售金融资产公允价值变动计入权益，所以可供出售金融资产不纳入风险资产范围。但按照新准则，对可供出售金融资产分拆后，商业银行风险资产的规模变大，因此需要提取更多的一般准备，从而会对利润分配的格局产生影响。

(3) 依据现行准则下的同时以收取合同现金流和出售为目的的分类标准，银行贴现和转贴现类金融资产需要重分类。目前，银行对贴现业务按摊余成本计量。出于流动性管理和贷款额度管控的需要，银行会将贴现票据适时以转贴方式卖出。由于业务模式的改变，因此根据新准则，这需要进行重分类。依据“同时以收取合同现金流和出售为目的”的业务模式进行分类，银行的贴现业务要从按“摊余成本”计量改为 FVOCI。由于票据业务是非标准业务，贴现票据在市场上难以找到可供参考的价格，公允价值评估将面临很大的挑战。

2. 减值的影响

新准则下，信用损失是应收取的合同现金流与预期收取的现金流之间差额（无论正负）的现值。付款的金额和时间分布影响信用损失。预期信用损失是以发生违约的风险为权重的金融工具信用损失的加权平均值，对其估计的期间为面临信用风险的最长合同期限。对于循环信用额度，则为面临信用风险且预期信用损失无法被信用管理措施缓解的期间。对于初始确认时已发生信用减值的购买或源生的金融资产，应确认整个存续期内预期信用损失。计量预期信用损失的方法应当反映时间价值、多个可能结果（非基于最可能或最佳估计），以及无须付出额外成本即可获得的不限于过去和现在的信息、还应当包括前瞻性信息在内的所有合理且有依据的信息。

根据“已发生损失法”和“预期信用损失法”之间的差异比较，各银行在实施新准则的初始年度，由于所有贷款都应纳入减值测试范围，特别是表外信用承诺纳入减值计提范围，减值计提金额将有较大幅度的增加，从而对实施新准则首年的利润产生重要影响。但是，后续年度新旧准则下减值计提金额的差异将逐渐缩小。当然，总体来说，相比于现行准则，新准则下计提的减值准备将更多一些。此外，在新准则下，由于减值的提前计提和逐年分摊的特性，减值计提金额在年度间的波动性将有所减缓。

（二）对非金融企业的影响

1. 分类与计量的影响

对于非金融企业，在新旧准则下，应收款项与持有至到期投资均属于以摊余成本计量的金融资产，没有变化；交易性金融资产均被归类为 FVPL，也没有发生变化；可供出售金融资产变化较大。可供出售的债权投资如果划分为 FVOCI，其实质没有发生变化；但如果将可供出售的股权投资划分为 FVPL，则会对企业产生重大影响。因为可供出售股权投资公允价值变动形成的利得或损失，在现行准则下计入其他综合收益的，而新准则下是计入当期损益，这会使利润产生较大波动。

其次，对某些非交易性且不属于在非同一控制下的企业合并中涉及或有对价的权益性工具，可以将其不可撤销地指定为 FVOCI，但计入其他综合收益的金额在任何情况下(包括出售)都不能转至损益，而只能在权益内部转化。对于此类投资，根据新准则无论是选择归入 FVPL 类还是 FVOCI 类，难点和关键是怎样建立合理的计量模型以确定其公允价值。另外，如果将其归为 FVOCI 类，相关的公允价值变动将永久保留在权益中而不能转入损益，这会对企业的利润产生重大影响。

2. 减值的影响

预期信用损失法下，由于应收账款的短期性质而不会使其减值准备显著增加，影响较小。然而，对于以摊余成本或 FVOCI 方式计量的长期应收账款、贷款、银行存款以及债务类证券的计量将面临挑战。例如，企业持有大量债务证券投资组合，原准则下将其分类为可供出售金融资产。若这些投资组合满足新准则下的合同现金流量特征测试，并且持有这些投资组合的目标是收取合同现金流量和出售，则该企业需要将其分类为 FVOCI。该企业需要基于这些证券未来 12 个月的预期信用损失确认其减值损失，即使这些证券的评级很高(如 AA 级，甚至是 AAA 债券)。

三、关于新准则应用的相关建议

(一) 新旧准则衔接过程中审计师的重点关注

总体来说，除了一些例外情况外，新准则实施时，需要进行追溯调整。具体规定包括以下几点。

(1) 在新准则施行日，按新准则对金融工具进行分类和计量(含减值)，前期比较财务报表数据无须调整(如果选择调整，则以前期的事实和情况为依据)，累积影响调整期初留存收益或其他综合收益。

(2) 追溯调整金融资产的分类，应当基于新准则施行日的既有事实和情况评估业务模式，不需要考虑之前的业务模式。

(3) 新准则施行日在评估货币时间要素的修正和提前还款特征的公允价值是否非常小时，应基于初始确认时已存在的事实和情况。

(4) 施行日应转按公允价值计量的混合合同，在前期比较报表期末的公允价值应为各部分公允价值之和的差额，调整期初留存收益或其他综合收益。对于分拆核算的混合合同，过去只评估过嵌入衍生工具的公允价值，没有整体评估过混合合同的整体公允价值，尽管整体价值不一定等于各部分之和，但为了便于过渡衔接，减少企业负担，避免后见之明，使用该权宜之计。

(5) 对于在新准则施行日，基于施行日既有的事实和情况，在被指定或被撤销指定之间相互转换的 FVPL 类金融资产，应当追溯调整。即公允价值法转成本法，或者相反。

(6) 在新准则施行日，企业按规定对金融资产以摊余成本计量，采用实际利率法追溯调整不切实可行的，应当以公允价值(前期比较财务报表期末的公允价值、施行日的公允价值)分别作为相应的账面余额或摊余成本。

(7) 原适用成本法豁免的可供出售权益工具或与之挂钩的衍生金融资产，应在施行日以公允价值计量,差额计入期初留存收益或其他综合收益。

(8) 在新准则施行日,对于不需要付出必要或额外成本即可获得初始确认日的信用风险的,将施行日和初始确认日的信用风险比较。反之,如果测试成本过高就按整个期间计提减值。

在新旧准则衔接过程中,我们建议审计师应重点关注新准则中的如下事项。

(1) 第七十二条中的"在准则施行日已经终止确认的项目不适用本准则"。比如,施行日是 2018 年 1 月 1 日的企业,2017 年对于某一项目,可能是混合计量。其中,在 2017 年年底已经终止确认的项目不适用本准则,不需要进行重述;没有终止确认的项目,会出现重述。

(2).第七十三条中的"企业如果调整前期比较财务报表数据,应当能够以前期的事实和情况为依据"。比如,某银行 2018 年财务报表审计,企业调整了 2016 年或 2017 年的减值损失,那么需要企业提供 2016 年、2017 年的信用风险报告,分析评估企业的调整是否基于当年的事实和依据。

(3) 第七十四条指出,在本准则施行日,对企业依据新准则对金融资产的分类规范进行追溯调整,只需要考虑施行日的事实和情况,而不用考虑之前的业务模式。企业业务模式是否变化,均不需要考虑。

(4) 第七十五条指出,对于特定货币的时间价值要素的修正进行评估,以初始情况为基础,如果不切实可行,可以豁免。比如,是 5 年、10 年前形成的,没有当时的资料,就不去追溯,准则豁免。

(5) 第七十六条指出,评估提前还款特征的公允价值是否非常小时,比如 5 年、10 年前的期权,应基于当时的情况,但是当时的影响因素没有记录下来,可以不考虑。

(6) 第七十七条指出,对于这种混合合同,不用每年去计算,在施行日初算一次。当时没用公允价值,按当时的公允价值之和与整体的公允价值的差额调整期初数。

(7) 第八十条是对于以摊余成本进行计量和应用实际利率法进行追溯调整不可行,可用比较财务报表的公允价值作为摊余成本。

(8) 第八十三条通过对无须付出不必要的额外成本或者努力就可获得的合理且有依据的信息进行评估,以确定初始确认日的信用风险,并运用新准则的规范计提减值。在审计时,关注企业是否有不需要付出额外成本或努力便可获得的合理且有依据的相关信息,用来评估初始确认日的信用风险。

(二) 新准则实施过程中企业需作的努力

1. 优化数据质量

数据质量会直接影响会计信息的准确性,而且,预期信用损失法需要强大的数据库支撑。加强数据库体系的建设,包括数据管理的战略、构架、流程、技术支撑,以及数据分析与监测体系,整合会计、风险管理以及市场交易三者的数据,构建内部信息共享平台,提升数据管理水平。通过制度和技术的结合提升数据质量和数据可获得性等方面的能力,保障"公允价值"计量基础。

2. 转变经营理念

银行需要转变经营理念,合理安排资产结构,科学制定产品的定价策略,强化风险防范意识。

3. 改善公司治理

实施新准则,公司治理层需要更多介入,以确保其对专业判断的充分理解,并相应作出有效决策;需要对战略与风险管理架构、减值评估,以及对预算的编制及调整、绩效考核、向治理层及高级管理层的报告、业绩发布等进行重新梳理;需要严格内部控制程序,并确保其有效实施。

4. 提高人员素质

新准则赋予会计人员更多职业判断,因而对会计人员提出了更高的专业素质要求。公司可以引进咨询机构,持续加强对相关人员的培训,使其及时了解准则新变化,并能及时识别和有效评估风险。

(资料来源 大华研究院,大华会计师事务所:《金融资产分类与计量:变化、影响和建议》,载大华研究院网 2017 年 5 月 23 日,http://url.cn/4EiAUwN)

特别提示

金融工具是指形成一个企业的金融资产、形成另一个企业的金融负债或权益工具的合约。作为一种书面凭证,金融工具形成收取金融资产的合约权利或支付金融资产的合约义务,这是金融工具的最基本特征。

金融资产是指现金、其他企业的权益工具、从其他企业收取现金或其他金融资产的合约权利或与其他企业交换金融工具的合约权利;金融负债是指交付现金或其他金融资产给其他企业或与其他企业交换金融工具的合约义务;权益工具是指能证明企业对某个企业净资产的所有权的合约。

金融工具按其发展顺序划分,分为基本金融工具和衍生金融工具两大类。

按照企业管理金融资产的业务模式以及单个金融资产合同现金流量特征可以将金融资产分成三类,三类金融资产的后续计量存在差异,应注意区分。对于金融资产转移是否应终止确认,应对其风险和报酬是否转移的实质进行判断。

衍生金融工具,亦称衍生金融产品、派生金融产品或衍生品等,是相对于基本金融工具而言的金融工具。

衍生金融工具可以按不同的标准划分成不同的类别。根据衍生的基本金融工具及应用领域的不同,衍生金融工具分为股票衍生工具、外汇衍生工具和利率衍生工具三类;按风险与收益的对称与否,衍生金融工具分为风险与收益对称式衍生工具和风险与收益不对称式衍生工具两类;按交易方式的不同,衍生金融工具分为场内交易的衍生工具和场外交易的衍生工具两类;按交易方式和特点分类,衍生金融工具则分为金融远期、金融期货、金融期权和金融互换四类。

衍生金融工具具有对冲风险的功能,被广泛用作避险与投机。衍生金融工具具有信用风险、市场风险、流动性风险、作业风险、法律风险和现金流量风险。与基本金融工具相比,衍生金融工具具有衍生性与创新性、契约性与未来性、跨国性与跨期性、杠杆性与高风险性以及风险转移性特点。对于所有属于新修订的《企业会计准则第 22 号——金融工具确认和计量》(CAS22)范围的衍生工具均必须以公允价值计量。

CHAPTER 7

第七章

企业合并会计

学习目标

企业合并是经济快速发展时期较为常见的交易事项。近年来，随着中国经济市场化和国际化的发展，跨国经营不断增多，企业的收购兼并日趋复杂。财政部发布的《企业会计准则第20号——企业合并》(CAS20)主要规范了不同类型企业合并的会计处理。

本章主要阐述企业合并的会计处理。本章应关注的主要问题：① 了解企业合并的含义、分类以及企业合并会计的主要内容；② 理解企业合并会计处理的基本方法：权益结合法和购买法，以及两者之间异同；③ 掌握同一控制下企业合并和非同一控制下企业合并的会计处理原则；④ 掌握同一控制下企业合并的会计处理及合并日合并财务报表的编制；⑤ 掌握非同一控制下企业合并的会计处理及购买日合并财务报表的编制。

案例引入

青岛海尔股份有限公司是全球白色家电巨头之一，前身是于1989年4月28日成立的青岛电冰箱总厂。其经中国人民银行青岛市分行1989年12月16日批准募股，1989年3月24日经青体改[1989]3号文批准，在对原青岛电冰箱总厂改组的基础上，以定向募集资金1.5亿元方式设立股份有限公司。公司于1993年10月12日向社会公开发行股票，并于同年11月19日在上海证券交易所上市交易，股票简称"青岛海尔"，股票代码600690。

2016年1月16日，青岛海尔公告显示，拟通过现金方式购买通用电气家电资产(GE Appliances，以下简称GEA)；2017年6月7日，青岛海尔发表了《青岛海尔股份有限公司关于公司重大资产购买交割进展的公告》，声明称二者已完成交割，GEA正式成为海尔一员；2017年1月12日，青岛海尔公告了《青岛海尔股份有限公司重大资产购买实施情况报告书》，根据该报告书说明，公司购买GEA涉及的重大资产购买事宜已完成，本次交易的最终交易对价确定为5 611 601 583美元。该笔收购也成为中国家电业最大一笔海外并购。

青岛海尔2016年全年实现营业收入1 190.66亿元，同比增长32.59%，现归属上市公司股东的净利润50.37亿元，同比增长17.03%。根据Stevenson公司的调研报告，按照销量份额，GEA在美国家电市场的份额为19%，分产品份额如下：厨电市场份额为27.9%、洗碗机市场份额为20.7%、冰箱市场份额为18%、洗衣机市场份额为15.4%。2016年GEA贡献收入258.34亿元，归属于母公司股东净利润约4.35亿元，扣除非经常损益的归母公司的净利润达到8.9亿元。

根据青岛海尔2016年度财务报告附注的相关披露，青岛海尔子公司支付现金对价合计56.12亿美元收购GE集团持有的GEA资产负债及部分公司股权，2016年6月6日该部分股权及资产对应的可辨认净资产公允价值份额为26.41亿美元，企业合并成本与合并中取得的被购买方可辨认净资产公允价值份额的差额，确认为本次收购的商誉。

GEA的可辨认净资产与购买日公允价值和账面价值如下：资产公允价值为42.59亿美元，账面价值为40.03亿美元；负债公允价值为16.18亿美元，账面价值为16.18亿美元。

GEA自购买日起至2016年期末的经营成果为：营业收入38.4亿美元，净利润1.5亿美元。

青岛海尔收购GEA 100%的股权，与企业合并有什么关系？企业合并有哪些种类？什么情况下的企业合并需要考虑被合并方的公允价值？什么情况下的企业合并需要确认合并商誉？合并商誉如何确认和计量？本章所述企业合并会计将回答诸如此类的问题。

（资料来源　青岛海尔股份有限公司：《青岛海尔2016年年度财务报告》，载上海证券交易所网站2017年4月29日，http://www.sse.com.cn/disclosure/listedinfo/announcement/c/2017-04-29/600690_2016_n.pdf）

第一节　企业合并概述

一、企业合并的含义

《企业会计准则第20号——企业合并》（CAS20）中规定：企业合并，是指将两个或两个以上单独的企业合并形成一个报告主体的交易或事项。企业合并的实质是控制。

从企业合并的定义可以看出，构成企业合并至少包括两层含义：一是取得对另一个或多个企业（或业务）的控制权；二是所合并的企业必须构成业务。业务是指企业内部某些生产经营活动或资产负债的组合，该组合具有投入、加工处理过程和产出能力，能够独立计算其成本费用或所产生的收入。

如果一个企业取得了对另一个或多个企业的控制权，而被购买方（或被合并方）并不构成业务，这种情况下不形成企业合并的交易或事项。

企业取得不形成业务的一组资产或净资产时应将合并成本以购买日所取得各项可辨认资产、负债的公允价值为基础进行分配，不需要按照企业合并准则进行处理，而且按照权益性交易原则不得确认商誉或当期损益。

二、企业合并的分类

企业合并可按不同的方式进行分类，目前比较常见的是按照企业合并的法律形式、参与合并的企业在合并前后是否受同一方或相同的多方最终控制和合并企业所涉及的行业三种方式进行分类。

（一）按企业合并的法律形式分类

企业合并按照法律形式可分为吸收合并、新设合并以及控股合并。

1. 吸收合并

吸收合并(Merger)也称兼并，是指合并方（或购买方）通过企业合并取得被合并方（或被购买方）的全部净资产，合并后注销被合并方（或被购买方）的法人资格，被合并方（或被购买方）原持有的资产、负债，在合并后成为合并方（或购买方）的资产、负债。吸收合并的具体方法可以是由主并企业用现金、债券、发行股票或签发出资证明等换取被并企业的净资产。吸收合并的结果是主并企业作为保留下来的单一经济主体和法律主体处理其会计事务，接受参与合并的各企业的资产并承担其债务，而已解散的各被并企业的股东则成为主并企业的股东。如果A公司通过吸收合并方式并购B公司，则A公司继续存在，B公司则被注销。这种合并可用下式表示：

A公司＋B公司＝A公司

2. 新设合并

新设合并(Consolidation)也称创立合并，是指两家或两家以上企业合并组成一个新的企业，参与合并的原各企业均不复存在的合并类型。新设合并的方法是由参与合并的诸家企业以其净资产换取新设企业的股份。新设合并的结果是新设企业作为保留下来的单一经济主体和法律主体处理其会计事务，拥有丧失法人地位的各被并企业的资产并承担其债务。如果A、B两个公司采用新设合并的方式，新设一个C公司，则这种合并可用下式表示：

A公司＋B公司＝C公司

3. 控股合并

控股合并(Acquisition)，是指合并方（或购买方）在企业合并中取得对被合并方（或被购买方）的控制权，被合并方（或被购买方）在合并后仍保持其独立的法人资格并继续经营，合并方（或购买方）确认企业合并形成的对被合并方（或被购买方）的投资。控制的标志是有权决定一个企业的财务和经营政策，并能据以从该企业的经营活动中获取收益。控股的实施途径是一企业直接或间接拥有另一企业半数以上表决权资本，或者一企业拥有另一企业表决权资本不足半数以上，但是通过拥有的表决权资本和其他方式可以达到控制。控股合并并不是法律意义上的合并，控股企业和被控股企业仍分别各为独立的法人，但前者对后者的财务和经营决策的控制权决定了二者事实上是一个经济整体。如果A公司采用控股合并方式取得了B公司的控股权，取得控股权后的关系可表示为：

A公司＋B公司＝A公司＋B公司

（二）按参与合并的企业在合并前后是否受同一方或相同的多方最终控制分类

1. 同一控制下的企业合并

根据《企业会计准则第20号——企业合并》(CAS20)中的规定：“同一控制下的企业合并”(Business combinations of entities under common control)，是指参与合并的企业在合并前后均受同一方或相同的多方最终控制且该控制并非暂时性的。其中“同一方”，是指在合并前后一直拥有控制权的企业。“相同的多方”通常是指在对被投资单位的生产经营决策行使表决权时发表一致意见的两个或两个以上的投资者。该控制并非暂时性，是指参与合并的各方在合并前后较长的时间内(通常指不少于1年)受到控制。

判断某一企业合并是否属于同一控制下的企业合并，应当把握以下要点。

(1) 能够对参与合并各方在合并前后均实施最终控制的一方，通常是指企业集团的母公司。

(2) 能够对参与合并的企业在合并前后均实施最终控制的相同多方，是指根据合同或协议的约定，拥有最终决定参与合并企业的财务和经营政策，并从中获取利益的投资者群体。

(3) 实施控制的时间性要求，是指参与合并各方在合并前后较长时间内为最终控制方所控制。具体是指在企业合并之前(即合并日之前)，参与合并各方在最终控制方的控制时间一般在1年以上(含1年)，企业合并后所形成的报告主体在最终控制方的控制时间也应达到1年以上(含1年)。

(4) 企业之间的合并是否属于同一控制下的企业合并，应综合构成企业合并交易的各方面情况，按照实质重于形式的原则进行判断。通常情况下，同一控制下的企业合并是指发生在同一企业集团内部企业之间的合并。同受国家控制的企业之间发生的合并，不应仅仅因为参与合并各方在合并前后均受国家控制而将其作为同一控制下的企业合并。

同一控制下的企业合并，由于合并各方在合并前、后的最终控制方没有发生变化，准则没有把这种合并视为“交易”，只是当作一个经济事项。因此，相应的会计处理中采用账面价值进行计量。

2. 非同一控制下的企业合并

非同一控制下的企业合并是指参与合并各方在合并前后不受同一方或相同多方最终控制的合并交易，即除属于同一控制下企业合并的情况以外其他的企业合并。

非同一控制下的企业合并，由于参与合并各方在合并前、后不属于同一方或相同的多方最终控制，这种合并实质上是一种交易——购买方购买被购买方控制权的交易。正因如此，相应的会计处理中需要遵循交易规则，使用自愿交易的双方都能够接受的公允价值。

(三) 按合并企业所涉及的行业分类

企业合并按涉及行业的不同分类，可分为横向合并、纵向合并和混合合并三种。

1. 横向合并

横向合并(Horizontal integration)或称水平式合并，是指同行业或相近行业的有关企业的合并，参与合并的企业在生产工艺、产品或劳务等方面相同或相近。横向合并的目的是发展规模经济实现规模效益、优势互补提高竞争能力。例如若干家零售商业企业合并组成大型零售商业企业集团等。

2. 纵向合并

纵向合并(Vertical integration)也称垂直式合并，是指不同行业的有关企业的合并，参与合并的企业在生产工艺、产品或劳务等方面虽然不相同或不相近但却有一定的联系。纵向合并的目的往往是保证生产经营活动的配套、产供销各环节的畅通、业务的前向或后向的扩展。例如速冻食品生产企业与粮油业、水产业、畜牧业或是快餐业企业合并。

3. 混合合并

混合合并(Conglomeration),是指生产工艺、产品或劳务并没有内在联系的诸企业的合并。混合合并的目的一般是为了分散经营风险。例如房地产开发企业购买造船企业的股权、电子生产企业购并酿酒企业等。

■ 第二节 企业合并会计处理的基本方法

一、企业合并会计的主要内容

企业合并有关的会计处理主要涉及两个方面的内容:一是合并日(或购买日)合并方(或购买方)如何对企业合并事项(或交易)进行确认与计量;二是合并日(或购买日)是否需要以及如何编制合并财务报表,其中,对合并交易或事项的确认与计量是关键。

正如前面所述,无论是同一控制下企业合并还是非同一控制下企业合并,两类企业合并的结果都包括不形成母子公司关系和形成母子公司关系两种情况;两类企业合并的实施都需要合并方支付合并对价;两类企业合并的进行都有可能发生合并费用。那么,各类企业合并业务中的这些相关内容都应该如何进行确认与计量,必然是企业合并会计首先需要解决的问题。

从企业合并会计处理方法的发展过程来看,对以上问题的处理主要有两个方法:权益结合法和购买法。权益结合法与购买法在合并的实质、合并成本与合并费用的处理、合并商誉的确认及合并当年收益的确定等方面,存在着明显的差别,两者对合并当年及以后各年资产的计价、收益的确定等财务会计信息有着不同的影响。

目前国际会计界比较倾向于限制权益结合法的应用。近年来,“权益结合法”逐渐被各国准则制定机构放弃,“购买法”逐渐成为企业合并的主要方法。例如,国际会计准则理事会(IASB)和美国财务会计准则委员会(FASB)自 2008 年后将“权益结合法”从其企业合并准则中删除,仅在某些符合条件的同一控制下企业合并中,作为一种可接受的实务方法运用。我国现行企业会计准则将“权益结合法”的理念运用于同一控制下的企业合并,并对其具体运用程序进行了完善。

二、权益结合法与购买法的基本内容

(一) 权益结合法的基本内容

1. 含义

权益结合法(Pooling of interest method)亦称股权结合法、权益联营法,是企业合并会计处理方法之一。与购买法基于不同的假设,即视企业合并为参与合并的双方通过股权的交换形成的所有者权益的联合,而非资产的交易。换言之,它是由两个或两个以上经

营主体对一个联合后的企业或集团公司开展经营活动的资产贡献,即经济资源的联合。权益结合法下,各个参与合并的公司资产及负债应以账面价值计入存续公司的账簿中,合并过程中不产生商誉,被合并公司的留存收益和当年的盈利全部并入存续公司。

《国际会计准则第 22 号——企业合并》(IAS22)对权益结合法的含义有如下阐述:权益结合法是指"参与合并的企业的股东联合控制他们全部或实际上全部的资产和经营,以便继续对联合实体分享利益和分担风险的合并"。取代《国际会计准则第 22 号——企业合并》(IAS22)的《国际财务报告准则第 3 号——企业合并》(IFRS3)认为,权益结合法是指母公司用自己发行的股票去交换对方几乎全部的普通股(至少为 90%),从而达到由双方的股东联合控制它们的全部或实际上全部的净资产或经营活动。权益结合法适用于"真实兼并"或"权益结合"形式的企业合并。因此,为了达到共同分担合并主体的风险和利益的目的,权益结合法要求:第一,参与合并的企业有表决权的普通股应全部或绝大部分参与交换与合并;第二,一个企业的公允价值不能与另一个企业的公允价值相差很远;第三,合并后各企业的股东在合并主体中应大体保持与合并前同样的表决权和股权。

《国际财务报告准则第 3 号——企业合并》(IFRS3)中强调,权益结合法的采用仅限于以权益作为主要对价形式的企业合并。而以权益作为主要对价的吸收合并,则最能够揭示权益结合法"现有股东权益在合并主体中的联合和继续"的实质。

2. 特点

同一控制下企业合并不是一种购买行为,于是不存在购买价格,没有新的计价基础,也不确认合并商誉。因此,权益结合法具有如下特点。

(1) 合并中取得净资产或股权的入账价值按账面价值确定,合并成本按照合并日取得的被合并方所有者权益账面价值份额确定。

(2) 支付对价的账面价值与合并净资产账面价值之间的差额应调整所有者权益。支付对价的账面价值与合并净资产账面价值之间的差额应调整资本公积(资本溢价或股本溢价),资本公积不够冲减的,调整减少留存收益。

(3) 被合并企业合并前的留存收益并入合并后企业的留存收益。一般情况下,合并后的留存收益通常等于合并各企业留存收益之和。控股合并下,合并方在编制合并财务报表时,应视同合并后形成的报告主体自最终控制方开始实施控制时一直是一体化存续下来的。合并财务报表中,应以合并方的资本公积(资本溢价或股本溢价)为限,在所有者权益内部进行调整,将被合并方在合并日以前实现的留存收益按照持股比例计算,归属于合并方的部分自资本公积转入留存收益。

(4) 企业合并时发生的全部相关费用,不论其是直接的或间接的,均确认为当期费用(计入管理费用)。若以发行股票为代价,股票登记和发行成本直接冲销股票的公允价值,即减少资本公积,如果无溢价或溢价不足时,应当冲减盈余公积和未分配利润。

(5) 合并当年净收益的处理:若合并发生在会计年度中间的任何一个时点,视同期初合并,被合并公司合并当年的损益全部并入合并企业的利润表。

3. 应用举例

【例 7-1】 晨锋公司于 2×17 年 3 月 10 日对同一集团内的金泓公司进行吸收合并,

为进行该项企业合并，晨锋公司支付银行存款 280 万元作为合并对价收购了金泓公司的全部股权，并注销了金泓公司。合并日，晨锋公司及金泓公司的所有者权益构成如下：晨锋公司所有者权益总额 910 万元，其中，股本 400 万元，资本公积 180 万元，盈余公积 90 万元，未分配利润 240 万元；金泓公司所有者权益总额 250 万元，其中，股本 80 万元，资本公积 30 万元，盈余公积 50 万元，未分配利润 90 万元。

分析：

晨锋公司编制如下会计分录：

(1) 取得净资产。

借：净资产	2 500 000	
资本公积	300 000	
贷：银行存款		2 800 000

(注：该处为了简化直接借记净资产，实际工作中应借记各项资产，贷记各项负债，并按被合并方的账面价值入账，下同)

上例中晨锋公司的合并对价 280 万元大于金泓公司的净资产 250 万元，差额为 30 万元，抵减了晨锋公司的资本公积。假如晨锋公司的资本公积不足抵减，应依次抵减其盈余公积和未分配利润。

(2) 同时，将金泓公司合并前实现的留存收益 140 万元从资本公积转入留存收益。

借：资本公积	1 400 000	
贷：盈余公积		500 000
未分配利润		900 000

上述调整应以资本公积的账面余额减记至 0 元为限。

若上例中晨锋公司为吸收合并而发生的直接相关税费为 6 万元，则晨锋公司还应编制如下会计分录。

(3) 登记相关税费。

借：管理费用	60 000	
贷：银行存款		60 000

(二) 购买法的基本内容

1. 含义

购买法或称"收购法"，是指通过将企业合并视为购买企业，以一定的方式购进被购买企业的机器设备、存货等资产项目，同时承担该企业的所有负债的行为，从而按合并时的公允价值计量被购买企业的净资产，将投资成本(购买价格)超过净资产公允价值的差额确认为商誉的会计方法。

2. 特点

购买法假定，企业合并是一个主体购买被合并主体净资产的一项交易，这一交易与企业直接从外界购入机器设备、存货等资产并无区别。所以，购买法有如下特点。

(1) 购买方要按公允价值确认合并中取得的净资产或股权的入账价值，合并成本包括购买方为进行企业合并支付的现金或非现金资产、发行或承担的债务、发行的权益性证券等在购买日的公允价值。

(2) 购买方对合并成本大于合并中取得的被购买方可辨认净资产公允价值份额的差额，应当确认为合并商誉。入账之后的商誉，应当以其成本扣除累计减值准备后的金额计量，减值额的计算按照《企业会计准则第 8 号——资产减值》(CAS8)处理。购买方对合并成本小于合并中取得的被购买方可辨认净资产公允价值份额的差额，其差额应当计入当期损益(营业外收入)，并在会计报表附注中予以说明。

(3) 合并时的相关费用分以下几种情况处理：购买方在进行企业合并发生的各项直接相关费用计入当期损益，不计入合并成本；购买方为企业合并发行的债券或承担其他债务支付的手续费、佣金等，应当计入所发行债券及其他债务的初始计量金额；企业合并中发行权益性证券发生的手续费、佣金等费用，应当抵减权益性证券溢价收入，溢价收入不足冲减的，冲减留存收益。

(4) 购买方的利润仅包括当年本身实现的利润及购买日后被并企业所实现的利润。

(5) 购买方的留存利润有可能因合并而减少，但不能增加；合并时被并企业的留存利润也不能转入购买方。

3. 应用举例

【例 7-2】 2×17 年 1 月 1 日晨锋公司取得了金泓公司的全部净资产，晨锋公司、金泓公司合并前不受同一方或相同多方的控制，两者也不存在控制与被控制的关系。晨锋公司采用购买法完成了对金泓公司的吸收合并。以银行存款 40 万元，发行面值 5 元、市价 15 元的普通股股票 10 万股，取得金泓公司净资产。同时晨锋公司还发生了下列与合并有关的费用：支付承销商佣金 1.5 万元，支付给律师、注册会计师的审计、法律服务等中介费用 6 万元。金泓公司可辨认净资产的公允价值是 118 万元，金泓公司解散。金泓公司可辨认资产、负债的公允价值，如表 7-1 所示。

表 7-1　　金泓公司可辨认资产、负债公允价值表　　单位：万元

项目	公允价值
银行存款	8
应收账款	12
存货	25
固定资产	80
无形资产	20
资产总计	145
应付账款	8
应付票据	14
其他负债	5
负债总计	27
所有者权益	118

分析：

第一步，确认长期股权投资的成本。

会计分录	借方	贷方
借：长期股权投资	1 900 000	
贷：股本		500 000
资本公积		1 000 000
银行存款		400 000

第二步，记录相关费用。

会计分录	借方	贷方
借：管理费用	60 000	
资本公积	15 000	
贷：银行存款		75 000

第三步，计算商誉。

商誉＝190－118＝72(万元)。

会计分录	借方	贷方
借：银行存款	80 000	
应收账款	120 000	
存货	250 000	
固定资产	800 000	
无形资产	200 000	
商誉	720 000	
贷：应付账款		80 000
应付票据		140 000
其他负债		50 000
长期股权投资		1 900 000

上例中晨锋公司的合并成本 190 万元大于金泓公司的可变现净资产的公允价值 118 万元，差额为 72 万元，借记"商誉"科目。假如晨锋公司的合并成本为 110 万元，小于金泓公司的可变现净资产的公允价值 118 万元，差额为－8 万元，则应贷记"营业外收入"项目。

三、权益结合法与购买法的比较

（一）合并性质不同

购买法将企业合并视为一个企业通过购买方式取得其他参与合并企业净资产或股权的一种交易，这一交易与企业直接从外界购入资产并无区别。企业合并后，购买方获得了对经济资源的控制权，而被并方丧失了对原有经济资源的控制权。购买法的理论依据是被并企业的非持续经营假设。

权益结合法将企业合并视为两个或两个以上参与合并企业的经济资源的联合、现有股东权益的联合，而非一家企业购买另一家或几家企业的产权交易行为。因为合并的完成不需要任何一个参与合并的企业流出资产，所有者权益继续存在，它仅仅是经济资源的整合，因此不存在新的计价基础，不形成商誉。权益结合法是建立在历史成本和被并企业的持续经营假设基础上的。

(二) 控制主体不同

按合并双方合并前、后是否属于同一方或相同的多方最终控制,企业合并分为同一控制下的企业合并和非同一控制下的企业合并。参与合并的企业在合并前后均受同一方或相同多方最终控制且该控制并非暂时性的,为同一控制下的企业合并。参与合并的各方在合并前后不受同一方或相同多方最终控制的,为非同一控制下的企业合并。因此,同一控制下的企业合并采用权益结合法,非同一控制下的企业合并采用购买法。

(三) 计价基础不同

在购买法下,购买方取得的资产与负债按它们的公允价值记录,如同购买其他资产一样,以实际交易成本入账,产生了新的计价基础,净资产的价值变动以及商誉必须在购买方的单独报表或合并报表中予以反映。

在权益结合法下,合并一方在编制单独报表或合并报表时,计价基础保持不变,继续沿用合并另一方资产和负债的账面价值,既不反映资产和负债的价值变动,也不确认商誉。

(四) 对合并对价与净资产差额的处理不同(对商誉的确认不同)

在购买法下存在商誉。购买法下,如果购买总成本超过所取得的净资产的公允价值,其超过部分作商誉处理;反之,则为负商誉,记入营业外收入。

在权益结合法下不存在商誉。权益结合法下,资产负债均按原账面价值入账,合并方取得的净资产账面价值与支付合并对价的账面价值(或股票面值总额)之间的差额调整资本公积,资本公积不足冲减的部分调整留存收益,因此不会形成商誉。

(五) 合并前被并购企业利润归属不同

在购买法下,合并企业的收益包括当年本身实现的收益及合并后被合并企业所实现的收益,即如果企业在合并会计期中发生,被并购企业的净收益只包括并购日以后期间的净收益(只有合并后的利润才归入合并企业)。

在权益结合法下,不论合并发生在年度的哪个时点,参与合并企业整个年度的利润都归入合并企业。

(六) 对被并购企业的留存收益的处理不同

在购买法下,合并前收益与留存收益是作为合并成本的一部分,而不纳入合并企业的收益及留存收益;权益结合法下,被合并企业的收益及留存收益要纳入合并后主体的报表中。在购买法下合并企业的留存收益可能因合并而减少,但不能增加,被合并企业留存收益不能转入合并企业,因此,虽然单个企业可用于利润分配的留存收益并没有减少,但合并后的金额却大大减少,会影响合并后股东的利益;而在权益结合法下,参与合并企业整个会计年度的留存收益均应转入合并企业,这样则不会影响可用于分配的数额。

(七) 对财务报表的影响不同

1. 对净资产的影响

在购买法下,企业合并产生了新的计价基础,净资产的价值变动以及商誉必须在购买方的单独报表或合并报表中予以反映。而在权益结合法下,合并一方在编制单独报表或合并报表时，计价基础保持不变，继续沿用合并另一方资产和负债的账面价值，既不反映资产和负债的价值变动，也不确认商誉。通常情况下，资产的公允价值高于其账面价值，采用购买法所报告的净资产通常大于权益结合法。购买法下被并购企业的留存收益不能转入实施合并的企业中，其留存收益可能因合并而减少；而权益结合法下参与合并企业整个年度的留存收益均可转入合并企业。

2. 对利润的影响

采用购买法一般会报告较低的利润。购买法下合并企业的合并利润仅包括购买日后被并购企业所实现的利润，而权益结合法下合并企业的合并利润包括被并购企业合并时整个年度所实现的利润，因此采用权益结合法可使合并企业在增加利润方面收到立竿见影的效果。

第三节 同一控制下企业合并的会计处理

同一控制下的企业合并，是从合并方出发，确定合并方在合并日对于企业合并事项应进行的会计处理。其中，合并方，是指取得对其他参与合并企业控制权的一方；合并日，是指合并方实际取得对被合并方控制权的日期。

一、处理原则

我国《企业会计准则第 20 号——企业合并》(CAS20)对同一控制下企业合并的确认和计量进行了详细的规范，要求采用的会计处理方法类似于权益结合法，实际上是权益结合法的延续。

同一控制下的企业合并，合并方应遵循以下原则进行相关处理：合并方在企业合并中取得的资产和负债，应当按照合并日在被合并方的账面价值计量。合并方取得的净资产账面价值与支付的合并对价账面价值(或发行股份面值总额)的差额，应当调整资本公积(资本溢价或股本溢价)；资本公积(资本溢价或股本溢价)不足冲减的，则应依次冲减盈余公积和未分配利润。对于同一控制下的控股合并，合并方在编制合并财务报表时，应视同合并后形成的报告主体自最终控制方开始实施控制时一直是一体化存续下来的，参与合并各方在合并以前期间实现的留存收益应体现为合并财务报表中的留存收益。在合并财务报表中，应以合并方的资本公积为限，在所有者权益内部进行调整，将被合并方在合并日以前实现的留存收益中按照持股比例计算归属于合并方的部分自资本公积转入留存收益。

需要注意的是，同一控制下的企业合并中不产生新的资产和负债。被合并方在企业合并前账面上原已确认的商誉应作为合并中取得的资产确认，合并过程中不产生新的商誉。

同一控制下企业合并在合并时的相关费用分以下几种情况处理：合并方为进行企业合并而支付的审计费用、资产评估费用、法律咨询费用等中介费用，应当于发生时计入当期损益，不计入合并成本。合并方为企业合并发行的债券或承担其他债务支付的手续费、佣金等,应当计入所发行债券及其他债务的初始计量金额。企业合并中发行权益性证券发生的手续费、佣金等费用,应当抵减权益性证券溢价收入;溢价收入不足冲减的,冲减留存收益。另外,对于企业专设的购并部门发生的日常管理费用而言,如果该部门的设置并不是与某项企业合并直接相关,而是企业的一个常设部门,其设置的目的是为了寻找相关的购并机会等,那么维持该部门日常运转的有关费用,不属于与企业合并直接相关的费用,应当于发生时计入当期损益。

二、同一控制下的控股合并会计处理

同一控制下的控股合并,合并后合并方与被合并方继续存在,只不过被合并方的财务和经营决策已经被合并方所控制。合并方成为被合并方的母公司,被合并方成为合并方的子公司,母子公司形成了一个企业集团。合并方在合并日涉及两个方面的问题:一是对于因该项企业合并形成的对被合并方的长期股权投资的确认和计量问题;二是合并日合并财务报表的编制问题。

(一)长期股权投资的确认和计量

按照《企业会计准则第 2 号——长期股权投资》(CAS2)的规定,形成同一控制下企业合并的长期股权投资,合并方应以合并日应享有被合并方所有者权益账面价值的份额作为形成长期股权投资的初始投资成本,借记"长期股权投资"科目,按支付的合并对价的账面价值,贷记有关资产或借记有关负债科目。以支付现金、非现金资产方式进行的,该初始投资成本与支付的现金、非现金资产的差额,相应调整资本公积(资本溢价或股本溢价),资本公积(资本溢价或股本溢价)的余额不足冲减的,依次冲减盈余公积、未分配利润。

该会计处理的会计分录如下:

借:长期股权投资(合并日享有被合并方相对于最终控制方而言的所有者权益账面价值的份额+最终控制方收购被合并方而形成的商誉)

资本公积——资本溢价或股本溢价(不足冲减部分冲减盈余公积和未分配利润,如果是借方余额)

贷:有关资产、负债(支付的合并对价的账面价值)

资本公积——资本溢价或股本溢价(倒挤)

以发行权益性证券方式进行的,应按发行权益性证券的面值总额作为股本,长期股权投资的初始投资成本与所发行股份的面值总额之间的差额,应调整资本公积(资本溢价或股本溢价),资本公积(资本溢价或股本溢价)的余额不足冲减的,相应调整盈余公积和未分配利润。

具体会计分录如下:

借:长期股权投资(合并日享有被合并方相对于最终控制方而言的所有者权益账面价值的份额+最终控制方收购被合并方而形成的商誉)

贷:有关资产、负债(支付的合并对价的账面价值)

股本(发行股票面值总额)

资本公积——资本溢价或股本溢价(倒挤)

【例 7-3】 2×17 年 3 月 31 日，晨锋公司通过增发 800 万股本公司普通股(每股面值 1 元)取得金泓公司 60%的股权，按照增发前后的平均股价计算，该 800 万股股份的公允价值为 1 800 万元。为增发该部分，晨锋公司向证券承销机构等支付了 50 万元的佣金和手续费。假定晨锋公司取得该部分股权后能够对金泓公司的生产经营决策实施控制。2×17 年 3 月 31 日，金泓公司所有者权益的账面价值为 3 000 万元。晨锋公司和金泓公司为同一集团的两家公司。

本例中晨锋公司应当以金泓公司所有者权益账面价值的份额作为取得长期股权投资的成本：

借：长期股权投资	18 000 000	
贷：股本		8 000 000
资本公积——股本溢价		10 000 000

发行权益性证券过程中支付的佣金和手续费，应冲减权益性证券的溢价发行收入：

借：资本公积——股本溢价	500 000	
贷：银行存款		500 000

(二) 合并日合并财务报表的编制

同一控制下的企业合并形成母子公司关系的，合并方应在合并日编制合并财务报表，反映合并日形成的报告主体的财务状况、视同该主体一直存在产生的经营成果等。考虑有关因素的影响，编制合并日的合并财务报表存在困难的，下列有关原则同样适用于合并当期期末合并财务报表的编制。编制合并日的合并财务报表时，一般包括合并资产负债表、合并利润表及合并现金流量表。

1. 合并资产负债表

被合并方的有关资产、负债应以其账面价值并入合并财务报表(合并方与被合并方采用的会计政策不同，应按照合并方的会计政策，对被合并方有关资产、负债进行调整)。这里的账面价值是指被合并方的资产、负债(包括最终控制方收购被合并方而形成的商誉)在最终控制方财务报表中的账面价值。合并方与被合并方在合并日及以前期间发生的交易，应作为内部交易进行抵销。合并方的财务报表比较数据追溯调整的期间应不早于双方处于最终控制方的控制之下孰晚的时间。

同一控制下企业合并的基本处理原则是视同合并后形成的报告主体在合并日及以前期间一直存在，在编制合并日合并财务报表时，应将母公司长期股权投资和子公司所有者权益抵销。抵销分录如下：

借：股本
　　资本公积
　　盈余公积
　　未分配利润
　贷：长期股权投资
　　　少数股东权益

但子公司原来由企业集团其他企业控制时的留存收益在合并财务报表中是存在的，所以对于被合并方在企业合并前实现的留存收益（盈余公积和未分配利润之和）中归属于合并方的部分，在合并工作底稿中，应编制下列会计分录：

借：资本公积（以资本溢价或股本溢价的贷方余额为限）

　贷：盈余公积（归属于现行母公司部分）

　　未分配利润（归属于现行母公司部分）

需要注意的是：抵销分录不产生新的商誉，但在被合并方是最终控制方以前年度从第三方收购来的情况下，借方应反映最终控制方收购被合并方时的商誉。

【例 7-4】 晨锋、金泓公司分别为 P 公司控制下的两家子公司。晨锋公司于 2×17 年 3 月 10 日自母公司 P 处取得金泓公司 100%的股权，合并后金泓公司仍维持其独立法人资格继续经营。为进行该项企业合并，晨锋公司发行了 5 万股本公司普通股（每股面值 1 元，每股市价 5 元）作为对价。假定晨锋、金泓公司采用的会计政策相同。合并日，晨锋公司及金泓公司的所有者权益构成，如表 7-2 所示。

表 7-2　晨锋公司、金泓公司所有者权益构成表　　单位：万元

晨锋公司		金泓公司	
项目	金额	项目	金额
股本	80	股本	6
资本公积	24	资本公积	2
盈余公积	18	盈余公积	8
未分配利润	48	未分配利润	9
合计	170	合计	25

晨锋公司在合并日应进行的会计处理为：

借：长期股权投资　　250 000

　贷：股本　　50 000

　　资本公积　　200 000

合并日合并财务报表的抵销分录：

借：股本　　60 000

　资本公积　　20 000

　盈余公积　　80 000

　未分配利润　　90 000

　贷：长期股权投资　　250 000

进行上述处理后，晨锋公司在合并日编制合并资产负债表时，对于企业合并前金泓公司实现的留存收益中归属于合并方部分的 17 万元应自资本公积（资本溢价或股本溢价）转入留存收益。本例中晨锋公司在确认对金泓公司的长期股权投资以后，其资本公积的账面余额为 42 万元（24+18），假定其中资本溢价或股本溢价的金额为 30 万元。在合并工作底稿中，应编制以下调整分录：

借：资本公积　　170 000

　贷：盈余公积　　80 000

　　未分配利润　　90 000

2. 合并利润表和合并现金流量表

合并方在编制合并日的合并利润表时，应包含合并方及被合并方自合并当期期初至合并日实现的净利润，双方在当期发生的交易，应当按照合并财务报表的有关原则进行抵销。例如，同一控制下的企业合并发生于2×17年3月31日，合并方当日编制合并利润表时，应包括合并方和被合并方自2×17年1月1日至2×17年3月31日实现的净利润。

合并日合并现金流量表的编制与合并利润表的编制原理相同。

三、同一控制下的吸收合并会计处理

如上节所述，吸收合并是指一家企业通过支付现金、发行股票或债务等方式取得其他一个或若干个企业。吸收合并完成后，只有合并方仍保持原有的法律地位并持续生产经营，被合并的企业失去其原有的法人资格而解散清算。合并后的企业除拥有被合并企业的资产外，当然也承担被合并企业的债务。

同一控制下的吸收合并中，合并方取得的被合并方的资产、负债应按照被合并方的账面价值计量。其中，对于合并方与被合并方在企业合并前采用的会计政策不同的，在将被合并方的相关资产和负债并入合并方的账簿和报表进行核算之前，首先应基于重要性原则，统一被合并方的会计政策，按照合并方的会计政策对被合并方的账面价值进行调整后确认。

合并方在确认了合并中取得的被合并方的资产和负债的入账价值后，以支付现金、非现金资产方式进行的该类合并，所确认的净资产入账价值与支付的现金、非现金资产账面价值的差额，相应调整资本公积（资本溢价或股本溢价），资本公积（资本溢价或股本溢价）的余额不足冲减的，应依次冲减盈余公积、未分配利润；以发行权益性证券方式进行的该类合并，所确认的净资产账面价值与发行股份面值总额的差额，应计入资本公积（资本溢价或股本溢价），资本公积（资本溢价或股本溢价）的余额不足冲减的，应依次冲减盈余公积、未分配利润。

其会计处理的会计分录如下：

借：资产（被合并方原账面价值）

　资本公积——资本溢价或股本溢价（不足冲减部分冲减盈余公积和未分配利润）

　贷：负债（被合并方原账面价值）

　　资产（合并方付出资产账面价值）

　　实收资本或股本（合并方发行股份面值）

　　资本公积——资本溢价或股本溢价

需要注意的是：合并方向被合并方原股东支付对价，取得的是被合并方的资产和负债，上述分录中不会涉及被合并方的所有者权益。另外，吸收合并编制的是个别财务报表，不存在合并财务报表的问题。

【例 7-5】 2×17 年 6 月 30 日，晨锋公司向金泓公司的股东定向增发 20 万股普通股(每股面值为 1 元，市价为 10.5 元)对金泓公司进行吸收合并，并于当日取得金泓公司净资产。当日，晨锋公司、金泓公司的资产负债情况，如表 7-3 所示。

表 7-3　　晨锋公司、金泓公司资产负债表(简表)

2×17 年 6 月 30 日　　单位：万元

项目	晨锋公司	金泓公司	
	账面价值	账面价值	公允价值
资产：			
货币资产	45	8	8
存货	65	4	5
应收账款	30	15	15
长期股权投资	60	25	36
固定资产	70	35	55
无形资产	45	5	15
商誉	0	0	0
资产总计	315	92	134
负债和所有者权益：			
短期借款	25	25	25
应付账款	40	5	5
其他负债	45	4	4
负债合计	110	34	34
实收资本(股本)	70	22	
资本公积	45	15	
盈余公积	45	8	
未分配利润	45	13	
所有者权益合计	205	58	100
负债和所有者权益合计	315	92	

本例中假定晨锋公司和金泓公司为同一集团内两家全资子公司，合并前其共同的母公司为 P 公司。该项合并中参与合并的企业在合并前及合并后均为 P 公司最终控制，为同一控制下的企业合并。自 2×17 年 6 月 30 日开始，晨锋公司能够对金泓公司净资产实施控制，该日即为合并日。因合并后金泓公司失去其法人资格，晨锋公司应确认合并中取得的金泓公司的各项资产和负债，假定晨锋公司与金泓公司在合并前采用的会计政策相同。

晨锋公司对该项合并应进行的会计处理为：

借：货币资金　　80 000

　　库存商品(存货)　　40 000

应收账款	150 000	
长期股权投资	250 000	
固定资产	350 000	
无形资产	50 000	
贷:短期借款		250 000
应付账款		50 000
其他应付款(其他负债)		40 000
股本		200 000
资本公积		380 000

若上例中晨锋公司为吸收合并金泓公司而发生的直接相关税费为 6 万元，则晨锋公司还应编制下列会计分录：

借:管理费用	60 000	
贷:银行存款		60 000

四、信息披露

同一控制下的企业合并，合并方应当在合并当期报表附注中披露下列有关信息。

(1) 参与合并企业的基本情况。

(2) 属于同一控制下企业合并的判断依据。

(3) 合并日的确认依据。

(4) 以支付现金、转让非现金资产以及承担债务作为合并对价的，所支付对价在合并日的账面价值；以发行权益性证券作为合并对价的，合并中发行权益性证券的数量及定价原则，以及参与合并各方交换有表决权股份的比例。

(5) 被合并方的资产、负债在上一会计期间资产负债表日及合并日的账面价值；被合并方自合并当期期初至合并日的收入、净利润、现金流量等情况。

(6) 合并合同或协议约定将承担被合并方或有负债的情况。

(7) 被合并方采用的会计政策与合并方不一致所作调整情况的说明。

(8) 合并后已处置被合并方资产、负债的账面价值、处置价格等。

■ 第四节　非同一控制下企业合并的会计处理

非同一控制下的企业合并，主要涉及购买方及购买日的确定、企业合并成本的确定、合并中取得各项可辨认资产、负债的确认和计量、合并差额的处理等。

一、处理原则

非同一控制下的企业合并，是参与合并的一方购买另一方或多方的交易，基本处理原则是购买法，即将企业合并视为购买方以一定的价款购进被并企业的机器设备、存货等资产项目，同时承担该企业的所有负债的行为，从而按合并时的公允价值计量被并企业的净资产，将投资成本(购买价格)超过净资产公允价值的差额确认为商誉的会计处理方法。

（一）企业合并成本的确定

企业合并成本包括购买方为进行企业合并支付的现金或非现金资产、发行或承担的债务、发行的权益性证券等在购买日的公允价值。某些情况下，如果购买方在购并合同中对可能影响合并成本的未来事项作出约定，在购买日估计未来事项很可能发生并且对合并成本的影响金额能够可靠计量，则应将其计入合并成本。非同一控制下企业合并中发生的与企业合并相关的费用与同一控制下企业合并的会计处理相同。

（二）企业合并成本在取得的可辨认资产和负债之间的分配

按照《企业会计准则第 20 号——企业合并》(CAS20)的规定，非同一控制下的企业合并中，通过企业合并交易，购买方无论是取得对被购买方生产经营决策的控制权，还是取得被购买方的全部净资产，从本质上看，取得的均是对被购买方净资产的控制权。根据合并方式的不同，控股合并的情况下，购买方在其个别财务报表中应确认所形成的对被购买方的长期股权投资，该长期股权投资所代表的是购买方对合并中取得的被购买方各项资产、负债享有的份额，具体体现在合并财务报表中应列示的有关资产、负债；吸收合并的情况下，合并中取得的被购买方各项可辨认资产、负债等直接体现为购买方账簿及个别财务报表中的资产、负债项目。

（三）企业合并成本与合并中取得被购买方可辨认净资产公允价值份额差额的处理

(1) 购买方对合并成本大于合并中取得的被购买方可辨认净资产公允价值份额的差额，应当确认为商誉。控股合并情况下的差额指长期股权投资成本与购买日按照持股比例计算确定应享有被购买方可辨认净资产公允价值份额之间的差额。吸收合并情况下的差额指购买方在其账簿及个别财务报表中应确认的商誉。入账之后的商誉，在持有期间不要求摊销，但要按照账面价值与可收回金额孰低计量。对于可收回金额低于账面价值的部分计提减值准备，该减值准备在以后期间不得转回。

(2) 购买方对合并成本小于合并中取得的被购买方可辨认净资产公允价值份额的差额，应当按照下列规定处理：① 对取得的被购买方各项可辨认资产、负债及或有负债的公允价值以及合并成本的计量进行复核；② 经复核后合并成本仍小于合并中取得的被购买方可辨认净资产公允价值份额的，其差额应当计入当期损益(营业外收入)，并在会计报表附注中予以说明。

二、非同一控制下的控股合并会计处理

（一）长期股权投资的初始投资成本确认

非同一控制下的企业合并中，购买方取得对被购买方控制权的，在购买日应当按照确定的企业合并成本，作为形成的对被购买方长期股权投资的初始投资成本。企业合并成本包括购买方付出的资产、发生或承担的负债、发行的权益性证券的公允价值之和，不包括应自被投资单位收取的现金股利或利润。

具体会计处理时，按合并成本借记“长期股权投资”科目；按享有被投资单位已宣告但尚未发放的现金股利或利润，借记“应收股利”科目；按支付合并对价的账面价值，贷记“有关资产”或借记“有关负债”科目；按其差额，贷记“营业外收入”或借记“营业外支出”等科

目。按发生的直接相关费用，借记“管理费用”科目，贷记“银行存款”等科目。

购买方为取得对被购买方的控制权，以支付非货币性资产为对价的，有关非货币性资产在购买日的公允价值与其账面价值的差额，应作为资产的处置损益，计入合并当期的利润表。其中，以库存商品等作为合并对价的，应按库存商品的公允价值，贷记“主营业务收入”或“其他业务收入”科目，并同时结转相关成本；以可供出售金融资产为合并对价的，可供出售金融资产持有期间公允价值变动形成的“其他综合收益”转入“投资收益”。

（二）购买日合并财务报表的编制

企业合并形成母子公司关系的，母公司应当编制购买日的合并资产负债表，企业合并取得的被购买方各项可辨认资产、负债应当以其在购买日的公允价值计量。母公司的合并成本与取得的子公司可辨认净资产公允价值份额的借方差额，在合并资产负债表中确认为商誉；贷方差额应计入合并当期损益。因购买日不需要编制合并利润表，该差额体现在合并资产负债表上，应调整合并资产负债表盈余公积和未分配利润。

（1）将子公司各项资产、负债由账面价值调整到公允价值，以固定资产为例，假定固定资产的公允价值大于账面价值。

编制会计分录如下：

借：固定资产

　贷：资本公积

（2）确认递延所得税。

借：资本公积

　贷：递延所得税负债

购买日，应编制抵销分录如下：

借：股本

　　资本公积

　　其他综合收益

　　盈余公积

　　未分配利润

　　商誉（借方差额）

　贷：长期股权投资

　　　少数股东权益

　　　盈余公积或未分配利润（贷方差额）

【例7-6】 承例7-5，晨锋公司在该项合并中发行10万股普通股（每股面值1元，市场价格为9.6元），取得了金泓公司70%的股权。不考虑所得税影响，编制购买方于购买日的合并资产负债表。

（1）确认长期股权投资。

借：长期股权投资	960 000	
贷：股本		100 000
资本公积——股本溢价		860 000

（2）计算确定商誉。

假定金泓公司除已确认资产外，不存在其他需要确认的资产及负债，则晨锋公司首先计算合并中应确认的合并商誉。

合并商誉＝企业合并成本－合并中取得被购买方可辨认净资产公允价值份额

＝96－100×70％＝26（万元）

（3）编制调整和抵销分录。

借：存货　10 000

　长期股权投资　110 000

　固定资产　200 000

　无形资产　100 000

　贷：资本公积　420 000

借：实收资本　220 000

　资本公积　570 000

　盈余公积　80 000

　未分配利润　130 000

　商誉　260 000

　贷：长期股权投资　960 000

　　少数股东权益　300 000

（4）编制合并工作底稿并编制合并资产负债表。

根据上述调整分录和抵销分录，晨锋公司编制购买日合并工作底稿，如表 7-4 所示。

表 7-4　晨锋公司合并工作底稿（简表）

2×17 年 6 月 30 日　单位：万元

项目	晨锋公司	金泓公司	合计数	调整和抵销分录		少数股东权益	合并金额
				借方	贷方		
资产：							
货币资产	45	8	53				53
存货	65	4	69	1			70
应收账款	30	15	45				45
长期股权投资	156	25	181	11	96		96
固定资产	70	35	105	20			125
无形资产	45	5	50	10			60
商誉	—	—	—	26			26
资产总计	411	92	503	68	96		475
负债和所有者权益：							
短期借款	25	25	50				50
应付账款	40	5	45				45
其他负债	45	4	49				49
负债合计	110	34	144				144

续表 7-4

项目	晨锋公司	金泓公司	合计数	调整和抵销分录		少数股东权益	合并金额
				借方	贷方		
实收资本(股本)	80	22	102	22			80
资本公积	131	15	146	57	42		131
盈余公积	45	8	53	8			45
未分配利润	45	13	58	13			45
股东权益合计	301	58	359	100	42		301
少数股东权益						30	30
负债和所有者权益合计	411	92	503	100	42	30	475*

注：* 475＝503－100＋42＋30

根据上述合并工作底稿计算得出的合并资产负债表各项目的合并数，则可以编制购买日的合并资产负债表。本例编制的合并资产负债表略。

三、非同一控制下的吸收合并会计处理

非同一控制下的吸收合并，购买方在购买日应当将合并中取得的符合确认条件的各项资产、负债按公允价值确认为本企业的资产和负债；作为合并对价的非货币性资产在购买日公允价值与账面价值的差额计入当期损益；合并成本大于可辨认净资产公允价值的差额确认为商誉，合并成本小于可辨认净资产公允价值的差额作为合并当期损益计入利润表。其具体的处理原则与非同一控制下的控股合并类似，不同点在于非同一控制下的吸收合并中取得的可辨认资产和负债是作为个别财务报表中的项目列示，合并中产生的商誉也是作为购买方账簿及个别财务报表中的资产列示。

编制会计分录如下：

借：资产（购买日取得对方资产的公允价值）
　　商誉（借方差额）
　贷：负债（购买日承担对方负债的公允价值）
　　　相关资产（支付的合并对价的公允价值）
　　　营业外收入（贷方差额）

【例 7-7】 晨锋公司于 2×17 年 3 月 31 日支付现金 150 万对金泓公司进行吸收合并，合并时，晨锋公司发生的直接相关费用为 6 万元。购买日金泓公司资产负债表简示，见表 7-5。

表 7-5　　金泓公司资产负债表（简表）　　单位：万元

项目	账面价值	公允价值
流动资产	42	44
固定资产	65	74
资产总计	107	118

续表 7-5

项目	账面价值	公允价值
负债	18	18
股本	70	—
未分配利润	19	—
股东权益总额	89	100

晨锋公司的合并成本为 150 万元，而取得金泓公司净资产的公允价值为 100 万元。合并成本高于净资产公允价值的差额 50 万元作为商誉处理。同时，发生的直接相关费用计入当期损益。晨锋公司购买金泓公司的会计分录应编制为：

借：流动资产　　440 000
　　固定资产　　740 000
　　商誉　　500 000
　贷：银行存款　　1 500 000
　　　负债　　180 000
借：管理费用　　60 000
　贷：银行存款　　60 000

承上例 7-7，如晨锋公司在购买时支付的现金为 95 万元，发生的直接费用为 6 万元。在这种情况下，晨锋公司的合并成本为 95 万元，由此产生贷方差额 5 万元，晨锋公司购买金泓公司时的会计分录为：

借：流动资产　　440 000
　　固定资产　　740 000
　贷：银行存款　　950 000
　　　负债　　180 000
　　　营业外收入　　50 000
借：管理费用　　60 000
　贷：银行存款　　60 000

四、信息披露

非同一控制下的企业合并，购买方应当在合并当期报表附注中披露下列有关信息：① 参与合并企业的基本情况。② 购买日的确定依据。③ 合并成本的构成及其账面价值、公允价值及公允价值的确定方法。④ 被购买方各项可辨认资产、负债在上一会计期间资产负债表日及购买日的账面价值和公允价值。⑤ 合并合同或协议约定将承担被购买方或有负债的情况。⑥ 被购买方自购买日起至报告期期末的收入、净利润和现金流量等情况。⑦ 商誉的金额及其确定方法。⑧ 因合并成本小于合并中取得的被购买方可辨认净资产公允价值的份额计入当期损益的金额。⑨ 合并后已处置或准备处置被购买方资产、负债的账面价值、处置价格等。

延伸阅读

三个案例浅析近期海外并购要点

前言

自2016年年底以来,国家发改委、商务部、人民银行、外汇局等部门,在推动对外投资便利化的同时,加强了对外投资的真实性、合规性审查,非理性的对外投资得到有效遏制,对外投资结构进一步优化,涉及房地产、酒店、影城、娱乐业、体育俱乐部等领域的对外投资大幅下降,阻止了许多投机或套利行为。

经历了2017年第1季度"急刹车"的海外并购,市场在2017年第二季度出现了回暖,根据汤森路透数据显示,2017年第二季度披露的中国企业海外并购数量和规模环比小幅上升,总额增至384亿美元,较2017年第一季度增长45.2%。截至2017年6月30日,中资海外并购上半年录得410宗,共计649亿美元。而根据我国商务部公布的数据,2017年1至6月,我国境内投资者共对全球145个国家和地区的3 957家境外企业进行了非金融类直接投资。以下我们一起来看几则近期公布的并购案例。

一、中远海运730亿元人民币海外收购

2017年7月9日晚间,中远海控和上港集团共同宣布了一桩集运市场迄今为止的最大买卖:拟要约收购东方海外国际100%股权,作价492.3亿港元,约合人民币429亿元。我国银行已经为东方海外的收购主体提供了贷款承诺,待交易实施之时,将安排其境外分支机构向该主体提供总金额不超过65亿美元的银行过桥贷款,从交易体量来看,银行贷款额度可以覆盖全部交易金额。

2016年4月8日,在成立后短短一个多月的时间,中远海运集团便拉开了海外收购序幕,宣布签订了一份股权转让协议,以3.685亿欧元的价格收购希腊比雷埃夫斯港(比港)67%股权,该项目是集团成立之后签署的首个海外收购项目。之后,中远海运又入股了3个码头,分别是荷兰鹿特丹Euromax码头(35%)、阿联酋阿布扎比哈里发港(90%)和意大利瓦多码头(40%),虽然股权比例不全部在50%以上,但均处于绝对或相对控股位置。

2017年年初,中远海运买下价值约58亿元人民币的青岛港16.82%股份,其中26亿元以现金结算,剩余部分以所持其他股份资产置换。进入2017年5月份,中远海运又公布了4笔收购,其中除了上港集团15%股份和西班牙Noatum港口控股公司51%股份之外,集团还部署了一个位于哈萨克斯坦的"无水港"。

此次收购如果顺利完成,将是中远海运成长为行业全球领导者的重要里程碑,中远海运通过投资、收购迅速提升其在全球尤其是欧洲航运市场的影响。近期,中远海控发布的上半年预盈公告显示,预计上半年经营业绩同比将扭亏为盈,实现归属于上市公司股东的净利润约为18.5亿元人民币。

二、海航1亿元人民币收购里约热内卢机场控股权

2017年7月13日晚间,海航集团旗下海航基础发布公告称,拟出资1.08亿元人民币收购巴西里约热内卢机场股份有限公司RJA(Rio de Janeiro Aeroportos S. A.)51%股

权，同时海航基础向RJA增资21.55亿元人民币以支付机场专营费。本次交易后，海航基础通过RJA公司控股了CARJ公司，拥有巴西里约GIG机场的经营权。

上述交易完成后，海航实业将实现对RJA财务报表合并，并通过控股RJA实现对CARJ财务报表合并(CARJ为巴西里约GIG机场的管理公司)。在很多海航的收购中，通常都寻求控股与合并财务报表，以做大营收规模，利润并不是最优先考虑的。

本次交易尚需巴西反垄断局、民航局、国家开发银行与我国发改委、商务部、外汇局的批准。本次资产交割的主要前提条件中，除了获得巴西管理当局对本次交易的审批外，还需由巴西国家开发银行批准CARJ的长期贷款。计划中的11亿巴西雷亚尔(约23亿元人民币)贷款将用于巴西里约GIG机场扩建、维护和发展之用。

目前，海航集团的总资产已达1.02万亿元人民币，2017年以来，海航集团已宣布总规模56.6亿美元的海外并购交易，海航自2015年起加大海外收购步伐，直至2017年上半年政策环境有所变化而减缓。在海航3年来最大的6起海外并购中，共斥资约300亿美元，例如2017年3月完成交割的收购希尔顿酒店集团的部分股权，斥资65亿美元。

三、万科116亿美元牵头收购普洛斯

2017年7月14日中午，万科A、H股双双临时停牌，答案接近收盘时才揭晓：新加坡上市公司普洛斯公布中国财团116亿美元(160亿新币)成功收购普洛斯，该财团包括：厚朴投资占股21.3%、万科集团占股21.4%、高瓴资本占股21.2%、中银集团投资有限公司占股15%、普洛斯管理层占股21.2%。

普洛斯作为外资企业，在中国仅10年之内成就物流霸业，公司收入盈利增长稳定，市场占有率遥遥领先，根据2016年年报，普洛斯年收入7.7亿美元，同比增长10%，归母净利润达到7.19亿美元，同比增长48%。普洛斯在中国区总资产达122亿美元，总开发面积达2 670万平方米，其中建成面积1 490万平方米，在建面积1 170万平方米，并另外包括1 210万平方米土地储备。

此次并购有以下三个特点。

(1) 交易规模大，主要是从联合并购的角度出发。

(2) 并购本身或由普洛斯主导，既配合了其私有化的模式，侧面也说明其物流地产方面的成本增加(近两年物流和产业用地的成本一直在上升)。

(3) 并购交易带给联合财团投资机会，譬如万科在物流地产方面也有较为明显的动作，此次并购有助于万科新投资模式出现。

本次交易最终还需通过普洛斯股东大会及新加坡相关监管的批准程序，普洛斯董事会及联合财团将一起推动后续流程。

万科董事会主席、首席执行官郁亮表示，此次交易如完成，将是万科城市配套服务商战略的重要举措，有助于万科在物流地产领域完善布局，进一步扩大影响力，为社会持续创造真实价值。同时，万科和普洛斯联盟建立，将有望在全球范围内打造全新的商业发展模式，通过发挥双方在各自专业领域形成的优势，未来可在地产、物流、商业消费以及资产管理等领域构建全方位服务体系，从而建立起围绕客户和城市的生态系统。

案例简评

2016年年底，多个国家部委针对海外并购出台了一系列措施，密切关注大额非主业投资、有限合伙企业对外投资、“母小子大”、“快设快出”等类型对外投资中存在的风险隐患，并建议有关企业审慎决策，海外并购有所降温。随着企业对政策的解读理解、产业升级的边界突破、国际分工的发展趋势等诉求，2017 年上半年出现回暖迹象，不少并购交易结构进一步优化，并购质量也得以提高，为实体企业带来了全新机遇和拓宽空间。

上述三个案例，并购方均基于自身的主业，巧借资金杠杆，快速寻求产业的规模化、结构化、国际化，率先完成行业部署，抢占全球资源和市场话语权，充分反映了企业经营者开阔的战略视野和运筹能力。

随着部分境外国对于我国企业海外并购的关注与过度担忧，标的国监管部门对中资企业加强了身份和背景审查，增加了交易不确定性因素。在具体交易案例中，并购双方对监管政策变得更为谨慎，要求更为详尽地做好合同的合规、备案及审批，同时将《股权转让协议》条款具体明确，针对各种不确定因素，设置特定的交易条件，譬如能否获得监管层审批放行、并购资金的融资措施、分手费及反向分手费的具体比例等，以此增加交易的确定性和违约成本，使得交易框架更加直观和规范。

借助“一带一路”开放政策，未来一段时间，中资企业海外并购还将进一步回暖和活跃。目前，全球市场的焦点是新技术、新材料、战略能源、人工智能、高端装备、金融服务等领域，国内优秀企业更多谋求的是协同效应和核心竞争力，辅以适当条件，我国企业疾步走向国际经济的中央，充当全球市场发动机的时机已经到来，下一步目标是成为国际规则的倡导者！

（资料来源　万成文：《三个案例浅析近期海外并购要点》，载并购菁英汇网 2017 年 7 月 19 日，http://url.cn/4EtOp8s）

特别提示

会计意义上的企业合并，强调的是合并后形成一个报告主体。无论是同一控制下的企业合并还是非同一控制下的企业合并，从合并后主体的法律地位上看，都有可能产生两种结果：一种结果是合并不形成母子公司关系，另一种结果是合并形成母子公司关系。不形成母子公司关系的企业合并，合并后形成的一个报告主体恰恰也是一个法律主体；形成母子公司关系的企业合并，参与合并的各法律主体仍然存在，只不过作为经济意义上的整体，从提供合并报表的角度来看，母子公司构成一个报告主体。

我国《公司法》所界定的企业合并，强调的是合并后形成一个法律主体，包括吸收合并和新设合并。吸收合并的结果是主并企业作为保留下来的单一经济主体和法律主体处理其会计事务，接受参与合并的各企业的资产并承担其债务，而已解散的各被并企业的股东则成为主并企业的股东。新设合并的结果是新设企业作为保留下来的单一经济主体和法律主体处理其会计事务，拥有丧失法人地位的各被并企业的资产并承担其债务。

另外，除了吸收合并、新设合并之外，会计意义上的企业合并还包括控股合并——形成母子公司关系的企业合并。

采用购买法实施的股权合并业务中，购并方支付的购买成本超过其在被并购方可辨认净资产的公允价值中所占份额的部分，就构成合并商誉。一方面，合并商誉可能在某种程度上是被并购方内在商誉的市场外化，因而是在其长期的经营活动中产生的、因企业购并业务而确认的;另一方面,合并商誉不完全是被并购方内在商誉的市场外化,它在某种意义上来说,也体现了购买方对企业合并的协同效应的合理预期。

合并商誉的计量要解决合并商誉的金额确定。原则上合并商誉在金额上应等于购并方支付的购买成本与被购并方净资产公允价值之差,但不同的合并理念下合并商誉的计量结果不尽相同。

合并商誉如何记录——即按确定的金额确认为具体会计要素——直接关系到其在期末会计报表中的报告。合并商誉的会计处理通常包括以下三种方法:确认为一项永久性资产并不予以摊销、确认为一项资产并分期摊销和直接在购并当期调整股东权益并不确认为资产。根据我国企业合并准则,吸收合并和新设合并产生的商誉单独确认为商誉,不分期摊销而是期末进行减值测试并确认减值损失;控股合并的合并商誉则计入长期股权投资的初始入账价值,并在合并资产负债表中列作商誉。

CHAPTER 8

第八章

合并财务报表

学习目标

合并财务报表作为财务会计的难题之一，其编制涉及范围广、内容复杂、方法多样，但其能够反映母公司和其全部子公司形成的企业集团整体财务状况、经营成果和现金流量。财政部发布的《企业会计准则第33号——合并财务报表》(CAS33)自2014年7月1日起施行。本章内容阐述了合并财务报表的合并范围、编制程序等问题，主要内容有：① 理解合并财务报表的概念及特点；② 了解合并财务报表中合并范围的确定；③ 区分并理解母公司理论与实体理论；④ 掌握合并财务报表编制程序；⑤ 掌握企业内部往来交易的合并处理；⑥ 掌握合并财务报表中特殊交易的会计处理。

案例引入

宝钢集团和武钢集团在上市公司层面的实质性合并工作终于进入了尾声。

2017年2月21日晚间，宝钢股份(600019)发布公告称，宝山钢铁股份有限公司换股吸收合并武汉钢铁股份有限公司的换股工作已实施完毕，新增股份将于2017年2月27日上市，公司股票将于同日复牌。

此前的2017年2月7日，武钢股份(600005)曾发布公告称，经上交所上市委员会审核，决定对武钢股份股票予以终止上市，终止上市日期为2017年2月14日。此前的2017年1月23日，武钢股份已以每股3.71元收盘，结束最后一个交易日，连续停牌至武钢股份完成终止上市的手续。

换股工作为宝武重组合并的关键程序之一。依据合并方案，武钢股份按1∶0.56的比例由宝钢股份吸收换股，即每股武钢股票可换取0.56股的宝钢股票。合并后的新宝钢股份总股数将增至221亿股。宝武钢铁集团持股比例为52.14%，武钢集团持股13.49%，另有34.37%的股份为其他外部股东所拥有。

此番宝钢股份复牌，意味着宝钢集团、武钢集团上市公司层面的实质性合并已完成。

宝武大合并始于2016年6月，宝钢股份、武钢股份先后发布启动合并的公告，证实了外界传闻已久的合并猜测。在供给侧改革大背景下，宝武合并被赋予诸多期待，也被认为标志着钢铁行业新一轮兼并重组的开端。

3 个月后，宝武合并方案对外公布。宝钢集团将成为重组后的母公司，武钢集团整体无偿划入，成为其全资子公司。在上市公司层面，宝钢股份和武钢股份将采取换股的方式进行合并。

2016 年 10 月 28 日，两家上市公司股东大会均高票通过合并方案。随后的 10 月 31 日，经国务院批准，宝武钢铁集团召开成立大会，并宣布了新公司领导任命。原武钢集团董事长马国强被任命为宝武钢铁集团董事长、党委书记，原宝钢集团总经理陈德荣则被任命为宝武钢铁集团总经理、党委副书记。

在完成工商变更登记后，宝钢集团也在 2016 年 11 月 17 日正式更名为中国宝武钢铁集团。同时，法人代表由徐乐江变更为马国强。

2016 年 12 月 1 日，中国宝武钢铁集团正式揭牌。联合重组后的宝武集团，拥有员工 22.8 万人，资产总额近 7 300 亿元，营业收入将达 3 300 亿元，按营业收入计算，位居“2015 年世界 500 强”的第 123 位左右。中国宝武年产钢规模将位居中国第一、全球第二，仅次于世界巨头安赛乐米塔尔。

目前不少大宗并购交易纷纷涌现，许多公司在编制财务报表时都需要扎实的合并财务报表编制基础，以便解决基本的报表编制问题，比如：在合并财务报表中，子公司少数股东权益和少数股东损益应该如何列示？

（资料来源　贺梨萍：《宝钢股换股工作实施完毕将复牌，宝武上市公司层面合并结束》，载澎湃新闻 · 澎湃网 2017 年 2 月 21 日，http://www.thepaper.cn/newsDetail_forward_1623855）

案例分析

由于母公司理论不把少数股东看作集团的所有者，将少数股东在资产负债表上作为介于负债和股东权益之间的项目列示；在利润表上将少数股东损益作为费用扣除。而实体理论将少数股东看作集团的所有者，将少数股东权益作为所有者权益，少数股东损益也不在净利润前扣除。少数股东权益和少数股东损益在合并报表上均单独列示。

在合并财务报表中，因为目前采取了实体理论作为编制基础，所以将少数股东也看作集团的所有者，将少数股东权益作为所有者权益，少数股东损益也不在净利润前扣除。少数股东权益和少数股东损益在合并财务报表上均单独列示。

实体理论相比母公司理论而言，是合并财务报表编制理论基础的更为合理的选择。因此，目前我国相关企业会计准则采用实体理论作为合并财务报表编制的基础。但是，选择实体理论作为合并财务报表编制的理论基础过于狭窄和单一，还应将母公司理论和其他理论作为补充，视不同情况结合多种理论观点进行会计处理。

第一节　合并财务报表概述

一、合并财务报表定义

合并财务报表，是指反映母公司和其全部子公司形成的企业集团整体财务状况、经营成果和现金流量的财务报表。合并财务报表是以母公司和子公司单独编制的个别财务报表为基础，由母公司编制的综合反映企业集团财务信息的报告文件。

二、合并财务报表的特点

合并财务报表是以整个企业集团为一个会计主体，以组成企业集团的母公司和子公司的个别财务报表(指企业单独编制的财务报表，为了与合并财务报表相区别，将其称为个别财务报表)为基础，抵销内部交易或事项对个别财务报表的影响后编制而成的。与个别财务报表比较，它具有以下特点。

(1) 合并财务报表反映的是母公司和子公司所组成的企业集团整体的财务状况、经营成果及现金流量等，其反映的对象是由若干个法人组成的会计主体，是经济意义上的会计主体，而不是法律意义上的主体。而个别财务报表反映的则是单个企业法人的财务状况、经营成果及现金流量等，其反映的对象是企业法人。

(2) 合并财务报表是由企业集团中对其他企业有控制权的控股公司或母公司编制的。与此不同的是，个别财务报表是由独立的法人企业编制的，所有企业都需要编制个别财务报表。

(3) 合并财务报表是以个别财务报表为基础编制的。企业编制个别财务报表时，从设置账簿、审核凭证、编制记账凭证、登记会计账簿到编制财务报表，都有一套完整的会计核算方法体系。而合并财务报表是以纳入合并范围的企业的个别财务报表为基础，根据其他有关资料，抵销母公司与子公司、子公司相互之间发生的内部交易，考虑了特殊交易事项对合并财务报表的影响后编制的，旨在反映合并财务报表主体的财务状况、经营成果和现金流量等。

(4) 合并财务报表编制有其独特的方法。个别财务报表的编制有其自身固有的一套编制方法和程序；合并财务报表则是在对纳入合并范围的个别财务报表的数据进行加总的基础上，通过编制抵销会计分录将企业集团内部的经济业务对个别财务报表的影响予以抵销，然后根据合并财务报表各项目的数额编制。

三、合并财务报表的种类

对于合并财务报表可以从不同的角度进行分类。

(1) 按编制时间及目的的不同，合并财务报表可分为股权取得日合并报表和股权取得日后合并报表两类。

(2) 按合并财务报表反映的具体内容不同，合并财务报表可分为合并资产负债表、合并利润表、合并所有者权益变动表以及合并现金流量表。

■ 第二节　合并财务报表的合并范围

正确界定合并范围，是编制合并财务报表的重要前提。会计规范如何界定合并范围，对完善合并会计理论体系、避免合并报表实务中的主观随意性、提高合并财务报表信息的相关性，都具有重要意义。

一、合并范围的确定原则

合并财务报表的合并范围应当以控制为基础予以确定。控制，是指投资方拥有对被投资方的权力，通过参与被投资方的相关活动而享有可变回报，并且有能力运用对被投资方的权力影响其回报金额。控制的定义包含三项基本要素：一是投资方拥有对被投资方的权力，二是因参与被投资方的相关活动而享有可变回报，三是有能力运用对被投资方的权力影响其回报金额。只有当投资方具备上述三要素时，才能表明投资方能够控制被投资方。

二、投资方拥有对被投资方的权力

（一）识别被投资方的相关活动及其决策机制

被投资方为经营目的而从事众多活动，但这些活动并非都是相关活动，因为相关活动是对被投资方的回报产生重大影响的活动。识别被投资方相关活动的目的是确定投资方对被投资方是否拥有权力。不同企业的相关活动可能是不同的，应当根据企业的行业特征、业务特点、发展阶段、市场环境等具体情况来进行判断。这些活动可能包括但不限于：① 商品或劳务的销售和购买；② 金融资产的管理；③ 资产的购买和处置；④ 研究与开发。对许多企业而言，经营和财务活动通常对其回报产生重大影响。

投资方是否拥有权力，不仅取决于被投资方的相关活动，还取决于对相关活动进行决策的方式。例如，对被投资方的经营、融资等活动作出决策（包括编制预算）的方式，任命被投资方的关键管理人员、给付薪酬及终止劳动合同关系的决策方式等。相关活动一般由企业章程、协议中约定的权力机构（例如股东会、董事会）来决策。特殊情况下，相关活动也可能根据合同协议约定等由其他主体决策，如专门设置的管理委员会等。有限合伙企业的相关活动可能由合伙人大会决策，也可能由普通合伙人或者投资管理公司等决策。被投资方通常从事若干相关活动，并且这些活动可能不是同时进行的。

（二）确定投资方拥有的与被投资方相关的权力

在判断投资方是否对被投资方拥有权力时，应注意以下几点：① 权力只表明投资方主导被投资方相关活动的现时能力，并不要求投资方实际行使其权力。即如果投资方拥有主导被投资方相关活动的现时能力，即使这种能力尚未被实际行使，也视为该投资方拥有对被投资方的权力。② 权力是一种实质性权利，而不是保护性权利。③ 权力是为自己行使的，而不是代其他方行使。④ 权力通常表现为表决权，但有时也可能表现为其他合同安排。

通常情况下，当被投资方具有一系列对回报产生重要影响的经营及财务活动，且需要对这些活动连续地进行实质性决策时，表决权或类似权力本身或结合其他安排，将赋予投资者权力。

三、参与被投资方的相关活动而享有可变回报

投资方自被投资方取得的回报可能会随着被投资方业绩而变动的，视为享有可变回

报。可变回报,是不固定且可能随着被投资方业绩而变化的回报,可以仅是正回报,或仅是负回报,或同时包括正回报和负回报。

投资方在评价其享有被投资方的回报是否可变以及可变的程度时,需基于合同安排的实质,而不是法律形式。例如,投资方持有固定利息的债券投资时,由于债券存在违约风险,投资方需承担被投资方不履约而产生的信用风险,因此投资方享有的固定利息回报也可能是一种可变回报。又如,投资方管理被投资方资产而获得的固定管理费也是一种变动回报,因为投资方是否能获得此回报依赖于被投资方是否获得足够的收益以支付该固定管理费。

四、有能力运用对被投资方的权力影响其回报金额

投资方必须不仅拥有对被投资方的权力和因涉入被投资者而承担或有权获得可变回报,而且要有能力使用权力来影响因涉入被投资者而获得的投资方回报。只有当投资方不仅拥有对被投资方的权力、通过参与被投资方的相关活动而享有可变回报,并且有能力运用对被投资方的权力来影响其回报的金额时,投资方才能控制被投资方。因此,拥有决策权的投资方在判断其是否控制被投资方时,需要考虑其决策行为是以主要责任人的身份进行还是以代理人的身份进行。此外,在其他方拥有决策权时,投资方还需要考虑其他方是否以代理人的身份代表该投资方行使表决权。

第三节　合并财务报表的合并理论

一、母公司理论

关于母公司理论,并没有一个全面、准确的定义。母公司理论认为合并财务报表是母公司会计报表的扩展,其编报的基本目的是从母公司的角度出发,为母公司股东的利益服务,满足母公司股东的信息需求。母公司理论依据了重要性原则,并假定任何报表都不能满足所有使用者的一切要求,只能满足其主要利益主体的主要需要。母公司理论认为,在企业集团中,只要满足了母公司股东这一主要使用者对会计信息的主要要求,其他利益主体(包括少数股东)对会计信息的基本要求也会得到基本满足。

母公司理论的特征主要有以下三点。

(1) 母公司理论下的合并财务报表主要是为母公司股东和债权人服务的,编制合并财务报表的目的是为了向母公司的股东反映其所控制的资源情况。

(2) 母公司理论中所指的合并范围并不仅仅是母公司拥有的企业,而是所有由母公司控制的企业。在确定合并财务报表的合并范围时,通常以法定控制权为基础,以持有多数股票或表决权作为确定是否将某一被投资企业纳入合并范围为依据,或者以通过一家公司处于另一家公司法定支配下的控制协议来确定合并财务报表的合并范围,即母公司理论合并范围是所有由母公司所能控制的企业,而不仅仅是其拥有的企业。

(3) 当子公司并非由母公司股东100%控股时,子公司的少数股东被视为合并主体的外部权益,少数股东享有的权益被视为合并主体的负债,少数股东享有的损益被视为

费用。

二、实体理论

实体理论，又称主体理论，是将母子公司组成的企业集团看成是一个经济联合体，合并财务报表是为整个经济实体服务的。合并财务报表中的主体理论源自权益理论中的主体观念。主体观念认为，会计主体与其终极所有者是相互独立存在的个体。一个会计主体的资产、负债、所有者权益、收入、费用以及形成这些报表要素的交易、事项或情况都独立于终极所有者，它们是会计主体所固有的，故不应将会计主体与其终极所有者的法律和经济行为混为一谈。为了体现企业实体理论的上述观点，会计的基本恒等式应为资产为负债与所有者权益之和。

根据这一恒等式，所有者不再是财务会计的唯一中心，而是与债权人居于同等地位。

实体理论的特征主要体现在以下三个方面。

(1) 实体理论强调的是企业集团中母子公司构成的经济实体。实体理论认为，母子公司之间的关系是控制与被控制的关系，而不是拥有与被拥有的关系。根据控制的经济实质，母公司对子公司的控制意味着母公司有权支配子公司的全部资产(不仅仅是其所拥有的资产)，有权决定子公司的经营决策和财务分配决策。因此，编制合并报表的目的不仅是为了满足母公司股东的信息需求，而是为了满足所有股东的需求。

(2) 合并财务报表的编制采用"完全合并法"。根据实体理论的观点，合并财务报表是为全体股东编制的，因此子公司的资产、负债及商誉应全部予以合并和摊销；在合并资产负债表上，母公司未实际拥有的所有者权益反映为少数股东权益，并作为合并所有者权益的一个项目单独列示；少数股东在子公司应享有的净利润，视为合并的经济实体的净利润，应通过合并利润表予以反映，而不作为合并净利润的一个减项。

(3) 实体理论旨在满足企业集团这一经济主体经营管理的信息需求。采用实体理论编制的合并财务报表不仅能够满足企业集团内部管理人员对财务报表的需要，也能够满足其对整个企业集团生产经营活动管理的需要。

三、所有权理论

所有权理论运用于合并财务报表编制时，既不强调企业集团中存在的法定控制关系，也不强调企业集团各成员企业所构成的经济实体，而是强调编制合并财务报表的企业对另一企业的经济活动和财务决策具有重大影响的所有权。所有权理论认为，母公司理论和实体理论都不能解决隶属于两个或两个以上企业集团的企业的合并财务报表编制问题。如某一企业的全部股权由两个投资企业投资形成，各拥有其50%的股权，即共同控制企业。在这种情况下，其中任何一个投资企业都不能对该投资实施控制，根据母公司理论和实体理论都很难确定该企业的财务报表由哪一投资企业合并。因为在这种情况下，既没有单一的母公司，也没有少数股权的股东；既不存在法定支配权，也不存在单一的经济主体。为了弥补母公司理论和实体理论的不足，有的国家在编制合并财务报表时，就提出了所有权理论，以期解决共同控制下的合并财务报表的编制问题。

在采用所有权理论的情况下，对于其拥有所有权的企业的资产、负债和当期实现的净损益，均按照一定的比例合并计入合并财务报表。这也是一些国家合并财务报表相关准则规定比例合并法的理论基础。

第四节 合并财务报表编制的一般流程

一、合并财务报表的编制原则

合并财务报表作为财务报表的一种，必须符合财务报表编制的一般原则和基本要求。这些基本要求包括真实可靠、全面完整和编报及时，而合并财务报表的编制除了遵循财务报表编制的一般原则和要求外，还应当遵循的原则和要求有：① 以个别会计报表为基础；② 一体性原则；③ 重要性原则。

二、合并财务报表编制的基础工作

合并财务报表编制的基础工作主要包括：① 统一母子公司的会计政策；② 统一母子公司的资产负债表日及会计期间；③ 收集编制合并财务报表的相关资料。

三、合并财务报表的编制程序

（一）开设合并财务报表工作底稿

合并工作底稿是合并财务报表编制的基础。在合并工作底稿中，对母公司和纳入合并范围的子公司的个别财务报表各项目的数据进行汇总、调整和抵销处理，计算得出合并财务报表各项目的合并数。

合并财务报表工作底稿的格式为：纵向设置报表项目，横向分别设置“单独报表”、“合计数”、“调整与抵销分录”及“合并数”四大栏。合并报表工作底稿具体格式，如表 8-1 所示。

表 8-1　　合并财务报表工作底稿

项目	单独报表		合计数	调整与抵销分录		合并数
资产负债表项目：						
……						
利润表项目：						
……						
所有者权益变动表中的有关利润分配项目：						
……						

（二）将个别财务报表数据过入工作底稿

将母公司和纳入合并范围的子公司的个别会计报表各项目的数据过入合并财务报表

工作底稿，并在合并工作底稿中对母公司和子公司个别财务报表各项目的数据进行加总，计算得出各项目合计数。

（三）编制调整分录与抵销分录

在编制合并财务报表时，需要根据子公司提供的相关资料编制调整分录与抵销分录，进行调整抵销处理是合并财务报表编制的关键和主要内容。调整分录主要是指编制抵销分录前对单独财务报表有关项目所作的调整，而抵销分录则是为了抵销内部交易对单独财务报表有关项目的影响。

（四）计算合并财务报表各项目的合并数

在母公司和纳入合并范围的子公司个别财务报表项目加总金额的基础上，分别计算合并财务报表中各资产项目、负债项目、所有者权益项目、收入项目和费用项目等的合并金额。

（五）登记合并财务报表

根据合并工作底稿中计算出的资产、负债、所有者权益、收入、成本费用类以及现金流量表中各项目的合并金额，填列生成正式的合并财务报表。合并所有者权益变动表也可以根据合并资产负债表和合并利润表进行编制。

四、合并资产负债表的编制

（一）同一控制下取得子公司合并日合并财务报表的编制

根据我国《企业会计准则第 33 号——合并财务报表》(CAS33)，母公司在合并日可以编制合并日的合并资产负债表、合并利润表、合并现金流量表等合并财务报表。同一控制下企业合并中取得的子公司的个别财务报表，如果不存在与母公司会计政策和会计期间不一致的情况，则不需要对该子公司的个别财务报表进行调整，即不需要将该子公司的个别财务报表调整为公允价值反映的财务报表。在编制合并资产负债表时，只需将母公司对子公司长期股权投资与子公司所有者权益中母公司所拥有的份额相抵销。

合并日母公司长期股权投资与子公司所有者权益的抵销分录，应借记“实收资本”(或“股本”)、“资本公积”、“其他综合收益”、“盈余公积”、“未分配利润”项目，贷记“长期股权投资”项目，差额贷记“少数股东权益”项目。

同一控制下，按照一体化存续原则，在编制合并财务报表时，对被合并方在企业合并前实现的留存收益中归属于合并方的部分，需要从合并方的资本公积(资本溢价或股本溢价)转入留存收益。

（二）同一控制下取得子公司合并日后合并财务报表的编制

编制合并财务报表时，首先，将母公司对子公司长期股权投资由成本法核算的结果调整为权益法核算的结果，使母公司对子公司长期股权投资项目反映其在子公司所有者权益中所拥有权益的变动情况；其次，将母公司对子公司长期股权投资项目与子公司所有者权益项目进行抵销处理，将内部交易对合并财务报表的影响予以抵销；最后，在合并工作底稿的基础上，编制合并财务报表。

1. 长期股权投资由成本法核算调整为权益法核算

(1) 调整投资当年。将成本法调整为权益法核算，应当自取得对子公司长期股权投资的年度起，逐年按照子公司当年实现的净利润中属于母公司享有的份额，调整增加对子公司长期股权投资的金额。如果子公司盈利，则调整分录为：借记“长期股权投资”项目，贷记“投资收益”项目；如果子公司亏损，则作相反分录。

子公司当期分派或宣告分派现金股利的调整分录为：借记“投资收益”项目，贷记“长期股权投资”项目。之所以要按子公司分派或宣告分派的现金股利调整减少投资收益，是因为在成本法核算的情况下，母公司在当期的财务报表中已按子公司分派的现金股利确认为投资收益。

如果子公司其他综合收益增加，则调整分录为：借记“长期股权投资”项目，贷记“其他综合收益——本年”项目；如果子公司其他综合收益减少，则作相反分录。

如果子公司除净损益、其他综合收益以及利润分配以外的所有者权益的增加，则调整分录为：借记“长期股权投资”项目，贷记“资本公积——本年”项目；如果该类所有者权益减少，则作相反分录。

(2) 连续编制合并财务报表。在连续编制合并财务报表时，本期合并财务报表中年初“所有者权益”各项目的金额应该与上期合并财务报表中的期末“所有者权益”对应项目金额保持一致。如果以前年度子公司盈利，则调整分录为：借记“长期股权投资”项目，贷记“未分配利润——年初”项目；如果亏损，则作相反分录。子公司以前年度宣告分派现金股利，则调整分录为：借记“未分配利润——年初”项目，贷记“长期股权投资”项目。如果子公司以前年度其他综合收益增加，则调整分录为：借记“长期股权投资”项目，贷记“其他综合收益——年初”项目；如果子公司以前年度其他综合收益减少，则作相反分录。如果子公司以前年度除净损益、其他综合收益以及利润分配以外的所有者权益增加，则调整分录为：借记“长期股权投资”项目，贷记“资本公积——年初”项目；如果该类所有者权益减少，则作相反分录。

将成本法调整为权益法核算的结果时，在调整计算上年年末权益法核算的对子公司长期股权投资的金额的基础上，按本期子公司实现的净利润中母公司所拥有的份额，调增长期股权投资的金额；按子公司分派或宣告分派的现金股利中母公司所拥有的份额，调减长期股权投资的金额。根据子公司本期除损益以外的所有者权益的其他变动而计入资本公积或其他综合收益的金额中所享有的金额，对长期股权投资的金额进行调整。

2. 抵销分录的编制

在合并工作底稿中，对长期股权投资的金额进行调整后，长期股权投资的金额正好反映母公司在子公司所有者权益中所拥有的份额。要编制合并财务报表，在此基础上还必须按编制合并财务报表的要求进行合并抵销处理。

首先，必须将母公司对子公司长期股权投资与子公司所有者权益中所拥有的份额予以抵销。抵销分录为：借记“实收资本”(或“股本”)、“资本公积”、“其他综合收益”、“盈余公积”、“未分配利润——年末”项目，贷记“长期股权投资”(母公司)、“少数股东权益”(子公司所有者权益×少数股东持股比例)项目。在合并财务报表中，子公司少数股东分担的当期亏损超过少数股东在该子公司期初所有者权益中所享有的份额的(即发生超额亏损),其余额仍应当冲减少数股东权益,即少数股东权益可以出现负数。

其次,还必须将对子公司的投资收益与子公司当年利润分配相抵销,使合并财务报表反映母公司股东权益变动的情况。母公司对子公司、子公司相互之间持有对方长期股权投资的投资收益的抵销分录为:借记“投资收益”、“少数股东损益”、“未分配利润——年初”项目,贷记“提取盈余公积”、“对所有者(或股东)的分配”、“未分配利润——年末”项目。

【例 8-1】 2×15 年 1 月 1 日,甲公司以 256 万元的银行存款取得乙公司 80%的股权。乙公司净资产的公允价值为 392 万元。甲公司与乙公司均为同一控制下的企业。假设,甲公司与乙公司的会计政策相同。甲公司与乙公司 2×15 年 1 月 1 日的资产负债表,见表 8-2。

表 8-2 **资产负债表**

编制单位:甲公司 2×15 年 1 月 1 日 单位:万元

资产	甲公司	乙公司	负债和所有者权益	甲公司	乙公司
流动资产:			流动负债:		
货币资金	90	42	短期借款	120	50
以公允价值计量且其变动计入当期损益的金融资产	40	18	以公允价值计量且其变动计入当期损益的金融负债	38	0
应收票据	47	30	应付票据	100	30
应收账款	58	39.2	应付账款	180	42
预付款项	20	8.8	预收账款	30	13
应收利息	0	0	应付职工薪酬	60	16
应收股利	42	0	应交税费	20	12
其他应收款	0	0	应付利息	0	0
存货	310	200	应付股利	40	40
其他流动资产	13	12	其他应付款	0	0
流动资产合计	620	350	其他流动负债	12	7
非流动资产:			流动负债合计	600	210
可供出售金融资产	60	14	非流动负债:		
持有至到期投资	110	0	长期借款	40	30
长期应收款	0	0	应付债券	200	20
长期股权投资	320	0	长期应付款	20	0
固定资产	210	180	递延所得税负债	0	0
在建工程	200	20	其他非流动负债	0	0
无形资产	40	16	非流动负债合计	260	50
商誉	0	0	负债合计	860	260

续表 8-2

资产	甲公司	乙公司	负债和所有者权益	甲公司	乙公司
长期待摊费用	0	0	所有者权益:		
递延所得税资产	0	0	实收资本	400	200
其他非流动资产	0	0	资本公积	100	80
非流动资产合计	940	230	盈余公积	110	12
			未分配利润	90	28
			所有者权益合计	700	320
资产合计	1 560	580	负债和所有者权益总计	1 560	580

要求:根据上述资料,编制甲公司合并日的合并资产负债表(金额:万元)。

分析:

(1) 合并日合并资产负债表的编制。

根据资产负债表,合并前乙公司股东权益总额为320万元,其中,股本为200万元,资本公积为80万元,盈余公积为12万元,未分配利润为28万元。合并后,甲公司在乙公司拥有的份额为256万元,差额64万元计入少数股东权益,将乙公司的股东权益抵销。

(2) 编制合并日的抵销分录。

借:股本　200
　资本公积　80
　盈余公积　12
　未分配利润　28
　贷:长期股权投资　256
　　少数股东权益　64

(3) 根据抵销分录编制合并日合并工作底稿,见表8-3。

表 8-3　合并工作底稿

编制单位:甲公司　2×15年1月1日　单位:万元

项目	甲公司	乙公司	合计金额	抵销分录		合并金额
				借方	贷方	
流动资产:						
货币资金	90	42	132			132
以公允价值计量且其变动计入当期损益的金融资产	40	18	58			58
应收票据	47	30	77			77
应收账款	58	39.2	97.2			97.2
预付款项	20	8.8	28.8			28.8
应收利息	0	0	0			0
应收股利	42	0	42			42

续表 8-3

项目	甲公司	乙公司	合计金额	抵销分录		合并金额
				借方	贷方	
其他应收款	0	0	0			0
存货	310	200	510			510
其他流动资产	13	12	25			25
流动资产合计	620	350	970			970
非流动资产：						
可供出售金融资产	60	14	74			74
持有至到期投资	110	0	110			110
长期应收款	0	0	0			0
长期股权投资	320	0	320		256	64
固定资产	210	180	390			390
在建工程	200	20	220			220
无形资产	40	16	56			56
商誉	0	0	0			0
长期待摊费用	0	0	0			0
递延所得税资产	0	0	0			0
其他非流动资产	0	0	0			0
非流动资产合计	940	230	1 170			914
资产合计	1 560	580	2 140		256	1 884
流动负债：						
短期借款	120	50	170			170
以公允价值计量且其变动计入当期损益的金融负债	38	0	38			38
应付票据	100	30	130			130
应付账款	180	42	222			222
预收账款	30	13	43			43
应付职工薪酬	60	16	76			76
应交税费	20	12	32			32
应付利息	0	0	0			0
应付股利	40	40	80			80
其他应付款	0	0	0			0
其他流动负债	12	7	19			19
流动负债合计	600	210	810			810
非流动负债：						
长期借款	40	30	70			70

续表 8-3

项目	甲公司	乙公司	合计金额	抵销分录		合并金额
				借方	贷方	
应付债券	200	20	220			220
长期应付款	20	0	20			20
递延所得税负债	0	0	0			0
其他非流动负债	0	0	0			0
非流动负债合计	260	50	310			310
负债合计	860	260	1 120			1 120
所有者权益:						
实收资本	400	200	600	200		400
资本公积	100	80	180	80		100
其他综合收益	0	0	0			0
盈余公积	110	12	122	12		110
未分配利润	90	28	118	28		90
少数股东权益					64	64
所有者权益合计	700	320	1020			764
负债和所有者权益总计	1 560	580	2 140	320	64	1 884

在表 8-3 的基础上,可以编制甲公司 2×15 年 1 月 1 日的合并资产负债表,见表 8-4。

表 8-4 **合并资产负债表**

编制单位:甲公司 2×15 年 1 月 1 日 单位:万元

资产	合并数	负债和所有者权益	合并数
流动资产:		流动负债:	
货币资金	132	短期借款	170
以公允价值计量且其变动计入当期损益的金融资产	58	以公允价值计量且其变动计入当期损益的金融负债	38
应收票据	77	应付票据	130
应收账款	97.2	应付账款	222
预付款项	28.8	预收账款	43
应收利息	0	应付职工薪酬	76
应收股利	42	应交税费	32
其他应收款	0	应付利息	0
存货	510	应付股利	80
其他流动资产	25	其他应付款	0
流动资产合计	970	其他流动负债	19
非流动资产:		流动负债合计	810

续表 8-4

资产	合并数	负债和所有者权益	合并数
可供出售金融资产	74	非流动负债：	
持有至到期投资	110	长期借款	70
长期应收款	0	应付债券	220
长期股权投资	64	长期应付款	20
固定资产	390	递延所得税负债	0
在建工程	220	其他非流动负债	0
无形资产	56	非流动负债合计	310
商誉	0	负债合计	1 120
长期待摊费用	0	所有者权益：	
递延所得税资产	0	实收资本	400
其他非流动资产	0	资本公积	100
非流动资产合计	914	其他综合收益	0
		盈余公积	110
		未分配利润	90
		少数股东权益	64
		所有者权益合计	764
资产合计	1 884	负债和所有者权益总计	1 884

（三）非同一控制下取得子公司购买日合并财务报表的编制

根据我国《企业会计准则第 33 号——合并财务报表》(CAS33)的规定，非同一控制下取得子公司，母公司编制购买日的合并资产负债表时，因企业合并取得的子公司各项可辨认资产、负债或者或有负债应当以公允价值在合并财务报表中列示，母公司合并成本大于取得的子公司可辨认净资产公允价值份额的差额作为合并商誉在合并资产负债表中列示。

1. 按公允价值对子公司的财务报表进行调整

对于属于非同一控制下企业合并中取得的子公司，除了因存在与母公司会计政策和会计期间不一致的情况，需要对该子公司的个别财务报表进行调整外，还应当以记录的该子公司各项可辨认资产、负债及或有负债等在购买日的公允价值为基础，通过编制调整分录，对该子公司的个别财务报表进行调整，以使子公司的个别财务报表能反映在购买日公允价值基础上确定的可辨认资产、负债及或有负债在本期资产负债表日的金额。

2. 母公司长期股权投资与子公司所有者权益的抵销处理

经过上述按公允价值对子公司的财务报表调整处理后，在编制购买日的合并资产负债表时，需要将母公司对子公司长期股权投资与子公司所有者权益中母公司所拥有的份额予以抵销。

在合并工作底稿中编制抵销分录时，借记“实收资本”、“资本公积”、“盈余公积”和“未分配利润”项目，贷记“长期股权投资”和“少数股东权益”项目，当母公司对子公司长期股权投资的金额与在子公司所有者权益中所享有的份额不一致时，借方差额计入“商誉”项目，贷方差额计入“盈余公积”、“未分配利润”（购买日母公司不编制合并利润表，所以不能使用利润表中的“营业外收入”项目，只能用“留存收益”项目代替“营业外收入”项目）。

至于子公司相互之间持有的长期股权投资，也应当比照母公司对子公司的股权投资的抵销方法进行抵销处理。

（四）非同一控制下取得子公司购买日后合并财务报表的编制

母公司在非同一控制下取得子公司后，在未来持有该子公司的情况下，每一会计期末都需要将其纳入合并范围，编制合并财务报表。

在对非同一控制下取得的子公司编制合并财务报表时，首先，应当以购买日确定的各项可辨认资产、负债及或有负债的公允价值为基础对子公司的财务报表进行调整。

其次，将母公司对子公司的长期股权投资采用成本法核算的结果，调整为权益法核算的结果，对公司的财务报表进行相应的调整。

再次，则是通过编制合并抵销分录，将母公司对子公司长期股权投资与子公司所有者权益等内部交易对合并财务报表的影响予以抵销。

最后，则是在编制合并底稿的基础上，计算合并财务报表个项目的合并数，编制合并财务报表。

【例 8-2】 2×15 年 1 月 1 日，甲公司以定向增发普通股股票的方式，从非关联方处购买取得了乙公司 70%的股权。甲公司定向增发普通股股票 100 万股，每股面值为1 元，每股市场价格为 2.95 元。甲公司与乙公司属于非同一控制下的企业。乙公司 2×15 年 1 月 1 日（合并日）资产负债表有关项目信息列示如下：

（1）股东权益总额为 320 万元。其中，股本为 200 万元，资本公积为 80 万元，盈余公积为 12 万元，未分配利润为 28 万元。

（2）应收账款账面价值为 39.2 万元，公允价值为 31.2 万元；存货的账面价值为 200 万元，公允价值为 220 万元；固定资产账面价值为 180 万元，公允价值为 240 万元，固定资产评估增值为公司办公楼增值，该办公楼采用年限平均法计提折旧，剩余折旧年限为 15 年。

假定上述合并事项中不考虑所发生的审计、评估、股票发行以及法律服务等相关费用，不考虑甲公司、乙公司除企业合并和编制合并财务报表之外的其他费用，两家公司适用的所得税税率均为 25%。

甲公司取得的乙公司可辨认资产、负债和所有者权益在合并日的公允价值备查簿，见表 8-5。2×15 年 1 月 1 日，甲公司资产负债表、乙公司资产负债表及资产、负债公允价值，见表 8-6。

表 8-5 **甲公司购买股权备查簿——乙公司**

编制单位：甲公司 2×15 年 1 月 1 日 单位：万元

项目	合并日账面价值	合并日公允价值	公允价值与账面价值的差额	剩余使用年限	公允价值变动调整折旧或摊销额	公允价值变动调整后	备注
流动资产：	350	362	12				
应收账款	39.2	31.2	−8				
存货	200	220	20				
非流动资产：	230	290	60				
固定资产——乙公司办公楼	180	240	60				
资产总计	580	652	72				
流动负债	210	210	0				
非流动负债	50	50	0				
负债合计	260	260	0				
实收资本	200	200	0				
资本公积	80	152	72				
盈余公积	12	12	0				
未分配利润	28	28	0				
所有者权益合计	320	392	72				
负债和所有者权益合计	580	652	72				

表 8-6 **资产负债表**

编制单位：甲公司 2×15 年 1 月 1 日 单位：万元

资产	甲公司	乙公司		负债和所有者权益	甲公司	乙公司	
		账面价值	公允价值			账面价值	公允价值
流动资产：				流动负债：			
货币资金	90	42	42	短期借款	120	50	50
以公允价值计量且其变动计入当期损益的金融资产	40	18	18	以公允价值计量且其变动计入当期损益的金融负债	38	0	0
应收票据	47	30	30	应付票据	100	30	30
应收账款	58	39.2	31.2	应付账款	180	42	42
预付款项	20	8.8	8.8	预收账款	30	13	13
应收利息	0	0	0	应付职工薪酬	60	16	16
应收股利	42	0	0	应交税费	20	12	12
其他应收款	0	0	0	应付利息	0	0	0
存货	310	200	220	应付股利	40	40	40

续表 8-6

资产	甲公司	乙公司		负债和所有者权益	甲公司	乙公司	
		账面价值	公允价值			账面价值	公允价值
其他流动资产	13	12	12	其他应付款	0	0	0
流动资产合计	620	350	362	其他流动负债	12	7	7
非流动资产：				流动负债合计	600	210	210
可供出售金融资产	60	14	14	非流动负债：			
持有至到期投资	110	0'	0	长期借款	40	30	30
长期应收款	0	0	0	应付债券	200	20	20
长期股权投资	320	0	0	长期应付款	20	0	0
固定资产	210	180	240	递延所得税负债	0	0	0
在建工程	200	20	20	其他非流动负债	0	0	0
无形资产	40	16	16	非流动负债合计	260	50	50
商誉	0	0	0	负债合计	860	260	260
长期待摊费用	0	0	0	所有者权益：			
递延所得税资产	0	0	0	实收资本	400	200	200
其他非流动资产	0	0	0	资本公积	100	80	152
非流动资产合计	940	230	290	盈余公积	110	12	12
				未分配利润	90	28	28
				所有者权益合计	700	320	392
资产合计	1 560	580	652	负债和所有者权益总计	1 560	580	652

要求：根据上述资料，编制甲公司合并日的合并资产负债表(单位：万元)。

分析：

甲公司合并日的合并资产负债表编制过程如下。

(1) 对母公司个别资产负债表的调整。

① 调整母公司长期股权投资入账价值。

借：长期股权投资——乙公司　　295

　贷：股本　　100

　　资本公积　　195

② 调整子公司资产和负债的公允价值。

乙公司应收账款的公允价值低于其计税基础，差额为 8 万元，形成可抵扣暂时性差异，确认递延所得税资产 2 万元；存货的公允价值高于其计税基础，差额为 20 万元，形成应纳税暂时性差异，确认递延所得税负债 5 万元；固定资产中办公楼的公允价值高于其计税基础，差额为 60 万元，形成应纳税暂时性差异，确认递延所得税负债 15 万元。调整分录如下：

借:存货　20

固定资产　60

递延所得税资产　2

贷:应收账款　8

递延所得税负债　20

资本公积　54

(2) 母公司长期股权投资与子公司所有者权益的抵销处理。

调整后,乙公司所有者权益总额为 320＋54＝374(万元),甲公司在乙公司所有者权益中拥有的份额为 261.8 万元,与甲公司对乙公司长期股权投资的金额 295 万元之间的差额 33.2 万元计入商誉。

抵销分录如下:

借:股本　200

资本公积　134

盈余公积　12

未分配利润　28

商誉　33.2

贷:长期股权投资　295

少数股东权益　112.2

(3) 编制合并日工作底稿和合并资产负债表,分别见表 8-7 与表 8-8。

表 8-7　合并工作底稿

编制单位:甲公司　　2×15 年 1 月 1 日　　单位:万元

项目	甲公司	乙公司	合计金额	调整分录		抵销分录		合并金额
				借方	贷方	借方	贷方	
流动资产:								
货币资金	90	42	132					132
以公允价值计量且其变动计入当期损益的金融资产	40	18	58					58
应收票据	47	30	77					77
应收账款	58	39.2	97.2		8			89.2
预付款项	20	8.8	28.8					28.8
应收利息	0	0	0					0
应收股利	42	0	42					42
其他应收款	0	0	0					0
存货	310	200	510	20				530
其他流动资产	13	12	25					25
流动资产合计	620	350	970	20	8	0	0	982
非流动资产:								

续表 8-7

项目	甲公司	乙公司	合计金额	调整分录		抵销分录		合并金额
				借方	贷方	借方	贷方	
可供出售金融资产	60	14	74					74
持有至到期投资	110	0	110					110
长期应收款	0	0	0					0
长期股权投资	320	0	320	295			295	320
固定资产	210	180	390	60				450
在建工程	200	20	220					220
无形资产	40	16	56					56
商誉	0	0	0			33.2		33.2
长期待摊费用	0	0	0					0
递延所得税资产	0	0	0	2				2
其他非流动资产	0	0	0					0
非流动资产合计	940	230	1 170	357	0	33.2	295	1 265.2
资产合计	1 560	580	2 140	377	8	33.2	295	2 247.2
流动负债：								
短期借款	120	50	170					170
以公允价值计量且其变动计入当期损益的金融负债	38	0	38					38
应付票据	100	30	130					130
应付账款	180	42	222					222
预收账款	30	13	43					43
应付职工薪酬	60	16	76					76
应交税费	20	12	32					32
应付利息	0	0	0					0
应付股利	40	40	80					80
其他应付款	0	0	0					0
其他流动负债	12	7	19					19
流动负债合计	600	210	810	0	0	0	0	810
非流动负债：								
长期借款	40	30	70					70
应付债券	200	20	220					220
长期应付款	20	0	20					20
递延所得税负债	0	0	0		20			20
其他非流动负债	0	0	0					0
非流动负债合计	260	50	310	0	20	0	0	330

续表 8-7

项目	甲公司	乙公司	合计金额	调整分录		抵销分录		合并金额
				借方	贷方	借方	贷方	
负债合计	860	260	1 120	0	20	0	0	1 140
所有者权益：								
实收资本	400	200	600		100	200		500
资本公积	100	80	180		249	134		295
其他综合收益	0	0	0					0
盈余公积	110	12	122			12		110
未分配利润	90	28	118			28		90
少数股东权益	0	0	0	0	0	0	112.2	112.2
所有者权益合计	700	320	1 020	0	349	374	112.2	1 107.2
负债和所有者权益总计	1 560	580	2 140	0	369	374	112.2	2 247.2

表 8-8 **合并资产负债表**

编制单位：甲公司　　2×15 年 1 月 1 日　　单位：万元

资产	合并数	负债和所有者权益	合并数
流动资产：		流动负债：	
货币资金	132	短期借款	170
以公允价值计量且其变动计入当期损益的金融资产	58	以公允价值计量且其变动计入当期损益的金融负债	38
应收票据	77	应付票据	130
应收账款	89.2	应付账款	222
预付款项	28.8	预收账款	43
应收利息	0	应付职工薪酬	76
应收股利	42	应交税费	32
其他应收款	0	应付利息	0
存货	530	应付股利	80
其他流动资产	25	其他应付款	0
流动资产合计	982	其他流动负债	19
非流动资产：		流动负债合计	810
可供出售金融资产	74	非流动负债：	
持有至到期投资	110	长期借款	70
长期应收款	0	应付债券	220
长期股权投资	320	长期应付款	20
固定资产	450	递延所得税负债	20
在建工程	220	其他非流动负债	0

续表 8-8

资产	合并数	负债和所有者权益	合并数
无形资产	56	非流动负债合计	330
商誉	33.2	负债合计	1 140
长期待摊费用	0	所有者权益：	
递延所得税资产	2	实收资本	500
其他非流动资产	0	资本公积	295
非流动资产合计	1 265.2	其他综合收益	0
		盈余公积	110
		未分配利润	90
		少数股东权益	112.2
		所有者权益合计	1 107.2
资产合计	2 247.2	负债和所有者权益总计	2 247.2

【例 8-3】 承例 8-2，2×15 年 12 月 31 日，甲公司资产负债表有关项目信息列示如下：

(1) 股东权益总额为 383 万元。其中，股本为 200 万元，资本公积为 80 万元，其他综合收益为 3 万元，盈余公积为 32 万元，未分配利润为 68 万元。

(2) 2×15 年全年实现利润 105 万元，当年提取盈余公积 20 万元，年末向股东宣告分配现金股利 45 万元，现金股利尚未支付。

(3) 截至 2×15 年 12 月 31 日，应收账款按合并日评估确认的金额收回，评估确认的坏账已核销。合并日发生评估增值的存货当年已实现全部对外销售。

2×15 年，乙公司和甲公司内部交易和往来事项列示如下：

(1) 截至 2×15 年 12 月 31 日，乙公司应收账款中 9.6 万元为应收甲公司账款，该应收账款账面余额为 10 万元，乙公司当年计提坏账准备 0.4 万元。甲公司应付账款中有应付乙公司的账款 10 万元。

(2) 2×15 年 4 月 1 日，乙公司向甲公司销售商品 20 万元，商品销售成本为 14 万元，甲公司以支票支付商品价款 10 万元，其余价款待商品出售后支付。甲公司购进的该商品本期全部未实现对外销售而形成年末存货。2×15 年年末，甲公司对存货进行检查时，发现该商品已部分陈旧，其可变现净值为 19.6 万元，甲公司计提存货跌价准备 0.4 万元。

2×15 年 5 月 1 日，甲公司向乙公司销售商品 24 万元，商品销售成本为 16 万元，乙公司以支票支付全款。乙公司购进该商品本期 40% 未实现对外销售。2×15 年年末，乙公司检查剩余存货，未发生存货跌价损失。

(3) 2×15 年 5 月 18 日，乙公司将其资产原值为 20 万元、账面价值为 12 万元的某厂房，以 24 万元的价格变卖给甲公司作为厂房使用，甲公司以支票支付全款。该厂房预计的剩余使用年限为 15 年，预计净残值为 0 元，乙公司和甲公司均采用平均年限法对其计提折旧。

乙公司和甲公司 2×15 年 12 月 31 日的资产负债表，见表 8-9。

表 8-9　　　　　　　　　　　　　　**资产负债表**

编制单位：乙公司　　　　　　　　2×15 年 12 月 31 日　　　　　　　　单位：万元

资产	乙公司	甲公司	负债和所有者权益	乙公司	甲公司
流动资产：			流动负债：		
货币资金	57	65	短期借款	100	48
以公允价值计量且其变动计入当期损益的金融资产	30	50	以公允价值计量且其变动计入当期损益的金融负债	40	24
应收票据	72	36	应付票据	130	36
应收账款	85	51	应付账款	180	52
预付款项	15	25	预收账款	40	39
应收利息	0	0	应付职工薪酬	50	16
应收股利	48	0	应交税费	27	14
其他应收款	5	13	应付利息	0	0
存货	370	180	应付股利	0	45
其他流动资产	18	10	其他应付款	53	4
流动资产合计	700	430	其他流动负债	20	9
非流动资产：			流动负债合计	640	287
可供出售金融资产	90	18	非流动负债：		
持有至到期投资	140	40	长期借款	40	48
长期应收款	0	0	应付债券	200	70
长期股权投资	695	0	长期应付款	60	0
固定资产	280	260	递延所得税负债	0	2
在建工程	130	24	其他非流动负债	0	0
无形资产	60	18	非流动负债合计	300	120
商誉	0	0	负债合计	940	407
长期待摊费用	0	0	所有者权益：		
递延所得税资产	0	0	实收资本	500	200
其他非流动资产	0	0	资本公积	295	80
非流动资产合计	1 395	360	盈余公积	180	32
			其他综合收益	0	3
			未分配利润	180	68
			所有者权益合计	1 155	383
资产合计	2 095	790	负债和所有者权益总计	2 095	790

要求：根据上述资料，编制乙公司合并日后的合并工作底稿及合并资产负债表（单位：万元）。

分析：

（1）对母子公司个别财务报表的调整处理。

① 调整子公司资产和负债的公允价值。

借:存货　20

　固定资产　60

　递延所得税资产　2

　贷:应收账款　8

　　递延所得税负债　20

　　资本公积　54

② 根据子公司已实现的公允价值调整当期利润。

借:营业成本　20

　管理费用　4

　应收账款　8

　贷:存货　20

　　固定资产　4

　　资产减值损失　8

甲公司在公允价值调整后 2×15 年的净利润＝105＋8－20－4＝89(万元)。

③ 递延所得税资产或递延所得税负债的暂时性差异的转回。

甲公司应收账款按合并日评估确认的金额已收回,转回递延所得税资产,从而增加了所得税费用 2 万元。甲公司合并日发生评估增值的存货当年已全部对外销售,转回递延所得税负债,从而减少所得税费用 5 万元。甲公司合并日因办公楼发生增值所产生的应纳税暂时性差异,应确认的递延所得税负债为 14 万元,因递延所得税负债转回而减少的当期所得税费用为 1 万元。

借:递延所得税负债　6

　贷:所得税费用　4

　　递延所得税资产　2

考虑递延所得税后,甲公司当年的净利润为 93 万元。

④ 按照权益法对财务报表项目进行调整。

借:投资收益　31.5

　贷:长期股权投资　31.5

借:长期股权投资　67.2

　贷:投资收益　65.1

　　其他综合收益　2.1

(2) 抵销合并财务报表相关项目。

① 抵销“长期股权投资”与“所有者权益”项目。

将乙公司对甲公司的长期股权投资与其在甲公司股东权益中所拥有的份额抵销。乙公司 2×15 年年末对甲公司的长期股权投资为 328.6 万元,少数股东权益为 126.6 万元。

借:股本　200

　资本公积　134

　其他综合收益　3

盈余公积　32
未分配利润——年末　56
商誉　33.2
贷:长期股权投资　330.7
少数股东权益　127.5

② 抵销"应收账款"与"应付账款"项目。

借:应付账款　10
贷:应收账款　10

③ 抵销"坏账准备"与"资产减值损失"项目。

借:应收账款　0.4
贷:资产减值损失　0.4

④ 抵销因坏账准备与资产减值损失所产生的所得税影响。

借:所得税费用　0.1
贷:递延所得税资产　0.1

⑤ 抵销"应收股利"与"应付股利"项目。

借:应付股利　31.5
贷:应收股利　31.5

⑥ 抵销投资收益与子公司利润分配等项目的抵销。

借:投资收益　65.1
少数股东损益　27.9
未分配利润——年初　28
贷:未分配利润——年末　56
提取盈余公积　20
向股东分配利润　45

(3) 抵销内部顺流交易的存货。

① 抵销内部销售收入、成本和内部销售形成的存货价值中包含的未实现内部销售损益。

借:营业收入　20
贷:营业成本　14
存货　6

② 抵销甲公司本期计提的存货跌价准备。

借:存货　0.4
贷:资产减值损失　0.4

③ 抵销内部顺流交易的所得税影响。

借:递延所得税资产　1.4
贷:所得税费用　1.4

(4) 抵销内部逆流交易的存货。

① 抵销内部销售收入、成本和内部销售形成的存货价值中包含的未实现内部销售

损益。

借：营业收入　24

　贷：营业成本　20.8

　　存货　3.2

② 将内部销售形成的存货中包含的未实现内部销售损益进行分摊。

借：少数股东权益　0.96

　贷：少数股东损益　0.96

③ 抵销内部逆流交易的所得税影响。

借：递延所得税资产　0.8

　贷：所得税费用　0.8

④ 抵销由于抵销逆流存货交易产生的递延所得税对少数股东权益的影响。

借：少数股东损益　0.24

　贷：少数股东权益　0.24

(5) 抵销内部固定资产购销交易。

① 抵销内部固定资产购销交易。

借：营业外收入　12

　贷：固定资产——厂房　12

② 抵销内部固定资产交易计提折旧中包含的未实现内部销售损益。

借：固定资产——厂房　0.4

　贷：管理费用　0.4

③ 抵销内部固定资产交易的所得税影响。

借：递延所得税资产　2.9

　贷：所得税费用　2.9

乙公司合并日后的合并工作底稿及合并资产负债表，分别见表 8-10 与表 8-11 所示。

表 8-10　　合并工作底稿

编制单位：乙公司　　2×15 年 12 月 31 日　　单位：万元

项目	乙公司	甲公司	合计金额	调整、抵销分录		少数股东权益	合并金额
				借方	贷方		
流动资产：							
货币资金	57	65	122				122
以公允价值计量且其变动计入当期损益的金融资产	30	50	80				80
应收票据	72	36	108				108
应收账款	85	51	136	8.4	18		126.4
预付款项	15	25	40				40
应收利息	0	0	0				0
应收股利	48	0	48		31.5		16.5

续表 8-10

项目	乙公司	甲公司	合计金额	调整、抵销分录		少数股东权益	合并金额
				借方	贷方		
其他应收款	5	13	18				18
存货	370	180	550	20.4	29.2		541.2
其他流动资产	18	10	28				28
流动资产合计	700	430	1 130	28.8	78.7		1 080.1
非流动资产：							
可供出售金融资产	90	18	108				108
持有至到期投资	140	40	180				180
长期应收款	0	0	0				0
长期股权投资	695	0	695		295		400
固定资产	280	260	540	60.4	16		584.4
在建工程	130	24	154				154
无形资产	60	18	78				78
商誉	0	0	0	33.2			33.2
长期待摊费用	0	0	0				0
递延所得税资产	0	0	0	7.1	2.1		5
其他非流动资产	0	0	0				0
非流动资产合计	1 395	360	1 755	100.7	313.1		1 542.6
资产合计	2 095	790	2 885	129.5	391.8		2 622.7
流动负债：							
短期借款	100	48	148				148
以公允价值计量且其变动计入当期损益的金融负债	40	24	64				64
应付票据	130	36	166				166
应付账款	180	52	232	10			222
预收账款	40	39	79				79
应付职工薪酬	50	16	66				66
应交税费	27	14	41				41
应付利息	0	0	0				0
应付股利	0	45	45	31.5			13.5
其他应付款	53	4	57				57
其他流动负债	20	9	29				29
流动负债合计	640	287	927	41.5	0		885.5
非流动负债：							
长期借款	40	48	88				88

续表 8-10

项目	乙公司	甲公司	合计金额	调整、抵销分录		少数股东权益	合并金额
				借方	贷方		
应付债券	200	70	270				270
长期应付款	60	0	60				60
递延所得税负债	0	2	2	6	20		16
其他非流动负债	0	0	0				0
非流动负债合计	300	120	420	6	20		434
负债合计	940	407	1 347	47.5	20		1 319.5
所有者权益：							
实收资本	500	200	700	200			500
资本公积	295	80	375	134	54		295
其他综合收益	0	3	3	3	2.1		2.1
盈余公积	180	32	212	32			180
未分配利润	180	68	248	288.84	240.16		199.32
少数股东权益	0	0	0	0.96	127.74		126.78
所有者权益合计	1 155	383	1 538	658.8	424		1 303.2
负债和所有者权益总计	2 095	790	2 885	706.3	444		2 622.7

表 8-11　　合并资产负债表

编制单位：乙公司　　2×15 年 12 月 31 日　　单位：万元

资产	期末余额	负债和所有者权益	期末余额
流动资产：		流动负债：	
货币资金	122	短期借款	148
以公允价值计量且其变动计入当期损益的金融资产	80	以公允价值计量且其变动计入当期损益的金融负债	64
应收票据	108	应付票据	166
应收账款	126.4	应付账款	222
预付款项	40	预收账款	79
应收利息	0	应付职工薪酬	66
应收股利	16.5	应交税费	41
其他应收款	18	应付利息	0
存货	541.2	应付股利	13.5
其他流动资产	28	其他应付款	57
流动资产合计	1 080.1	其他流动负债	29
非流动资产：		流动负债合计	885.5
可供出售金融资产	108	非流动负债：	

续表 8-11

资产	期末余额	负债和所有者权益	期末余额
持有至到期投资	180	长期借款	88
长期应收款	0	应付债券	270
长期股权投资	400	长期应付款	60
固定资产	584.4	递延所得税负债	16
在建工程	154	其他非流动负债	0
无形资产	78	非流动负债合计	434
商誉	33.2	负债合计	1 319.5
长期待摊费用	0	所有者权益:	
递延所得税资产	5	实收资本	500
其他非流动资产	0	资本公积	295
非流动资产合计	1 542.6	其他综合收益	2.1
		盈余公积	180
		未分配利润	199.32
		归属于母公司所有者权益合计	1 176.42
		少数股东权益	126.78
		所有者权益合计	1 303.2
资产合计	2 622.7	负债和所有者权益总计	2 622.7

五、合并利润表的编制

合并利润表应当以母公司和子公司的利润表为基础,在抵销母公司与子公司、子公司相互之间发生的内部交易对合并利润表的影响后,由母公司合并编制。合并利润表编制过程中应注意下列事项。

(1) 母公司与子公司、子公司相互之间销售商品所产生的营业收入和营业成本应当抵销。母公司与子公司、子公司相互之间销售商品,期末未实现对外销售而形成存货、固定资产、工程物资、在建工程、无形资产等资产的,在抵销销售商品的营业成本和营业收入的同时,应当将各项资产所包含的未实现内部销售损益予以抵销。

(2) 在对母公司与子公司、子公司相互之间销售商品形成的固定资产或无形资产所包含的未实现内部销售损益进行抵销的同时,也应当对固定资产的折旧额或无形资产的摊销额与未实现内部销售损益相关的部分进行抵销。

(3) 母公司与子公司、子公司相互之间持有对方债券所产生的投资收益、利息收入及其他综合收益等,应当与其相对应的发行方利息费用相互抵销。

(4) 母公司对子公司、子公司相互之间持有对方长期股权投资的投资收益应当抵销。

(5) 母公司与子公司、子公司相互之间发生的其他内部交易对合并利润表的影响应当抵销。

(6) 子公司当期净损益中属于少数股东权益的份额,应当在合并利润表中"净利润"

项目下以“少数股东损益”项目列示。

(7) 子公司当期综合收益中属于少数股东权益的份额，应当在合并利润表中“综合收益总额”项目下以“归属于少数股东的综合收益总额”项目列示。

(8) 母公司向子公司出售资产所发生的未实现内部交易损益，应当全额抵销“归属于母公司所有者的净利润”。

(9) 子公司向母公司出售资产所发生的未实现内部交易损益，应当按照母公司对该子公司的分配比例在“归属于母公司所有者的净利润”和“少数股东损益”之间分配抵销。

(10) 子公司之间出售资产所发生的未实现内部交易损益，应当按照母公司对出售方子公司的分配比例在“归属于母公司所有者的净利润”和“少数股东损益”之间分配抵销。

(11) 子公司少数股东分担的当期亏损超过了少数股东在该子公司期初所有者权益中所享有份额的，其余额仍应当冲减少数股东权益。

(12) 母公司在报告期内因同一控制下企业合并增加的子公司以及业务，应当将该子公司以及业务合并当期期初至报告期末的收入、费用、利润纳入合并利润表，同时应当对比较报表的相关项目进行调整，视同合并后的报告主体自最终控制方开始控制时起一直存在。

(13) 因非同一控制下企业合并或其他方式增加的子公司以及业务，应当将该子公司以及业务购买日至报告期末的收入、费用、利润纳入合并利润表。

(14) 母公司在报告期内处置子公司以及业务，应当将该子公司以及业务期初至处置日的收入、费用、利润纳入合并利润表。

六、合并现金流量表的编制

合并现金流量表应当以母公司和子公司的现金流量表为基础，在抵销母公司与子公司、子公司相互之间发生的内部交易对合并现金流量表的影响后，由母公司合并编制。合并现金流量表编制过程中应注意下列事项。

(1) 母公司与子公司、子公司相互之间当期以现金投资或收购股权增加的投资所产生的现金流量应当抵销。

(2) 母公司与子公司、子公司相互之间当期取得投资收益、利息收入收到的现金，应当与分配股利、利润或偿付利息支付的现金相互抵销。

(3) 母公司与子公司、子公司相互之间以现金结算债权与债务所产生的现金流量应当抵销。

(4) 母公司与子公司、子公司相互之间当期销售商品所产生的现金流量应当抵销。

(5) 母公司与子公司、子公司相互之间处置固定资产、无形资产和其他长期资产收回的现金净额，应当与购建固定资产、无形资产和其他长期资产支付的现金相互抵销。

(6) 母公司与子公司、子公司相互之间当期发生的其他内部交易所产生的现金流量应当抵销。

另外，合并现金流量表及其补充资料也可以根据合并资产负债表和合并利润表进行编制。

母公司在报告期内因同一控制下企业合并增加的子公司以及相应业务，应当将该子公司以及相应业务合并当期期初至报告期末的现金流量纳入合并现金流量表，同时应当对比较报表的相关项目进行调整，视同合并后的报告主体自最终控制方开始控制时点起一直存在。

因非同一控制下企业合并增加的子公司以及相应业务，应当将该子公司购买日至报告期末的现金流量纳入合并现金流量表。

母公司在报告期内处置子公司以及相应业务，应当将该子公司以及相应业务期初至处置日的现金流量纳入合并现金流量表。

七、合并所有者权益变动表的编制

合并所有者权益变动表应当以母公司和子公司的所有者权益变动表为基础，在抵销母公司与子公司、子公司相互之间发生的内部交易对合并所有者权益变动表的影响后，由母公司合并编制。

（1）母公司对子公司的长期股权投资应当与母公司在子公司所有者权益中所享有的份额相互抵销。

（2）母公司对子公司、子公司相互之间持有对方长期股权投资的投资收益应当抵销。

（3）母公司与子公司、子公司相互之间发生的其他内部交易对所有者权益变动的影响应当抵销。

合并所有者权益变动表也可以根据合并资产负债表和合并利润表进行编制。有少数股东的，应当在合并所有者权益变动表中增加“少数股东权益”栏目，反映少数股东权益变动的情况。

第五节　与内部往来交易有关的合并处理

一、企业集团内部交易概述

（一）集团公司内部交易事项的含义

集团公司内部交易事项是指集团公司内部母公司与其所属的子公司之间以及各子公司之间发生的除股权投资以外的各种往来业务以及交易事项。这里所指的集团公司间交易，即通常所说的关联交易，如联属企业间的商品交易、固定资产交易、债权债务交易等。从集团公司这一经济实体来说，这些交易都属于企业内部交易，编制合并财务报表时应作适当处理，以免虚列资产、负债和虚计利润。

（二）集团公司内部交易事项的类型

1. 按内部交易事项是否涉及损益分类

（1）涉及损益的内部交易事项。涉及损益的内部交易事项是指集团公司内部母公司与子公司及子公司之间发生的，并且产生集团内部损益的事项。如母公司将其生产的产品出售给其所属的子公司，导致母公司利润表中的利润增加。

涉及损益的内部交易事项按当期损益是否实现，又可分为三种情况：① 全部实现内部损益的交易事项。全部实现内部损益的交易事项是指集团公司内部母公司与子公司及各子公司之间发生了涉及损益的内部交易事项后，其购买方已于当期全部向集团外销售。如母公司将其生产的产品出售给其所属的子公司，子公司在当期将该部分产品全部出售给集团公司以外的某公司。② 全部未实现内部损益的交易事项。全部未实现内部损益的交易事项是指集团公司内部母公司与子公司及各子公司之间发生了涉及损益的内部交易事项后，其购买方在当期全部未向集团外销售。③ 部分实现内部损益的交易事项。部分实现内部损益的交易事项是指集团公司内部母公司与子公司及各子公司之间发生了涉及损益的内部交易事项后，其购买方尚未在当期全部向集团外销售。如母公司将其生产的产品出售给其所属的子公司后，子公司将该产品部分对外出售。此时，就母公司个别报表来说，已经反映为销售损益；对于集团公司来说，由于购买方子公司在其个别报表中未对外销售部分表现为存货，因此母公司的部分销售损益为未实现的损益。

（2）不涉及损益的内部交易事项。不涉及损益的内部交易事项是指集团公司内部与子公司及子公司之间发生的交易与各公司的损益确定无关，如集团公司内部债权债务等。

2. 按内部交易事项的具体内容分类

根据内部交易事故具体内容的不同，可将内部交易分为如下几类：① 内部债权债务交易；② 内部存货交易；③ 内部固定资产交易；④ 内部无形资产交易；⑤ 其他内部交易。

（三）集团公司内部交易抵销的类型

企业集团内部交易抵销的类型根据上述内部交易的类型而定。因此，内部交易抵销按内容分类也可以分为内部债权债务的抵销、内部存货交易的抵销、内部固定资产交易的抵销、内部无形资产交易的抵销和其他内部交易的抵销五类。其中，内部债权债务的抵销、内部存货交易的抵销、内部固定资产交易的抵销、内部无形资产交易的抵销为内部交易抵销内容的重点。

二、内部债权债务的合并处理

（一）内部债权债务抵销概述

母公司与子公司、子公司相互之间的债权和债务项目，是指母公司与子公司、子公司相互之间的应收账款和应付账款、预付账款和预收账款、应付债券和债券投资、应收票据和应付票据、应收股利和应付股利以及其他应收款和其他应付款等项目。在编制合并财务报表时，企业集团成员企业之间的内部债权、债务应予以抵销，同时应收款项的坏账准备和债券投资的减值准备也应予以抵销，以便使合并财务报表的债权和债务反映为企业集团整体的对外债权、债务。

在编制合并资产负债表时需要将内部债权债务项目予以抵销，将内部应收款项抵销时，按内部应付款项的金额，借记“应付账款”、“应付票据”等项目，贷记“应收账款”、“应收票据”等项目；将内部应收款项计提的坏账准备抵销时，按各内部应收款项计提的相应坏账准备期末余额，借记“应收账款——坏账准备”、“应收票据——坏账准备”等项目，贷记“资产减值损失”项目。

【例 8-4】 假设甲公司个别资产负债表中应收账款 15 000 元中有 9 000 元为子公司

乙公司应付账款；预付账款 6 000 元中有 4 500 元为子公司乙公司预收账款；应收票据 18 000元中有 10 500 元为子公司乙公司应付票据；子公司乙公司应付债券 6 000 元中有 3 000元为母公司甲公司所持有。

分析：

在编制合并资产负债表时，抵销分录应编制如下：

(1) 内部应收账款与应付账款抵销时。

借：应付账款　　9 000

　贷：应收账款　　9 000

(2) 内部预付账款与预收账款抵销时。

借：预收账款　　4 500

　贷：预付账款　　4 500

(3) 内部应收票据与应付票据抵销时。

借：应付票据　　10 500

　贷：应收票据　　10 500

(4) 将应付债券与持有至到期投资抵销时。

借：应付债券　　3 000

　贷：持有至到期投资　　3 000

至于应收股利与应付股利、其他应收款与其他应付款项目的抵销，也像上述抵销分录一样，分别借记“应付股利”，贷记“应收股利”项目；借记“其他应付款”，贷记“其他应收款”项目。

(二) 内部应收应付款项及其坏账准备的合并处理

企业对于包括应收账款、应收票据、预付账款以及其他应收款在内的所有应收款项，应当根据其预计可收回金额变动情况，确认资产减值损失，计提坏账准备。这里的应收账款、应收票据也包括应收子公司账款、应收子公司票据等。在应收账款采用备抵法计提坏账准备的情况下，母公司与子公司对其所有的应收账款可能计提坏账准备，并在其个别财务报表中列示。在编制合并财务报表时，随着内部应收账款的抵销，也必须相应地将内部应收账款计提的坏账准备予以抵销。

其抵销程序如下：

(1) 抵销坏账准备的期初数时。

借：应收账款——坏账准备

　贷：未分配利润——年初

(2) 将本期计提(或冲回)的坏账准备数额抵销，抵销分录与计提(或冲回)分录借贷方向相反。

借：应收账款——坏账准备

　贷：资产减值损失

或：

借：资产减值损失

　贷：应收账款——坏账准备

【例 8-5】 2×15 年 1 月 1 日，甲公司取得非同一集团内的乙公司的控制权。2×15 年甲公司应收乙公司货款为 750 万元，按余额的 10%计提坏账准备。假设 2×16 年年末甲公司的应收账款中包含对乙公司的应收账款余额为 900 万元。请分别编制甲公司 2×15年和 2×16 年与此项应收账款相关的合并报表相关的抵销分录(单位:万元)。

分析:

(1) 编制 2×15 年度的抵销分录。

① 应收账款与应付账款抵销。

借:应付账款	750	
贷:应收账款		750

② 坏账准备与资产减值损失抵销。

借:应收账款——坏账准备	75	
贷:资产减值损失		75

(2) 2×16 年度的抵销分录。

① 抵销上期内部应收款项计提的坏账准备，并调整期初未分配利润的数额。

借:应收账款——坏账准备	75	
贷:未分配利润——年初		75

② 内部应收账款与应付账款抵销。

借:应付账款	900	
贷:应收账款		900

③ 抵销本期内部应收款项增加而计提的坏账准备与资产减值损失。

借:应收账款——坏账准备	15	
贷:资产减值损失		15

(三) 企业集团内部债券交易的抵销处理

与内部债权、债务相关的利息收益与利息费用的抵销，主要关系到合并利润表项目的报告价值。下面以企业集团成员企业的一方持有另一方发行的债券为例予以说明。

在持有内部成员企业发行债券的情况下，发行债券的成员企业计付利息支出时，应将其作为财务费用处理并在其个别利润表中反映；而持有债券的成员企业，购买债券则作为持有至到期投资列示，当期获得的利息收入则作为投资收益处理，并在其个别利润表中反映。在编制合并财务报表时，应当在抵销内部发行的应付债券和持有至到期投资等内部债权债务的同时，将内部应付债券和持有至到期投资相关的利息费用与利息收入相互抵销，即将内部债券的投资收益与内部发行债券的利息支出相抵销。

如果债券投资方的当年利息收益与债券发行方的当年利息费用金额相等，则本期利息收益与利息费用的抵销分录为:

借:投资收益

　贷:财务费用

在某些情况下，债券投资企业持有的企业集团内部成员企业的债券并不是从发行债券的企业直接购进，而是在证券市场上从第三方手中购进的。在这种情况下，持有至到期投资中的债券投资与发行债券企业的应付债券抵销时，可能会出现差额，差额计入合并利润表的投资收益或财务费用项目。

(1) 当应付债券的摊余成本大于持有至到期投资的摊余成本时。

借:应付债券(个别报表的摊余成本)

贷:持有至到期投资(个别报表的摊余成本)

财务费用(差额倒挤)

(2) 当应付债券的摊余成本小于持有至到期投资的摊余成本时。

借:应付债券(个别报表的摊余成本)

投资收益(差额倒挤)

贷:持有至到期投资(个别报表的摊余成本)

(四) 内部应收款项相关所得税会计的抵销处理

(1) 首先抵销期初坏账准备对递延所得税的影响。

借:未分配利润——年初(期初坏账准备余额×所得税税率)

贷:递延所得税资产

(2) 确认递延所得税资产期初与期末余额的差额(递延所得税资产的期末余额即:期末坏账准备余额×所得税税率)。

①若坏账准备期末余额大于期初余额

借:所得税费用(坏账准备增加额×所得税税率)

贷:递延所得税资产

②若坏账准备期末余额小于期初余额

借:递延所得税资产

贷:所得税费用(坏账准备减少额×所得税税率)

三、内部存货交易的合并处理

(一) 内部存货交易概述

存货价值中包含的未实现内部销售损益是由于企业集团内部商品购销活动所引起的。在内部购销活动中,销售企业将集团内部销售作为收入确认并计算销售损益,而购买企业则是将支付购货的价款作为其成本入账。在本期内因未实现对外销售而形成期末存货时,其存货价值中也相应地包括两部分内容:一部分为真正的存货成本(即销售企业销售该商品的成本);另一部分为销售企业的销售毛利(即销售收入与销售成本的差额)。对于期末存货价值中包括的这部分销售损益,从企业集团整体来看,并不是真正实现的损益。因为从企业整体来看,集团内部企业之间的商品购销活动实际上相当于企业内部物资调拨活动,既不会实现损益,也不会增加商品的价值。从这一意义上来说,将期末存货价值中包括的这部分销售企业作为损益确认的部分,称之为未实现内部销售损益。因此,在编制合并资产负债表时,应当将存货价值中包含的未实现内部销售损益予以抵销。

(二) 内部存货交易发生当期的抵销处理

1. 内部存货交易发生当期的抵销处理

企业集团内部存货购销交易按交易的实现与否分为两种情况:一是企业集团内部存

货交易的买方至报告期已将该存货销售出企业集团，即企业集团的内部销售已经实现；二是企业集团内部存货交易的买方至报告期末未将该全部存货销售出企业集团，从企业集团来看这项销售并未完全实现。

对于上述第一种情况，企业集团的内部销售已经实现时应编制的抵销分录如下：

借：营业收入

  贷：营业成本

对于上述第二种情况，企业集团的内部销售未完全实现时，按照集团内部销售企业销售该商品的销售收入，借记“营业收入”等项目，按照当期期末存货价值中包含的未实现内部销售损益的数额，贷记“存货”项目，同时按照销售成本，贷记“营业成本”项目。此时，应编制的抵销分录如下：

借：营业收入

  贷：营业成本

    存货

【例 8-6】 假设甲公司本期个别利润表的营业收入中有 15 000 元，向子公司乙公司销售产品取得的销售收入，该产品销售毛利率为 40%。乙公司在本期将该产品全部售出，销售收入为 22 500 元。

分析：企业内部购进的商品当期全部实现销售时，不存在对“未实现的销售”进行抵销的问题。但存在集团内营业收入、销售成本重复报告的问题，所以应按集团内部存货交易的销售方的营业收入编制如下抵销分录：

借：营业收入	15 000	
贷：营业成本		15 000

【例 8-7】 假设例 8-6，乙公司从甲公司购入的存货本期全部未实现对外销售，期末乙公司该存货价值中包含的未实现内部销售利润额为 6 000 元(15 000×40%)。

分析：

购买企业内部购进的商品未实现全部对外销售时，企业集团内部交易的买方期末存货成本中包含销售方已经入账的销售利润，而从企业集团整体来看，这部分利润尚未实现。因此，在内部交易当年，合并财务报表工作底稿时应将这一未实现利润以及产生这一利润的未实现销售均予以抵销，抵销分录如下：

借：营业收入	15 000	
贷：营业成本		9 000
存货		6 000

【例 8-8】 假设例 8-6，乙公司从甲公司购入的存货中有 80%的存货本期实现对外销售，销售收入 18 000 元，剩余的 20%形成期末存货。

分析：

购买企业内部购进的商品部分实现对外销售时，需要抵销以下几部分内容：① 甲公司确认的内部销售收入 15 000 元；② 甲公司结转的内部销售成本 1 800 元(15 000×60%×20%)；③ 乙公司结转的内部销售成本 12 000 元(15 000×80%)；④ 乙公司期末存货中包含的未实现内部销售利润 1 200 元(15 000×20%×40%)。

抵销分录如下：

借：营业收入　　15 000

　贷：营业成本　　13 800

　　存货　　1 200

2. 内部存货交易发生当期存货跌价准备的合并处理

纳入合并财务报表编制范围的子公司之间或者其与母公司之间的内部存货交易上的未实现利润经过上述抵销处理之后，还有一个问题需要解决：按未实现利润计提的存货跌价准备应如何抵销。

某一存货计提跌价准备的金额，从单一企业来说，为该存货可变现净值低于取得成本的差额；而从企业集团来说，则是该商品可变现净值与企业集团范围内取得该商品成本的差额。从存货的可变现净值来说，某一存货的可变现净值，无论对于企业集团还是持有该商品的企业来说都是一致的。从存货的取得成本来说，持有内部购进存货的企业，该存货的取得成本包括销售企业所实现的利润，而对于企业集团整体来说，则是指从外部购买该存货的成本或生产这一产品的生产成本。编制合并财务报表时，计提存货跌价准备应当是将该商品的可变现净值与企业集团的取得成本进行比较，确定应该计提的金额。

对内部销售形成的存货计提跌价准备的合并处理，从购买企业来看有两种情况：第一种情况是，购买企业本期期末内部购进存货的可变现净值低于其取得成本，但高于销售企业销售成本。第二种情况是，购买企业本期期末内部购进存货的可变现净值既低于该存货的取得成本，也低于销售企业的该存货的取得成本。

在第一种情况下，从购买企业的个别财务报表来说，购买企业按该存货的可变现净值低于其取得成本的金额。一方面，确认存货跌价准备并在其个别资产负债表中作为存货项目的备抵科目列示；另一方面，在利润表中作为资产减值损失列示。但从合并财务报表来说，随着内部购进存货包含的未实现内部销售损益的抵销，该存货在合并财务报表中列示的成本为抵销未实现内部销售损益后的成本。当该存货的可变现净值低于购买企业的取得成本，但高于该存货在合并财务报表中的成本时，则不需要计提存货跌价准备。个别财务报表中列示的存货跌价准备也应予以抵销。进行合并处理时，应当按照购买企业本期计提存货跌价准备的金额，借记“存货”项目，贷记“资产减值损失”项目。

在第二种情况下，从购买企业个别财务报表来说，购买企业按该存货的可变现净值低于其取得成本的金额确认存货跌价准备。确认的存货跌价准备的金额，一方面，在其个别资产负债表中作为存货项目的备抵科目列示；另一方面，在利润表中作为资产减值损失列示。购买企业在个别财务报表中确认的存货跌价准备的金额，既包括购买企业该商品取得成本高于销售企业销售成本（即取得成本）的差额（即抵销的未实现内部销售损益），也包括销售企业销售成本高于该商品可变现净值的差额。但从合并财务报表来说，随着内部购进存货价值中包含的未实现内部销售损益的抵销，在合并财务报表中列示的该存货的成本为抵销未实现内部销售损益后的成本。相对于购买企业该存货的取得成本高于销售企业销售该存货成本的差额部分计提的跌价准备的金额，已因未实现内部销售损益的抵销而抵销，故在编制合并财务报表时，也需将这部分金额予以抵销；而相对于销售企业销售该存货成本高于该存货可变现净值的部分而计提的跌价准备的金额，无论从购买企业来说，还是对于整个企业集团来说，都是必须计提的存货跌价准备并在合并财务报表中予以反映。因此，进行抵销处理时，应当按购买企业本期计提的存货跌价准备中内部购进商品取得成本高于销售企业销售成本的差额，借记“存货”项目，贷记“资产减值损失”项目。

（三）连续编制合并财务报表时内部存货交易的抵销处理

1. 连续编制合并财务报表时内部存货交易的抵销处理

对于上期内部购进的商品全部实现对外销售的情况，由于不涉及内部存货价值中包含的未实现内部销售损益的抵销处理，所以在本期连续编制合并财务报表时，不涉及对其进行处理的问题。但在上期内部购进商品并形成期末存货的情况下，在编制合并财务报表进行抵销处理时，存货价值中包含的未实现内部销售损益的抵销，将直接影响上期合并财务报表中合并净利润数额的减少，并最终影响合并利润分配期末表中未分配利润数额的减少。由于本期编制合并财务报表时是以母公司和子公司本期个别会计报表为基础的，而母公司和子公司个别会计报表中未实现内部销售损益是作为其实现利润的部分而包括在其期初未分配利润之中的，则以母子公司个别会计报表中期初未分配利润为基础计算得出的合并期初未分配利润的数额，就可能与上期合并财务报表中的期末未分配利润的数额不一致。因此，上期编制合并财务报表时抵销的内部购进存货中包含的未实现内部销售损益，也对本期的期初未分配利润产生影响，故本期编制合并财务报表时必须在合并母子公司期初未分配利润的基础上，将上期抵销的未实现内部销售损益对本期期初未分配利润的影响予以抵销，并调整本期期初未分配利润的数额。

在连续编制合并财务报表的情况下，首先，必须将上期抵销的存货价值中包含的未实现内部销售损益对本期期初未分配利润的影响予以抵销，调整本期期初未分配利润的数额；然后，再对本期内部购进的存货进行抵销处理，其具体抵销处理程序和方法如下。

（1）将上期抵销的存货价值中包含的未实现内部销售损益对本期期初未分配利润的影响进行抵销。即按照上期内部购进存货价值中包含的未实现内部销售损益的数额，借记“未分配利润——年初”项目，贷记“营业成本”项目。

（2）对于本期发生内部购销活动的，将内部销售收入、内部销售成本予以抵销。即按照销售企业内部销售收入的数额，借记“营业收入”项目，贷记“营业成本”项目。

（3）将期末内部购进存货价值中包含的未实现内部销售损益予以抵销。对于期末内部购买形成的存货（包括上期结转形成的本期存货），应按照购买企业期末内部购入存货价值中包含的未实现内部销售损益的数额，借记“营业成本”项目，贷记“存货”项目。这一抵销分录实际上可以理解为将本期期末内部存货全部作为本期购进形成的存货来处理，并按本期销售企业的销售毛利率进行抵销处理。以下举例说明其具体抵销方法。

【例 8-9】 假设甲公司 2×15 年销售给子公司乙公司产品一批，售价 15 000 元，该产品销售毛利率为 40%。乙公司购入后，于 2×15 年对外销售了 80%，售价为 18 000 元。2×16 年乙公司又从甲公司购入该商品，甲公司售价 30 000 元，销售毛利率与上年相同。乙公司 2×16 年将上年从甲公司购入的未销售存货对外销售了 90%，售价 3 750 元，剩余

10%和本年购入的商品未对外销售形成期末存货。

(1) 2×15 年的抵销处理。

① 按内部销售方的收入金额 15 000 元。

借:营业收入　　15 000

　贷:营业成本　　15 000

② 期末内部存货包含的内部未实现销售损益为 1 200 元。

借:营业成本　　1 200

　贷:存货　　1 200

(2) 2×16 年的抵销处理。

① 抵销以前年度内部存货交易的未实现内部销售利润对期初未分配利润的影响。

借:未分配利润——年初　　1 200

　贷:营业成本　　1 200

② 抵销本期发生的内部存货交易。

借:营业收入　　30 000

　贷:营业成本　　30 000

③ 抵销期末存货价值中包含的未实现损益=上期购进的期末存货包含的未实现损益 120 元(15 000×40%×2%)+本期购进的期末存货包含的未实现损益 12 000 元(30 000×40%)。

借:营业成本　　12 120

　贷:存货　　12 120

2. 连续编制合并财务报表时存货跌价准备的抵销处理

(1) 将上期资产减值损失中抵销的存货跌价准备对本期期初未分配利润的影响予以抵销。

借:存货——存货跌价准备

　贷:未分配利润——年初

(2) 抵销因本期销售存货结转的存货跌价准备。

借:营业成本

　贷:存货——存货跌价准备

(3) 抵销存货跌价准备期末数与上述余额的差额,但存货跌价准备的抵销以存货中未实现内部销售利润为限。

借:存货——存货跌价准备

　贷:资产减值损失

或作相反分录。

(四) 内部交易存货相关所得税会计的抵销处理

内部交易存货未实现利润的抵销,调低了该存货在合并资产负债表中的报告价值。从合并报表的角度来看,该存货的账面价值低于其计税基础,由此产生的可抵扣暂时性差异对未来的纳税影响应在合并报表中予以确认。

（1）确认本期合并财务报表中递延所得税资产期末余额，即列报金额。递延所得税资产的期末余额为期末合并财务报表中存货可抵扣暂时性差异余额与所得税税率的乘积。

合并财务报表中存货账面价值为在合并财务报表角度期末结存存货的价值，即集团内部销售方（不是购货方）存货成本与可变现净值孰低的结果，而合并财务报表中存货计税基础为集团内部购货方期末结存存货的成本。

（2）调整合并财务报表中本期递延所得税资产。本期期末递延所得税资产的调整金额为合并财务报表中递延所得税资产的期末余额与购货方个别财务报表中已确认的递延所得税资产的差额。

具体的会计分录为：

① 调整期初数。

借：递延所得税资产

　贷：未分配利润——年初

② 调整期初期末差额。

借：递延所得税资产

　贷：所得税费用

或作相反分录。

四、内部固定资产交易的合并处理

（一）内部固定资产交易概述

对于企业集团内部固定资产交易，根据销售企业销售的是产品还是固定资产，可以将其划分为两种类型：第一种类型是企业集团内部企业将自身生产的产品销售给企业集团内的其他企业作为固定资产使用；第二种类型是企业集团内部企业将自身使用的固定资产变卖给企业集团内的其他企业作为固定资产使用；第三种类型是企业集团内部企业将自身使用的固定资产变卖给企业集团内的其他企业作为普通商品销售。第三种类型的固定资产交易在企业集团内部发生的情况极少，并且一般情况下发生的数量也不大。因此，本书主要讨论前两种类型的内部固定资产交易的抵销方法。

（二）内部固定资产交易发生当期的抵销处理

对于第一种类型的内部固定资产交易（企业集团内部企业将自身生产的产品销售给企业集团内的其他企业作为固定资产使用），交易当期销售企业个别财务报表中反映的是销售该产品的销售收入和销售成本；而购买企业则以支付的价款在其个别财务报表中反映固定资产的增加，该固定资产原价中包含了其在原销售企业中的原成本和销售企业的销售利润。从企业集团的角度考虑，这种内部固定资产交易活动相当于自制固定资产，然后交付使用。所以，它既不能实现销售收入，也不发生营业成本，因而不能形成销售损益。对于整个企业集团来说，对外销售并未实现，所确认的损益也是企业集团的未实现内部销售损益。在合并财务报表中，必须将内部营业收入与内部营业成本和未实现内部销售损益相互抵销，即按销售企业的销售收入借记“营业收入”科目，按销售企业的销售成本贷记

"营业成本"科目,按未实现内部销售损益借记或贷记"固定资产"科目。

同时,内部购入的固定资产在使用过程中是通过折旧的方式将其价值转移到产品价值之中的,由于固定资产按其原值计提折旧,在固定资产原价中包含有未实现内部销售利润的情况下,每期计提的折旧额中也必然包含着未实现内部销售利润的数额,因此也需要对该内部交易形成的固定资产每期计提的折旧额进行相应的抵销处理。为了便于理解内部交易形成的固定资产的抵销处理,下文将针对计提或不计提折旧的内部固定资产交易的抵销处理分别举例介绍。

【例 8-10】 子公司本期资产负债表中,固定资产原价项目中有一项原价为 15 000 元的设备系本期购入的母公司生产的商品,该设备系 2×16 年 12 月份购入并投入使用,本期未计提折旧。母公司销售该商品的销售价格为 15 000 元,该商品的生产成本为 12 000 元。

分析:

本例中,子公司该固定资产原价中包含有 3 000 元未实现内部销售利润。在编制合并财务报表时,需要将该固定资产原价中包含的这 3 000 元未实现内部销售利润予以抵销。其抵销分录如下:

借:营业收入(内部交易销售方的收入)　　15 000
　贷:营业成本(内部交易销售方的成本)　　12 000
　　固定资产——原价(未实现利润)　　3 000

【例 8-11】 假设甲公司和乙公司均为一母公司的子公司,甲公司将成本为 300 000 元的产品销售给乙公司作为固定资产使用,销售收入为 450 000 元。甲公司在其个别利润表中列示的营业收入为 450 000 元,营业成本为 300 000 元。乙公司在其个别资产负债表中列示的固定资产原价为 450 000 元。假设乙公司对该固定资产按 10 年的使用期限计提折旧,预计净残值为 0 元;该固定资产交易时间为上年 12 月 31 日。

对此,在编制合并财务报表时,应编制如下抵销分录:

借:营业收入　　450 000
　贷:营业成本　　300 000
　　固定资产——原价　　150 000
借:固定资产——累计折旧　　15 000
　贷:管理费用　　15 000

(三)内部交易固定资产使用期间的抵销处理

对于内部交易形成的固定资产,不仅在该内部固定资产交易发生的当期需要进行抵销处理,而且在以后使用该固定资产的期间也需要进行抵销处理。

(1)抵销期初固定资产原价中包含的未实现内部销售利润。

借:未分配利润——年初
　贷:固定资产——原价(期初固定资产原价中包含的未实现内部销售利润)

(2)抵销期初累计多提折旧。

借:固定资产——累计折旧(期初累计多提折旧)
　贷:未分配利润——年初

（3）抵销本期多提折旧。

借：固定资产——累计折旧（本期多提折旧）

贷：管理费用

【例 8-12】 假设甲公司和乙公司均为同一母公司的子公司，甲公司以 75 000 元的价格将其生产的产品销售给乙公司，其销售成本为 45 000 元，因该内部固定资产交易实现的销售利润为 30 000 元。乙公司购买该产品作为管理用固定资产使用，按 75 000 元的原价入账并在其个别资产负债表中列示。假设乙公司对该固定资产按 5 年的使用期限计提折旧，预计净残值为 0 元；该固定资产交易时间为上年 12 月 31 日。请进行相关抵销处理。

分析：

（1）该固定资产相关的销售收入、销售成本以及其原价中包含的未实现内部销售利润的抵销。

借：营业收入	75 000	
贷：营业成本		45 000
固定资产——原价		30 000

（2）该固定资产当期多计提折旧的抵销。

该固定资产折旧年限为 5 年，原价为 75 000 元，预计净残值为 0 元，当年计提的折旧额为 15 000 元，而按抵销其原价中包含的未实现内部销售利润后的原价计提的折旧额为 9 000 元，当期多计提的折旧额为 6 000 元。本例中应当按 6 000 元分别抵销管理费用和累计折旧。

借：固定资产——累计折旧	6 000	
贷：管理费用		6 000

通过上述抵销分录，在合并工作底稿中累计折旧额将减少 6 000 元，管理费用将减少 6 000 元，在合并财务报表中该固定资产的累计折旧为 9 000 元，该固定资产当期计提折旧费用为 9 000 元。

【例 8-13】 承例 8-12，第二年该内部交易固定资产保留在该子公司，即该子公司个别资产负债表固定资产原价中包含有原价为 75 000 元固定资产。

编制抵销分录如下：

（1）此时，编制合并资产负债表时。

借：未分配利润——年初	30 000	
贷：固定资产——原价		30 000

在以后各会计期间编制合并财务报表时，都必须在合并工作底稿中重复编制上述抵销分录，将固定资产原价包含的未实现内部销售利润的数额和期初未分配利润中包含的未实现内部销售利润的数额予以抵销，直至该固定资产退出企业集团范围的会计期间为止。

（2）因此，第二年编制合并财务报表时。

① 借：未分配利润——年初	30 000	
贷：固定资产——原价		30 000

② 借:固定资产——累计折旧 6 000
　贷:未分配利润——年初 6 000
③ 借:固定资产——累计折旧 6 000
　贷:管理费用 6 000

(3) 第三年编制合并财务报表时。

① 借:未分配利润——年初 30 000
　贷:固定资产——原价 30 000
② 借:固定资产——累计折旧 12 000
　贷:未分配利润——年初 12 000
③ 借:固定资产——累计折旧 6 000
　贷:管理费用 6 000

(4) 第四年编制合并财务报表时。

① 借:未分配利润——年初 30 000
　贷:固定资产——原价 30 000
② 借:固定资产——累计折旧 18 000
　贷:未分配利润——年初 18 000
③ 借:固定资产——累计折旧 6 000
　贷:管理费用 6 000

(四) 内部交易固定资产清理期间的抵销处理

对于销售企业来说,因该内部交易的固定资产实现的利润,应作为期初未分配利润的一部分结转到以后的会计期间,直到购买企业对该内部交易固定资产进行清理的会计期间。对于购买企业来说,对内部交易固定资产进行清理的会计期间,在其个别会计报表中表现为固定资产原价和累计折旧的减少;该固定资产清理收入减去该固定资产净值以及有关清理费用后的余额,在其个别利润表中以营业外收入(或营业外支出)项目列示。固定资产清理时可能出现三种情况:① 提前清理;② 期满清理;③ 超期清理。编制合并财务报表时,应当根据具体情况进行抵销处理。

1. 内部交易固定资产使用期限未满而提前进行清理时的抵销处理

在内部交易固定资产使用期限未满而提前进行清理的情况下,由于固定资产提前报废,固定资产原价中包含的未实现内部销售利润将随着清理而成为实现的损益。对于销售企业来说,因该内部交易固定资产所实现的利润,将作为期初未分配利润的一部分结转到购买企业对该内部交易固定资产进行清理的会计期间。为此,首先必须调整期初未分配利润;其次,在固定资产使用期限未满而进行清理的会计期间仍须计提折旧时,本期计提折旧中仍然包含有多计提的折旧,因此需要将多计提的折旧费用予以抵销。

【例 8-14】 承例 8-12,假设乙公司于第四年对该固定资产进行清理报废,该固定资产清理净收入为 37 500 元。

此时,编制合并财务报表时,抵销分录如下:

（1）借：未分配利润——年初　　30 000

　　贷：营业外收入　　30 000

（2）借：营业外收入　　18 000

　　贷：未分配利润——年初　　18 000

（3）借：营业外收入　　6 000

　　贷：管理费用　　6 000

2. 内部交易固定资产使用期限届满而进行清理时的抵销处理

在内部交易固定资产使用期限届满的情况下，购买企业内部交易的固定资产实体已不复存在，因此不存在未实现的内部销售利润抵销问题。从整个企业来说，随着该内部交易固定资产的使用期满，其包含的未实现内部销售利润也转化为已实现利润，而且该固定资产原值已经注销，所以不存在抵销固定资产原价中包含的未实现利润的问题；此外，由于不存在未实现利润，随着固定资产的清理，其累计折旧额也已经注销，也不存在对按未实现利润多提折旧的抵销问题。但是，需要将当年按期初未实现利润多提的折旧所产生的本年管理费用与期初未分配利润进行调整，调整分录为：

借：未分配利润——年初

　贷：管理费用（本年多提的折旧费用）

【例 8-15】 承例 8-12，乙公司在第五年该固定资产使用期满时对其报废清理。该固定资产报废清理时实现固定资产清理净收益为 7 500 元，在其当期个别利润表中以营业外收入项目列示。

此时编制合并财务报表，将本期多计提的折旧费用抵销，并调整期初未分配利润时，编制抵销分录如下：

（1）借：未分配利润——年初　　30 000

　　贷：营业外收入　　30 000

（2）借：营业外收入　　24 000

　　贷：未分配利润——年初　　24 000

（3）借：营业外收入　　6 000

　　贷：管理费用　　6 000

以上 3 笔抵销分录，可以合并为以下抵销分录：

借：未分配利润——年初　　6 000

　贷：管理费用　　6 000

3. 内部交易固定资产超期使用而进行清理时的抵销处理

在内部交易固定资产超期使用而未进行清理前，由于该内部交易的固定资产仍处于使用之中，该固定资产仍然按包含未实现内部销售利润的原价及计提的累计折旧，在购买企业的个别资产负债表中列示；而销售企业因该内部交易固定资产所实现的利润，则作为期初未分配利润的一部分结转到购买企业对该内部交易固定资产进行清理的会计期间。因此，首先需要将该固定资产原价中包括的未实现内部销售利润予以抵销，并调整期初未分配利润。其次，由于在该固定资产使用期满的会计期间仍然需要计提折旧，本期计提折旧中仍然包含有多计提的折旧。因此,需要将多计提的折旧费用予以抵销,并调整已计提的累计折旧。但由于固定资产超期使用不计提折旧,所以超期使用的会计期间不存在抵销多计提折旧的问题。

【例 8-16】 承例 8-12,该内部交易固定资产在第五年后仍继续使用。

则第五年编制合并财务报表时,编制抵销分录如下:

(1) 借:未分配利润——年初　　30 000

　　贷:固定资产——原价　　30 000

(2) 借:固定资产——累计折旧　　24 000

　　贷:未分配利润——年初　　24 000

(3) 借:固定资产——累计折旧　　6 000

　　贷:管理费用　　6 000

【例 8-17】 假设该内部交易固定资产在第六年仍继续使用。

此时编制合并财务报表时,抵销分录如下:

(1) 借:未分配利润——年初　　30 000

　　贷:固定资产——原价　　30 000

(2) 借:固定资产——累计折旧　　30 000

　　贷:未分配利润——年初　　30 000

内部交易固定资产超期使用后转入清理时,该固定资产在其正常使用期限内的最后一个会计期间就已经提足了折旧,因此超期使用期间不需再计提折旧,在其超期使用后转入清理时,固定资产净值中包含的未实现内部损益相应地转入了固定资产清理,相应增减了处置固定资产的净收益或净损失,即增加或减少了营业外收入或营业外支出。因此,抵销分录应为:

借:未分配利润——年初(上期末内部交易固定资产中的未实现内部利润)

　贷:营业外收入或营业外支出(清理时内部交易固定资产中的未实现内部利润)

由于当期已不计提折旧,因此上期末内部交易固定资产中的未实现内部利润与清理时内部交易固定资产中的未实现内部利润是相同的,都等于预计净残值中的未实现内部利润。

如果内部交易固定资产的预计净残值为 0 元,则在内部交易固定资产超期使用后转入清理的期间无须进行任何抵销。对于超期使用的内部交易的固定资产,由于当期对该内部交易的固定资产进行了清理,其实物已不存在,因此,不存在固定资产原价中包含未实现内部销售利润的抵销问题;同时,该固定资产累计折旧也随着固定资产的清理而核销,所以也不存在固定资产多计提折旧的抵销问题。因此,在编制对该内部交易固定资产进行清理的会计期间的合并财务报表时,无须进行抵销处理。

(五) 内部固定资产交易相关所得税会计的抵销处理

内部固定资产交易,会涉及相关的所得税会计处理。首先确认期初固定资产中未实现内部销售利润对递延所得税的影响,借记"递延所得税资产",贷记"未分配利润——年初";其次确认递延所得税资产期初期末余额的差额,递延所得税资产的期末余额为期末固定资产中未实现内部销售利润与所得税税率的乘积。

【例 8-18】 A 公司和 B 公司同为甲公司控制下的子公司。A 公司于 2×15 年 1 月 1 日，将自己生产的产品销售给 B 公司作为固定资产使用，A 公司销售该产品的销售收入为 1 260 万元，销售成本为 900 万元。B 公司以 1 260 万元的价格作为该固定资产的原价入账。B 公司购买的该固定资产用于公司的销售业务，该固定资产属于不需要安装的固定资产，当月投入使用，其折旧年限为 4 年，预计净残值为 0 元。B 公司对该固定资产确定的折旧年限和预计净残值与税法规定一致。为简化合并处理，假定该内部交易固定资产在交易当年按 12 个月计提折旧。

应当抵销处理如下（单位：万元）：

(1) 甲公司在编制合并财务报表时。

借：营业收入　　1 260

　贷：营业成本　　900

　　　固定资产——原价　　360

借：固定资产——累计折旧　　90

　贷：销售费用　　90

(2) 2×15 年 12 月 31 日，固定资产中未实现内部销售利润应为 270 万元(360－90)，应确认递延所得税资产应为 67.5 万元(270×25%)。

借：递延所得税资产　　67.5

　贷：所得税费用　　67.5

账面价值＝900－900÷4＝675(万元)

计税基础＝1 260－1 260÷4＝945(万元)

可抵扣暂时性差异＝945－675＝270(万元)

五、内部无形资产交易的合并处理

内部无形资产交易是企业集团内部发生交易的一方涉及无形资产的交易，如企业集团内部某一成员企业将自身拥有的专利权、专有技术等转让出售给其他成员企业作为无形资产继续使用。对于内部无形资产交易，在编制合并财务报表时，首先必须将转让出售无形资产所产生的收入、成本及购入企业无形资产入账价值中包含的未实现内部销售损益予以抵销；其次，随着无形资产价值的摊销，无形资产价值中包含的未实现内部销售损益也随之计入当期费用，为此也必须对内部交易无形资产摊销计入相关费用项目进行抵销处理。为了便于理解，本节将财务报表中的“无形资产”项目，细化为“无形资产”项目、“累计摊销”项目以及“无形资产净额”项目，以此来介绍内部无形资产交易相关的合并抵销处理。

内部无形资产交易发生当期进行合并处理时，按照内部交易时该无形资产账面价值中包含的未实现内部销售损益的数额，借记“营业外收入”项目，贷记“无形资产”项目；同时按本期该内部交易无形资产摊销额中包含的未实现内部销售损益的数额(即该无形资产价值中包含的未实现内部销售损益除以该无形资产的摊销年限得出的金额)，借记“累计摊销”项目，贷记“管理费用”项目。

内部交易无形资产使用期间的具体抵销处理如下：

(1) 抵销期初管理用无形资产原价中包含的未实现内部销售利润。

借:未分配利润——年初

贷:无形资产——原价(期初无形资产原价中包含的未实现内部销售利润)

(2) 抵销期初累计多提摊销。

借:无形资产——累计摊销(期初累计多提摊销)

贷:未分配利润——年初

(3) 抵销本期购入的无形资产原价中包含的未实现内部销售利润。

借:营业外收入

贷:无形资产——原价(本期购入的无形资产原价中包含的未实现内部销售利润)

(4) 抵销本期多提摊销。

借:无形资产——累计摊销(本期多提摊销)

贷:管理费用

对于发生变卖或报废的内部交易无形资产的抵销,抵销时只需将抵销分录中的“无形资产——原价”项目和“无形资产——累计摊销”项目用“营业外收入”项目或“营业外支出”项目代替即可。抵销时,用“营业外收入”或“营业外支出”项目代替“无形资产”项目的原则为:在个别财务报表中处置内部交易无形资产净收益计入营业外收入的,用“营业外收入”项目代替;在个别财务报表中处置内部交易无形资产净损失计入营业外支出的,用“营业外支出”项目代替。

第六节　特殊交易在合并财务报表中的会计处理

一、多次交易分步实现企业合并的会计处理

(一) 通过多次交易分步实现同一控制下企业合并

对于分步实现的同一控制下企业合并,在编制合并财务报表时,应视同参与合并的各方在最终控制方开始控制时即以目前的状态存在而进行调整;在编制比较报表时,以不早于合并方和被合并方同处于最终控制方的控制之下的时点开始,将被合并方的有关资产、负债并入合并方合并财务报表的比较报表中,并将合并而增加的净资产在比较报表中调整所有者权益项下的相关项目。

为避免重复计算被合并方净资产,合并方在取得被合并方控制权之前持有的股权投资,在取得原股权之日与合并方和被合并方同处于同一方最终控制之日孰晚日起至合并日之间已确认有关损益、其他综合收益以及其他净资产变动,应分别冲减比较报表期间的期初留存收益或当期损益。

(二) 企业因追加投资等原因能够对非同一控制下的被投资方实施控制

企业因追加投资等原因,通过多次交易分步实现非同一控制下企业合并的,在合并财务报表时,应结合分步交易的各个步骤的协议条款,以及各个步骤中所分别取得的股权比例、取得对象、取得方式、取得时点及取得对价等信息来判断分步交易是否属于“一揽

子交易”。

各项交易的条款、条件以及经济影响符合以下一种或多种情况的，通常应将多次交易事项作为“一揽子交易”进行会计处理：一是各项交易是同时或者在考虑了彼此影响的情况下订立的；二是各项交易整体才能达成一项完整的商业结果；三是一项交易的发生取决于至少一项其他交易的发生；四是一项交易单独看是不经济的，但是和其他交易一并考虑时是经济的。

如果分步取得对子公司股权投资直至取得控制权的各项交易属于“一揽子交易”，应当将各项交易作为一项取得子公司控制权的交易进行会计处理。

如果不属于“一揽子交易”，在合并财务报表中，对于购买日之前持有的被购买方的股权，应当按照该股权在购买日的公允价值进行重新计量，公允价值与其账面价值之间的差额计入当期投资收益；购买日之前持有的被购买方的股权涉及权益法核算下的其他综合收益以及除净损益、其他综合收益和利润分配外的其他所有者权益变动的，与其相关的其他综合收益、其他所有者权益变动应当转为购买日所属当期收益，由于被投资方重新计量设定受益计划净负债或净资产变动而产生的其他综合收益除外。购买方应当在附注中披露其在购买日之前持有的被购买方的股权在购买日的公允价值、按照公允价值重新计量产生的相关利得或损失的金额。

二、处置对子公司投资的会计处理

（一）一次交易处置子公司

母公司因处置部分股权投资或其他原因丧失了对原有子公司控制的，在合并财务报表中，应当进行如下会计处理：

（1）终止确认长期股权资产、商誉等的账面价值，并终止确认少数股东权益（包括属于少数股东的其他综合收益）的账面价值。

（2）按照丧失控制权日的公允价值进行重新计量剩余股权，按剩余股权对被投资方的影响程度，将剩余股权作为长期股权投资或按照公允价值计量的金融资产进行核算。

（3）处置股权取得的对价与剩余股权的公允价值之和，减去按原持股比例计算应享有原有子公司自购买日开始持续计算的净资产账面价值份额与商誉之和，形成的差额计入丧失控制权当期的投资收益。

（4）与原有子公司的股权投资相关的其他综合收益、其他所有者权益变动，应当在丧失控制权时转入当期损益，由于被投资方重新计量设定受益计划净负债或净资产变动而产生的其他综合收益除外。

（二）多次交易分步处置子公司

企业通过多次交易分步处置对子公司股权投资直至丧失控制权，在合并财务报表中，首先应判断分步交易是否属于“一揽子交易”。

（1）如果分步交易不属于“一揽子交易”，则在丧失对子公司的控制权以前的各项交易中应按照“在不丧失控制权的情况下部分处置对子公司长期股权投资”的规定进行会计处理。

(2) 如果分步交易属于"一揽子交易",则应将各项交易作为一项处置原有子公司并丧失控制权的交易进行会计处理。其中,对于丧失控制权之前的每一次交易,处置价款与处置投资对应的享有该子公司自购买日开始持续计算的净资产账面价值的份额之间的差额,在合并财务报表中应当计入其他综合收益,在丧失控制权时一并转入丧失控制权当期的损益。

【例 8-19】 乙公司为甲公司的全资子公司,2×15 年 11 月 30 日,甲公司与丙公司签订不可撤销的转让协议(属于一揽子交易),约定甲公司向丙公司转让其持有的乙公司100%股权,对价总额为 750 万元。考虑到丙公司的资金压力以及股权平稳过渡,双方在协议中约定,丙公司应在 2×15 年 12 月 31 日之前支付 300 万元,以先取得乙公司 20%股权;丙公司应在 2×16 年 12 月 31 日之前支付 450 万元,以取得乙公司剩余 80%股权。2×15年 12 月 31 日至 2×16 年 12 月 31 日期间,乙公司的相关活动仍然由甲公司单方面主导。

2×15 年 12 月 31 日,按照协议约定,丙公司向甲公司支付 300 万元,甲公司将其持有的乙公司 20%股权转让给丙公司并已办理股权变更手续。当日,乙公司自购买日持续计算的净资产账面价值为 525 万元。2×16 年 6 月 30 日,丙公司向甲公司支付 450 万元,甲公司将其持有的乙公司剩余 80%股权转让给丙公司并已办理股权变更手续,自此丙公司取得乙公司的控制权。当日,乙公司自购买日持续计算的净资产账面价值为 600 万元。

问题:甲公司如何进行会计处理?

分析:

2×15 年 12 月 31 日,甲公司转让持有的乙公司 20%股权,在乙公司的股权比例下降至 80%,甲公司仍控制乙公司。处置价款 300 万元与处置 20%股权对应的乙公司净资产账面价值的份额 105 万元(525×20%),之间的差额 195 万元,在合并财务报表中计入其他综合收益。

2×16 年 6 月 30 日,甲公司转让乙公司剩余 80%股权,丧失对乙公司控制权,不再将乙公司纳入合并范围。2×16 年 6 月 30 日,甲公司应将处置价款 450 万元与享有的乙公司净资产份额 480 万元(600×80%)之间的差额 30 万元,计入投资收益;同时,将第一次交易计入其他综合收益的 195 万元转入投资收益,应确认投资收益 165 万元(−30+195)。

三、母公司控股比例发生变动的会计处理

母公司对子公司的控股比例发生变动的情形主要有三种:一是收购子公司少数股东股权从而增加母公司的控股比例;二是未丧失控股权的情况下部分处置子公司的股权从而减少母公司的控股比例;三是子公司的少数股东增资从而稀释了母公司的控股比例。这几种类型的股权交易都属于"权益交易",这一共同点决定了对这几种情形在合并财务报表中的处理有相同之处。

(一) 母公司购买子公司少数股东股权

母公司购买子公司少数股东拥有的子公司股权的,在母公司个别财务报表中,其自子

公司少数股东处新取得的长期股权投资应当按照《企业会计准则第 2 号——长期股权投资》(CAS2)的规定确定其入账价值；在合并财务报表中，子公司的资产、负债应以购买日或合并日所确定的净资产价值开始持续计算的金额反映，因购买少数股权新取得的长期股权投资与按照新增持股比例计算应享有子公司自购买日或合并日开始持续计算的净资产份额之间的差额，应当调整母公司个别财务报表中的资本公积(资本溢价或股本溢价)，资本公积不足冲减的，调整留存收益。

（二）母公司在不丧失控制权的情况下部分处置对子公司长期股权投资

母公司在不丧失控制权的情况下部分处置对子公司的长期股权投资的，在母公司个别财务报表中作为长期股权投资的处置，确认有关处置损益。即出售股权取得的价款或对价的公允价值与所处置投资账面价值的差额，应作为投资收益或损失计入处置投资当期母公司的个别财务报表。在合并财务报表中，因出售部分股权后，母公司仍能够对被投资单位实施控制，被投资单位应当纳入母公司合并财务报表。因此，在合并财务报表中，处置价款与处置长期股权投资相对应享有子公司自购买日或合并日开始持续计算的净资产份额之间的差额，应当调整资本公积(资本溢价或股本溢价)，资本公积不足冲减的，调整留存收益。

（三）因子公司少数股东增资导致母公司股权稀释

如果由于子公司的少数股东对子公司进行增资，导致母公司股权稀释，母公司应当按照增资前的股权比例计算其在增资前子公司账面净资产中的份额，该份额与增资后按母公司持股比例计算的在增资后子公司账面净资产份额之间的差额计入资本公积，资本公积不足冲减的，调整留存收益。

【例 8-20】 2×15 年 1 月 1 日，甲公司和乙公司分别出资 120 万元和 30 万元设立丙公司，甲公司、乙公司的持股比例分别为 80%和 20%。丙公司为甲公司的子公司。2×16 年 1 月 1 日，乙公司对丙公司增资 60 万元，增资后占丙公司股权比例为 30%。增资完成后，甲公司仍控制丙公司。丙公司自成立日至增资前实现净利润 150 万元，除此以外，不存在其他影响丙公司净资产变动的事项(不考虑所得税等影响因素)。

分析：

本例中，甲公司持股比例原为 80%，由于少数股东乙公司增资而变为 70%。增资前，甲公司按照 80%的持股比例享有的丙公司净资产账面价值为 240 万元(300×80%)；增资后，甲公司按照 70%持股比例享有的净资产账面价值为 252 万元(360×70%)，两者之间的差额 12 万元，在甲公司合并资产负债表中应调增资本公积。

四、交叉持股的合并处理

交叉持股，是指在由母公司和子公司组成的企业集团中，母公司持有子公司一定比例股份，能够对其实施控制；同时，子公司也持有母公司一定比例股份，即相互持有对方的股份。

母子公司有交叉持股情形的，在编制合并财务报表时，对于母公司持有的子公司股权，与通常情况下母公司长期股权投资与子公司所有者权益的合并抵销处理相同。对于子公司持有的母公司股权，应当按照子公司取得母公司股权日所确认的长期股权投资的初始投资成本，将其转为合并财务报表中的库存股，作为所有者权益的减项，在合并资产负债表中所有者权益项目下以减"库存股"项目列示；对于子公司持有母公司股权所确认的投资收益(如利润分配或现金股利)，应当进行抵销处理。子公司将所持有的母公司股权分类为可供出售金融资产等，按照公允价值计量的，应同时冲抵子公司累计确认的公允价值变动。

子公司相互之间持有的长期股权投资，应当比照母公司对子公司的股权投资的抵销办法，将长期股权投资与其对应的子公司所有者权益中所享有的份额相互抵销。

五、逆流交易的合并处理

如果母子公司之间发生逆流交易，即子公司向母公司出售资产，则所发生的未实现内部交易损益，应当按照母公司对该子公司的分配比例在"归属于母公司所有者的净利润"和"少数股东损益"之间分配抵销。

延伸阅读

关于有限合伙制基金的合并报表问题(含典型案例)

在实践操作中，经常会遇到有限合伙型基金的合并报表问题。究竟是因为普通合伙人的执行事务合伙人身份而并入普通合伙人，还是因为出资比例而并入出资最多的有限合伙人？该问题更多的是一个会计处理问题，但是，有时该问题也会成为一个比较重要的法律问题，甚至会影响整个交易架构的设计。本文拟结合相关会计准则的规定和有限合伙企业自身的特点对其合并报表问题作简要分析。

一、合并报表与控制

根据财政部于2014年2月17日修订的《企业会计准则第33号——合并财务报表》(以下简称"33号准则")的规定，合并财务报表的合并范围应当以控制为基础予以确定。

控制是指投资方拥有对被投资方的权力，通过参与被投资方的相关活动而享有可变回报，并且有能力运用对被投资方的权力影响其回报金额。

与公司组织形式类似，有限合伙企业的合并财务报表也是以控制为前提，因此，有限合伙制基金合并报表问题实质上是对控制权的判断和归属问题。无论是普通合伙人，还是有限合伙人，谁拥有对有限合伙制基金的控制权，则谁对合伙企业实施合并财务报表。

二、有限合伙制基金的特点

与一般公司相比，有限合伙企业通常具有如下特点。

(1) 出资。有限合伙制基金由普通合伙人和有限合伙人组成，有限合伙人一般负责投资绝大部分资金，其出资会占到全部出资的80%～99%，普通合伙人仅象征性出资。

(2) 管理。对于有限合伙制基金，通常由普通合伙人全权负责基金的管理事务，并承担无限连带责任；有限合伙人不参与基金的经营管理，只是以出资额为限承担有限责任。

(3) 收益分配。由于有限合伙人一般不参与基金经营管理，所以普通合伙人与有限合伙人并不严格按照各自投资比例分享利润，而是会考虑因普通合伙人对合伙企业的经营管理以及承担的无限连带责任，而使其高于其投资比例分享利润；普通合伙人的收益主要来源是管理费和业绩分成，这也符合风险与收益相匹配的原则。

(4) 组织结构。与公司相比，有限合伙制私募股权基金组织结构更具有人合性，更加灵活便捷，可以根据合伙人需要设立相应的组织结构，一般会设置“投资决策委员会”之类的机构负责投资管理等经营决策方面的事宜。由于投资是有限合伙制基金最核心的业务活动，因此，作为对投资拥有最终决策权的“投资决策委员会”是该企业最重要的经营决策机构。

(5) 对普通合伙人的约束。从普通合伙人的更换机制看，往往约定有限合伙人可单方面决定普通合伙人的更换(经全体或大多数有限合伙人同意)；另外，普通合伙人对其权益的处分要受到比有限合伙人更严格的限制，如普通合伙人一般不得转让其在合伙企业中享有的权益，而有限合伙人可以有条件转让其权益。

在判断有限合伙制基金是否合并财务报表时，应密切联系有限合伙企业区别于公司的上述特点以及合伙企业的具体约定，在综合考虑各种因素的基础上作出实质性判断。

三、判断是否构成控制的主要因素

根据 33 号准则第八条的规定，投资方应当在综合考虑所有相关事实和情况的基础上对是否控制被投资方进行判断。相关事实和情况主要包括：① 被投资方的设立目的；② 被投资方的相关活动以及如何对相关活动做出决策；③ 投资方享有的权利是否使其目前有能力主导被投资方的相关活动；④ 投资方是否通过参与被投资方的相关活动而享有可变回报；⑤ 投资方是否有能力运用对被投资方的权力影响其回报金额；⑥ 投资方与其他方的关系。

上述六条因素中最为关键的是第③、④、⑤和第⑥条。下面本文将着重对该四条因素在有限合伙企业中的体现进行阐述。

(一) 投资方主导被投资方的能力

1. 执行合伙事务与主导合伙企业的关系

我国《合伙企业法》规定：有限合伙企业由普通合伙人执行合伙事务，有限合伙人不执行合伙事务，不得对外代表有限合伙企业。虽然上述法律规定了有限合伙人的八种行为不视为执行合伙事务，但是何谓“执行合伙事务”及有限合伙人实施的这八种行为之外的行为是否构成执行合伙事务，却并没有给出明确答案。

实践中也出现了有限合伙人在某种程度上参与有限合伙制基金的投资决策的现象，如：有限合伙人委派代表参与基金投资决策委员会，对基金投资决策事宜进行表决，甚至某些情况下拥有一票表决权，对上述现象却不能一概而论。

同时，执行合伙事务即经营管理权和“控制”合伙企业并不冲突。实务中也可能存在有限合伙人对有限合伙制基金具有控制权的情况，尤其是单一有限合伙人在有限合伙制基金中所占权益比例较大，享有或承担有限合伙制基金的绝大部分风险和报酬时更是如此。因此，当被投资企业是有限合伙制基金时，不能仅仅以我国《合伙企业法》规定的有限合伙人不能执行合伙事务，不能对外代表合伙企业为由，即认为有限合伙人必然不能控制该有限合伙制基金；也不能仅以普通合伙人的执行合伙事务人的身份为由而认定普通合伙人控制合伙企业，拥有主导合伙企业的能力。

2. 表决权的行使

根据33号准则的规定，除非有确凿证据表明其不能主导被投资方相关活动，下列情况表明投资方对被投资方拥有权力：① 投资方持有被投资方半数以上的表决权的。② 投资方持有被投资方半数或以下的表决权，但通过与其他表决权持有人之间的协议能够控制半数以上表决权的。

同时，33号准则规定，投资方持有被投资方半数或以下的表决权，但综合考虑下列事实和情况后，判断投资方持有的表决权足以使其目前有能力主导被投资方相关活动的，视为投资方对被投资方拥有权力：① 投资方持有的表决权相对于其他投资方持有的表决权份额的大小，以及其他投资方持有表决权的分散程度。② 投资方和其他投资方持有的被投资方的潜在表决权，如可转换公司债券、可执行认股权证等。③ 其他合同安排产生的权利。④ 被投资方以往的表决权行使情况等其他相关事实和情况。

从出资额角度看，绝大部分出资额均由有限合伙人缴纳，普通合伙人的出资比例很低，因此，普通合伙人在合伙企业中拥有的表决权也微乎其微。另一方面，有限合伙人如持有合伙企业半数以上的表决权的，也不能直接判断其对合伙企业有控制权，理由是，如果合伙企业重要事项需要2/3或者全部表决一致才能通过，这种情形下，有限合伙人对被投资单位依然没有控制权。

对于有限合伙制基金来说，合伙人大会虽然名义上是合伙企业的最高权力机构，有权就入伙、退伙、解散等关乎合伙企业生死存亡的重大事项作出决策。但是，其实质上并不涉及投资决策等经营管理决策事宜。普通合伙人作为执行事务合伙人，负责组建投资决策委员会等内部管理机构，其可能在投资决策委员会等层面拥有控制或主导能力，但是尚不能以行使表决权达到主导合伙企业的目的。

况且，目前很多合伙协议也约定，合伙人大会审议事项需经出席会议的全体合伙人一致表决通过，由此，使通过表决权条款判断是否可主导合伙企业变得更加复杂。同时还应注意，投资方是否与其他表决权持有人存在任何关于表决权行使的协议安排。

3. 实质性权利与保护性权利

根据控制的定义，投资方应通过参与被投资方的相关活动而享有可变回报。对此“相关活动”，应当区分实质性权利与保护性权利而有不同对待。33号准则明确规定，投资方在判断是否拥有对被投资方的权力时，应当仅考虑与被投资方相关的实质性权利，包括自身所享有的实质性权利以及其他方所享有的实质性权利。

实质性权利，是指持有人在对相关活动进行决策时有实际能力行使的可执行权利。判断一项权利是否为实质性权利，应当综合考虑所有相关因素，包括权利持有人行使该项权利是否存在财务、价格、条款、机制、信息、运营、法律法规等方面的障碍；当权利由多方持有或者行权需要多方同意时，是否存在实际可行的机制使得这些权利持有人在其愿意的情况下能够一致行权；权利持有人能否从行权中获利等。

某些情况下，其他方享有的实质性权利有可能会阻止投资方对被投资方的控制。这种实质性权利既包括提出议案以供决策的主动性权利，也包括对已提出议案作出决策的被动性权利。

而若投资方仅享有保护性权利，则不拥有对被投资方的权力。保护性权利，是指仅为了保护权利持有人利益却没有赋予持有人对相关活动决策权的一项权利。保护性权利通常只能在被投资方发生根本性改变或某些例外情况发生时才能够行使，它既没有赋予其持有人对被投资方拥有权力，也不能阻止其他方对被投资方拥有权力。

一般来讲，保护性条款是指出于保护全部或部分投资者（尤其是小股东）利益的目的，对于与公司正常经营活动无关，或者因为其金额非常重大、性质非常特殊等原因，会严重影响到公司正常业务的决策，适用更为谨慎的决策程序（例如，需全体股东表决通过等）。

下面这些决议内容很可能属于保护性权利：对公司增加或者减少注册资本作出决议；对发行公司债券作出决议；对公司合并、分立、变更公司形式、解散和清算等事项作出决议；修改公司章程等。

（二）可变回报

33号准则第十七条规定：投资方自被投资方取得的回报可能会随着被投资方业绩而变动的，视为享有可变回报。

在有限合伙制基金中，普通合伙人的收益来源主要有两个：管理费和业绩分成。尤其是业绩分成，与被投资方的经营状况是紧密关联的。有限合伙人的收益分配方式主要有以下几种：① 固定收益，即名股实债；② 可变收益；③ 固定收益＋可变收益。

因此，需要根据具体情况进行具体分析。在二者都享有可变收益时，可变收益占其总收益的比重将是一个重要的参考因素。尽管对于超额收益，普通合伙人只取得小部分超额收益，如20％～30％，但是，由于其对有限合伙制基金仅象征性出资（出资比例为1％，甚至更低），因此，普通合伙人的可变收益往往占其总收益的比例较有限合伙人要高很多。

另一方面，对有限合伙人享有的固定收益，也要持辩证态度。如果约定收取固定收益，但是与被投资方的经营状况和支付能力有较大影响，则实质上也是一种可变回报。相反，如果通过一系列增信措施，如第三方提供收益补足或由第三方直接支付收益等，使得有限合伙人实际上能够取得不受基金经营业绩影响的固定收益，则该收益将不视为可变回报。

同时，可变回报的认定与基金的类型也有一定的关系。在偏债型基金中，由于基金开展的是偏债型的投资，因此其收益一般也较为固定，从而导致普通合伙人和有限合伙人的收益通常也是比较固定的。

（三）运用主导被投资方的能力而影响回报

“运用对被投资方的权力影响投资方回报的能力”这一标准与前述“主导被投资方的权力”标准密切相关。主导被投资方的权力越大、越深、越广，影响被投资方回报的能力也就越大。

33号准则规定，两个或两个以上投资方分别享有能够单方面主导被投资方不同相关活动的现时权利的，能够主导对被投资方回报产生最重大影响的活动的一方拥有对被投资方的权力。

由于合伙企业业务单一，项目投资是合伙企业唯一回报来源。因此，对被投资方回报产生最重大影响的活动主要是与项目投资有关的，即在投资决策委员会决定的事宜，从该规定可以看出，基于合伙企业的特殊属性，投资决策委员会将会被赋予更大权重。

（四）投资方与其他方的关系

33号准则引入了"实质代理人"概念，要求区分决策者是否实质上是其他方的代理人。投资方在判断是否控制被投资方时，应当确定其自身是以主要责任人还是代理人的身份行使决策权，在其他方拥有决策权的情况下，还需要确定其他方是否以其代理人的身份代为行使决策权。代理人作为代表其他方行使权力的第三方，并不控制被投资方。

在确定决策者是否为代理人时，应当综合考虑该决策者与被投资方以及其他投资方之间的关系：① 存在单独一方拥有实质性权利可以无条件罢免决策者的，该决策者为代理人。② 除①以外的情况下，应当综合考虑决策者对被投资方的决策权范围、其他方享有的实质性权利、决策者的薪酬水平、决策者因持有被投资方中的其他权益所承担可变回报的风险等相关因素进行判断。

对于有限合伙制基金来说，通常由普通合伙人执行合伙事务。因此，通常仅涉及判断普通合伙人是否为有限合伙人的代理人的问题。对于执行事务合伙人的更换，一般来说，通常在合伙协议中约定，在执行事务合伙人因故意、过失（或重大过失）或违反合伙协议约定致使合伙企业受到重大损害时，经全体有限合伙人一致同意（或持有有限合伙人权益75%的合伙人，视有限合伙人人数多少而有所区别），可更换执行事务合伙人。意即，有限合伙人作为一个利益体可单方面决定普通合伙人的除名和更换。

在有的有限合伙制基金中，合伙协议及合伙人达成的协议中有约定表明，当某个有限合伙人单独持有实质性罢免普通合伙人的权利时，则可认定该普通合伙人只是其代理人。不过，从实践操作来看，基本很少存在由一家有限合伙人可单独决定执行事务合伙人的解聘事宜。行使该罢免权所需要的共同行动方数量越多，普通合伙人的其他经济利益（即报酬和其他利益）的数量和变动程度越大，则该因素的权重应当越低。

四、案例分析

案例一：传统意义上的基金

A公司作为普通合伙人，B公司作为优先级有限合伙人，C公司作为劣后级有限合伙人，共同发起设立D基金。A公司负责执行基金事务。A公司每年按照有限合伙基金实缴出资规模的1%收取固定管理费，对于有限合伙基金超过预期收益的超额部分，A公司获得该超额收益5%的超额分成。

分析：

在该案例中，A公司虽然是执行事务合伙人，也拥有可变回报，并在一定程度上具备运用对基金的权力影响投资方回报的能力。但是A公司所拥有的可变回报相对于基金的规模较小；同时结合违约概率，测算发生违约情况时A公司的风险敞口，也可以推算出A公司承担可变回报的风险较小，这是因为偏融资型基金自身暴露的风险敞口较小。因此，从实质判断角度看，A公司将有限合伙基金和目标公司纳入其合并报表范围缺乏合理性。

案例二：强势的普通合伙人

A公司作为普通合伙人与其他有限合伙人共同发起设立一家有限合伙制基金B，其中，A公司出资0.1亿元，占基金2%的份额。B基金的合伙协议规定，A公司作为执行事务合伙人，拥有对B基金所有投资、资产处置、分配及其他相关事务完全、独占及排他的管理决策权力。A公司的决策应以所有合伙人的利益最大化为原则，但是无论A公司作出何种决策，有限合伙人均无权撤销A公司的管理决策权。B基金存续期为3年，期满后所有合伙人分别按照原始出资额收回出资。

对投资项目取得的全部投资收益，扣除管理费、托管费、交易费用、组织费用、运营费用及其他运营成本后进行分配。分配办法为：平均年收益率在12%以内的部分，所有合伙人按实际出资权益比例分配收益；年平均收益率超过12%的部分，其中60%由普通合伙人享有，剩余40%由有限合伙人按实际出资比例分配。若发生亏损，有限合伙人按其出资比例分担；超出基金总认缴出资额的亏损由普通合伙人承担。

分析：

在该案例中，A公司在B基金中的实际出资比例虽然仅为2%，但A公司拥有对B基金完全、独占及排他的管理决策权力，且其他投资方也无权撤销此管理决策权，A公司完全掌控了B基金的经营和财务政策。此外，B基金的年平均收益率超过12%的部分，A公司可以独享其中的60%的比例，若发生亏损，A公司也需要独自承担超出基金总认缴额的部分，由此可见，A公司承担的风险和享有的利益也因B基金最终实际经营成果的波动而发生较大的变化，且很大程度上承担和享有B基金大部分的风险和报酬，并不仅限于按2%的出资比例份额。因此，A公司应该将B基金纳入合并范围。

案例三：弱势的普通合伙人

A公司持有B公司60%的股权，B公司负责C基金的募集与管理，A公司并作为有限合伙人持有C基金10%的财产份额。根据C基金合伙协议规定："本有限合伙制基金设投资决策委员会，共由五名委员组成，均由普通合伙人委派"。

补充合伙协议规定："全体合伙人一致确认，有限合伙企业设投资决策委员会，作为有限合伙企业的最高投资决策机构。本协议规定的有限合伙企业及被投资公司相关事项需投资决策委员会作出批准的决议方可实施"，"投资决策委员会共设五名委员，各有限合伙人均有权各提名一名人选，普通合伙人委派各方提名的人选为投资决策委员会委员"。C基金托管协议规定："管理人B公司向托管人发出投资划款指令之前，应向托管人提供与该项投资决策有关的各项法律文件和资料：包括C基金投资决策机构同意对外投资该项目的书面决定文件"。

在该案例中，B公司作为管理人，实际上并未控制投资决策委员会，而是担任类似代理人的角色。因此，A公司与C基金未构成控制与被控制关系，不符合企业会计准则有关合并会计报表的相关规定，故C基金不纳入A公司的合并会计报表范围。

结语

与公司相比，有限合伙企业有其自身的特点，呈现"人合兼资合"的特性。因此，在判断是否对合伙企业具有控制权时，不应仅仅基于普通合伙人的身份作出判断，而应重点关注合伙协议的相关约定和基金具体情况而定，如各投资者相对持股情况、公司治理结构、各投资者对被投资单位的权利及承担的风险和收益的大小等因素。

通常来说，在合伙企业里面，普通合伙人的地位更接近于有限合伙人聘请的职业经理人（代理人），运用其在私募投资方面的专业经验和人脉资源等进行投资管理，其主要目的是实现有限合伙人利益的最大化，这也是有限合伙这一组织形式特有的优势所在。当然，实践中也有例外，在具体应用控制标准确定合并范围时，应当着重强调实质重于形式的原则，综合考虑各种因素进行判断。

（资料来源 《关于有限合伙制基金的合并报表问题（含典型案例）》，载并购菁英汇 2017 年 7 月 27 日，http://url.cn/4EVoXSr）

特别提示

合并财务报表的合并范围应当以控制为基础予以确定。控制，是指投资方拥有对被投资方的权力，通过参与被投资方的相关活动而享有可变回报，并且有能力运用对被投资方的权力影响其回报金额。因此，投资方要实现控制，必须具备三项基本要素：一是因涉入被投资方而享有可变回报；二是拥有对被投资方的权力；三是有能力运用对被投资方的权力影响其回报金额。投资方只有同时具备上述两项要素时，才能控制被投资方。

实际工作中，投资方在判断其能否控制被投资方时，应综合考虑所有相关事实和情况，以判断是否同时满足控制的上述三项要素。相关事实和情况主要包括：被投资方的设立目的和设计；被投资方的相关活动以及如何对相关活动作出决策；投资方享有的权利是否使其目前有能力主导被投资方的相关活动；投资方是否通过参与被投资方的相关活动而享有可变回报；投资方是否有能力运用对被投资方的权力影响其回报金额。

合并财务报表是以纳入集团公司合并财务报表范围的企业的个别会计报表为基础，再根据其他有关资料，编制抵销分录，抵销集团内部投资与交易有关的会计事项后编制出来的。编制合并财务报表的程序包括：开设合并财务报表工作底稿；将单独报表数据过入工作底稿；编制调整分录、抵销分录；计算各项目的合并数；登记合并财务报表。

在编制合并工作底稿时，需要编制调整分录和抵销分录。调整分录包括对子公司的个别财务报表进行的调整以及按权益法调整的母公司对子公司的长期股权投资；抵销分录包括母公司长期股权投资与子公司所有者权益的抵销以及母公司与子公司、子公司相互之间持有对方长期股权投资的投资收益的抵销。需要注意的是，在进行权益法调整和内部交易事项抵销时，不仅要消除本期发生的内部交易事项对合并财务报表的影响，而且应当消除以前各期发生的交易事项对本期期初未分配利润的相关报表项目的影响。

除长期股权投资以外，集团公司内部母公司与其所属子公司之间以及各个子公司之间还会发生各种涉及损益或不涉及损益的内部交易事项，该内部交易事项已经发生并分别记录在母公司或子公司的个别财务报表中。但从企业集团的角度看，并不包括这类内部交易事项，应予以抵销。企业集团内部交易事项主要包括内部存货交易、内部固定资产交易、内部无形资产交易和债权债务交易等。在编制合并财务报表时，既要考虑当期发生的各类内部交易的抵销，还要考虑以前期间发生的各类内部交易对本期影响的抵销。

CHAPTER 9

第九章

租赁会计

学习目标

租赁会计是用来管理租赁业务活动的一种专业会计，是结合租赁业务的特点，来研究租赁业务活动中的资金运动及其消长变化和结果的会计理论和方法。本章应重点关注的内容有：① 熟悉租赁的含义及其他相关概念；② 掌握经营租赁与融资租赁业务中承租人的会计处理原则及其应用；③ 掌握经营租赁与融资租赁业务中出租人的会计处理原则及其应用；④ 了解售后租回业务租赁双方的会计处理原则及其应用；⑤了解全新的租赁会计准则《国际财务报告准则第16号——租赁》(IFRS16)的最新进展。

案例引入

中国南方航空股份有限公司(China Southern Airlines，简称南航，股票代码600029)，总部设在广州。南航年客运量居亚洲第一、世界第三；机队规模居亚洲第一，世界第四，是中国航班最多、航线网络最密集、年客运量最大的民用航空公司。

下面是南方航空2017年一则飞机融资租赁关联交易公告的摘编：

1. 交易内容

中国南方航空股份有限公司(以下简称：公司)与广州南沙南航天如租赁有限公司(以下简称：天如租赁)签署《飞机融资租赁协议》(天如租赁是南航国际融资租赁有限公司，以下简称：南航租赁)的全资子公司，南航租赁与公司同为中国南方航空集团公司(以下简称：南航集团)的控股子公司，本次交易构成关联交易，公司以融资租赁模式向天如租赁引进将于2017年5月交付的1架空客A321和1架空客A330-300飞机。

2. 关联交易的主要内容和履约安排

根据公司与天如租赁签订的《飞机融资租赁协议》，主要内容如下：

出租人：广州南沙南航天如租赁有限公司

承租人：中国南方航空股份有限公司

标的物：预计于2017年5月交付的1架空客A321和1架空客A330-300飞机

租金总额：租金以飞机购买总价为基础(本金不超过2架飞机购买总价的100%)，加上相应的利息和增值税，预计总额不超过2.5亿美元或等值人民币

租赁结构：国内保税租赁

租赁利率：按照中国人民银行公布的人民币五年以上贷款利率下浮 21.6%

租赁期限：12 年

租金支付方式：以等额本金方式飞机交付后每季度末支付，出租人在收到租金后 10 个工作日内向承租人全额开具增值税专用发票

手续费总额：不超过 93 万美元或等值人民币

手续费支付方式：飞机交付前收取

3. 该关联交易的目的

根据公司在 2016 年年底通过邀请竞价方式确定的 2017 年上半年飞机融资一揽子方案，在天如租赁的融资方案及融资租赁手续费报价具有竞争优势之前提下向天如租赁引进 1 架空客 A321 和 1 架空客 A330-300 飞机，使公司能在市场条件允许下尽可能地降低融资成本。同时，天如租赁承诺将就上述 2 架飞机的融资租赁租金向公司全额开具增值税专用发票，供公司用于增值税抵扣。有关安排与同等利率的抵押贷款相比，预计可以使公司额外节约融资成本不超过 492 万美元。

根据上述飞机融资租赁关联交易公告，南方航空采取融资租赁的方式租入了两架飞机。那么，什么是融资租赁？为什么要采取融资租赁的方式呢？除了融资租赁外是否还有其他租赁类型？租赁会计的主要内容是什么？融资租赁会计的主要知识点有哪些？它们对于读者了解公司的财务状况、经营成果和现金流量信息有什么意义？

（资料来源　中国南方航空股份有限公司董事会：《南方航空：飞机融资租赁关联交易公告》，载上海证券交易所网站 2017 年 4 月 28 日，http://www.sse.com.cn/disclosure/listedinfo/announcement/c/2017-04-28/600029_20170428_1.pdf?）

■ 第一节　租赁会计概述

一、租赁的含义及其他相关概念

（一）租赁的含义

租赁，是指在约定的期间内，出租人将资产的使用权让与承租人，以获取租金的协议。正确理解租赁的概念，要注意以下几点：① 在租赁期内转移资产的使用权而非所有权，是租赁合同的本质。这一特点使租赁业务有别于资产购销，也有别于运输合同、保管合同、仓储合同等并未转移资产使用权的服务性合同。② 有偿转移资产使用权，是租赁得以实现的条件。这一特点使租赁区别于无偿提供使用权的借用合同。确定一项协议是否属于或者包含租赁业务从而根据租赁准则进行确认与计量，应重点考虑以下两个因素：① 履行该协议是否依赖某项特定资产；② 该协议是否转移了资产的使用权。

（二）其他相关概念

1. 租赁期

租赁期是指租赁协议规定的不可撤销的租赁期间。如果承租人有权选择续租该资

产，并且在租赁开始日就可以合理确定承租人将会行使这种选择权，则不论是否再支付租金，续租期也包括在租赁期内。

2. 租赁开始日

租赁开始日是指租赁协议日与租赁各方就主要条款作出承诺日中的较早者。在租赁开始日，承租人和出租人应当将租赁认定为融资租赁或经营租赁，并确定在租赁期开始日应确认的金额。

3. 租赁期开始日

租赁期开始日是指承租人有权行使其使用租赁资产权利的日期，表明租赁行为的开始。在租赁期开始日，承租人应当对租入资产、最低租赁付款额和未确认融资费用进行初始确认；出租人应当对应收融资租赁款、未担保余值和未实现融资收益进行初始确认。

租赁期开始日与租赁开始日的比较，见图 9-1。

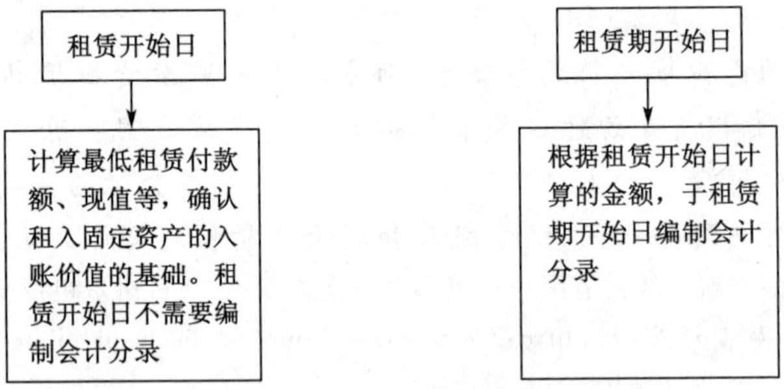

图 9-1　租赁开始日与租赁期开始日比较图

4. 资产余值

资产余值是指在租赁开始日估计的租赁期届满时租赁资产的公允价值。为了促使承租人谨慎地使用租赁资产，尽量减少出租人的风险和损失，租赁协议有时要求对租赁资产的余值进行担保。保证租赁资产在租赁期满时的实际余值不会因意外损害、不正常的磨损或者过度使用而低于双方在签订租赁契约时所估计的余值，否则，承租人或第三方担保人将对出租人予以补偿。

5. 担保余值

担保余值就承租人而言，是指由承租人或其有关的第三方担保的资产余值；就出租人而言，是指就承租人而言的担保余值加上独立于承租人和出租人，但在财务上有能力担保的第三方（如担保公司）担保的资产余值。

6. 未担保余值

未担保余值指租赁资产余值中扣除就出租人而言的担保余值以后的资产余值。

7. 最低租赁付款额

最低租赁付款额是指在租赁期内，承租人应支付或可能被要求支付的款项（各期租金之和，不包括履约成本和或有租金)，加上由承租人或与其有关的第三方担保的资产余值。当承租人有购买租赁资产的选择权，且所订立的购买价款预计将远低于行使选择权时租赁资产的公允价值，因而在租赁开始日就可以合理确定承租人将会行使这种选择权时，购买价款应当计入最低租赁付款额。

其中，履约成本是指租赁期内为租赁资产支付的各种使用费用，如人员培训费、维修费、保险费以及技术咨询服务费等；或有租金是指金额不固定、以时间长短以外的其他因素为依据计算的租金，如依据销售量、使用量、物价指数等计算的租金。

8. 最低租赁收款额

最低租赁收款额是指最低租赁付款额加上独立于承租人和出租人的第三方对出租人担保的资产余值。

9. 初始直接费用

初始直接费用是指在租赁谈判和签订租赁合同的过程中发生的可直接归属于租赁项目的费用。

二、租赁的分类

承租人和出租人应当在租赁开始日将租赁分为融资租赁和经营租赁。企业对租赁进行分类时，应当全面考虑租赁期届满时租赁资产所有权是否转移给承租人、承租人是否有购买租赁资产的选择权、租赁期占租赁资产使用寿命的比例等各种因素。

(一) 融资租赁

1. 融资租赁的含义

融资租赁是指实质上转移了与资产所有权有关的全部风险和报酬的租赁，其所有权最终可能转移，也可能不转移。

2. 融资租赁的判断标准

满足下列标准之一的，即应认定为融资租赁。

(1) 当租赁期届满时，资产的所有权转移给承租人。

(2) 承租人有购买租赁资产的选择权，且所订立的购价预计远低于行使选择权时租赁资产的公允价值，在租赁开始日就可以合理地确定承租人将会行使这种选择权。

举例说明：在一项租赁期限为 3 年的租赁协议中，约定租赁期届满时承租人有权以 20 000 元的价格购买租赁资产，租赁期届满时的公允价值是 80 000 元，由于公允价值是购买价格 4 倍(购价远低于行使选择权时的公允价值)。如无特别情况，承租人在租赁期届满时将会购买该项资产。那么在这种情况下，在租赁开始日即可判断该项租赁应当认定为融资租赁。

(3) 租赁期占租赁资产使用寿命的大部分。大部分是指租赁期占租赁开始日租赁资产尚可使用寿命的 75%以上。如果租赁资产是旧资产，在租赁前已使用年限超过资产自全新时起算可使用年限的 75%(含 75%)以上时，则不能用这条标准判断租赁的分类。

举例说明:① 某项租赁设备全新时可使用年限为10年,已经使用了3年,从第4年开始租赁,租赁期为6年。租赁期占使用寿命85.7%(6/7),属于融资租赁。② 如果从第4年开始,租赁期为3年,租赁期占使用寿命的42.9%(3/7),则不符合该项标准,因此不能认定为融资租赁(假定也不符合其他判断标准)。③ 若假如租赁设备全新时可使用年限为10年,该项设备已使用8年,从第9年开始租赁,租赁期2年,使用寿命2年,租赁期占使用寿命100%(2/2)。但是由于该设备的已使用年限已经超过了可使用年限的80%(8/10=80%),超过了75%的判断标准,因此不能用该项标准判断租赁的分类。

(4) 就承租人而言,租赁开始日最低租赁付款额的现值几乎相当于租赁开始日租赁资产的公允价值;就出租人而言,最低租赁收款额的现值几乎相当于租赁开始日租赁资产的公允价值。"几乎相当于"是指在90%(含90%)以上。

(5) 租赁资产性质特殊,如果不作较大修整,只有承租人才能使用。

(二) 经营租赁

1. 经营租赁的含义

经营租赁是指除融资租赁以外的其他租赁,是承租人为了经营活动中的短期性、临时性及季节性需要而向出租人租用某种资产的行为。

2. 经营租赁的特点

(1) 承租人只需要某种资产的使用权而不是所有权。

(2) 租赁期限比较短。资产的使用期远远短于其有效使用年限。

(3) 出租人承担与资产所有权有关的风险和报酬。

第二节 承租人的会计处理

一、承租人对经营租赁的会计处理

(一) 租金的会计处理

在经营租赁下,与租赁资产所有权有关的风险和报酬并没有实质上转移给承租人,承租人不承担租赁资产的主要风险,其对经营租赁的会计处理不须将所取得的租入资产的使用权资本化,相应地也不必将所承担的付款义务列作负债。其主要问题是解决应支付的租金与计入当期费用的关系。承租人在经营租赁下发生的租金应当在租赁期内的各个期间按直线法确认为费用;如果其他方法更合理,也可以采用其他方法。其会计处理为:确认各期租金费用时,借记"长期待摊费用"等科目,贷记"其他应付款"等科目。实际支付租金时,借记"其他应付款"等科目,贷记"银行存款"、"库存现金"等科目。

某些情况下,出租人可能对经营租赁提供激励措施,如免租期、承担承租人某些费用等。在出租人提供了免租期的情况下,应将租金总额在整个租赁期内,而不是在租赁期扣除免租期后的期间内按直线法或其他合理的方法进行分摊,免租期内应确认租金费用;在出租人承担了承租人的某些费用的情况下，应将该费用从租金总额中扣除，并将租金余额在租赁期内进行分摊。

此外，为了保证租赁资产的安全和有效使用，承租人应设置“经营租赁资产”备查簿作备查登记，以反映和监督租赁资产的使用、归还和结存情况。

【例 9-1】 2×15 年 1 月 1 日，晨锋公司向金泓公司租入办公设备一台，租期为 3 年。设备价值为 200 000 元，预计使用年限为 10 年。租赁合同规定，租赁开始日（2×15 年 1 月 1 日）晨锋公司向金泓公司一次性预付租金 54 000 元，第 1 年年末支付租金为 35 000 元，第 2 年年末支付租金 45 000 元，第 3 年年末支付租金 40 000 元。租赁期届满后金泓公司收回设备，3 年的租金总额为 174 000 元（假定晨锋公司和金泓公司均在年末确认租金费用和租金收入，并且不存在租金逾期支付的情况）。

分析：

此项租赁没有满足融资租赁的任何一条标准，应作为经营租赁处理。确认租金费用时，不能依据各期实际支付的租金的金额确定，而应采用直线法分摊确认各期的租金费用。此项租赁租金费用总额为 174 000 元，按直线法计算，每年应分摊的租金费用为 58 000 元。

相关会计处理如下：

（1）2×15 年 1 月 1 日。

借：长期待摊费用　　54 000

　贷：银行存款　　54 000

（2）2×15 年 12 月 31 日。

借：管理费用　　58 000

　贷：长期待摊费用　　23 000

　　银行存款　　35 000

（3）2×16 年 12 月 31 日。

借：管理费用　　58 000

　贷：长期待摊费用　　13 000

　　银行存款　　45 000

（4）2×17 年 12 月 31 日。

借：管理费用　　58 000

　贷：长期待摊费用　　18 000

　　银行存款　　40 000

（二）初始直接费用的会计处理

对于承租人在经营租赁中发生的初始直接费用，应当计入当期损益。其会计处理为：借记“管理费用”等科目，贷记“银行存款”等科目。

（三）或有租金的会计处理

在经营租赁下，承租人对或有租金的处理与融资租赁下相同，既在实际发生时计入当期损益。其会计处理为：借记“销售费用”等科目，贷记“银行存款”等科目。

(四)相关信息的披露

对于重大的经营租赁,承租人应当在附注中披露下列信息:① 资产负债表日后连续三个会计年度每年将支付的不可撤销经营租赁的最低租赁付款额。② 以后年度将支付的不可撤销经营租赁的最低租赁付款额总额。

二、承租人对融资租赁的会计处理

(一)租赁期开始日的会计处理

在租赁期开始日,承租人应当将租赁开始日租赁资产公允价值与最低租赁付款额现值两者中的较低者作为租入资产的入账价值,将最低租赁付款额作为长期应付款的入账价值,其差额作为未确认融资费用。

承租人在计算最低租赁付款额的现值时,如果知悉出租人的租赁内含利率,应当采用出租人的租赁内含利率作为折现率;否则,应当采用租赁合同规定的利率作为折现率。如果出租人的租赁内含利率和租赁合同规定的利率均无法知悉,应当采用同期银行贷款利率作为折现率。其中,租赁内含利率,是指在租赁开始日,使最低租赁收款额的现值与未担保余值的现值之和等于租赁资产公允价值与出租人的初始直接费用之和的折现率。

(二)未确认融资费用的分摊

在融资租赁下,承租人向出租人支付的租金中,包含了本金和利息两部分。承租人支付租金时,一方面应减少长期应付款,另一方面应同时将未确认的融资费用按一定的方法确认为当期融资费用。在先付租金(即每期期初等额支付租金)的情况下,租赁期第一期支付的租金不含利息,只需减少长期应付款,不必确认当期融资费用。

在分摊未确认的融资费用时,按照租赁准则的规定,承租人应当采用实际利率法。在采用实际利率法的情况下,根据租赁开始日租赁资产和负债的入账价值基础不同,融资费用分摊率的选择也不同。未确认融资费用分摊率的确定具体分为下列几种情况。

(1)以出租人的租赁内含利率为折现率将最低租赁付款额折现,且以该现值作为租赁资产入账价值的,应当将租赁内含利率作为未确认融资费用的分摊率。

(2)以合同规定利率为折现率将最低租赁付款额折现,且以该现值作为租赁资产入账价值的,应当将合同规定利率作为未确认融资费用的分摊率。

(3)以银行同期贷款利率为折现率将最低租赁付款额折现,且以该现值作为租赁资产入账价值的,应当将银行同期贷款利率作为未确认融资费用的分摊率。

(4)以租赁资产公允价值为入账价值的,应当重新计算分摊率。该分摊率是使最低租赁付款额的现值等于租赁资产公允价值的折现率。

存在优惠购买选择权时,在租赁期届满时,未确认融资费用应全部摊销完毕,租赁负债应当减少为优惠购买金额。在承租人或与其有关的第三方对租赁资产提供了担保或由于在租赁期届满时没有续租而支付违约金的情况下,在租赁期届满时,未确认融资费用应当全部摊销完毕,租赁负债还应减少至担保余值。

（三）租赁资产折旧的计提

承租人应对融资租入的固定资产计提折旧，主要涉及两个问题：一是折旧政策；二是折旧期间。

1. 折旧政策

对于融资租入资产，计提租赁资产折旧时，承租人应采用与自有应折旧资产相一致的折旧政策。同自有应折旧资产一样，租赁资产的折旧方法一般有年限平均法、工作量法、双倍余额递减法、年数总和法等。如果承租人或与其有关的第三方对租赁资产余值提供了担保，则应计提折旧总额为租赁开始日固定资产的入账价值扣除担保余值后的余额；如果承租人或与其有关的第三方未对租赁资产余值提供担保，则应计提折旧总额为租赁开始日固定资产的入账价值。如果租赁合同规定有优惠购买选择权时，应计提折旧总额为融资租入固定资产的入账价值减去行使优惠购买选择权的情况下估计的预计净残值。

2. 折旧期间

确定租赁资产的折旧期间时，应视租赁合同而定。如果能够合理确定租赁期届满时承租人将会取得租赁资产所有权，即可认为承租人拥有该项资产的全部使用寿命。因此，应以租赁开始日租赁资产的寿命作为折旧期间；如果无法合理确定租赁期届满后承租人是否能够取得租赁资产的所有权，则应以租赁期与租赁资产寿命两者中的较短者作为折旧期间。

（四）履约成本的会计处理

履约成本是指租赁期内为租赁资产支付的各种使用费用，如技术咨询和服务费、人员培训费、维修费、保险费等。承租人发生的履约成本通常应计入当期损益。

（五）或有租金的会计处理

或有租金是指金额不固定，以时间长短以外的其他因素（如销售量、使用量、物价指数等）为依据计算的租金。由于或有租金的金额不固定，无法采用系统合理的方法对其进行分摊，因此，在或有租金实际发生时，计入当期损益。

（六）出租人提供激励措施的处理

出租人提供免租期的，承租人应将租金总额在不扣除免租期的整个租赁期内，按直线法或其他合理的方法进行分摊，免租期内应当确认租金费用及相应的负债。出租人承担了承租人某些费用的，承租人应将该费用从租金费用总额中扣除，按扣除后的租金费用余额在租赁期内进行分摊。

（七）租赁期届满时的会计处理

租赁期届满时，承租人对租赁资产的处理通常有三种情况：返还、优惠续租和留购。

1. 返还租赁资产

租赁期届满，承租人向出租人返还租赁资产时，如果存在担保余值，通常借记“长期应付款——应付融资租赁款”、“累计折旧”科目，贷记“固定资产——融资租入固定资产”科目。如果不存在承租人担保余值，则借记“累计折旧”科目，贷记“固定资产——融资租入固定资产”科目。

2. 优惠续租租赁资产

如果承租人行使优惠续租选择权，应视同该项租赁一直存在而作出相应的会计处理。如果租赁期届满时没有续租，承租人向出租人返还租赁资产时，其会计处理与上述返还租赁资产的会计处理相同，根据租赁协议规定须向出租人支付违约金时，借记“营业外支出”科目，贷记“银行存款”等科目。

3. 留购租赁资产

在承租人享有优惠购买选择权的情况下，支付购买价款时，借记“长期应付款——应付融资租赁款”科目，贷记“银行存款”等科目；同时，将固定资产从“融资租入固定资产”明细科目转入有关明细科目。

（八）相关会计信息的列报与披露

承租人应当在资产负债表中，将与融资租赁相关的长期应付款减去未确认融资费用的差额，分别在长期负债和一年内到期的长期负债中列示。

承租人应当在附注中披露与融资租赁有关的下列信息：① 各类租入固定资产的期初和期末原价、累计折旧额；② 资产负债表日后连续三个会计年度每年将支付的最低租赁付款额以及以后年度将支付的最低租赁付款额总额；③ 未确认融资费用的余额以及分摊未确认融资费用所采用的方法。

【例 9-2】 租赁合同如下：

2×15 年 12 月 26 日，晨锋公司与金泓公司签订了一份租赁合同。合同主要条款如下：

(1) 租赁标的物：程控生产线。

(2) 租赁期开始日：租赁物运抵晨锋公司生产车间之日(即 2×15 年 1 月 1 日)。

(3) 租赁期：从租赁期开始日算起 48 个月(即 2×15 年 1 月 1 日至 2×18 年 12 月 31)。

(4) 租金支付方式：自租赁期开始日起每年年末支付租金 800 万元。

(5) 该生产线在 2×15 年 1 月 1 日的公允价值为 3 100 万元。

(6) 租赁合同规定的利率为 6%(年利率)。

(7) 该生产线为全新设备，估计使用年限为 5 年。

(8) 2×16 年、2×17 年、2×18 年三年间，晨锋公司每年按该生产线所生产的产品——微波炉的年销售收入的 1.5%向金泓公司支付经营分享收入。

关于晨锋公司：

(1) 采用实际利率法确认本期应分摊的未确认融资费用。

(2) 采用年限平均法计提固定资产折旧。

(3) 2×16 年、2×17 年、2×18 年三年间，晨锋公司分别实现微波炉销售收入 150 万元、200 万元和 250 万元。

(4) 2×18 年 12 月 31 日，将该生产线退还金泓公司。

(5) 晨锋公司在租赁谈判和签订租赁合同过程中发生可归属于租赁项目的手续费、差旅费共计 2 500 元。

分析：

晨锋公司的会计处理如下：

(1) 租赁开始日的会计处理。

第一步，判断租赁类型。

本例中租赁期(4 年)占租赁资产尚可使用年限(5 年)的 80%(大于 75%)，满足融资租赁的第 3 条标准。因此，晨锋公司应当将该项租赁认定为融资租赁。

第二步，计算租赁开始日最低租赁付款额的现值，确定租赁资产的入账价值。

本例中晨锋公司不知道出租人的租赁内含利率。因此，应选择租赁合同规定的利率 6%作为最低租赁付款额的折现率。

最低租赁付款额＝各期租金之和＋承租人担保的资产余值

＝8 000 000×4＋0

＝32 000 000(元)

计算现值的过程如下：

每期租金 8 000 000 元的年金现值＝8 000 000×(P/A，6%，4)，查表得知：

(P/A，6%，4)＝3.465 1

每期租金的现值之和＝8 000 000×3.465 1 ＝27 720 800(元)，小于租赁资产公允价值 31 000 000 元。

根据孰低原则，租赁资产的入账价值应为最低租赁付款额现值 27 720 800 元。

第三步，计算未确认融资费用。

未确认融资费用＝最低租赁付款额－最低租赁付款额现值

＝32 000 000－27 720 800

＝4 279 200(元)

第四步，将初始直接费用计入资产价值。

租赁资产的入账价值＝27 720 800＋2 500＝27 723 300(元)

此时，会计处理为：

2×12 年 1 月 1 日，租入程控生产线。

借：固定资产——融资租入固定资产	27 723 300	
未确认融资费用	4 279 200	
贷：长期应付款——应付融资租赁款		32 000 000
银行存款		2 500

(2) 分摊未确认融资费用的会计处理。

第一步，确定融资费用分摊率。

由于租赁资产的入账价值为其最低租赁付款额的折现值，因此，该折现率就是其融资费用分摊率，即 6%。

第二步，在租赁期内采用实际利率法分摊未确认融资费用(见表 9-1)。

表 9-1 **未确认融资费用分摊表(实际利率法)** 单位:元

日期 ①	租金 ②	确认的融资费用 ③=期初⑤×6%	应付本金减少额 ④=②-③	应付本金余额 期末⑤=期初⑤-④
(1) 2×15.1.1				27 720 800
(2) 2×15.12.31	8 000 000	1 663 248	6 336 752	21 384 048
(3) 2×16.12.31	8 000 000	1 283 042.88	6 716 957.12	14 667 090.88
(4) 2×17.12.31	8 000 000	880 025.45	7 119 974.55	7 547 116.33
(5) 2×18.12.31	8 000 000	452 883.67*	7 547 116.33*	0
合计	32 000 000	4 279 200		

注:* 作尾数调整:452 883.67 =8 000 000-7 547 116.33
7 547 116.33=7 547 116.33-0

第三步,会计处理。

2×15 年 12 月 31 日,支付第 1 期租金。

借:长期应付款——应付融资租赁款 8 000 000

贷:银行存款 8 000 000

2×15 年 1 月至 12 月,每月分摊未确认融资费用时,每月财务费用为 1 663 248÷12=138 604(元)。

借:财务费用 138 604

贷:未确认融资费用 138 604

2×16 年 12 月 31 日,支付第 2 期租金。

借:长期应付款——应付融资租赁款 8 000 000

贷:银行存款 8 000 000

2×16 年 1 月至 12 月,每月分摊未确认融资费用时,每月财务费用为 1 283 042.88÷12=106 920.24(元)。

借:财务费用 106 920.24

贷:未确认融资费用 106 920.24

2×17 年 12 月 31 日,支付第 3 期租金。

借:长期应付款——应付融资租赁款 8 000 000

贷:银行存款 8 000 000

2×17 年 1 月至 12 月,每月分摊未确认融资费用时,每月财务费用为 880 025.45÷12=73 335.45(元)。

借:财务费用 73 335.45

贷:未确认融资费用 73 335.45

2×18 年 12 月 31 日,支付第 4 期租金。

借:长期应付款——应付融资租赁款 8 000 000

贷:银行存款 8 000 000

2×18 年 1 月至 12 月,每月分摊未确认融资费用时,每月财务费用为 452 883.67÷12=37 740.31(元)。

借:财务费用　　37 740.31

　贷:未确认融资费用　　37 740.31

(3) 计提租赁资产折旧的会计处理。

第一步,融资租入固定资产折旧的计算(见表 9-2)。

表 9-2　融资租入固定资产折旧计算表(年限平均法)　单位:元

日期	固定资产原价	估计余值	折旧率*	当年折旧费	累计折旧	固定资产净值
(1) 2×15.1.1	27 723 300	0				27 723 300
(2) 2×15.12.31			23.41%	6 490 024.53	6 490 024.53	21 233 275.47
(3) 2×16.12.31			25.53%	7 077 758.49	13 567 783.02	141 555 16.98
(4) 2×17.12.31			25.53%	7 077 758.49	20 645 541.51	7 077 758.49
(5) 2×18.12.31			25.53%	7 077 758.49	27 723 300	0
合计	27 723 300	0	100.00%	27 723 300		

注:* 根据合同规定,由于晨锋公司无法合理确定在租赁期届满时能够取得租赁资产的所有权,因此,应当在租赁期与租赁资产尚可使用年限两者中的较短的期间内计提折旧。本例中,租赁期为 4 年,短于租赁资产尚可使用年限 5 年,因此,应按 4 年计提折旧。同时,根据"当月增加的固定资产,当月不提折旧,从下月起计提折旧"这一规定,本租赁合同应按 47 个月计提折旧,即 2×15 年应按 11 个月计提折旧,其他 3 年分别按 12 个月计提折旧。

第二步,相关会计处理。

2×15 年 2 月 28 日,计提本月折旧=6 490 024.53÷11 =590 002.23 (元)。

借:制造费用——折旧费　　590 002.23

　贷:累计折旧　　590 002.23

2×15 年 3 月至 2×18 年 12 月的会计分录,同上。

(4) 或有租金的会计处理。

2×16 年 12 月 31 日,根据合同规定,应向金泓公司支付经营分享收入 22 500 元。

借:销售费用　　22 500

　贷:其他应付款——金泓公司　　22 500

2×17 年 12 月 31 日,根据合同规定,应向金泓公司支付经营分享收入 30 000 元。

借:销售费用　　30 000

　贷:其他应付款——金泓公司　　30 000

2×18 年 12 月 31 日,根据合同规定,应向金泓公司支付经营分享收入 37 500 元。

借:销售费用　　37 500

　贷:其他应付款——金泓公司　　37 500

(5) 租赁期届满时的会计处理。

2×18 年 12 月 31 日,将该生产线退还金泓公司。

借:累计折旧　　27 723 300

　贷:固定资产——融资租入固定资产　　27 723 300

第三节　出租人的会计处理

一、出租人对经营租赁的会计处理

在经营租赁下，与租赁资产所有权有关的风险和报酬并没有实质上转移给承租人，出租人对经营租赁的会计处理也比较简单，主要问题是解决应收的租金与确认为当期收入之间的关系、经营租赁资产折旧的计提。

（一）租金的处理

出租人在经营租赁下收取的租金应当在租赁期内的各个期间按直线法确认为收入，如果其他方法更合理，也可以采用其他方法。其会计处理为：确认各期租金收入时，借记"应收账款"或"其他应收款"等科目，贷记"租赁收入"等科目。实际收到租金时，借记"银行存款"等科目，贷记"应收账款"或"其他应收款"等科目。

（二）初始直接费用的处理

经营租赁中出租人发生的初始直接费用，是指在租赁谈判和签订租赁合同过程中发生的可归属于租赁项目的手续费、律师费、差旅费、印花税等，应当计入当期损益。金额较大的应当资本化，在整个经营租赁期间内按照与确认租金收入相同的基础分期进入当期损益。

（三）租赁资产折旧的计提

在经营租赁下，租赁资产的所有权始终归出租人所有。因此，出租人仍应按自有资产的处理方法，将租赁资产反映在资产负债表上。如果经营租赁资产属于固定资产，应当采用出租人对类似应折旧资产通常所采用的折旧政策计提折旧。

（四）或有租金的处理

在经营租赁下，出租人对或有租金的处理与融资租赁下相同，即在实际发生时确认为当期收入。

（五）出租人对经营租赁提供激励措施

某些情况下，出租人可能对经营租赁提供激励措施，如免租期、承担承租人某些费用等。在出租人提供了免租期的情况下，应将租金总额在不扣除免租期的整个租赁期内，按直线法或其他合理的方法进行分配，免租期内应确认租赁收入；在出租人承担了承租人的某些费用的情况下，应将该费用从租金收入总额中扣除，并将租金收入余额在租赁期内进行分配。

此外，出租人还应在附注中披露每类租出资产在资产负债表日的账面价值。

二、出租人对融资租赁的会计处理

（一）租赁债权的确认

由于在融资租赁下，出租人将与租赁资产所有权有关的风险和报酬实质上转移给了承租人，将租赁资产的使用权长期转让给承租人，并以此获取租金，因此，实际上出租人的租赁资产在租赁开始日就变成了收取租金的债权。出租人应在租赁期开始日，将租赁开始日最低租赁收款额与初始直接费用之和作为应收融资租赁款的入账价值，并同时记录未担保余值，将应收融资租赁款、未担保余值之和与其现值的差额确认为未实现融资收益。其会计处理应为：在租赁期开始日，出租人应按最低租赁收款额与初始直接费用之和，借记“长期应收款——应收融资租赁款”科目；按未担保余值，借记“未担保余值”科目；按租赁资产的公允价值（最低租赁收款额的现值和未担保余值的现值之和），贷记“融资租赁资产”科目，租赁资产公允价值与其账面价值的差额，借记“营业外支出”科目或贷记“营业外收入”科目；按发生的初始直接费用，贷记“银行存款”等科目；按借方与贷方的差额，贷记“未实现融资收益”科目。

（二）未实现融资收益分配的会计处理

在分配未实现融资收益时，出租人应当采用实际利率法计算当期应确认的融资收入。但是，由于在计算内含报酬率时已考虑了初始直接费用的因素，为了避免未实现融资收益被高估，在初始确认时应对未实现融资收益进行调整。其会计处理为：出租人每期收到租金时，按收到的租金，借记“银行存款”科目，贷记“长期应收款——应收融资租赁款”科目。在未确认融资收益初始确认时对其进行调整，借记“未实现融资收益”科目，贷记“长期应收款——应收融资租赁款”科目。每期采用合理方法分配未实现融资收益时，按当期应确认的融资收入金额，借记“未实现融资收益”科目，贷记“租赁收入”科目。

（三）应收融资租赁款坏账准备的计提

为了更加真实、客观地反映出租人在融资租赁中的债权，出租人应当定期根据承租人的财务及经营管理情况，以及租金的逾期期限等因素，分析应收融资租赁款的风险程度和回收的可能性，对应收融资租赁款合理计提坏账准备。出租人应对应收融资租赁款减去未实现融资收益的差额部分（在金额上等于本金的部分）合理计提坏账准备，而不是对应收融资租赁款全额计提坏账准备。计提坏账准备的方法由出租人根据有关规定自行确定。坏账准备的计提方法一经确定，不得随意变更。其会计处理为：① 根据有关规定合理计提坏账准备时，借记“资产减值损失”科目，贷记“坏账准备”科目。② 对于确实无法收回的应收融资租赁款，经批准作为坏账损失，冲销计提的坏账准备，借记“坏账准备”科目，贷记“长期应收款——应收融资租赁款”科目。③ 已确认并转销的坏账损失，如果以后又收回，按实际收回的金额，借记“长期应收款——应收融资租赁款”科目，贷记“坏账准备”科目；同时，借记“银行存款”科目，贷记“长期应收款——应收融资租赁款”科目。

（四）未担保余值发生变动的会计处理

出租人应定期对未担保余值进行检查，至少于每年年末检查一次。如果有证据表明未担保余值已经发生减少，应重新计算租赁内含利率，并将由此而引起的租赁投资净额（租赁投资净额是指最低租赁收款额及未担保余值之和与未实现融资收益之间的差额）的减少确认为当期损失，以后各期根据修正后的租赁投资净额和重新计算的租赁内含利率确定应确认的租赁收入。如已确认损失的未担保余值得以恢复，应在原先已确认的损失金额内转回，并重新计算租赁内含利率，以后各期根据修正后的租赁投资净额和重新计算的租赁内含利率确定应确认的融资收入。未担保余值增加时，则不作任何调整。

在未担保余值发生减少时，对前期已确认的融资收入不作追溯调整，只对未担保余值发生减少的当期和以后各期，根据修正后的租赁投资净额和重新计算的租赁内含利率计算应确认的融资收入。其会计处理为：① 期末，出租人的未担保余值的预计可收回金额低于其账面价值的差额，借记“资产减值损失”科目，贷记“未担保余值减值准备”科目。同时，将上述减值金额与由此所产生的租赁投资净额的减少额之间的差额，借记“未实现融资收益”科目，贷记“资产减值损失”科目。② 如果已确认损失的未担保余值得以恢复，应按未担保余值恢复的金额，借记“未担保余值减值准备”科目，贷记“资产减值损失”科目。同时，按原减值额与由此所产生的租赁投资净额的增加额之间的差额，借记“资产减值损失”科目，贷记“未实现融资收益”科目。

（五）或有租金的会计处理

出租人在融资租赁下收到的或有租金，应在实际发生时确认为当期收入。其会计处理为：借记“银行存款”等科目，贷记“租赁收入”科目。

（六）租赁期届满时的会计处理

租赁期届满时，出租人应区别以下情况进行会计处理。

1. 收回租赁资产

收回租赁资产，通常有可能出现以下四种情况。

（1）存在担保余值，不存在未担保余值。出租人收到承租人返还的租赁资产时，借记“融资租赁资产”科目，贷记“长期应收款——应收融资租赁款”科目。如果收回租赁资产的价值低于担保余值，则应向承租人收取价值损失补偿金，借记“其他应收款”科目，贷记“营业外收入”科目。

（2）存在担保余值，同时存在未担保余值。出租人收到承租人返还的租赁资产时，借记“融资租赁资产”科目，贷记“长期应收款——应收融资租赁款”、“未担保余值”等科目。如果收回租赁资产的价值扣除未担保余值后的余额低于担保余值，则应向承租人收取价值损失补偿金，借记“其他应收款”科目，贷记“营业外收入”科目。

（3）存在未担保余值，不存在担保余值。出租人收到承租人返还的租赁资产时，借记“融资租赁资产”科目，贷记“未担保余值”科目。

（4）担保余值和未担保余值均不存在。此时，出租人无需作会计处理，只需作相应的备查登记。

2. 优惠续租租赁资产

优惠续租租赁资产，通常出现以下两种情况。

（1）如果承租人行使优惠续租选择权，则出租人应视同该项租赁一直存在而作相应的会计处理。比如，可能继续分配未实现融资收益等。

（2）如果租赁期届满时承租人没有续租，承租人向出租人返还租赁资产时，其会计处理同上述收回租赁资产的会计处理。

3. 留购租赁资产

租赁期届满时，承租人行使了优惠购买选择权。出租人按收到的承租人支付的购买资产的价款，借记“银行存款”科目，贷记“长期应收款——应收融资租赁款”科目。如果还存在未担保余值，还应借记“营业外支出——处置固定资产净损失”科目，贷记“未担保余值”科目。

（七）相关会计信息的披露

出租人应在附注中披露与融资租赁有关的下列事项：① 资产负债表日后连续三个会计年度每年将收到的最低租赁收款额及以后年度将收到的最低租赁收款额总额；② 未实现融资收益的余额；③ 分配未实现融资收益所采用的方法。

【例 9-3】 承例 9-2，金泓公司的有关资料如下：

（1）该程控生产线账面价值为 31 000 000 元。

（2）发生初始直接费用 10 000 元。

（3）采用实际利率法确认本期应分配的未实现融资收益。

（4）2×16 年、2×17 年和 2×18 年晨锋公司分别实现微波炉销售收入 1 500 000 元、2 000 000 元和 25 000 000 元，根据合同规定，这两年应向金泓公司取得的经营分享收入分别为 22 500 元、30 000 元和 37 500 元。

（5）2×18 年 12 月 31 日，从晨锋公司收回该生产线。

金泓公司的会计处理如下：

（1）租赁开始日的会计处理。

第一步，计算租赁内含利率。

根据租赁内含利率的定义，租赁内含利率是指在租赁开始日，使最低租赁收款额的现值与未担保余值的现值之和等于租赁资产公允价值与出租人的初始直接费用之和的折现率。

由于本例中不存在独立于承租人和出租人的第三方对出租人担保的资产余值，因此，最低租赁收款额等于最低租赁付款额，即租金×期数＋承租人担保余值＝8 000 000×4＋0＝32 000 000(元)。因此，有 8 000 000×(P/A，R，4)＝ 31 000 000＋10 000＝31 010 000(元)（租赁资产的公允价值＋初始直接费用）。

经查表，可知：

年金系数	利率
3.901	1%
3.876	R
3.807	2%

通过差值法计算，得出 R＝1.27%，即租赁内含利率为 1.27%。

第二步，计算租赁开始日最低租赁收款额及其现值和未实现融资收益。

最低租赁收款额＋未担保余值＝(最低租赁付款额＋第三方担保的余值)＋未担保余值
＝[(各期租金之和＋承租人担保余值)＋第三方担保余值]＋未担保余值
＝[(8 000 000×4＋0)＋0]＋0
＝32 000 000(元)

最低租赁收款额＝8 000 000×4＝32 000 000(元)

最低租赁收款额的现值＝8 000 000×(P/A，1.27%，4)＝31 010 000(元)

未实现融资收益＝(最低租赁收款额＋未担保余值)－(最低租赁收款额的现值＋未担保余值的现值)
＝32 000 000－31 010 000
＝990 000(元)

第三步，判断租赁类型。

本例中租赁期(4 年)占租赁资产尚未可使用年限(5 年)的 80%，满足融资租赁的第 3 条标准；另外，最低租赁收款额的现值为 31 010 000 元，大于租赁资产原账面价值的 90%，即 27 900 000 元(31 000 000×90%)，满足融资租赁的第 4 条标准。因此，金泓公司应当将该项租赁认定为融资租赁。

第四步，相应会计处理。

2×15 年 1 月 1 日，租出程控生产线，发生初始直接费用。

借：长期应收款——应收融资租赁款	32 000 000	
贷：融资租赁资产		31 000 000
银行存款		10 000
未实现融资收益		990 000

(2) 未实现融资收益分配的会计处理。

第一步，计算租赁期内各租金收取期应分配的未实现融资收益(见表 9-3)。

表 9-3　未实现融资收益分配表　单位：元

日期 ①	租金 ②	确认的融资收入 ③＝期初⑤×1.27%	租赁投资净额减少额 ④＝②－③	租赁投资净额余额 期末⑤＝期初⑤－④
(1) 2×15.1.1				31 010 000
(2) 2×15.12.31	8 000 000	393 827	7 606 173	23 403 827
(3) 2×16.12.31	8 000 000	297 228.60	7 702 771.40	15 701 055.60
(4) 2×17.12.31	8 000 000	199 403.41	7 800 596.59	7 900 459.01
(5) 2×18.12.31	8 000 000	99 540.99*	7 900 459.01*	0
合计	32 000 000	990 000	31 010 000	

注：* 作尾数调整：99 540.99＝8 000 000－7 900 459.01
7 900 459.01＝7 900 459.01－0

第二步，相关会计处理。

2×15 年 12 月 31 日，收到第 1 期租金。

借：银行存款	8 000 000	
贷：长期应收款——应收融资租赁款		8 000 000

2×15 年 1 至 12 月，每月确认融资收入时。

借：未实现融资收益(393 827÷12)	32 818.92	
贷：租赁收入		32 818.92

2×16 年 12 月 31 日，收到第 2 期租金。

借:银行存款　　8 000 000
　贷:长期应收款——应收融资租赁款　　8 000 000

2×16 年 1 月至 12 月,每月确认融资收入时。

借:未实现融资收益(297 228.60÷12)　　24 769.05
　贷:租赁收入　　24 769.05

2×17 年 12 月 31 日,收到第 3 期租金。

借:银行存款　　8 000 000
　贷:长期应收款——应收融资租赁款　　8 000 000

2×17 年 1 至 12 月,每月确认融资收入时。

借:未实现融资收益(199 403.41÷12)　　16 616.95
　贷:租赁收入　　16 616.95

2×18 年 12 月 31 日,收到第 4 期租金。

借:银行存款　　8 000 000
　贷:长期应收款——应收融资租赁款　　8 000 000

2×18 年 1 至 12 月,每月确认融资收入时。

借:未实现融资收益(99 540.99÷12)　　8 295.08
　贷:租赁收入　　8 295.08

(3) 或有租金的会计处理。

2×16 年 12 月 31 日,根据合同规定,应向晨锋公司收取经营分享收入 22 500 元。

借:应收账款——晨锋公司　　22 500
　贷:租赁收入　　22 500

2×17 年 12 月 31 日,根据合同规定,应向晨锋公司收取经营分享收入 30 000 元。

借:应收账款——晨锋公司　　30 000
　贷:租赁收入　　30 000

2×18 年 12 月 31 日,根据合同规定,应向晨锋公司收取经营分享收入 37 500 元。

借:应收账款——晨锋公司　　37 500
　贷:租赁收入　　37 500

(4) 租赁期届满时的会计处理。

2×18 年 12 月 31 日,将该生产线从晨锋公司收回,作备查登记。

(5) 财务报告中的列示与披露(略)。

第四节　售后租回交易的会计处理

一、售后租回交易的定义

售后租回交易是一种特殊形式的租赁业务,是指卖主(即承租人)将资产出售后,又将该项资产从买主(即出租人)租回,习惯上称之为“回租”。通过售后租回交易,资产的原所有者(即承租人)在保留对资产的占有权、使用权和控制权的前提下,将固定资本转化为货币资本，在出售时可取得全部价款的现金，而租金则是分期支付的，从而获得了所需的资金；而资产的新所有者（即出租人）通过售后租回交易，找到了一个风险小、回报有保障的投资机会。20 世纪 90 年代以来，售后租回交易在我国也得到了充分的发展，大部分租赁公司尤其是中外合资租赁公司最近几年的租赁业务以售后租回交易为主。

由于在售后租回交易中资产的售价和租金是相互关联的，是以“一揽子方式”谈判的，是一并计算的，因此，资产的出售和租回应视为一项交易。

二、售后租回交易的会计处理

对于售后租回交易，无论是承租人还是出租人，均应按照租赁的分类标准，将售后租回交易认定为融资租赁或经营租赁。对于出租人来讲，售后租回交易（无论是融资租赁还是经营租赁的售后租回交易）同其他租赁业务的会计处理没有什么区别。而对于承租人来讲，由于其既是资产的承租人同时又是资产的出售者，因此，售后租回交易同其他租赁业务的会计处理有所不同。

售后租回交易的会计处理应根据其所形成的租赁类型而定，可按融资租赁和经营租赁分别进行会计处理。

（一）售后租回交易形成融资租赁

如果售后租回交易被认定为融资租赁，那么，这种交易实质上转移了买主（即出租人）所保留的与该项租赁资产的所有权有关的全部风险和报酬，是出租人提供资金给承租人并以该项资产作为担保。因此，售价与资产账面价值之间的差额（无论是售价高于资产账面价值还是低于资产账面价值）在会计上均未实现，其实质是，售价高于资产账面价值实际上在出售时高估了资产的价值，而售价低于资产账面价值实际上在出售时低估了资产的价值，卖主（即承租人）应将售价与资产账面价值的差额（无论是售价高于资产账面价值还是售价低于资产账面价值）予以递延，并按该项租赁资产的折旧进度进行分摊，作为折旧费用的调整。按折旧进度进行分摊是指在对该项租赁资产计提折旧时，按与该项资产计提折旧所采用的折旧率相同的比例对未实现售后租回损益进行分摊。

（二）售后租回交易形成经营租赁

售后租回交易认定为经营租赁的，应当分情况处理：如有确凿证据表明售后租回交易是按照公允价值达成的，售价与资产账面价值的差额应当记入当期损益。如果售后租回交易不是按照公允价值达成的，则应分别以下情况处理：① 如果售价高于公允价值，售价高出公允价值的部分应予以递延，并在预计的使用期限内摊销。同时，公允价值与账面价值的差额应当计入当期损益。② 如果售价低于公允价值，则所有损失应立即确认（计入当期损益），但该损失将由低于市价的未来租赁付款额补偿，则应将其递延，并按租金支付比例分摊与预计的资产使用年限内。

（三）售后租回交易的会计处理

（1）出售资产时，按固定资产账面净值，借记“固定资产清理”科目；按固定资产已提折旧，借记“累计折旧”科目；按固定资产的账面原价，贷记“固定资产”科目。如果出售资产已计提减值准备，还应结转已计提的减值准备。

(2) 收到出售资产的价款时，借记“银行存款”科目，贷记“固定资产清理”科目，借记或贷记“递延收益——未实现售后租回损益(融资租赁或经营租赁)”科目或“营业外收入”、“营业外支出”科目。

(3) 租回资产时，如果形成一项融资租赁，按租赁资产的公允价值与最低租赁付款额的现值中较低者，借记“融资租赁资产”科目(假设不需安装)；按最低租赁付款额，贷记“长期应付款——应付融资租赁款”科目；按其差额，借记“未确认融资费用”科目。如果形成一项经营租赁，则作备查登记。

(4) 各期根据该项租赁资产的折旧进度或租金支付比例分摊未实现售后租回损益时，借记或贷记“递延收益——未实现售后租回损益(融资租赁或经营租赁)”科目，贷记或借记“制造费用”、“销售费用”、“管理费用”等科目。

(四) 售后租回交易的披露

承租人和出租人除应当按照有关规定披露售后租回交易外，还应对售后租回合同中的特殊条款作出披露。这里的“特殊条款”是指售后租回合同中规定的区别于一般租赁交易的条款，比如，租赁标的物的售价等。

1. 售后租回交易形成融资租赁，售价高于资产账面价值

【例 9-4】 承例 9-2，假定 2×15 年 1 月 1 日，晨锋公司将一条程控生产线按 31 000 000元的价格销售给金泓公司。该生产线 2×15 年 1 月 1 日的账面原值为 28 000 000 元，全新设备未计提折旧。同时又签订了一份租赁合同将该生产线租回，该合同主要条款与例 9-2 的合同条款内容相同，假定不考虑相关税费。

(1) 卖主(即承租人：晨锋公司)的会计处理。

第一步，判断租赁类型。

根据例 9-2，可知该项租赁属于融资租赁。租赁开始日最低租赁付款额的现值及融资费用分摊率的计算过程与结果同例 9-2。

第二步，计算未实现售后租回损益。

未实现售后租回损益＝售价－资产的账面价值

＝售价－(资产的账面原价－累计折旧)

＝31 000 000－(28 000 000－0)

＝3 000 000(元)

第三步，在租赁期内采用实际利率法分摊未确认融资费用(同例 9-2，见表 9-1)。

第四步，在折旧期内按折旧进度(在本例中即年限平均法)分摊未实现售后租回损益(见表 9-4)。

表 9-4　　2×15 年 1 月 1 日未实现售后租回收益分摊表　　单位：元

日期	售价	固定资产账面价值	摊销期	分摊率*	摊销额	未实现售后租回损益
(1) 2×15.1.1	31 000 000	28 000 000	47 个月			3 000 000
(2) 2×15.12.31				23.41%	702 300	2 297 700

续表 9-4

日期	售价	固定资产账面价值	摊销期	分摊率 *	摊销额	未实现售后租回损益
(3) 2×16.12.31				25.53%	765 900	1 531 800
(4) 2×17.12.31				25.53%	765 900	765 900
(5) 2×18.12.31				25.53%	765 900	0
合计	31 000 000	28 000 000		100.00%	3 000 000	

注：* 参见表 9-2 中的折旧率。

本例中，由于租赁资产的折旧期为 47 个月，因此，未实现售后租回损益的分摊期也为 47 个月。

第五步，相关会计处理。

2×15 年 1 月 1 日，结转出售固定资产的成本。

借：固定资产清理　　28 000 000

　贷：固定资产　　28 000 000

2×15 年 1 月 1 日，向金泓公司出售程控生产线。

借：银行存款　　31 000 000

　贷：固定资产清理　　28 000 000

　　递延收益——未实现售后租回损益(融资租赁)　　3 000 000

2×15 年 2 月 28 日，确认本月应分摊的未实现售后租回损益。

借：递延收益——未实现售后租回损益(融资租赁)(702 300÷11)　　63 845.45

　贷：制造费用——折旧费　　63 845.45

其他有关会计处理(略)。

第六步，财务报告中的列示和披露(略)。

(2) 买主(即出租人：金泓公司)的会计处理。

2×15 年 1 月 1 日，向晨锋公司购买程控生产线：

借：融资租赁资产　　31 000 000

　贷：银行存款　　31 000 000

其他相关会计处理与一般融资租赁业务的会计处理相同，此处略。

2. 售后租回交易形成融资租赁，售价低于资产账面价值

【例 9-5】 承例 9-2，假定 2×15 年 1 月 1 日，晨锋公司将一条程控生产线按 31 000 000元的价格销售给金泓公司。该生产线 2×15 年 1 月 1 日的账面原值为 32 000 000 元，全新设备未计提折旧。同时又签订了一份租赁合同将该生产线租回，该合同主要条款与例 9-2 的合同条款内容相同，假定不考虑相关税费。

(1) 卖主(即承租人：晨锋公司)的会计处理。

第一步，判断租赁类型。

根据例 9-2，可知该项租赁属于融资租赁。租赁开始日最低租赁付款额的现值及融资费用分摊率的计算过程与结果同例 9-2。

第二步，计算未实现售后租回损益。

未实现售后租回损益＝售价－资产的账面价值

＝售价－(资产的账面原价－累计折旧)

＝31 000 000－(32 000 000－0)

＝－1 000 000(元)

第三步，在租赁期内采用实际利率法分摊未确认融资费用(同例 9-2，见表 9-1)。

第四步，在折旧期内按折旧进度(在本例中即年限平均法)分摊未实现售后租回损益(见表 9-5)。

表 9-5　　未实现售后租回损失分摊表　　单位：元

日期	售价	固定资产账面价值	摊销期	分摊率*	摊销额	未实现售后租回损益
(1) 2×15.1.1	31 000 000	32 000 000	47 个月			1 000 000
(2) 2×15.12.31				23.41%	234 100	765 900
(3) 2×16.12.31				25.53%	255 300	510 600
(4) 2×17. 12.31				25.53%	255 300	255 300
(5) 2×18. 12.31				25.53%	255 300	0
合计	31 000 000	32 000 000		100. 00%	1 000 000	

注：* 参见表 9-2 中的折旧率。

本例中，由于租赁资产的折旧期为 47 个月，因此未实现售后租回损益的分摊期也为 47 个月。

第五步，相关会计处理。

2×15 年 1 月 1 日，结转出售固定资产的成本。

借：固定资产清理　　32 000 000

　贷：固定资产　　32 000 000

2×15 年 1 月 1 日，向金泓公司出售程控生产线。

借：银行存款　　31 000 000

　　递延收益——未实现售后租回损益(融资租赁)　　1 000 000

　贷：固定资产清理　　32 000 000

2×15 年 2 月 28 日，确认本月应分摊的未实现售后租回损益：

借：制造费用——折旧费(234 100÷11)　　21 281.82

　贷：递延收益——未实现售后租回损益(融资租赁)　　21 281.82

其他有关会计处理(略)。

第六步，财务报告中的列示和披露(略)。

(2) 买主(即出租人：金泓公司)的会计处理。

2×12 年 1 月 1 日，向晨锋公司购买程控生产线。

借：融资租赁资产　　31 000 000

　贷：银行存款　　31 000 000

其他相关会计处理与一般融资租赁业务的会计处理相同,此处略。

3. 售后租回交易形成经营租赁,售价高于资产公允价值

【例 9-6】 假定 2×15 年 1 月 1 日,晨锋公司将新购入的市价为 8 000 000 元的办公设备一台,按照 9 000 000 元的价格销售给金泓公司,该设备 2×15 年 1 月 1 日的账面价值为 8 000 000 元,并立即签订了一份租赁合同,租期为 4 年,每年年末支付租金 2 000 000 元。

(1) 卖主(即承租人:晨锋公司)的会计处理。

第一步,判断租赁类型。

根据例 9-1,该项租赁属于经营租赁。

第二步,计算未实现售后租回损益。

未实现售后租回损益=售价－资产的公允价值

=9 000 000－8 000 000

=1 000 000(元)

第三步,在租赁期内按租金支付比例分摊未实现售后租回损益(见表 9-6)。

表 9-6 **未实现售后租回收益分摊表** 单位:元

日期	售价	固定资产账面价值	支付的租金	分摊率	摊销额	未实现售后租回损益
(1) 2×15.1.1	9 000 000	8 000 000				1 000 000
(2) 2×15.12.31			2 000 000	25%	250 000	750 000
(3) 2×16.12.31			2 000 000	25%	250 000	500 000
(4) 2×17.12.31			2 000 000	25%	250 000	250 000
(5) 2×18.12.31			2 000 000	25%	250 000	0
合计	9 000 000	8 000 000	8 000 000	100%	1 000 000	

第四步,相关会计处理。

2×15 年 1 月 1 日,结转出售固定资产的成本。

借:固定资产清理 8 000 000

　贷:固定资产 8 000 000

2×15 年 1 月 1 日,向金泓公司出售设备。

借:银行存款 9 000 000

　贷:固定资产清理 8 000 000

　　递延收益——未实现售后租回损益(经营租赁) 1 000 000

2×15 年 12 月 31 日,确认本年应分摊的未实现售后租回损益(在本例中,按年分摊未实现售后租回损益只是为了简化核算。在实际工作中,承租人一般应在按月确认租金费用的同时合理分摊未实现售后租回损益)。

借:递延收益——未实现售后租回损益(经营租赁) 250 000

　贷:管理费用 250 000

其他有关会计处理(略)。

第五步,财务报告中的列示与披露(略)。

但是,如果有确凿证据表明,售后租回交易是按照公允价值达成的,售价与资产账面价值之间的差额应当计入当期损益。

在这种情况下,相关会计处理如下:

2×15 年 1 月 1 日,结转出售固定资产的成本。

借:固定资产清理　　8 000 000

　贷:固定资产　　8 000 000

2×15 年 1 月 1 日,向金泓公司出售设备。

借:银行存款　　9 000 000

　贷:固定资产清理　　8 000 000

　　营业外收入　　1 000 000

(2) 买主(即出租人:金泓公司)的会计处理。

2×15 年 1 月 1 日,向晨锋公司购买设备。

借:固定资产　　9 000 000

　贷:银行存款　　9 000 000

其他相关会计处理与一般经营租赁业务的会计处理相同,此处略。

(4) 售后租回交易形成经营租赁,售价低于资产公允价值且损失将由低于市价的未来租赁付款额补偿。

【例 9-7】 承例 9-6,假定 2×15 年 1 月 1 日,晨锋公司将全新市价为 9 000 000 元的办公设备一台,按照 8 000 000 元的价格销售给金泓公司,该设备 2×15 年 1 月 1 日的账面价值为 9 000 000 元,并立即签订了一份租赁合同,该合同主要条款与例 9-6 的合同条款内容相同。假设未来租赁付款总额低于市价 9 000 000 元。

(1) 卖主(即承租人:晨锋公司)的会计处理。

第一步,判断租赁类型。

根据例 9-1,该项租赁属于经营租赁。

第二步,计算未实现售后租回损益。

未实现售后租回损益＝售价－资产的账面价值

＝8 000 000－9 000 000

＝－1 000 000(元)

第三步,在租赁期内按租金支付比例分摊未实现售后租回损益(见表 9-7)。

表 9-7　　未实现售后租回收益分摊表　　单位:元

日期	售价	固定资产账面价值	支付的租金	分摊率	摊销额	未实现售后租回损益
(1) 2×15.1.1	8 000 000	9 000 000				－1 000 000
(2) 2×15.12.31			2 000 000	25%	250 000	750 000
(3) 2×16.12.31			2 000 000	25%	250 000	500 000

续表 9-7

日期	售价	固定资产账面价值	支付的租金	分摊率	摊销额	未实现售后租回损益
(4) 2×17.12.31			2 000 000	25%	250 000	250 000
(5) 2×18.12.31			2 000 000	25%	250 000	0
合计	8 000 000	9 000 000	8 000 000	100%	1 000 000	

第四步，相关会计处理。

2×15 年 1 月 1 日，结转出售固定资产的成本。

借：固定资产清理　　9 000 000

　贷：固定资产　　9 000 000

2×15 年 1 月 1 日，向金泓公司出售设备。

借：银行存款　　8 000 000

　　递延收益——未实现售后租回损益(经营租赁)　　1 000 000

　贷：固定资产清理　　9 000 000

2×15 年 12 月 31 日，确认本年应分摊的未实现售后租回损益(在本例中，按年分摊未实现售后租回损益只是为了简化核算。在实际工作中，承租人一般应在按月确认租金费用的同时合理分摊未实现售后租回损益)。

借：管理费用　　250 000

　贷：递延收益——未实现售后租回损益(经营租赁)　　250 000

其他有关会计处理(略)。

第五步，财务报告中的列示与披露(略)。

但是，如果有确凿证据表明，售后租回交易是按照公允价值达成的或售价低于公允价值且未来租赁付款额不低于市价的，售价与资产账面价值之间的差额应当计入当期损益。

在这种情况下，会计处理如下：

2×15 年 1 月 1 日，结转出售固定资产的成本。

借：固定资产清理　　9 000 000

　贷：固定资产　　9 000 000

2×15 年 1 月 1 日，向金泓公司出售设备。

借：银行存款　　8 000 000

　　营业外支出　　1 000 000

　贷：固定资产清理　　9 000 000

(2) 买主(即出租人：金泓公司)的会计处理。

2×12 年 1 月 1 日，向晨锋公司购买设备。

借：固定资产　　8 000 000

　贷：银行存款　　8 000 000

其他相关会计处理与一般经营租赁业务的会计处理相同，此处略。

第五节 IFRS16 会计准则动向

租赁为许多公司提供了一个重要且灵活的融资渠道。但《国际会计准则第 17 号——租赁》(IAS17)使投资者及其他利益相关者很难准确了解一个公司的租赁资产及负债情况,尤其是航空、零售及运输领域。根据 2016 年国际财务报告准则基金会相关数据显示采用国际财务报告准则(IFRS)或美国通用会计准则(GAAP)的上市公司,有近 3.3 万亿美元的租赁承付款;其中超过 85%的款项没有显示在公司的资产负债表中。这是因为现行租赁业务被划分为融资租赁和经营租赁两大类,前者需要在资产负债表中披露,后者则只需在财务报告附注中公开。这种有些武断的区分使投资者对目标公司的选择、对比变得困难。这也意味着投资者和其他利益相关者不得不评估公司表外租赁债务的影响,而这实际上经常导致高估租赁债务引发的负债问题。

2016 年 1 月 13 日,国际会计准则理事会通过官网发布了全新的租赁会计准则《国际财务报告准则第 16 号——租赁》(IFRS16)。在新准则的制定上,国际会计准则理事会(IASB)和美国财务会计准则委员会(FASB)保持了密切合作,在把租赁业务引入资产负债表这个中心议题、对租赁的定义及如何估算租赁负债情况上意见一致。新版《国际财务报告准则第 16 号——租赁》(IFRS16)要求除 12 个月以内的短期租赁和低于 5 000 美元的小额租赁外的其他所有租赁业务都要以资产和负债的形式在资产负债表中披露,从而解决了上述问题。

《国际财务报告准则第 16 号——租赁》(IFRS16)将于 2019 年 1 月 1 日起生效,如果要提前采用,则主体需同时采用《国际财务报告准则第 15 号——与客户之间的合同产生的收入》(IFRS15)。

新的会计准则的变化主要包括以下三点。

(1) 大多数租赁安排中,承租人将同时确认一项资产和负债。与现行《国际会计准则第 17 号——租赁》(IAS17)规定不同,对于承租人而言,新的租赁准则不再区分经营租赁和融资租赁。

(2) 低值资产和短期租赁安排中,承租人对租赁安排可选择不同的确认和计量方法。对于低值资产的租赁和租赁期不超过 12 个月的短期租赁安排,承租人可以选择按照直线法直接确认租赁费用。国际会计准则理事会讨论了价值 5 000 美元以下的相关资产可能被认为是低值资产的情况。

(3) 新的列报和披露要求。新的租赁准则对承租人的资产负债表列报有新的要求,即确认的一项资产与负债可以在资产负债表上与其他资产与负债分开列报,或者可以与类似的相关资产与相关负债列报在一起,同时在类似的相关资产与负债的披露中单独列报一项资产与负债的金额。新的租赁准则对承租人的利润表和现金流量表的列报要求与现行融资租赁对承租人的列报要求大致相同。

一、租赁的定义及适用范围

（一）租赁的定义

《国际财务报告准则第16号——租赁》(IFRS16)判断一项合同是否包含租赁活动是基于合同中客户是否在一段时间内有权利控制一项已识别资产。其规定如果合同赋予客户在一段时间内控制特定资产的使用权来换取对价，则该合同是一项租赁或包含一项租赁。《国际财务报告准则第16号——租赁》(IFRS16)保留了《国际会计准则第17号——租赁》(IAS17)中租赁的定义，但改进了应用指南，主要针对定义中"控制"的含义进行了改进。

如果客户有以下权利，则视为存在控制：① 获得几乎所有的使用特定资产所产生的经济利益的权利；② 主导该资产的使用的权利。

会计主体必须在合同开始时识别一份合同是否为一项租赁或包含一项租赁，并且仅当合同条款和条件被修改时，才重新评估合同是否为一项租赁或包含一项租赁。

（二）租赁的适用范围

新租赁准则适用于所有租赁(包括转租中的资产使用权的租赁)，但由其他准则涵盖的特定项目除外，包括：① 涉及矿产、石油、天然气及类似非可再生资源的勘探或使用的租赁；② 属于《国际财务报告解释公告第12号——服务特许权协议》(IFRIC12)范围的合同；③ 对于出租人，属于《国际财务报告准则第15号——与客户之间的合同产生的收入》(IFRS15)范围的知识产权许可证；④ 对于承租人，属于《国际会计准则第41号——农业》(IAS41)范围的生物资产租赁，以及属于《国际会计准则第38号——无形资产》(IAS38)范围的许可证协议下持有的权利(例如，电影、录像、戏剧、手稿、专利权和版权等项目)。

二、对承租人会计处理的影响

（一）确认

承租人应在租赁开始日确认一项使用权资产和一项租赁负债。

国际会计准则理事会决定要求对租赁采用单一会计模型，在该模型下租赁将在财务状况表内确认，除非适用《国际财务报告准则第16号——租赁》(IFRS16)规定的任何范围豁免。国际会计准则理事会得出结论认为，承租人使用相关资料的权利符合资产的定义，原因如下：① 承租人在整个租赁期内控制相关资产的使用权；② 承租人有能力确定相关资产的使用方式，进而能够确定该使用权如何产生未来经济利益；③ 即使承租人使用资产的权利包含某些使用限制，控制和使用资产的权利仍然存在；而承租人对使用权的控制是源自过去事项，不仅因为租赁合同的承诺，还由于相关资产在不可撤销的租赁期内可供承租人使用。

（二）计量

1. 使用权资产

承租人必须将下列项目纳入使用权资产的成本：① 租赁负债的初始计量金额；② 在

租赁开始日或之前向出租人支付的任何租赁付款额，减去任何租赁激励金额；③ 承租人发生的任何初始直接成本；④ 承租人拆卸及移除相关资产、复原相关资产所在场地或将相关资产恢复至租赁条款和条件所规定的状态所发生的估计成本（生产存货所发生的成本除外）。承租人在租赁开始日或因特定期间内对相关资产的使用而发生的承担此类成本的义务。

随后，会计主体应按照《国际会计准则第 16 号——不动产、厂场和设备》（IAS16）使用成本模式或重估价模式计量使用权资产（因此将在损益中确认折旧和减值，并且如果使用重估价模式，重估价将在综合收益中确认）。然而，《国际财务报告准则第 16 号——租赁》（IFRS16）规定，如果会计主体按照《国际会计准则第 40 号——投资性房地产》（IAS40）针对其他投资性房地产使用公允价值模式，则租赁的投资性房地产的使用权资产应以公允价值计量。

2. 租赁负债

会计主体应按以租赁中的内含利率（若该利率能够可靠地确定）进行折现的租赁付款额的现值来计量租赁负债。如果会计主体无法估计租赁中的内含利率，则承租人应使用其增量借款利率。

租赁付款额应包括下列项目：① 固定的付款额（包括实质上固定的付款额），减去任何应收出租人的租赁激励金额；② 使用在租赁开始日的指数或利率的，与指数或利率（如消费者价格指数或基准利率）挂钩的可变租赁付款额；③ 根据剩余价值担保预计承租人应付的金额；④ 购买选择权的行权价，如果承租人可合理确定将行使该选择权；⑤ 终止租赁的罚款金额，如果租赁条款反映出承租人将行使终止租赁的选择权。

随后，承租人将增加租赁负债以反映计提的利息（并计入损益），从负债中扣减所支付的租赁付款额，并重新计量账面金额以反映任何重估、租赁的修改或对实质上固定的付款额的修正。

3. 租赁负债的重估

在下列情况下，承租人必须重新计量租赁负债：① 根据剩余价值担保预计应付的金额发生变动；② 未来租赁付款额发生变动以反映用于确定此类付款额的指数或利率的变化（例如，市场租金调整）；③ 因不可撤销租赁期的变化而导致的租赁期变更（例如，承租人未行使之前确定租赁期时已考虑的选择权）；④ 购买相关资产的选择权评估的变更。

因对相应价值担保的修正及指数或利率变化而导致的变动，应使用在租赁开始时确定的利率进行计算；而租赁期或购买选择权评估的变更而引起的变动则须使用在变更日的修正后的利率进行计算。

承租人必须将租赁负债的重新计量金额作为对使用权资产的调整确认，除非使用权资产的账面金额减至 0 元，在该情况下，承租人应将任何的剩余金额计入损益。

（三）披露

《国际财务报告准则第 16 号——租赁》（IFRS16）的披露目标是，主体必须提供有关信息以使财务报表使用者能够评估租赁对承租人的财务状况、财务业绩和现金流量的影响。

《国际财务报告准则第 16 号——租赁》(IFRS16)大幅扩展了有关租赁的现行披露要求。要求提供的定量披露包括:① 按相关资产类别披露使用权资产的折旧费用;② 租赁负债的利息费用;③ 与短期租赁相关的费用;④ 与低价值资产租赁相关的费用;⑤ 与未纳入租赁负债计量的可变租赁付款额相关的费用;⑥ 使用权资产转租产生的收益;⑦ 租赁的现金流出总额;⑧ 使用权资产的增加;⑨ 售后租回交易所产生的利得和损失;⑩ 按相关资产类别披露报告期末使用权资产的账面金额。

此外,承租人还必须根据《国际财务报告准则第 7 号——金融工具:披露》(IFRS7)披露租赁负债的到期期限分析(区分于其他金融负债单独披露)。

三、对出租人会计处理的影响

《国际财务报告准则第 16 号——租赁》(IFRS16)基本上保留了《国际会计准则第 17 号——租赁》(IAS17)中针对出租人的会计处理要求。

(一) 融资租赁

出租人必须于租赁开始日在财务状况表中确认融资租赁下持有的资产,并按相当于租赁投资净额的余额将此类资产以应收款列示。

租赁投资净额应按下述两者的总和计量:① 按租赁付款额的现值计量的租赁应收款;② 按归属于出租人的任何残值的现值计量的剩余资产。

随后,出租人必须以能够反映出租人租赁投资净额的固定期间回报率的模式,在租赁期内确认融资收益。

(二) 经营租赁

出租人必须采用直线法或其他系统方法将经营租赁的租赁付款额确认为收益。如另有一种系统方法更能代表从使用相关资产获得的利益递减的模式,则应采用该系统方法。

四、对售后租回交易的影响

《国际财务报告准则第 16 号——租赁》(IFRS16)包含同时适用于卖方(承租人)和买方(出租人)的针对售后租回交易的指引。此类交易的会计处理取决于相关资产的转让是否满足《国际财务报告准则第 15 号——与客户之间的合同产生的收入》(IFRS15)中确认为一项销售的标准。

(一) 符合确认为销售的标准

(1) 卖方(承租人)应确认一项使用权资产,其金额应按与其保留的使用权相关的资产相关的原账面金额的相应部分计算。因此,所确认的处置利得或损失仅以转让给买方(出租人)的使用权为限。

(2) 买方(出租人)应按照适用的准则来核算相关资产的购买。例如,针对不动产、厂房和设备的购买应用《国际会计准则第 16 号——不动产、厂房和设备》(IAS16)。另外,按照《国际财务报告准则第 16 号——租赁》(IFRS16)中的出租人会计模型来核算租赁。

如果销售收入并未反映资产的公允价值,或者如果租赁付款额并非按市场利率计算,则应作出调整以反映买方(出租人)提供的租赁付款额的预付款或额外融资。

（二）未能符合确认为销售的标准

（1）卖方（承租人）应继续确认相关资产，并就所取得的销售收入确认一项金融负债。

（2）买方（出租人）应就已支付的款项确认一项金融资产。

延伸阅读

《国际财务报告准则发展动态》第117期：国际会计准则理事会发布新租赁准则

一、内容提要

国际会计准则理事会（以下简称：IASB）发布了《国际财务报告准则第16号——租赁》（以下简称：IFRS16），要求承租人对大多数租赁确认资产和负债。而对出租人而言，与现行《国际会计准则第17号——租赁》（以下简称：IAS17）的会计处理相比，新准则基本上没有变化。

作为与美国财务会计准则委员会（以下简称：FASB）联合项目的一部分，IASB发布了新准则。FASB尚未发布新准则，但预计FASB也将要求承租人在其资产负债表内确认大多数租赁。然而，由于IASB和FASB在审议期间作出了不同的决定，因此两个准则之间将存在差异（例如，在FASB的准则下，承租人需要进行分类测试）。

新准则自2019年1月1日或之后开始的年度期间生效。在《国际财务报告准则第15号——客户合同收入》（以下简称：IFRS15）已经采用或与IFRS16同时采用的前提下，允许提前采用。

二、主要考虑事项

（一）确定一项安排中是否包含租赁

在新准则下，租赁为在一定期间内让渡一项资产（标的资产）的使用权以获取对价的合同或合同的一部分。一份合同若要构成租赁，必须让渡对一项已识别资产的使用实施控制的权利，该资产需是物理上可明确区分的，例如建筑物的一个楼层。

若客户在整个使用期间享有以下权利，则认为一项合同让渡了对一项已识别资产的使用实施控制的权利：① 取得使用该已识别资产产生的几乎所有经济利益；② 主导该已识别资产的使用（即主导该资产的使用方式和使用目的）。

确定客户何时有权主导一项已识别资产的使用需要运用重大判断，对于包含重大服务的安排而言尤其如此。尽管新准则为确定一项安排是否满足租赁定义提供了新条件，但预期主体一般会得出与当前相似的结论。

（二）识别和拆分一项合同中的租赁和非租赁部分，并分配合同对价

许多包含租赁的合同中附带买卖其他商品或劳务的协议（即非租赁部分，例如维修）。对于这些合同，需要识别非租赁部分和租赁部分并分别进行会计处理，除非承租人能够按标的资产的分类选择会计政策，将两个部分作为单一租赁部分进行会计处理。未选择该政策的承租人需要按单独价格相对比例法将合同对价分配至租赁部分和非租赁部分。出租人在分配合同对价时需要采用IFRS15 。

三、承租人会计处理

（一）初始确认和计量

承租人需要就支付租赁款的义务初始确认租赁负债，并就在租赁期内使用标的资产的权利确认使用权资产。

租赁负债按照租赁期内支付租金的现值计量。使用权资产按租赁负债的金额进行初始计量，并针对租赁预付款、已取得的租赁激励措施、承租人的初始直接费用（例如佣金）以及对复原、搬迁和拆除成本的估计进行调整。

允许承租人按标的资产的分类选择会计政策，以应用类似于IAS17中经营租赁会计处理的方法，对租赁期为12个月或更短的租赁（即短期租赁）不确认租赁资产和租赁负债。同时，针对低价值的标的资产（即低值资产）租赁，允许承租人对租赁逐项进行选择，以应用类似于现行经营租赁会计处理的方法。

（二）后续计量

承租人增加租赁负债以反映利息，减少负债以反映已支付的租金。按照《国际会计准则第16号——不动产、厂场和设备》（以下简称：IAS16）中的折旧规定，对相关使用权资产进行折旧。若承租人采用直线法对使用权资产进行折旧，租赁负债的利息费用和使用权资产的折旧费用合计通常会导致租赁早期的期间费用总额较高。某些事项发生时（例如租赁期变化、基于指数或利率的可变租金变动），承租人将重新计量租赁负债，这通常将被确认为对使用权资产的调整。在某些情况下，承租人将根据IAS16和《国际会计准则第40号——投资性房地产》（简称：IAS40）对使用权资产采用其他后续计量法。使用权资产适用《国际会计准则第36号——资产减值》（简称：IAS36）中的减值测试规定。

（三）列报

使用权资产可以在资产负债表中与其他资产区分开来单独列报，也可以在附注中单独披露。同样地，租赁负债可以在资产负债表中与其他负债区分开来单独列报，也可以在附注中单独披露。折旧费用和利息费用不允许在利润表内合并列报。在现金流量表中，租赁负债的本金支付作为筹资活动列报；利息支付，则根据《国际会计准则第7号——现金流量表》（简称：IAS7）下所选择的会计政策进行列报。

四、出租人会计处理

（一）初始确认和计量

与IAS17中的现行会计处理相比，新准则下出租人会计处理基本上没有变化。出租人采用与IAS17相同的分类原则将所有租赁分为两类：经营租赁和融资租赁。对于经营租赁，出租人继续确认标的资产。对于融资租赁，与现行规定类似，出租人终止确认标的资产并确认租赁投资净额。在租赁期开始时，确认所产生的销售损益。

（二）后续计量

对于经营租赁，出租人采用直线法或其他能够更好地代表使用标的资产获取收益模式的系统性方法确认租金收入。

对于融资租赁，出租人确认利息收入增加租赁投资净额，并就收取的款项减少该投资。租赁投资净额适用《国际财务报告准则第9号——金融工具》（简称：IFRS9）中的终止确认和减值规定。

五、售后租回交易

卖方(承租人)和买方(出租人)使用IFRS15中对销售的定义来确定售后租回交易中是否发生了销售。若标的资产的转移满足IFRS15中对销售的认定,则承租人和出租人双方均将该交易作为一项销售及一项租赁进行会计处理。反之,卖方(承租人)和买方(出租人)双方均将该交易作为融资进行会计处理。

与当前实务相比,确定售后租回交易中是否发生销售的新方法是一项重大变化。例如,IAS17关注租回是经营租赁还是融资租赁,但并未明确要求卖方(承租人)确认售后租回交易是否满足资产销售的条件。预计在新准则下,较少交易会被作为售后租回进行会计处理。

六、下一步展望

与当前国际财务报告准则相比,IFRS16带来了重大变化,对于承租人而言尤其如此。各主体应尽快开展初步评估以确定其租赁会计处理将受到的影响。各主体还需要确保流程(包括内部控制)和系统已准备就绪,以收集实施该新准则所必需的信息。

卖方(承租人)和买方(出租人)使用IFRS15中对销售的定义来确定售后租回交易中是否发生了销售。若标的资产的转移满足IFRS15中对销售的认定,则承租人和出租人双方均将该交易作为一项销售及一项租赁进行会计处理。反之,卖方(承租人)和买方(出租人)双方均将该交易作为融资进行会计处理。

(资料来源　安永中国:《国际会计准则理事会发布新租赁准则》,载安永网站2016年1月,http://www.ey.com/Publication/vwLUAssets/ey-ifrs-developments-issue-117-iasb-issues-new-leases-standard-cn/$FILE/ey-ifrs-developments-issue-117-iasb-issues-new-leases-standard-cn.pdf)

特别提示

如果售后租回交易被认定为融资租赁,售价与资产账面价值之间的差额予以递延,并按该项租赁资产的折旧进度进行分摊,作为折旧费用的调整。按折旧进度进行分摊是指在对该项租赁资产计提折旧时,按与该项资产计提折旧所采用的折旧率相同的比例对未实现售后租回损益进行分摊。

CHAPTER 10

第十章

资产负债表日后事项与会计变更

学习目标

通过对本章的学习，应掌握的内容有：①了解资产负债表日后调整事项和非调整事项的基本概念；②了解会计政策、会计估计变更、差错更正，熟悉会计政策、会计估计变更和差错更正以及资产负债表日后事项准则的适用范围和条件；③掌握追溯调整法和未来适用法的具体会计处理方法，能够判断出一个事项是资产负债表日后的调整事项还是非调整事项；④重点掌握追溯调整法的会计处理。

案例引入

A公司为上市公司，2010年5月按法院裁定进行破产债务重整，2010年10月法院裁定批准了A公司的破产重整计划。截至2011年1月20日，A公司已经清偿了所有应以现金清偿的债务；截至2011年4月10日，应清偿给债权人的5 000万股股票已经过户到相应的债权人名下，预留给尚未登记债权人的股票也过户到管理人指定的账户。A公司于2011年4月25日披露的2010年年报中确认了破产重整收益，理由是：在年报披露之前，有关重整事项已经基本执行完毕，公司认为很可能将得到法院的最终裁定。

问题：A公司能否将破产重整收益计入2010年？

案例分析

在破产重整过程中，债务重组协议的执行和结果存在重大不确定性，故上市公司通常应在法院裁定破产重整协议履行完毕后确认债务重组收益。本案例中，由于A公司是在2011年实施的主要重整债务清偿，法院将在2011年裁定A公司破产重整计划执行完毕。"债务偿还"与"法院裁定"这两件事情均发生在资产负债表日后，不属于资产负债表日已经存在的情况。A公司在2010年12月31日尚不能可靠判断重整债务的清偿是否能够顺利实施。期后的偿还和法院裁定不属于资产负债表日后调整事项，不应在2010年年报中确认债务重组收益。

（资料来源　中国证券监督管理委员会会计部：《上市公司执行企业会计准则案例解析（2016）》，中

国财政经济出版社 2016 年 7 月版)

■ 第一节　资产负债表日后事项概述

一、资产负债表日后事项的定义

资产负债表日后事项，是指资产负债表日至财务报告批准报出日之间发生的有利或不利事项。

(一) 资产负债表日

资产负债表日是指会计年度末和会计中期期末(中期是指短于一个完整的会计年度的报告期间，包括半年度、季度和月度)。

(二) 财务报告批准报出日

财务报告批准报出日是指董事会或类似机构批准财务报告报出的日期，通常是指对财务报告的内容负有法律责任的单位或个人批准财务报告对外公布的日期。

(三) 资产负债表日后事项不是在这个特定期间内发生的全部事项

资产负债表日后事项不是在这个特定期间内发生的全部事项，而是与资产负债表日存在状况有关的事项，或虽然与资产负债表日存在状况无关，但对企业财务状况具有重大影响的事项。

二、资产负债表日后事项涵盖的期间

资产负债表日后事项涵盖的期间是自资产负债表日次日起至财务报告批准报出日止的一段时间。对上市公司而言，这一期间内涉及几个日期，包括完成财务报告编制日、注册会计师出具审计报告日、董事会批准财务报告可以对外公布日、实际对外公布日等。具体而言，资产负债表日后事项涵盖的期间应当包括：① 报告期间下一期间的第一天至董事会或类似机构批准财务报告对外公布的日期；② 财务报告批准报出以后、实际报出之前又发生与资产负债表日后事项有关的事项，并由此影响财务报告对外公布日期的，应以董事会或类似机构再次批准财务报告对外公布的日期为截止日期。

【例 10-1】 晨锋公司 2×17 年度的财务报告于 2×18 年 2 月 15 日编制完成，注册会计师完成整个年度审计工作并签署审计报告的日期为 2×18 年 4 月 18 日，董事会批准财务报告对外公布的日期为 2×18 年 4 月 22 日，财务报告实际对外公布的日期为 2×18 年 4 月 25 日，股东大会召开日期为 2×18 年 5 月 6 日。

分析：

根据资产负债表日后事项涵盖期间的规定，财务报告批准报出日为 2×18 年 4 月 22 日，资产负债表日后事项涵盖的期间为 2×18 年 1 月 1 日至 2×18 年 4 月 22 日。假如晨锋公司在 4 月 22 日至 4 月 25 日之间发生了重大事项，需要调整财务报表相关项目，经调整的财务报告再经董事会批准对外报出的日期为 2×18 年 4 月 28 日，实际对外公布的日期为 2×18 年 4 月 30 日，则资产负债表日后事项涵盖的期间为 2×18 年 1 月 1 日～

2×18 年 4 月 28 日。

三、资产负债表日后事项的内容

资产负债表日后事项包括资产负债表日后调整事项(以下简称调整事项)和资产负债表日后非调整事项(以下简称非调整事项)。

(一) 调整事项

资产负债表日后调整事项,是指对资产负债表日已经存在的情况提供了新的或进一步证据的事项。调整事项的特点是:① 在资产负债表日已经存在,资产负债表日后得以证实的事项;② 对按资产负债表日存在状况编制的财务报表产生重大影响的事项。

企业发生的资产负债表日后调整事项,通常包括下列四项。

(1) 资产负债表日后诉讼案件结案,法院判决证实了企业在资产负债表日已经存在现时义务,需要调整原先确认的与该诉讼案件相关的预计负债,或确认一项新负债。

(2) 资产负债表日后取得确凿证据,表明某项资产在资产负债表日发生了减值或者需要调整该项资产原先确认的减值金额。

(3) 资产负债表日后进一步确定了资产负债表日前购入资产的成本或售出资产的收入。

(4) 资产负债表日后发现了财务报表舞弊或差错。

【例 10-2】 晨锋公司应收矿达公司账款 100 000 元,按合同约定应在 2×17 年 11 月 10 日前偿还。在 2×17 年 12 月 31 日结账时,晨锋公司尚未收到这笔款项,并已知矿达公司财务状况不佳,近期内难以偿还债务,晨锋公司对该应收账款提取了 20%的坏账准备。2×18 年 2 月 10 日,在晨锋公司对外报出财务报告之前收到矿达公司通知,矿达公司已经宣告破产,无法偿还大部分欠款。

分析:

晨锋公司于 2×17 年 12 月 31 日结账时已经知道矿达公司财务状况不佳,即在 2×17 年 12 月 31 日,矿达公司财务状况不佳的事实已经存在,但由于未得到矿达公司破产的确切证据,所以只计提了 20%的坏账准备。但实际上根据 2×17 年 12 月 31 日存在情况提供的资产负债表反映的应收矿达公司款项中的大部分已经成为坏账,此时,依据资产负债表日存在状况编制的财务报表所提供的信息已不能真实反映企业的实际情况,因此,应据此对财务报表相关项目的数字进行调整。

(二) 非调整事项

资产负债表日后非调整事项,是指表明资产负债表日后发生的情况的事项。非调整事项的发生不影响资产负债表日企业的财务报表数字,只说明资产负债表日后发生了某些情况。对于财务报告使用者而言,非调整事项说明的情况有的重要,有的不重要。其中重要的非调整事项虽然不影响资产负债表日的财务报表数字,但可能影响资产负债表以后的财务状况和经营成果,不加以说明将会影响财务报告使用者作出正确估计和决策,因此需要适当披露。

(三) 调整事项与非调整事项的区别

资产负债表日后发生的某一事项究竟是调整事项还是非调整事项,取决于该事项表明的情况在资产负债表日或资产负债表日以前是否已经存在。若该情况在资产负债表日或之前已经存在,则属于调整事项;反之,则属于非调整事项。

【例 10-3】 晨锋公司 2×17 年 10 月向矿达公司出售原材料 2 500 万元,根据销售合同,矿达公司应在收到原材料后 3 个月内付款。至 2×17 年 12 月 31 日,矿达公司尚未付款。假定晨锋公司在编制 2×17 年度财务报告时有两种情况:① 2×17 年 12 月 31 日晨锋公司根据掌握的资料判断,矿达公司有可能破产清算,估计该应收账款将有 20%无法收回,故按 20%的比例计提坏账准备;2×18 年 1 月 20 日,晨锋公司收到通知,矿达公司已被宣告破产清算,晨锋公司估计有 70%的债权无法收回。② 2×17 年 12 月 31 日矿达公司的财务状况良好,晨锋公司预计应收账款可按时收回;2×18 年 1 月 20 日,矿达公司发生重大火灾,导致晨锋公司 50%的应收账款无法收回。

2×18 年 3 月 15 日,晨锋公司的财务报告经批准对外公布。

分析:

本例中,① 导致晨锋公司应收账款无法收回的事实是矿达公司财务状况恶化,该事实在资产负债表日已经存在,矿达公司被宣告破产只是证实了资产负债表日矿达公司财务状况恶化的情况,因此,矿达公司破产导致晨锋公司应收款项无法收回的事项属于调整事项。② 导致晨锋公司应收账款损失的因素是火灾,火灾是不可预计的,应收账款发生损失这一事实在资产负债表日以后才发生,因此矿达公司发生火灾导致晨锋公司应收款项发生坏账的事项属于非调整事项。

第二节 资产负债表日后调整事项的会计处理

一、资产负债表日后调整事项的处理原则

资产负债表日后发生的调整事项,应当如同资产负债表所属期间发生的事项一样,作出相关会计处理,并对资产负债表日已经编制的财务报表进行调整。这里的财务报表包括资产负债表、利润表及所有者权益变动表等内容,但不包括现金流量表正表。

对于年度财务报告而言,由于资产负债表日后事项发生在报告年度的次年,报告年度的有关账目已经结转,特别是损益类科目在结账后已无余额。因此,年度资产负债表日后发生的调整事项,应当分情况进行处理。

(1) 涉及损益的事项,通过“以前年度损益调整”科目核算。调整完成后,应将“以前年度损益调整”科目的贷方或借方余额,转入“利润分配——未分配利润”科目。

(2) 涉及利润分配调整的事项,直接在“利润分配——未分配利润”科目核算。

(3) 不涉及损益以及利润分配的事项,调整相关科目。

(4) 通过上述会计处理后,还应同时调整财务报表相关项目的数字,包括:① 资产负债表日编制的财务报表相关项目的期末或本年发生数;② 当期编制的财务报表相关项目

的期初数或上年数；③ 经过上述调整后，如果涉及报表附注内容的，还应当作出相应调整。

另外，涉及损益的调整事项，如果发生在资产负债表日所属年度（即报告年度）所得税汇算清缴前的，应调整报告年度应纳税所得额、应纳所得税税额；发生在报告年度所得税汇算清缴后的，应调整本年度（即报告年度的次年）应纳所得税税额。由于以前年度损益调整增加的所得税费用，计入“以前年度损益调整”科目的借方，同时贷记“应交税费——应交所得税”等科目；由于以前年度损益调整减少的所得税费用，计入“以前年度损益调整”科目的贷方，同时借记“应交税费——应交所得税”等科目。调整完成后，将“以前年度损益调整”科目的贷方或借方余额，转入“利润分配——未分配利润”科目。①

二、资产负债表日后调整事项的具体会计处理方法

资产负债表日后诉讼案件结案，法院判决证实了企业在资产负债表日已经存在现时义务，需要调整原先确认的与该诉讼案件相关的预计负债，或确认一项新负债。

【例 10-4】 晨锋公司与矿达公司签订一项销售合同，合同中订明晨锋公司应在2×17年8月销售给矿达公司一批物资。由于晨锋公司未能按照合同发货，致使矿达公司发生重大经济损失。2×17年12月，矿达公司将晨锋公司告上法庭，要求晨锋公司赔偿350万元。2×17年12月31日法院尚未判决，晨锋公司按或有事项准则对该诉讼事项确认预计负债200万元。2×18年2月10日，经法院判决晨锋公司应赔偿矿达公司300万元，晨锋、矿达双方均服从判决。判决当日，晨锋公司向矿达公司支付赔偿款300万元。晨锋、矿达两公司2×17年所得税汇算清缴均在2×18年3月20日完成(假定该项预计负债产生的损失不允许在预计时税前抵扣，只有在损失实际发生时，才允许税前抵扣)。

分析：

本例中，2×18年2月10日的判决证实了晨锋、矿达两公司在资产负债表日（即2×17年12月31日）分别存在现实赔偿义务和获赔权利，因此两公司都应将“法院判决”这一事项作为调整事项进行处理。晨锋公司和矿达公司2×17年所得税汇算清缴均在2×18年3月20日完成，因此，应根据法院判决结果调整报告年度应纳税所得额和应纳所得税税额。

(1) 晨锋公司的会计处理如下。

① 2×18年2月10日，调整已确认的预计负债金额，并调整递延所得税资产。

借：以前年度损益调整	1 000 000	
贷：其他应付款		1 000 000

---

① 如无特殊说明，本章所有的例子均假定如下：财务报告批准报出日是次年3月31日，所得税税率为25%，按净利润的10%提取法定盈余公积，提取法定盈余公积后不再作其他分配；调整事项按税法规定均可调整应交纳的所得税；涉及递延所得税资产的，均假定未来期间很可能取得用来抵扣暂时性差异的应纳税所得额；不考虑报表附注中有关现金流量表项目的数字。

借：应交税费——应交所得税　250 000
　贷：以前年度损益调整（1 000 000×25%）　250 000
借：应交税费——应交所得税（2 000 000×25%）　500 000
　贷：以前年度损益调整　500 000
借：以前年度损益调整　500 000
　贷：递延所得税资产　500 000
借：预计负债　2 000 000
　贷：其他应付款　2 000 000
借：其他应付款　3 000 000
　贷：银行存款　3 000 000

注：a. 资产负债表日后事项如果涉及货币资金收支项目，均不调整报告年度资产负债表的货币资金项目和现金流量表各项目的数字。本例中，虽然当日已经支付了赔偿款，但在调整财务报表相关数字时只需调整上述前五笔分录，第六笔分录应作为2×18年的会计事项处理。

b. 2×17年年末因确认预计负债300万元时已确认相应的递延所得税资产，资产负债表日后事项发生后递延所得税资产不复存在，故应冲销相应记录。

② 将“以前年度损益调整”科目余额转入未分配利润。

借：利润分配——未分配利润　750 000
　贷：以前年度损益调整　750 000

③ 因净利润变动，调整盈余公积。

借：盈余公积（750 000×10%）　75 000
　贷：利润分配——未分配利润　75 000

④ 调整报告年度报表。

第一步，资产负债表项目的调整。

调减递延所得税资产50万元；调增其他应付款300万元，调减应交税费75万元，调减预计负债200万元；调减盈余公积7.5万元，调减未分配利润67.5万元。

第二步，利润表项目的调整。

调增营业外支出100万元，调减所得税费用25万元，调减净利润75万元。

利润表略。

第三步，所有者权益变动表项目的调整。

调减净利润75万元，调减提取盈余公积7.5万元。

所有者权益变动表略。

⑤ 调整2×18年2月份及以后资产负债表相关项目的年初数。

晨锋公司在编制2×18年1月份的资产负债表时，按照调整前2×17年12月31日的资产负债表的数字作为资产负债表的年初数，由于发生了资产负债表日后调整事项，晨锋公司除了调整2×17年年度资产负债表相关项目的数字外，还应当调整2×18年2月份以及以后月份资产负债表相关项目的年初数，其年初数按照调整后的数字填列。

（2）矿达公司的会计处理。

① 2×18 年 2 月 10 日，记录收到的赔款，并调整应交所得税。

借：其他应收款　　3 000 000

　贷：以前年度损益调整　　3 000 000

借：以前年度损益调整（3 000 000×25%）　　750 000

　贷：应交税费——应交所得税　　750 000

借：银行存款　　3 000 000

　贷：其他应收款　　3 000 000

注：同上，在调整财务报表相关数字时，只需调整上述前两笔分录，第三笔分录应作为 2×18 年的会计事项处理。

② 将"以前年度损益调整"科目余额转入未分配利润。

借：以前年度损益调整　　2 250 000

　贷：利润分配——未分配利润　　2 250 000

③ 因净利润增加，补提盈余公积。

借：利润分配——未分配利润　　225 000

　贷：盈余公积（2 250 000×10%）　　225 000

资产负债表日后取得确凿证据，表明某项资产在资产负债表日发生了减值或者需要调整该项资产原先确认的减值金额。这一事项是指在资产负债表日，根据当时的资料判断某项资产可能发生了损失或减值，但没有最后确定是否会发生，因而按照当时的最佳估计金额反映在财务报表中；但在资产负债表日至财务报告批准报出日之间，所取得的确凿证据能证明该事实成立，即某项资产已经发生了损失或减值，则应对资产负债表日所作的估计予以修正。

【例 10-5】 晨锋公司 2×17 年 5 月销售给矿达公司一批产品，货款为 100 万元（含增值税）。矿达公司于 6 月份收到所购物资并验收入库。按合同规定，矿达公司应于收到所购物资后两个月内付款。由于矿达公司财务状况不佳，到 2×17 年 12 月 31 日仍未付款。晨锋公司于 12 月 31 日编制 2×17 年财务报表时，已为该项应收账款提取坏账准备 5 万元。12 月 31 日资产负债表上"应收账款"项目的金额为 200 万元，其中 95 万元为该项应收账款。晨锋公司于 2×18 年 1 月 30 日（所得税汇算清缴前）收到法院通知，矿达公司已宣告破产清算，无力偿还所欠部分货款。晨锋公司预计可收回应收账款的 60%。

分析：

本例中，根据资产负债表日后事项的判断原则，晨锋公司在收到法院通知后，首先可判断该事项属于资产负债表日后调整事项。晨锋公司原对应收矿达公司账款提取了 5 万元的坏账准备，按照新的证据应提取的坏账准备为 40 万元（100×40%），差额 35 万元应当调整 2×17 年度财务报表相关项目的数字。

晨锋公司的会计处理如下：

(1) 补提坏账准备。

应补提的坏账准备＝1 000 000×40%－50 000＝350 000（元）。

借：以前年度损益调整　　350 000

　贷：坏账准备　　350 000

(2) 调整递延所得税资产。

借:递延所得税资产　　87 500

　贷:以前年度损益调整(350 000×25%)　　87 500

(3) 将"以前年度损益调整"科目的余额转入利润分配。

借:利润分配——未分配利润　　262 500

　贷:以前年度损益调整　　262 500

(4) 调整利润分配有关数字。

借:盈余公积　　26 250

　贷:利润分配——未分配利润(262 500×10%)　　26 250

(5) 调整报告年度财务报表相关项目的数字(财务报表略)。

① 资产负债表项目的调整。

调减应收账款净值 350 000 元,调增递延所得税资产 87 500 元;调减盈余公积 26 250 元,调减未分配利润 236 250 元。

② 利润表项目的调整。

调增资产减值损失 350 000 元,调减所得税费用 87 500 元,调减净利润 262 500 元。

③ 所有者权益变动表项目的调整。

调减净利润 262 500 元,调减提取盈余公积 26 250 元。

资产负债表日后进一步确定了资产负债表日前购入资产的成本或售出资产的收入。这类调整事项包括两方面的内容:① 若资产负债表日前购入的资产已经按暂估金额等入账,资产负债表日后获得证据,可以进一步确定该资产的成本,则应对已入账的资产成本进行调整。例如,购建固定资产已达到预定可使用状态,但尚未办理竣工决算,企业已按估计价值入账;资产负债表日后办理决算,再根据竣工决算的金额调整暂估入账的固定资产成本等。② 企业在资产负债表日已根据收入确认条件确认资产销售收入,但资产负债表日后获得关于资产收入的进一步证据,如发生销售退回等,此时也应调整财务报表相关项目的金额。

■ 第三节　资产负债表日后非调整事项的会计处理

一、资产负债表后非调整事项的处理原则

资产负债表日后发生的非调整事项,是表明资产负债表日后发生的情况的事项,与资产负债表日存在状况无关,不应当调整资产负债表日的财务报表。但有的非调整事项对财务报告使用者具有重大影响,如不加以说明,将不利于财务报告使用者作出正确估计和决策,因此,应在附注中加以披露。

二、资产负债表日后非调整事项的具体会计处理办法

资产负债表日后发生的非调整事项,应当在报表附注中披露每项重要的资产负债表日后非调整事项的性质、内容,及其对财务状况和经营成果的影响。无法作出估计的,应

当说明原因。资产负债表日后非调整事项的主要情况有以下四种。

(1) 资产负债表日后发生重大诉讼、仲裁、承诺。

(2) 资产负债表日后资产价格、税收政策、外汇汇率发生重大变化。

【例 10-6】 晨锋公司 2×17 年 8 月采用融资租赁方式从美国购入某重型机械设备，租赁合同规定，该重型机械设备的租赁期为 15 年，年租金 40 万美元。晨锋公司在编制 2×17 年度财务报表时已按 2×17 年 12 月 31 日的汇率对该笔长期应付款进行了折算(假设 2×17 年 12 月 31 日的汇率为 1 美元兑 7.85 元人民币)。假设国家规定从 2×18 年 1 月 1 日起进行外汇管理体制改革，外汇管理体制改革后，人民币对美元的汇率发生重大变化。

分析：

本例中，晨锋公司在资产负债表日已经按照当天的资产计量方式进行处理，或按规定的汇率对有关账户进行调整，因此，无论资产负债表日后汇率如何变化，均不影响资产负债表日的财务状况和经营成果。但是，如果资产负债表日后外汇汇率发生重大变化，应对由此产生的影响在报表附注中进行披露。

(3) 资产负债表日后因自然灾害导致资产发生重大损失。

【例 10-7】 晨锋公司 2×17 年 12 月购入商品一批，共计 8 000 万元，至 2×17 年 12 月 31 日该批商品已全部验收入库，货款也已通过银行支付。2×18 年 1 月 7 日，晨锋公司所在地发生水灾，该批商品全部被冲毁。

分析：

本例中水灾发生于 2×18 年 1 月 7 日，属于资产负债表日后才发生或存在的事项，应当作为非调整事项在 2×17 年度报表附注中进行披露。

(4) 资产负债表日后发行股票和债券以及其他巨额举债。

企业发行股票、债券以及向银行或非银行金融机构举借巨额债务都是比较重大的事项，虽然这一事项与企业资产负债表日的存在状况无关，但这一事项的披露能使财务报告使用者了解与此有关的情况及可能带来的影响，因此应当在报表附注中进行披露。

第四节 会计政策及其变更

一、会计政策概述

会计政策，是指企业在会计确认、计量和报告中所采用的原则、基础和会计处理方法。其中，原则，是指按照企业会计准则规定的、适合于企业会计核算所采用的具体会计原则；基础，是指为了将会计原则应用于交易或者事项而采用的基础，主要是计量基础(即计量属性)，包括历史成本、重置成本、可变现净值、现值和公允价值等；会计处理方法，是指企业在会计核算中按照法律、行政法规或者国家统一的会计制度等规定采用或者选择的、适合于本企业的具体会计处理方法。

二、会计政策变更

会计政策变更，是指企业对相同的交易或者事项由原来采用的会计政策改用另一会计政策的行为。为保证会计信息的可比性，使财务报表使用者在比较企业一个以上期间的财务报表时，能够正确判断企业的财务状况、经营成果和现金流量的趋势，一般情况下，企业采用的会计政策，在每一会计期间和前后各期应当保持一致，不得随意变更。但是，在下述两种情形下，企业可以变更会计政策。

(1) 法律、行政法规或者国家统一的会计规章制度等要求变更。企业应当按照法律、行政法规以及国家统一的会计规章制度的规定改变原会计政策，按照新的会计政策执行。

(2) 会计政策变更能够提供更可靠、更相关的会计信息。由于经济环境、客观情况的改变，使企业原采用的会计政策所提供的会计信息，已不能恰当地反映企业的财务状况、经营成果和现金流量等情况。在这种情况下，应改变原有会计政策，按变更后新的会计政策进行会计处理，以便对外提供更可靠、更相关的会计信息。

下列两种情况不属于会计政策变更：① 本期发生的交易或者事项与以前相比具有本质差别而采用新的会计政策。② 对初次发生的或不重要的交易或者事项采用新的会计政策。

三、会计政策变更与会计估计变更的划分

企业应当正确划分会计政策变更与会计估计变更，并按照不同的方法进行相关会计处理。企业应当以变更事项的会计确认、计量基础和列报项目是否发生变更作为判断该变更是会计政策变更，还是会计估计变更的划分基础。

企业可以采用以下具体方法划分会计政策变更与会计估计变更：分析并判断该事项是否涉及会计确认、计量基础选择或列报项目的变更，当至少涉及上述一项划分基础变更时，该事项便是会计政策变更；不涉及上述划分基础变更时，该事项可以判断为会计估计变更。例如，企业原采用双倍余额递减法计提固定资产折旧，根据固定资产使用的实际情况，企业决定改用直线法计提固定资产折旧。该事项前后采用的两种计提折旧方法都是以历史成本作为计量基础，对该事项的会计确认和列报项目也未发生变更，只是固定资产折旧、固定资产净值等相关金额发生了变化。因此，该事项属于会计估计变更。

四、会计政策变更的会计处理

企业根据法律、行政法规或者国家统一的会计制度等要求变更会计政策的，应当按照国家相关会计规定执行。发生会计政策变更时，有两种会计处理方法，即追溯调整法和未来适用法，两种方法适用于不同情形。

(一) 追溯调整法

追溯调整法，是指对某项交易或事项变更会计政策，视同该项交易或事项初次发生时即采用变更后的会计政策，并以此对财务报表相关项目进行调整的方法。采用追溯调整法时，对于比较财务报表期间的会计政策变更，应调整各期间净损益各项目和财务报表其他相关项目，视同该政策在比较财务报表期间上一直采用。对于比较财务报表可比期间

以前的会计政策变更的累积影响数，应调整比较财务报表最早期间的期初留存收益，财务报表其他相关项目的数字也应一并调整。

追溯调整法通常由以下步骤构成。

(1) 计算会计政策变更的累计影响数。留存收益包括当年和以前年度的未分配利润和按照相关法律规定提取并累积的盈余公积。调整期初留存收益是指对期初未分配利润和盈余公积两个项目进行调整。会计政策变更累积影响数，是指按照变更后的会计政策对以前各期追溯计算的列报前期最早期初留存收益应有金额与现有金额之间的差额。会计政策变更的累积影响数，通常可以通过以下各步计算获得：① 根据新的会计政策重新计算受影响的前期交易或事项；② 计算两种会计政策下的差异；③ 计算差异的所得税影响金额；④ 确定前期中每一期的税后差异；⑤ 计算会计政策变更的累积影响数。

(2) 相关会计处理。

(3) 调整列报前期财务报表相关项目及其金额。

(4) 报表附注说明。

需要注意的是，对以前年度损益进行追溯调整或追溯重述的，应当重新计算各列报期间的每股收益。

【例 10-8】 晨锋公司 2×18 年、2×19 年分别以 5 400 000 元和 1 800 000 元的价格从股票市场购入 A、B 两只以交易为目的的股票(假设不考虑购入股票发生的交易费用)，市价一直高于购入成本。公司采用成本与市价孰低法对购入股票进行计量。公司从 2×20 年起对其以交易为目的购入的股票由成本与市价孰低改为公允价值计量，公司保存的会计资料比较齐备，可以通过会计资料追溯计算。假设所得税税率为 25%，公司按净利润的 10%提取法定盈余公积，按净利润的 5%提取任意盈余公积。公司发行股票份额为5 000 万股。两种方法计量的交易性金融资产账面价值，如表 10-1 所示。

表 10-1　两种方法计量的交易性金融资产账面价值　单位：元

会计政策 / 股票	成本与市价孰低	2×18 年年末公允价值	2×19 年年末公允价值
A 股票	5 400 000	5 700 000	5 700 000
B 股票	1 800 000	—	2 000 000

分析：

根据上述资料，晨锋公司的会计处理如下：

(1) 计算改变交易性金融资产计量方法后的累积影响数，如表 10-2 所示。

表 10-2　改变交易性金融资产计量方法后的积累影响数　单位：元

时间	公允价值	成本与市价孰低	税前差异	所得税影响	税后差异
2×18 年年末	5 700 000	5 400 000	300 000	75 000	225 000
2×19 年年末	2 000 000	1 800 000	200 000	50 000	150 000
合 计	7 700 000	7 200 000	500 000	125 000	375 000

晨锋公司 2×20 年 12 月 31 日的比较财务报表列报前期最早期初为 2×19 年 1月1日。

晨锋公司在2×18年年末按公允价值计量的账面价值为5 700 000元，按成本与市价孰低计量的账面价值为5 400 000元，两者的所得税影响合计为75 000元，两者差异的税后净影响额为225 000元，即为该公司2×19年期初由成本与市价孰低改为公允价值的累积影响数。

晨锋公司在2×19年年末按公允价值计量的账面价值为7 700 000元，按成本与市价孰低计量的账面价值为7 200 000元，两者的所得税影响合计为125 000元，两者差异的税后净影响额为375 000元，其中，225 000元是调整2×19年累积影响数，150 000元是调整2×19年当期金额。

晨锋公司按照公允价值重新计量2×19年年末B股票账面价值，其结果为公允价值变动收益少计了200 000元，所得税费用少计了50 000元，净利润少计了150 000元。

(2) 编制有关项目的调整分录。

① 对2×18年有关事项的调整分录。

第一步，调整交易性金融资产。

借：交易性金融资产——公允价值变动　　300 000

　贷：利润分配——未分配利润　　225 000

　　递延所得税负债　　75 000

第二步，调整利润分配。

按照净利润的10%提取法定盈余公积，按照净利润的5%提取任意盈余公积，共计提取盈余公积225 000×15%＝33 750(元)。

借：利润分配——未分配利润　　33 750

　贷：盈余公积　　33 750

② 对2×19年有关事项的调整分录。

第一步，调整交易性金融资产。

借：交易性金融资产——公允价值变动　　200 000

　贷：利润分配——未分配利润　　150 000

　　递延所得税负债　　50 000

第二步，调整利润分配。

按照净利润的10%提取法定盈余公积，按照净利润的5%提取任意盈余公积，共计提取盈余公积150 000×15%＝22 500(元)。

借：利润分配——未分配利润　　22 500

　贷：盈余公积　　22 500

(3) 财务报表调整和重述。

晨锋公司在列报2×20年财务报表时，应调整2×20年资产负债表有关项目的年初余额、利润表有关项目的上年金额及所有者权益变动表有关项目的上年金额和本年金额也应进行调整。

① 资产负债表项目的调整。

调增交易性金融资产年初余额 500 000 元；调增递延所得税负债年初余额 125 000 元；调增盈余公积年初余额 56 250 元；调增未分配利润年初余额 318 750 元。

② 利润表项目的调整。

调增公允价值变动收益上年金额 200 000 元；调增所得税费用上年金额 50 000 元；调增净利润上年金额 150 000 元；调增基本每股收益上年金额 0.003 元。

③ 所有者权益变动表项目的调整。

调增盈余公积上年年初金额 33 750 元，未分配利润上年年初金额 191 250 元，所有者权益合计上年年初金额 225 000 元。

调增盈余公积上年金额 22 500 元，未分配利润上年金额 127 500 元，所有者权益合计上年金额 150 000 元。

调增盈余公积本年年初金额 56 250 元，未分配利润本年年初金额 318 750 元，所有者权益合计本年年初金额 375 000 元。

（二）未来适用法

未来适用法，是指将变更后的会计政策应用于变更日及以后发生的交易或者事项，或者在会计估计变更当期和未来期间确认会计估计变更影响数的方法。

在未来适用法下，不需要计算会计政策变更产生的累积影响数，也无须重编以前年度的财务报表。企业会计账簿记录及财务报表上反映的金额，变更之日仍保留原有的金额，不因会计政策变更而改变以前年度的既定结果，并在现有金额的基础上再按新的会计政策进行核算。

（三）会计政策变更的会计处理方法选择

对于会计政策变更，企业应当根据具体情况，分别采用不同的会计处理方法。

（1）法律、行政法规或者国家统一的会计制度等要求变更的情况下，企业应当分以下情况分别进行处理：① 国家已发布相关的会计处理办法，则按照国家发布的相关会计处理规定进行处理；② 国家没有发布相关的会计处理办法，则采用追溯调整法进行会计处理。

（2）会计政策变更能够提供更可靠、更相关的会计信息的情况下，企业应当采用追溯调整法进行会计处理，将会计政策变更累积影响数调整列报前期最早期初留存收益，其他相关项目的期初余额和列报前期披露的其他比较数据也应当一并调整。

（3）确定会计政策变更对列报前期影响数不切实可行的，应当从可追溯调整的最早期间期初开始应用变更后的会计政策；在当期期初确定会计政策变更对以前各期累积影响数不切实可行的，应当采用未来适用法处理。

五、会计政策变更的披露

企业应当在附注中披露与会计政策变更有关的下列信息。

（1）会计政策变更的性质、内容和原因。

（2）当期和各个列报前期财务报表中受影响的项目名称和调整金额。具体包括：① 采用追溯调整法时，计算出的会计政策变更的累积影响数；② 当期和各个列报前期财务报表中需要调整的净损益及其影响金额；③ 以及其他需要调整的项目名称和调整金额。

(3) 无法进行追溯调整的，说明该事实和原因以及开始应用变更后的会计政策的时点、具体应用情况。

需要注意的是，在以后期间的财务报表中，不需要重复披露在以前期间的附注中已披露的会计政策变更的信息。

■ 第五节　会计估计及其变更

一、会计估计概述

会计估计，是指企业对结果不确定的交易或者事项以最近可利用的信息为基础所作的判断。会计估计具有如下特点。

(1) 会计估计的存在是由于经济活动中内在的不确定性因素的影响。例如，坏账、固定资产折旧年限、固定资产残余价值、无形资产摊销年限等，因而需要根据经验作出估计。可以说，在进行会计核算和相关信息披露的过程中，会计估计是不可避免的。

(2) 进行会计估计时，往往以最近可利用的信息或资料为基础。企业在会计核算中，由于经营活动中内在的不确定性，不得不经常进行估计。一些估计的主要目的是为了确定资产或负债的账面价值，例如，坏账准备、担保责任引起的负债。另一些估计的主要目的是确定将在某一期间记录的收益或费用的金额，例如，某一期间的折旧、摊销的金额。

(3) 进行会计估计并不会削弱会计确认和计量的可靠性。企业为了定期、及时地提供有用的会计信息，将延续不断的经营活动人为划分为一定的期间并在权责发生制的基础上对企业的财务状况和经营成果进行定期确认和计量。

企业应当披露重要的会计估计，不具有重要性的会计估计可以不披露。判断会计估计是否重要，应当考虑与会计估计相关项目的性质和金额。例如以下会计估计企业应当披露：① 存货可变现净值的确定。② 采用公允价值模式下的投资性房地产公允价值的确定。③ 固定资产的预计使用寿命与净残值及固定资产的折旧方法。④ 合同完工进度的确定。⑤ 权益工具公允价值的确定。

二、会计估计变更

会计估计变更，是指由于资产和负债的当前状况及预期经济利益和义务发生了变化，从而对资产或负债的账面价值或者资产的定期消耗金额进行调整。会计估计变更的情形包括以下两种。

(1) 赖以进行估计的基础发生了变化。企业进行会计估计，总是依赖于一定的基础。如果其所依赖的基础发生了变化，则会计估计也应相应发生变化。例如，企业的某项无形资产摊销年限原定为 10 年，以后发生的情况表明，该资产的受益年限已不足 10 年，相应调减摊销年限。

(2) 取得了新的信息、积累了更多的经验。在这种情况下，企业可能不得不对会计估计进行修订，即发生会计估计变更。例如，企业原根据当时能够得到的信息，对应收账款每年按其余额的 5%计提坏账准备。现在掌握了新的信息，判定不能收回的应收账款比例已达15%,企业改按15%的比例计提坏账准备。

会计估计变更,并不意味着以前期间会计估计是错误的,只是由于情况发生变化,或者掌握了新的信息,积累了更多的经验,使得变更会计估计能够更好地反映企业的财务状况和经营成果。

三、会计估计变更的会计处理

企业对会计估计变更应当采用未来适用法处理。即在会计估计变更当期及以后期间采用新的会计估计不改变以前期间的会计估计,也不调整以前期间的报告结果。

(一)会计估计变更仅影响变更当期的会计处理

会计估计变更仅影响变更当期的,其影响数应当在变更当期予以确认。

例如,企业原按应收账款余额的5%提取坏账准备,由于企业不能收回应收账款的比例已达10%则企业改按应收账款余额的10%提取坏账准备。这类会计估计的变更,只影响变更当期,因此,应于变更当期确认。

(二)既影响变更当期又影响未来期间的会计处理

会计估计变更既影响变更当期又影响未来期间的,其影响数应当在变更当期和未来期间予以确认。例如,企业的某项可计提折旧的固定资产,其有效使用年限或预计净残值的估计发生的变更,常常影响变更当期及资产以后使用年限内各个期间的折旧费用,这类会计估计的变更,应于变更当期及以后各期确认。

会计估计变更的影响数应计入变更当期与前期相同的项目中。为了保证不同期间的财务报表具有可比性,如果以前期间的会计估计变更的影响数计入企业日常经营活动损益,则以后期间也应计入日常经营活动损益;如果以前期间的会计估计变更的影响数计入特殊项目,则以后期间也应计入特殊项目。

【例10-9】 丙公司有一台管理用设备,原始价值为84 000元,预计使用寿命为8年,净残值为4 000元,自2×12年1月1日起按直线法计提折旧。2×16年1月,由于新技术的发展等原因,需要对原预计使用寿命和净残值作出修正,修改后的预计使用寿命为6年,净残值为2 000元。假定税法允许按变更后的折旧额在税前扣除。

分析:

本例中丙公司对上述会计估计变更的处理如下:① 不调整以前各期折旧,也不计算累积影响数;② 变更日以后发生的经济业务改按新估计使用寿命提取折旧。

按原估计,每年折旧额为10 000元,已提折旧4年,共计40 000元,固定资产净值为44 000元,则第5年相关科目的年初余额,如表10-3所示。

表10-3　相关科目年初余额表　单位:元

项目	金额
固定资产	84 000
减:累计折旧	40 000
固定资产净值	44 000

改变估计使用寿命后，2×16 年 1 月 1 日起每年计提的折旧费用为 21 000 元[(44 000－2 000)÷(6－4)]。2×16 年不必对以前年度已提折旧进行调整，只需按重新预计的尚可使用寿命和净残值计算确定的年折旧费用。

编制会计分录如下：

借：管理费用　　21 000

　贷：累计折旧　　21 000

企业应当正确划分会计政策变更和会计估计变更，并按不同的方法进行相关会计处理。企业通过判断会计政策变更和会计估计变更划分基础仍然难以对某项变更进行区分的，应当将其作为会计估计变更处理。

四、会计估计变更的披露

企业应当在附注中披露与会计估计变更有关的下列三项信息。

(1) 会计估计变更的内容和原因。包括变更的内容、变更日期以及为什么要对会计估计进行变更。

(2) 会计估计变更对当期和未来期间的影响数。包括会计估计变更对当期和未来期间损益的影响金额以及对其他各项目的影响金额。

(3) 会计估计变更的影响数不能确定的，披露这一事实和原因。

第六节　前期差错及其更正

一、前期差错概述

前期差错，是指由于没有运用或错误运用下列两种信息，而对前期财务报表造成省略或错报：① 编报前期财务报表时预期能够取得并加以考虑的可靠信息；② 前期财务报告批准报出时能够取得的可靠信息。前期差错通常包括计算错误、应用会计政策错误、疏忽或曲解事实以及舞弊产生的影响以及存货、固定资产盘盈等。没有运用或错误运用上述两种信息而形成前期差错的情形主要有以下七种情况。

(1) 计算以及账户分类错误。

(2) 采用法律、行政法规或者国家统一的会计制度等不允许的会计政策。

(3) 对事实的疏忽或曲解，以及舞弊。例如，企业对某项建造合同应按建造合同规定的方法确认营业收入，但该企业却按照确认商品销售收入的原则确认收入。

(4) 在期末对应计项目与递延项目未予调整。例如，企业应在本期摊销的费用在期末未予摊销。

(5) 漏记已完成的交易。例如，企业销售一批商品，商品已经发出，开出增值税专用发票，商品销售收入确认条件均已满足，但企业在期末时未将已实现的销售收入入账。

(6) 提前确认尚未实现的收入或不确认已实现的收入。例如，在采用委托代销商品的销售方式下，应以收到代销单位的代销清单时，确认商品销售收入的实现，如企业在发出委托代销商品时即确认为收入，则为提前确认尚未实现的收入。

(7) 资本性支出与收益性支出划分差错等。例如,企业发生的管理人员的工资一般作为收益性支出,而发生的在建工程人员工资一般作为资本性支出。如果企业将发生的在建工程人员工资计入了当期损益,则属于资本性支出与收益性支出的划分差错。

需要注意的是,会计估计的性质是个近似值,随着更多信息的获得,估计可能需要进行修正,但是会计估计变更不属于前期差错更正。

二、前期差错更正的会计处理

企业应当采用追溯重述法更正重要的前期差错,但确定前期差错累积影响数不切实可行的除外。对于不重要的前期差错,可以采用未来适用法更正。前期差错的重要程度,应根据差错的性质和金额加以具体判断。追溯重述法,是指在发现前期差错时,视同该项前期差错从未发生过,从而对财务报表相关项目进行更正的方法。追溯重述法的会计处理与追溯调整法相同。确定前期差错影响数不切实可行的,可以从可追溯重述的最早期间开始调整留存收益的期初余额,财务报表其他相关项目的期初余额也应当一并调整,也可以采用未来适用法。企业应当在重要的前期差错发现当期的财务报表中,调整前期比较数据。会计政策变更涉及以前年度损益调整的事项,通过“利润分配——未分配利润”的科目来核算。

(一) 不重要的前期差错的会计处理

对于不重要的前期差错,企业不需调整财务报表相关项目的期初数,但应调整发现当期与前期相同的相关项目。属于影响损益的,应直接计入本期与上期相同的净损益项目。

【例 10-10】 晨锋公司在 2×19 年 12 月 31 日发现一台价值 9 600 元的应计入固定资产,并于 2×18 年 2 月 1 日开始计提折旧的管理用设备,在 2×18 年计入了当期费用。该公司固定资产折旧采用直线法,该资产估计使用年限为 4 年,假设不考虑净残值因素。

分析:

2×19 年 12 月 31 日,更正此差错的会计分录为:

借:固定资产	9 600	
贷:管理费用		5 000
累计折旧		4 600

另外,假设该项差错直到 2×22 年 2 月后才发现,则不需要作任何分录,因为该项差错已经抵销了。

(二) 重要的前期差错的会计处理

对于重要的前期差错,企业应当在其发现当期的财务报表中,调整前期比较数据。具体地说,企业应当在重要的前期差错发现当期的财务报表中,通过下述处理对其进行追溯更正:① 追溯重述差错发生期间列报的前期比较金额;② 如果前期差错发生在列报的最早前期之前,则追溯重述列报的最早前期的资产、负债和所有者权益相关项目的期初余额。

三、前期差错更正所得税的会计处理

(1) 应交所得税的调整。当会计制度和税法对涉及的损益类调整事项处理的口径相同时，则应考虑应交所得税和所得税费用的调整；当会计制度和税法对涉及的损益类调整事项处理的口径不同时，则不应考虑应交所得税的调整。

（2）递延所得税资产和递延所得税负债的调整。若调整事项涉及暂时性差异，则应调整递延所得税资产或递延所得税负债。

四、前期差错更正的披露

企业应当在附注中披露与前期差错更正有关的下列信息：① 前期差错的性质。② 各个列报前期财务报表中受影响的项目名称和更正金额。③ 无法进行追溯重述的，说明该事实和原因以及对前期差错开始进行更正的时点、具体更正情况。另外，在以后期间的财务报表中，不需要重复披露在以前期间的附注中已披露的前期差错更正的信息。

特别提示

本章主要介绍了资产负债表日后调整事项和非调整事项的基本概念，会计政策、会计估计变更、差错更正以及资产负债表日后事项准则的适用范围和条件，介绍了追溯调整法和未来适用法的具体会计处理方法。应重点掌握以下三个要点。

（1）资产负债日后事项是指年度资产负债表日至财务报告批准报出日之间发生的，需要调整或说明的事项。这些事项有的直接影响财务报告年度的财务状态、经营成果和资金变动情况；有的虽然不影响财务报告，但会影响财务报告使用者的正确理解和决策。

（2）正确区分调整事项和非调整事项的关键是看这些事项的主要情况出现的时间，凡主要情况出现或存在于资产负债表日之前，而在日后时期获得新的或进一步的证据证实，即原因出现或存在于资产负债表日之前，结果出现在日后时期的应作为调整事项。凡主要情况的出现和结果均在日后时期发生的事项，则属非调整事项，应在报表附注中披露。

（3）对于应调整的日后事项，应当如同资产负债表所属期间发生的事项一样进行会计处理，并对已编制会计报表的相关项目进行调整。

CHAPTER 11

第十一章

清算会计

学习目标

通过对本章的学习，应重点关注的内容有：① 了解企业清算的概念、原因和分类；② 熟悉清算的程序和方法；③ 了解清算会计特有的理论体系；④ 熟悉破产清算会计的处理程序；⑤ 重点掌握企业破产清算的科目设置、会计处理及信息披露。

案例引入

东星航空有限公司(简称“东星航空”)由中国东星集团有限公司下属湖北东星国际旅行社有限公司、湖北东盛房地产有限公司、湖北美景旅游投资有限公司2005年5月共同投资组建，注册资本为8 000万元人民币，是继奥凯、鹰联、春秋航空之后，我国第四家投入运营的民营航空公司。东星航空先后从美国一家公司租赁10架全新的空中客车飞机，建立了武汉、广州、郑州三大航空运营基地。自2008年下半年以来，向武汉市政府相关部门请求协助追讨东星航空欠款的海内外企业及金融机构已达6家，欠款总额超过4亿元人民币。中航重组东星航空几乎没有可能进行下去，据财务部门清理，目前东星航空已到账和可收回的资金仅302万元人民币，而当前急需的开支多达1 160多万元人民币，其中20日以后的航班退票费约510万元人民币，拖欠员工工资476万余元人民币，资金缺口858万余元人民币。有关部门目前讨论的主要是其破产采用哪一种破产方式最适合。目前东星航空面临与债权人和解、破产重组和破产清算三种解决方式。最终的结果可能有三种：一是债权人和债务人达成和解，债务企业由此免于破产；二是对债务企业进行破产重整；三是宣告企业破产清算，即制定财产处置方案，提交债权人会议表决。

实际情况是：东星航空目前最大的债权人——GE公司旗下的GECAS公司向法院起诉东星航空欠缴飞机租金时，已向法院提出申请，要求东星航空破产。东星航空实际控制人董事长兰某对国航母公司中航集团收购东星航空的重组谈判持抵制态度。

要求：结合以上条件，分析东星航空有限公司三种破产方案的可能性。

(资料来源　索佩敏：《东星出路三条代选三元“逐鹿”模式可鉴》，载上海证券报2009年3月24日，http://news.stockstar.com/source list/上海证券报.shtml)

案例分析

东星航空有限公司三种破产方案的可能性分析如下：

(1) 和解的方式目前来看很难达成。因为东星航空如果要与债权人和解，首先必须出售资产偿还债务。被中航集团收购是最快获得资金的方式，但目前东星航空及其兰董事长均表态拒绝被中航集团收购。因此，后两种方案的可能性较大。

(2) 破产重整的方式存在可能，但有弊端。破产重整，是指具有一定规模的公司，在出现破产原因或有破产原因出现的危险时，为防止企业破产，经利害关系人申请，在法院的干预下，对该公司实行强制治理，使其复兴并运营下去的法律制度。如果债权人可以接受对债务进行打折的重整方案，那么中航集团以承担债务的方式获得东星航空股权，所付成本可能较低。这一方案的弊端在于债权人可能不满债务打折而否决重整方案。此外，如果重整计划草案设计出资人(股东)权益调整事项的，出资人还要对重整进行表决。而该案中，东星航空若要调整，显然关系到董事长兰某的股权变动，他可能否决该方案。

(3) 第三种方案破产清算，可以借鉴三元集团收购三鹿集团的模式。河北三元和北京三元集团的联合竞拍体于2009年3月初以6.165亿元的价格竞拍到三鹿集团的部分核心资产，而三鹿集团的债务则由破产管理人石家庄三鹿清算组管理。参照三元集团收购三鹿集团的模式，东星航空如果被迫破产清算，中航集团也可以参与东星航空被拍卖的财产，而无须承担东星航空的债务。这样操作的好处在于能够获得一份比较“干净”的资产，但风险是中航集团可能会面临其他的竞拍者，进而造成收购成本被抬高。

第一节　企业清算概述

一、企业解体、破产和重组

(一) 企业解体

企业解体又称企业解散、终止，是指企业的法人资格消失的法律行为。在市场经济体制下，企业的存亡主要依靠市场状况，企业的经营不仅取决于企业自身管理水平的高低，而且还受制于企业外部诸多因素的影响。企业解体可能是自愿进行的，也可能是被迫进行的。

(二) 企业破产

企业破产，是指当债务人的全部资产不足以清偿到期债务时，债权人通过一定程序将债务人的全部资产供其平均受偿，从而使债务人免除不能清偿的其他债务，并由法院宣告破产解散。从法律上讲，破产事件一般有两种情况，一是事实上的破产，即债务人的负债总额超过其资产总额，因资产不足以偿债而不能清偿到期债务的情况；二是法律上的破产，即债务人的资产总额虽然大于其负债总额，但缺少足够的现金清偿到期债务，不得不变卖资产而使企业无法持续经营，从而申请宣告破产清算的情况。

(三)企业重组

企业重组也称企业改组,是指通过一定的程序改变企业的资本结构的行为。按是否需要经过法院审批,可以分为自行重组和法律重组。自行重组是不需要经过法院的审批,由企业经股东大会通过后进行的企业内部资本的重新组合,重组后债权人的利益不会发生变化。法律重组必须经过法院的审批,按相关法律规定的程序进行重组,法院直接参与重组事务,重组后债权人的权利和企业的法律地位可能会发生变化也可能不发生改变。

二、企业清算

(一)企业清算的概念

企业清算是指企业全面清理其资产、清偿其负债并将剩余财产在投资各方或股东之间进行分配的行为。企业清算是在企业发生解体、破产或重组而终止经营的阶段需要履行的经济行为。它是企业停止生产经营活动,清理债权债务,注销企业法人资格的法律行为。

(二)企业清算的原因

1. 企业营业期届满的解体

企业营业期届满的解体是企业正常的终止经营的行为。在营业期限届满时,企业应当按照当初设立时制定的企业章程、协议等具有法律效力的文件规定,终止经营行为。如果要延长公司存在的期限,就必须要修改企业的章程,并经股东大会讨论通过。

2. 按企业章程规定的解体

企业章程中如果制定了终止经营的事项,则当该事项发生时,企业必须终止经营行为,进行解体。但是,终止经营事项不是章程绝对必要事项,而是相对必要事项。

3. 企业自行解体

企业已无存在的必要时,经股东大会或企业最高的权力机构决定,进行解体。企业无存在的必要,一般表现为以下几种情况:一是企业经过一段时间的经营后,已经达到了企业当初设立时所确定的经营目标,无须再继续经营下去;二是企业在经营过程中发现,当初设立时所制定的目标太高,根据现实条件根本无法实现,则被迫终止经营;三是企业发生了严重的亏损或遭受了严重的自然灾害等一系列重大事故而使企业无法再持续经营下去,迫使企业经营终止。

4. 企业被依法强制解体

企业在其生产经营期间,如果在生产经营的内容、方式和方法上违反了所在国的法律、法规,危害了社会的公共利益,就会被依法撤销,强制执行终止经营。或者,企业在规定的时间内没有开始营业,长期歇业,依据相关的法律,也可能被撤销,强制解体。

5. 企业合并或分立解体

企业合并包括吸收合并、新设合并和控股合并。在吸收合并的情况下,要求被合并的企业自然解体。在新设合并的情况下,则要求参与合并的各方自然终止其经营。在控股合并下，不存在解体情况。如果一个企业分开形成两个或两个以上的企业，新形成的企业成为独立的法人，行使其法人权利，原来的企业自然解体。

6. 企业破产解体

企业在经营过程中，由于受诸多因素的影响，可能是因企业的权益资本结构不合理或债务比例过高而发生财务困难，或是由于企业管理不善造成严重的亏损，致使资金周转不灵，难以偿还到期债务，财务状况严重恶化，企业落入资不抵债的境地。经债权人或企业申请，由法院宣告企业破产，经营终止，进入破产清算程序。

（三）企业清算的分类

公司终止的原因多种多样，但根据我国《公司法》的规定，公司清算的最基本分类是非破产清算和破产清算。

非破产清算是指在公司法人资产足以清偿债务的情况下，依照我国《公司法》的规定所进行的清算，包括自愿的解散清算和强制的解散清算。此种清算的财产除用以清偿公司的全部债务外，还要将剩余的财产分配给债权人和股东。破产清算是指在企业不能清偿到期债务的情况下，依照我国《企业破产法》的规定所进行的清算。两者区分的依据主要是企业依法清算的程序不同。

企业终止时，如果财产足以偿还债务，所进行的清算为非破产清算，理论上全部债权人的债权均能实现，而且往往还存在剩余财产可供分配；如果财产已不足以偿还全部债务，则必须按照破产清算程序进行清算，按照法定程序和公平受偿原则清偿破产企业职工工资、劳动保险费用、所欠税款、破产债券后，企业终止。

实践中也存在一种特殊情况，即公司终止时，由于尚未进行清算，对其资产负债情况并不十分清楚，可能首先启动的是非破产清算，但发现其财产不足以偿还全部债务，这时，非破产清算程序将无法进行下去。这就需要清算组织或者债权人按照我国《破产法》的有关规定向人民法院提起破产清算程序，从而由非破产清算程序转为破产清算程序。

三、企业清算的程序

企业在清算时，必须按照一定的程序进行相关事项的处理。首先确定并履行企业应负担的责任，然后进行债权债务的清理，最后将清算财产进行合理的分配。一般清算程序如下所述。

（一）成立清算组织

清算组织是企业终止经营时执行清算事务并代表企业行使其权力的组织。在任意清算情况下，清算组织是由企业在一定的期限内召开股东大会并确定清算人员而组成的。在法定清算的情况下，可以由法院指定有关人员组成清算组织。清算组织的主要职责是：① 清理公司财产，编制有关清算的财务报表和财产清单。② 通知或公告债权人。③ 处理与清算有关的公司未结业务。④ 清理债权债务。⑤ 处理公司清偿债务后的剩余资产。⑥ 代表公司参与民事诉讼活动。

（二）组织清算过程

清算组织成立后，应立即开展清算工作，主要包括：① 发出公告，通知债权人在限定期限内申报其债权。② 清理、处置企业的全部财产，清算组织在清理财产前要编制营业终止日的资产负债表，并对财产进行全面的清查、盘点、作价，清查结束后要编制财产目录。所有财产由清算组织按照法定程序进行处理。③ 支付费用，清偿债务。应先支付清理过程中发生的费用，然后再清偿企业的债务。在清偿债务时，需按法定清偿顺序进行。④ 分配剩余财产。清偿结束后，对剩余财产进行分配，即将其分配给企业的所有者。

（三）提出清算报告

清算结束后，清算组织应提出清算报告并编制清算期间内的款项收支表和各种财务账册。报表和账册经注册会计师审计后，报送企业管理机构，办理企业注销手续，并公告企业解体。

四、企业清算对传统财务会计的影响

企业清算作为一种特殊的经济行为，必将对传统财务会计产生重大影响。

（一）对会计基本前提的影响

会计基本前提是会计人员实现会计目标，对所面临的变化不定、错综复杂的社会环境作出的合乎情理的判断。这些判断以有限的事实和观察为基础，是会计核算得以正常进行，并据以选择会计处理程序和方法的必要的前提条件。传统财务会计中的会计基本前提包括会计主体、持续经营、会计分期和货币计量。企业清算对以上会计基本前提所造成的影响主要表现在以下几个方面。

1. 对会计主体的影响

传统财务会计中的会计主体前提规定会计核算的范围是以会计工作为其服务的特定单位或组织，它要求会计核算应当区分自身的经济活动与其他企业的经济活动，区分企业的经济活动与企业投资者的经济活动。通过界定会计核算的范围，才能正确反映会计主体的资产、负债和所有者权益情况，提供反映企业财务状况和经营成果的财务报表。但是，当企业解体后，尽管仍需要从空间范围上区分解体企业与其他企业及其投资者的活动，以正确反映清算的过程和结果，但实际控制解体企业的是清算组织。清算组织站在不同于企业管理者和所有者的立场上，以相关规章制度或法律制度为依据来处理清算事务，从而决定了清算会计的核算内容和范围不同于传统的财务会计。

2. 对持续经营的影响

传统财务会计中的持续经营是指企业的生产经营活动将无限期地延续下去，在可以预见的将来，企业将会按当前的规模和状态继续经营下去，不会停业，也不会大规模削减业务。它要求会计人员以持续、正常的经营活动为前提进行会计核算。在这一基本前提之上，产生了一系列稳定的会计处理程序和方法，如固定资产的折旧、债务的偿还等。但是，当企业解体后，持续经营的前提被打破了，由此建立在持续经营基础之上的一系列会计处理程序和方法也失去了存在的基础。因此，清算企业会计确认、计量和报告以非持续经营为前提。

3. 对会计分期的影响

会计分期是指将企业持续不断的生产经营划分为一个个连续的、长短相同的期间。

会计分期的作用是为了及时结算账目，计算盈余并编制财务报表，向有关各方及时提供反映企业财务状况和经营成果的财务信息。会计分期对企业的会计核算有着重要的影响。由于会计分期，才产生了本期和非本期的差别，从而产生了权责发生制和收付实现制的区分，在会计处理上产生了预收、预付、应收、应付等特殊的项目。企业解体后，由于持续经营前提已经不复存在，因此会计分期假设也就失去了存在的意义。

（二）对权责发生制的影响

权责发生制是传统财务会计的一项重要原则，它是指在收入与费用的确认上，不以款项的实际收付为标准，而是以是否实现或发生为依据。凡是当期已经实现的收入和已经发生或应当负担的费用，不论款项是否收付，都应当作为当期的收入和费用；凡是不属于当期的收入和费用，即使款项已在当期收付，也不应当作为当期的收入和费用。企业进入解体清算状态后，由于已经不存在持续经营，也无会计分期的必要，因此建立在这些基础之上的权责发生制也就失去了存在的必要。

（三）对会计目标的影响

传统的财务会计目标是向企业外部投资者、债权人、政府有关部门提供企业财务状况、经营成果和现金流量等会计信息。尽管清算会计的目标仍然是向企业外部提供信息，但信息的使用者除企业的债权人、投资人、政府有关部门外，还包括负责审理破产案件的法院。在内容上，清算会计主要是提供破产企业债务偿还和清算财产处理的会计信息。可见，无论是所提供会计信息的内容，还是会计信息的使用者，清算会计都与传统财务会计有所不同。

■ 第二节　清算会计理论基础

一、清算会计的概念和特点

（一）清算会计的概念

清算会计是财务会计的一个分支，它是以宣告解体的企业为会计主体，以现有的各种会计方法为基础，反映和监督企业在解体清算过程中发生的各种会计事项，对清算财产、清算债权、清算净资产、清算损益等，进行确认、计量、记录和报告的管理活动，并对各项特殊的清算业务进行研究和处理的一种专门会计。

（二）清算会计的特点

清算会计服务于企业终止经营而进行解体的过程，因此，清算会计和在持续经营情况下的会计（以下简称财务会计）相比，就有了以下不同的特点。

1. 清算会计目标有别于常规财务目标

财务会计的目标是向财务报告使用者提供与企业财务状况、经营成果和现金流量等有关的财务信息，反映企业管理层受托责任履行情况，有助于财务报告使用者作出经济决策。当企业进入清算状态后，正常的生产经营活动已经停止，此时，清算会计的主要活动是财产清理变现、债务清偿和剩余财产分配等。清算会计所提供的会计信息，已不再用来说明生产经营过程中销售、成本、费用、盈利等方面的情况，而是用来说明清算过程中的财产变现、债务清偿、资金流转和清算损益等方面的状况。

2. 清算会计的计量基础和核算原则有所变化

财务会计的计量基础主要是历史成本原则，人们关注的是企业已经发生的经济业务、现在的财务状况及未来的发展趋势，因此在会计凭证、会计账簿和财务报表上主要是以历史成本来反映企业的资产、负债、所有者权益、收入、费用和利润。清算会计关注的是清算资产可能给企业带来的经济利益的流入和现实债务的清偿程度，历史成本已经不再适用，取而代之的是变现价值。常规会计核算遵循的历史成本计价、配比和权责发生制等会计原则已不再适用，取而代之的是清算价格、收付实现制等原则。

3. 清算会计循环变为单周期核算活动

在持续经营前提下，一个企业的会计核算必须在一个会计期间内完成一系列的会计程序，并于会计期初开始，于会计期末结束，这一过程循环往复，周而复始。当企业进入清算状态后，持续经营的会计前提消失了，清算会计循环周期不再以年为单位，而是以清算业务完成实际耗用的时间为准。

4. 清算会计报告体系相对独特

财务会计的报告体系包括资产负债表、利润表、现金流量表、所有者权益变动表和报表附注。由于信息所有者的变化和对信息内容要求的不同，清算会计的报告一般由三部分组成：① 财务现状类报表，如清算资产负债表、债权债务清单等；② 变现偿债类报表，用来反映清算过程中清算财产变卖和债务的偿还进度、偿还比例等方面的情况，一般在清算过程中分阶段或者一次编制；③ 清算损益类报表，用来反映清算期间财务状况和理财过程，如清算利润表等，一般在清算结束时编制。

二、清算会计的会计原则

清算会计作为传统会计的一个分支，遵循传统会计的一般性原则的要求，如客观性、及时性、明晰性、重要性等，但为了规范清算会计行为，维护债权人、债务人及投资人的合法权益，清算会计又有其以下独特的原则。

（一）合法性原则

企业清算过程不仅是一种经济行为，更重要的是一种法律行为。因此，合法性原则对清算会计尤为重要，即解体企业应以法律为准绳，分别严格按我国的《企业破产法》、《公司法》、《民法通则》、《民事诉讼法》等法律规定组织会计核算，对清算财产进行合法的处置。

（二）损失最低原则

企业进入清算程序后，清算组织在必要的情况下，可以决定破产企业未履行的合同继续履行，可以继续解体企业的生产经营活动。同时，需要将破产企业的各种财产变卖以清偿债务。清算组织在组织上述经济业务及财产变卖的过程中，必须讲究经济效益，将企业的损失降到最低限度。

（三）收付实现原则

企业进入清算程序后，必须以收付实现制取代权责发生制，对收入和费用进行确认，即以实际收到的现金或实际付出的现金为标准确认收入和费用。

（四）可变现净值原则

为了最大限度地保护债权人的利益，并兼顾债务人的利益，清算组织需要对清算企业的全部财产按可变现净值进行重新计价，而不论清算前企业的账面价值是多少。对不具备偿债条件的财产如长期待摊费用等应一次性转化为费用，根据财产变现后的数额来偿付债务。

三、破产清算会计的会计要素

会计要素是为实现会计目标，以会计基本前提为基础，对会计对象的具体分类。会计要素具体包括资产、负债、所有者权益、收入、费用和利润。在清算会计中，这些概念得到了进一步的发展，被赋予了新的含义。

(1) 破产企业在破产清算期间的财产应当以破产清算净值计量。

(2) 破产清算净值是指在破产清算的特定环境下和法定时限内，最可能的变现价值扣除相关的处置税费后的净额。

(3) 破产企业在破产清算期间的债务应当以清偿价值计量。

(4) 清偿价值是指不考虑企业的实际清偿能力和折现因素，按照相关法律规定或合同约定，企业应当清偿的金额。经债权人申报并经法院确认的债务，其清偿价值应为法院确认的金额。

第三节　破产清算的会计处理

一、破产清算概述

（一）破产申请的提出

企业法人不到期清偿债务，并且资产不足以清偿全部债务或者明显缺乏清偿能力时，可由债务人或债权人向人民法院提出对债务人进行重组或者破产清算的申请。企业法人已解散但未清算或者未清算完毕，资产不足以清偿债务的，依法负有清算责任的人应当向人民法院申请破产清算。

（二）破产费用和共益债务

1. 破产费用

人民法院受理破产申请后发生的下列费用为破产费用：破产案件的诉讼费用，管理、变卖和分配债务人财产的费用，管理人执行职务的费用、报酬和聘用工作人员的费用等。

2. 共益债务

共益债务，是指在人民法院受理破产申请后，为全体债权人的共同利益而管理、变卖和分配破产财产而负担的债务。共益债务主要包括：① 因管理人或者债务人（即破产企业）请求对方当事人履行双方均未履行完毕的合同所产生的债务；② 债务人财产受无因管理所产生的债务；③ 因债务人不当得利所产生的债务；④ 为债务人继续营业而应当支付的劳动报酬和社会保险费用以及由此产生的其他债务；⑤ 管理人或者相关人员执行职务致人损害所产生的债务以及债务人财产致人损害所产生的债务。

（三）破产债务的清偿顺序

破产财产在优先清偿破产费用和共益债务后，依照下列顺序清偿：① 破产人所欠职工的工资和医疗费用、伤残补助费用、抚恤费用，所欠的应当划入职工个人账户的基本养老保险、基本医疗保险费用，以及法律、行政法规规定应当支付给职工的补偿金；② 破产人欠缴的除前项规定以外的社会保险和破产人所欠税款；③ 普通破产债权。另外，如果破产资产不足以清偿同一顺序的清偿要求的，则按照比例分配。

二、破产清算的确认与计量

（一）破产资产的确认与计量

破产企业在破产清算期间的资产应当以破产资产清算净值计量。此处所称的资产，是指破产法规定的债务人（破产企业）财产。

破产资产清算净值，是指在破产清算的特定环境下和规定时限内，最可能的变现价值扣除相关的处置税费后的净额。最可能的变现价值应当为公开拍卖的变现价值，但是债权人会议另有决议或国家规定不能拍卖或限制转让的资产除外；债权人会议另有决议的，最可能的变现价值应当为其决议的处置方式下的变现价值；按照国家规定不能拍卖或限制转让的，应当将按照国家规定的方式处理后的所得作为变现价值。

（二）破产债务的确认与计量

破产企业在破产清算期间的负债应当以破产债务清偿价值计量。

破产债务清偿价值，是指在不考虑破产企业的实际清偿能力和折现等因素的情况下，破产企业按照相关法律规定或合同约定应当偿付的金额。

（三）破产清算的初始计量与后续计量

破产企业依法被法院宣告破产的，应当按照破产资产清算净值对破产宣告日的资产进行初始确认计量；按照破产债务清偿价值对破产宣告日的负债进行初始确认计量；相关差额直接计入清算净值。

破产企业在破产清算期间的资产，应当按照破产清算净值进行后续计量，负债按照破产债务清偿价值进行后续计量。破产企业应当按照破产报表日的破产资产清算净值和破产债务清偿价值，对资产和负债的账面价值分别进行调整，差额计入当期清算损益。

（1）破产清算期间发生资产处置的，破产企业应当终止确认相关被处置资产，并将处置所得金额与被处置资产的账面价值的差额，扣除直接相关的处置费用后的差额，计入当期清算损益。

（2）破产清算期间发生债务清偿的，破产企业应当按照偿付金额，终止确认相应部分的负债。在偿付义务完全解除时，破产企业应当终止确认该负债的剩余账面价值，同时确认清算损益。

(3) 破产清算期间发生的各项费用、取得的各项收益应当直接计入当期清算损益。

(4) 在破产清算期间,破产企业按照我国《税法》规定需缴纳企业所得税的,应当计算所得税费用,并将其计入清算损益。所得税费用应当仅反映破产企业当期应交的所得税。

(5) 破产企业因盘盈、追回等方式在破产清算期间取得的资产,应当按照取得时的破产清算净值进行初始确认计量。初始确认计量的账面价值与取得该资产的成本之间存在差额的,该差额应当计入清算损益。

(6) 破产企业在破产清算期间新承担的债务,应当按照破产债务清偿价值进行初始确认计量,并计入清算损益。

三、科目设置

破产管理人接管破产企业的会计档案等财务资料后,应当在企业依法被法院宣告破产后,增设以下会计科目。增设的会计科目分为负债类、清算净值类和清算损益类。破产企业可以根据实际需要,在一级科目中设置明细科目。

(一) 负债类科目设置

1. 应付破产费用

本科目核算破产企业在破产清算期间发生的我国《破产法》规定的各类破产费用。

2. 应付共益债务

本科目核算破产企业在破产清算期间发生的我国《破产法》规定的各类共益债务。

(二) 清算净值类科目设置

清算净值:本科目核算破产企业在破产报表日结转的清算净损益科目余额。破产企业资产与负债的差额,也在本科目核算。

(三) 清算损益类科目设置

1. 资产处置净损益

本科目核算破产企业在破产清算期间处置破产资产产生的、扣除相关处置费用后的净损益。

2. 债务清偿净损益

本科目核算破产企业在破产清算期间清偿债务产生的净损益。

3. 破产资产和负债净值变动净损益

本科目核算破产企业在破产清算期间按照破产资产清算净值调整资产账面价值,以及按照破产债务清偿价值调整负债账面价值产生的净损益。

4. 其他收益

本科目核算除资产处置、债务清偿以外,在破产清算期间发生的其他收益。

5. 破产费用

本科目核算破产企业在破产清算期间发生的我国《破产法》规定的各项破产费用,主要包括：破产案件的诉讼费用，管理、变价和分配债务人资产的费用，管理人执行职务的费用、报酬和聘用工作人员的费用。本科目应按发生的费用项目设置明细账。

6. 共益债务支出

本科目核算破产在企业破产清算期间发生的我国《破产法》规定的共益债务相关的各项支出。

7. 其他费用

本科目核算破产企业在破产清算期间发生的除破产费用和共益债务支出之外的各项其他费用。

8. 所得税费用

本科目核算破产企业在破产清算期间发生的企业所得税费用。

9. 清算净损益

本科目核算破产企业在破产清算期间结转的上述各类清算损益科目余额。

另外，除上述科目外，破产企业可根据具体情况增设、减少或合并某些会计科目。

四、会计处理

（一）破产宣告日的余额结转

法院宣告企业破产时，应当根据破产企业移交的科目余额表，将部分会计科目的相关余额转入以下新科目，并编制新的科目余额表。

（1）原“应付账款”、“其他应付款”等科目中属于我国《破产法》所规定的破产费用的余额，转入“应付破产费用”科目。

（2）原“应付账款”、“其他应付款”等科目中属于我国《破产法》所规定的共益债务的余额，转入“应付共益债务”科目。

（3）原“商誉”、“长期待摊费用”、“递延所得税资产”、“递延所得税负债”、“递延收益”、“股本”、“资本公积”、“盈余公积”、“其他综合收益”、“未分配利润”等科目的余额，转入“清算净值”科目。

（二）破产宣告日的余额调整

（1）关于各类资产。破产企业应当对拥有的各类资产（包括原账面价值为零的已提足折旧的固定资产、已摊销完毕的无形资产等）登记造册，估计其破产资产清算净值，按照其破产资产清算净值对各资产科目余额进行调整，并相应调整“清算净值”科目。

（2）关于各类负债。破产企业应当对各类负债进行核查，按照《企业破产清算有关会计处理规定》第六条规定对各负债科目余额进行调整，并相应调整“清算净值”科目。

（三）处置破产财产

（1）破产企业收回应收票据、应收款项类债权、应收款项类投资，按照收回的款项，借记“库存现金”、“银行存款”等科目；按照应收款项类债权或应收款项类投资的账面价值，贷记相关资产科目；按其差额，借记或贷记“资产处置净损益”科目。

（2）破产企业出售各类投资，按照收到的款项，借记“库存现金”、“银行存款”等科目；

按照相关投资的账面价值，贷记相关资产科目；按其差额，借记或贷记“资产处置净损益”科目。

（3）破产企业出售存货、投资性房地产、固定资产及在建工程等实物资产，按照收到的款项，借记“库存现金”、“银行存款”等科目；按照实物资产的账面价值，贷记相关资产科目；按应当缴纳的税费，贷记“应交税费”科目；按上述各科目发生额的差额，借记或贷记“资产处置净损益”科目。

（4）破产企业出售无形资产，按照收到的款项，借记“库存现金”、“银行存款”等科目；按照无形资产的账面价值，贷记“无形资产”科目；按应当缴纳的税费，贷记“应交税费”科目；按上述各科目发生额的差额，借记或贷记“资产处置净损益”科目。

（5）破产企业的划拨土地使用权被国家收回，国家给予一定补偿的，按照收到的补偿金额，借记“库存现金”、“银行存款”等科目，贷记“其他收益”科目。

（6）破产企业处置破产资产发生的各类评估、变价、拍卖等费用，按照发生的金额，借记“破产费用”科目，贷记“库存现金”、“银行存款”、“应付破产费用”等科目。

（四）清偿债务

（1）破产企业清偿破产费用和共益债务，按照相关已确认负债的账面价值，借记“应付破产费用”、“应付共益债务”等科目；按照实际支付的金额，贷记“库存现金”、“银行存款”等科目；按其差额，借记或贷记“破产费用”、“共益债务支出”科目。

（2）破产企业按照经批准的职工安置方案，支付的所欠职工的工资和医疗、伤残补助、抚恤费用，应当划入职工个人账户的基本养老保险、基本医疗保险费用和其他社会保险费用，以及法律、行政法规规定应当支付给职工的补偿金，按照相关账面价值，借记“应付职工薪酬”等科目；按照实际支付的金额，贷记“库存现金”、“银行存款”等科目；按其差额，借记或贷记“债务清偿净损益”科目。

（3）破产企业支付所欠税款，按照相关账面价值，借记“应交税费”等科目；按照实际支付的金额，贷记“库存现金”、“银行存款”等科目；按其差额，借记或贷记“债务清偿净损益”科目。

（4）破产企业清偿破产债务，按照实际支付的金额，借记相关债务科目，贷记“库存现金”、“银行存款”等科目。

破产企业以非货币性资产清偿债务的，按照清偿的价值，借记相关负债科目；按照非货币性资产的账面价值，贷记相关资产科目；按其差额，借记或贷记“债务清偿净损益”科目。

债权人依法行使抵销权的，按照经法院确认的抵销金额，借记相关负债科目，贷记相关资产科目；按其差额，借记或贷记“债务清偿净损益”科目。

（五）其他会计处理

（1）在破产清算期间通过清查、盘点等方式取得的未入账资产，应当按照取得日的破产资产清算净值，借记相关资产科目，贷记“其他收益”科目。

（2）在破产清算期间通过债权人申报发现的未入账债务，应当按照破产债务清偿价值确定计量金额，借记“其他费用”科目，贷记相关负债科目。

(3) 在编制破产清算期间的财务报表时,应当对所有资产项目按其于破产报表日的破产资产清算净值重新计量,借记或贷记相关资产科目,贷记或借记“破产资产和负债净值变动净损益”科目;应当对所有负债项目按照破产债务清偿价值重新计量,借记或贷记相关负债科目,贷记或借记“破产资产和负债净值变动净损益”科目。

(4) 破产企业在破产清算期间,作为买入方继续履行尚未履行完毕的合同的,按照收到的资产的破产资产清算净值,借记相关资产科目;按照相应的增值税进项税额,借记“应交税费”科目;按照应支付或已支付的款项,贷记“库存现金”、“银行存款”、“应付共益债务”或“预付款项”等科目;按照上述各科目的差额,借记“其他费用”或贷记“其他收益”科目。企业作为卖出方继续履行尚未履行完毕的合同的,按照应收或已收的金额,借记“库存现金”、“银行存款”、“应收账款”等科目;按照转让的资产账面价值,贷记相关资产科目,按照应缴纳相关税费,贷记“应交税费”科目;按照上述各科目的差额,借记“其他费用”科目或贷记“其他收益”科目。

(5) 破产企业发生我国《破产法》第四章所涉及的相关事实,破产管理人依法追回相关破产资产的,按照追回资产的破产资产清算净值,借记相关资产科目,贷记“其他收益”科目。

(6) 破产企业收到的利息、股利、租金等孳息,借记“库存现金”、“银行存款”等科目,贷记“其他收益”科目。

(7) 破产企业在破产清算终结日,剩余破产债务不再清偿的,按照其账面价值,借记相关负债科目,贷记“其他收益”科目。

(8) 在编制破产清算期间的财务报表时,有已实现的应纳税所得额的,考虑可以抵扣的金额后,应当据此提存应交所得税,借记“所得税费用”科目、贷记“应交税费”科目。

(9) 在编制破产清算期间的财务报表时,应当将“资产处置净损益”、“债务清偿净损益”、“破产资产和负债净值变动净损益”、“其他收益”、“破产费用”、“共益债务支出”、“其他费用”、“所得税费用”科目结转至“清算净损益”科目,并将“清算净损益”科目余额转入“清算净值”科目。

第四节　破产清算财务报表的列报

破产企业应编制清算财务报表,向法院、债权人会议等报表使用者反映破产企业在破产清算过程中的财务状况、清算损益、现金流量变动和债务偿付状况。

一、破产清算财务报表的构成

破产企业的财务报表包括清算资产负债表、清算损益表、清算现金流量表、债务清偿表及相关附注。法院依法宣告企业破产的,破产企业应当以破产宣告日为破产报表日编制清算资产负债表及相关附注。法院或债权人会议等要求提供清算财务报表的,破产企业应当根据其要求提供清算财务报表的时点确定破产报表日,编制清算资产负债表、清算损益表、清算现金流量表、债务清偿表及相关附注。向法院申请裁定破产终结的,破产企业应当编制清算损益表、债务清偿表及相关附注。

二、清算资产负债表及其附注

（一）清算资产负债表

清算资产负债表反映破产企业在破产报表日资产的破产资产清算净值，以及负债的破产债务清偿价值。资产项目和负债项目的差额在清算资产负债表中作为清算净值列示，见表 11-1。

表 11-1　　清算资产负债表　　会破 01 表

编制单位：　　___年___月___日　　单位：元

资产	行次	账面价值	负债及清算净值	行次	账面价值
货币资金			负债：		
应收票据			借款		
应收账款			应付票据		
其他应收款			应付账款		
预付款项			预收款项		
存货			其他应付款		
金融资产投资			应付债券		
长期股权投资			应付破产费用		
投资性房地产			应付共益债务		
固定资产			应付职工薪酬		
在建工程			应交税费		
无形资产			……		
……					
资产总计			负债合计		
			清算净值：		
			清算净值		
			负债及清算净值总计		

清算资产负债表反映破产企业在破产报表日关于资产、负债、清算净值及其相互关系的信息。本表中列示的项目不区分流动和非流动，其中，“应收账款”或“其他应收款”项目，应分别根据“应收账款”或“其他应收款”的科目余额填列，同时，“长期应收款”科目余额也在上述两项目中分析填列；“借款”项目，应根据“短期借款”和“长期借款”科目余额合计数填列；“应付账款”或“其他应付款”项目，应分别根据“应付账款”、“其他应付款”的科目余额填列，同时，“长期应付款”科目余额也在该项目中分析填列；“金融资产投资”项目，应根据“以公允价值计量且其变动计入当期损益的金融资产”、“持有至到期投资”和“可供出售金融资产”的科目余额合计数填列。表中的“清算净值”项目反映破产企业于破产报表日的清算净值，其项目应根据“清算净值”科目余额填列。

（二）清算资产负债表附注

（1）破产企业应当在破产资产负债表附注中，区分是否用作担保，分别披露破产资产明细信息。

（2）破产企业应当在破产资产负债表附注中，披露依法追回的账外资产、取回的质物和留置物等明细信息，如追回或取回有关资产的时间、有关资产的名称、破产资产清算净值等。

（3）破产企业应当在破产资产负债表附注中，分别披露经法院确认以及未经法院确认的债务的明细信息，如债务项目名称以及有关金额等。

（4）破产企业应当在破产资产负债表附注中，披露应付职工薪酬的明细信息，如所欠职工的工资和医疗、伤残补助、抚恤费用，所欠的应当划入职工个人账户的基本养老保险、基本医疗保险费用，以及法律、行政法规规定应当支付给职工的补偿金。

三、清算损益表及其附注

（一）清算损益表

清算损益表反映破产企业在破产清算期间发生的各项收益、费用。清算损益表至少应当单独列示反映下列信息的项目：资产处置净收益（损失）、债务清偿净收益（损失）、破产资产和负债净值变动净收益（损失）、破产费用、共益债务支出、所得税费用等，见表11-2。

表 11-2　　清算损益表　　会破 02 表

编制单位：　　____年____月____日　　单位：元

项目	行次	本期数	累积数
一、清算收益（清算损失以“－”表示）			
（一）财产处置净收益（净损失以“－”表示）			
（二）债务清偿净收益（净损失以“－”表示）			
（三）破产资产和负债净值变动净收益			
（四）其他收益			
二、清算费用			
（一）破产费用（以“－”表示）			
（二）共益债务费用（以“－”表示）			
（三）其他费用（以“－”表示）			
（四）所得税费用（以“－”表示）			
三、清算净收益（清算净损失以“－”表示）			

清算损益表反映破产企业在清算期间发生的各项收益、费用。本期数反映破产企业从上一破产报表日至本破产报表日期间有关项目的发生额，累计数反映破产企业从被法院宣告破产之日至本破产报表日期间有关项目的发生额。

（1）“资产处置净收益”项目，根据“资产处置净损益”科目的发生额填列，如为净损失以“－”表示。

（2）“债务清偿净收益”项目，根据“债务清偿净损益”科目的发生额填列，如为净损失以“－”表示。

（3）“破产资产和负债净值变动净收益”项目，根据“破产资产和负债净值变动净损益”科目的发生额填列，如为净损失以“－”表示。

（4）“清算净收益”项目，根据“清算净损益”科目的发生额填列，如为清算净损失以“－”表示。“清算净收益”项目金额应当为“清算收益”与“清算费用”之和。

（二）清算损益表附注

（1）破产企业应当在清算损益表附注中，披露资产处置损益的明细信息，包括资产性质、处置收入、处置费用及处置净收益。

（2）破产企业应当在清算损益表附注中，披露破产费用的明细信息，包括费用性质、金额等。

（3）破产企业应当在清算损益表附注中，披露共益债务支出的明细信息，包括具体项目、金额等。

四、清算现金流量表

清算现金流量表反映破产企业在破产清算期间货币资金余额的变动情况。清算现金流量表应当采用直接法编制，至少应当单独列示反映下列信息的项目：处置资产收到的现金净额、清偿债务支付的现金、支付破产费用的现金、支付共益债务支出的现金、支付所得税的现金等，见表11-3。

表11-3 **清算现金流量表** 会破03表

编制单位： ____年____月____日 单位：元

项目	行次	本期数	累积数
一、期初货币资金余额			
二、清算现金流入			
（一）处置财产收到的现金净额			
（二）收到的其他现金			
清算现金流入小计			
三、清算现金流出			
（一）清偿债务支付的现金			
（二）支付的破产费用			
（三）支付的共益债务			
（四）支付的所得税费用			
（五）支付的其他现金			
清算现金流出小计			
四、期末货币资金余额			

清算现金流量表反映破产企业在破产清算期间货币资金余额的变动情况，表格应当根据货币资金科目的变动额分析填列。本期数反映破产企业从上一破产报表日至本破产报表日期间有关项目的发生额，累计数反映破产企业从被法院宣告破产之日至本破产报表日期间有关项目的发生额。破产企业应当在清算现金流量表附注中，披露期末货币资金余额中已经提存用于向特定债权人分配或向国家缴纳税款的金额。

五、债务清偿表

债务清偿表反映破产企业在破产清算期间发生的债务清偿情况。债务清偿表应当根据我国《破产法》规定的债务清偿顺序，按照各项债务的明细单独列示。债务清偿表中列示的各项债务至少应当反映其确认金额、清偿比例、实际需清偿金额、已清偿金额、尚未清偿金额等信息，见表 11-4。

表 11-4 **债务清偿表** 会破 04 表

编制单位： ____年____月____日 单位：元

债务项目	行次	期末数	经法院确认债务的金额	清偿比例	实际需清偿金额	本期清偿金额	已清偿金额	尚未清偿金额
		①	②	③	④＝②×③	⑤	⑥	⑦
有担保的债务：								
××银行				×				
××企业								
……				×				
小计				×				
普通债务：								
第一顺序：劳动债权								
应付职工薪酬								
……								
……								
第二顺序：国家税款债权：								
应交税费								
……								
……								
第三顺序：普通债权								
借款								
——××银行								
——××企业								
应付债务工具								
——××银行								
——××企业								

续表 11-4

债务项目	行次	期末数	经法院确认债务的金额	清偿比例	实际需清偿金额	本期清偿金额	已清偿金额	尚未清偿金额
		①	②	③	④=②×③	⑤	⑥	⑦
应付票据								
应付款项								
——××银行								
——××企业								
小计				×				
合计				×				

债务清偿表反映破产企业债务清偿情况。表格应按有担保的债务和普通债务分类设项。

(1) 经法院确认的债务金额为经债权人申报并由法院确认的金额;未经确认的债务,无须填写该金额。

(2) 清偿比例为根据破产法的规定,当破产资产不足以清偿同一顺序的清偿要求时,按比例进行分配时所采用的比例。

另外,破产企业应当在清算财务报表附注中披露下列信息:① 破产资产明细信息;② 破产管理人依法追回的账外资产明细信息;③ 破产管理人依法取回的质物和留置物的明细信息;④ 未经法院确认的债务的明细信息;⑤ 应付职工薪酬的明细信息;⑥ 期末货币资金余额中已经提存用于向特定债权人分配或向国家缴纳税款的金额。⑦ 资产处置损益的明细信息,包括资产性质、处置收入、处置费用及处置净收益;⑧ 破产费用的明细信息,包括费用性质、金额等。⑨ 共益债务支出的明细信息,包括具体项目、金额等。

特别提示

本章简要介绍了企业清算的概念、原因、分类和破产清算的会计处理问题,分析了清算会计对财务会计的影响,简单论述了清算会计的概念、特点和理论知识。企业清算是指企业全面清理其资产、清偿其负债并将剩余财产在投资各方或股东之间进行分配的行为。企业清算的原因有经营届满清算、企业自行清算、被依法强制清算、合并或分立清算和破产清算。本章主要讲述了破产清算会计处理程序及其列报。

破产清算会计是财务会计的一个分支,它是以宣告解体的企业为会计主体,以现有的各种会计方法为基础,反映和监督企业在破产清算过程中发生的各种会计事项,对清算财产、清算债权、清算净资产、清算损益等进行确认、计量、记录和报告的管理活动,并对各项特殊的清算业务进行研究和处理的一种专门会计。

参考文献

REFERENCES

[1] AHMED A, HINGARH V. Mastering fair valuation: approaches and Application under IFRS[M]. New York: John Wiley & Sons Inc, 2016.

[2] 财政部会计司. 2014 年中国企业会计准则[M]. 北京:经济科学出版社,2014.

[3] 财政部. 企业会计准则第 37 号——金融工具列报[EB/OL]. (2017-5-2)[2017-6-3]. http://kjs.mof.gov.cn/zhengwuxinxi/zhengcefabu/201705/t20170515_2600144.html.

[4] 财政部. 企业会计准则第 22 号——金融工具确认和计量[EB/OL]. (2017-3-31)[2017-5-1]. http://kjs.mof.gov.cn/zhuantilanmu/kuaijizhuanzeshishi/200806/t20080618_46226.html.

[5] 财政部. 企业会计准则第 23 号——金融资产转移[EB/OL]. (2017-3-31)[2017-5-1]. http://kjs.mof.gov.cn/zhengwuxinxi/zhengcefabu/201704/t20170406_2575702.html.

[6] 财政部. 企业会计准则第 14 号——收入[EB/OL]. (2017-7-5)[2017-7-31]. http://kjs.mof.gov.cn/zhengwuxinxi/zhengcefabu/201707/t20170719_2653110.html.

[7] 财政部. 企业会计准则第 24 号——套期会计[EB/OL]. (2017-3-31)[2017-5-1]. http://kjs.mof.gov.cn/zhengwuxinxi/zhengcefabu/201704/t20170406_2575705.html.

[8] 财政部. 企业会计准则(2015 年版)[M]. 上海:立信会计出版社,2015.

[9] 财政部. 企业破产清算有关会计处理规定[EB/OL]. (2017-12-20)[2017-6-5]. http://kjs.mof.gov.cn/zhengwuxinxi/zhengcefabu/201612/t20161227_2505655.html.

[10] 程明娥,孙灿明. 高级财务会计[M]. 北京:北京大学出版社,2008.

[11] 储一昀. 高级财务会计[M]. 北京:中国人民大学出版社,2016.

[12] 傅荣. 高级财务会计(第三版)[M]. 北京:中国人民大学出版社,2016.

[13] 耿建新,戴德明. 高级会计学(第七版)[M]. 北京:中国人民大学出版社,2016.

[14] 霍伊尔,谢弗,杜尼克.高级会计学(第11版)(双语注释版)[M].王鑫,改编.北京:北京大学出版社,2016.
[15] 李莉.高级财务会计[M].大连:东北财经大学出版社,2016.
[16] 李玉环.国际财务报告准则导读[M].北京:经济科学出版社,2016.
[17] 刘永泽,傅荣.高级财务会计(第五版)[M].大连:东北财经大学出版社,2016.
[18] 企业会计准则编审委员会.企业会计准则应用指南(2017年修订版)[M].上海:立信会计出版社,2017.
[19] 沈洁,阮慧瑶,孙宇辉,等.国际财务报告准则实务指引(第十四册)[M].北京:中国财政经济出版社,2015.
[20] 石本仁.高级财务会计(第三版)[M].北京:中国人民大学出版社,2015.
[21] 孙自愿,蒋卫东,李文美.高级财务会计学理论与实务[M].徐州:中国矿业大学出版社,2016.
[22] 天职国际会计师事务所专业技术委员会.会计准则内在逻辑[M].北京:中国财政经济出版社,2016.
[23] 王菁菁,刘光忠.金融工具减值预期损失模型的演进与会计准则体系变迁——兼评IASB《金融工具:预期信用损失》征求意见稿[J].会计研究,2014(5).
[24] 王霞.国际财务报告准则修订评析与前瞻——以金融工具、合并报表和收入准则为例[J].会计研究,2012(4).
[25] 魏明海,龚凯颂.会计理论(第四版)[M].大连:东北财经大学出版社,2014.
[26] 余蔚平.认真贯彻企业会计准则全面提升会计信息质量[J].会计研究,2014(6).
[27] 中国注册会计师协会.会计[M].北京:中国财政经济出版社,2016.
[28] 周华.高级财务会计(第二版)[M].北京:中国人民大学出版社,2015.

APPENDIX

附　　录

附录一　“高级会计学”课程教学质量标准

《高级会计学》课程是会计学、财务管理等专业的学科专业准出课程(专业核心课程),其先修课程是基础会计、中级财务会计。该课程以“高级”为基点、兼顾“特殊性”,以会计基本假设的非标准或非典型情况作为参考依据。通过该课程的学习,使学生理解非标准会计假设下各种会计处理的原则和理论基础,了解和掌握各会计专题国际通行和国内规定的会计处理方法及其理论背景,在比较中了解各专题在理论和实务上存在的不同的会计业务处理方法及其发展趋势,并能运用本课程所学的知识分析和解决会计实务中的各种问题,为将来从事会计实务和理论研究工作打下坚实的基础。

一、课程目标

熟悉我国具体会计准则和国际会计惯例对于高级会计学专题的规定;了解高级会计学各专题的基本理论、基本方法及在我国的实践;在比较中掌握各专题具体的会计处理方法;了解各专题在国际国内的发展趋势,从而提高学生的专业素质和综合能力,为社会培养更多的具备更高水平会计相关理论和实务能力的人才。

二、课程内容及要求

1. 主要教学内容

序号	章节	内容及要求
1	第一章　高级会计学的基础理论	了解高级会计学的准确定位,熟悉高级会计学的基本内容,从理论层面认识和识别高级会计学发展的规律

续表

序号	章节	内容及要求
2	第二章　所得税会计	掌握所得税会计核算的基本方法；掌握资产计税基础、负债计税基础的确定；掌握递延所得税资产和递延所得税负债的确认；掌握所得税费用的确认、计量、记录和报告等
3	第三章　外币折算会计	掌握外币交易的确认、计量和记录问题；熟悉外币财务报表的折算和披露问题
4	第四章　油气开采会计	了解油气资产的初始计量以及弃置义务的确认与计量；熟悉油气资产折耗的会计处理；了解油气资产的转让、减值的会计处理
5	第五章　生物资产会计	了解生物资产的概念与分类以及生物资产的会计特征；熟悉生物资产的确认与初始计量；熟悉生物资产在成本模式和公允价值模式下的后续计量；了解生物资产的收获和处置；了解生物资产的列报和披露
6	第六章　金融工具会计	了解金融工具的相关概念体系；了解金融资产转移相关内容；熟知衍生工具的各种类型；理解衍生工具会计处理的特征和方法，了解套期保值的构成内容及其会计处理的原则性要求
7	第七章　企业合并会计	理解企业合并的类型和方式；掌握企业合并权益法和购买法及两者之间异同；掌握同一控制下企业合并和非同一控制下企业合并的会计处理
8	第八章　合并财务报表	理解合并财务报表的概念及特点；掌握合并财务报表中合并范围的确定；掌握合并财务报表编制程序；掌握内部业务的调整与抵销；掌握内部交易有关所得税的调整与抵销；掌握特殊交易在合并财务报表中的会计处理
9	第九章　租赁会计	熟悉融资租赁与经营租赁的划分标准；掌握经营租赁业务租赁双方的会计处理原则及其应用；掌握融资租赁业务租赁双方的会计处理原则及其应用
10	第十章　资产负债表日后事项与会计变更	掌握资产负债表日后调整事项和非调整事项的区别；熟悉会计政策、会计估计变更和差错更正；掌握追溯调整法和未来适用法的具体会计处理方法
11	第十一章　清算会计	熟悉清算的程序和方法；熟悉破产清算会计的处理程序；掌握企业破产清算的科目设置、会计处理及信息披露

2. 其他教学内容

序号	教学内容	教学方法	学时
1	特殊交易或事项中产生的资产、负债计税基础的确定	课堂或课后研讨	2
2	嵌入式衍生工具的会计处理	课堂或课后研讨	1
3	交叉持股的合并处理	课堂或课后研讨	2
4	低值资产和短期租赁安排中，承租人对不同租赁安排的确认和计量	课堂或课后研讨	1
合　计			6

三、教学组织

1. 教学构思

本课程作为专业核心课程，通过对前沿性、高难度的内容讲解，以“高级”为基点、兼顾“特殊性”，其主要内容设置遵循理论与实务相结合的理念，坚持“突出实用、兼顾理论”的原则，以简练的思路引导学生掌握特殊业务或者难度较大的会计准则的设计理念及操作规则，注重对财务会计学基本理论与思想的传授，激发学生探究知识和真理的积极性，提高学生未来从事会计工作的职业判断能力、适应商业环境的应变能力，培养学生的创新思维，提高学生在新的市场经济环境下处理复杂会计业务的能力。

2. 教学策略

本课程突出实践性和开放性，课程内容紧密结合经济业务实践。首先，通过生动鲜活的导入案例引发学生思考，既能避免开篇即对深奥晦涩的理论知识进行阐述，又能启发学生理论联系实际，带着问题思考学习内容；其次，通过对理论和方法的讲述使学生掌握应有的专业知识；最后，通过对章节后面的易错知识点的回顾，使学生对所学知识融会贯通。同时，鉴于会计准则还在不断发展中，授课教师在各自学科方向有最新研究成果，本课程将给予授课教师一定的自主性，在保证讲授基础内容的前提下，可根据个人特长对其他授课内容进行适当取舍。

3. 教学方法

本课程采用课堂讲授、课堂研讨、视频教学、案例教学相结合的教学方法，让学生在多样化的学习形式中高效掌握高级会计学的内容。

4. 教学场地与设施

课堂教学需要多媒体教室，实验课程利用会计学实验室，未来可以安排校外课堂和慕课(MOOCs)教学，听取校外会计专家讲座等。

5. 教学服务

授课教师除了组织课堂研讨外，还应及时向学生提供答疑服务和相关学习资料；有针对性地布置课外作业，课外作业应结合课程进度开展会计实务的训练，避免摘取教材上的业务综合题；作业采取教师批改、教师和学生共同讲评的形式进行。

■ Teaching Quality Standards for Advanced Accounting

The course of Advanced Accounting is a compulsory course (professional core course) in accounting specialty, Its prerequisite courses are Fundamental Accounting and Intermediate Financial Accounting. Based on advanced financial issues and considering special transactions, the course takes non-standard and non-typical conditions of accounting basic hypothesis as reference. It mainly covers: ① the theories of advanced accounting, ② financial accounting problems of non-standard accounting subject, ③ financial accounting problems of non-standard accounting period, ④ financial accounting issues of the non-standard monetary measurement, ⑤ financial accounting problems under discontinued operations. Through studying this course, students are expected to understand the principles and theories of various accounting treatment under non-standard accounting hypothesis. They should also master international and domestic accounting methods and their theoretical background, comprehend accounting treatments and development trend in theory and practice through comparing their differences, and apply knowledge of advanced accounting in practice. This course will lay a solid foundation for students' career in accounting practice and academic research.

I. Course Objectives

Students should be familiar with Chinese accounting principle and international accounting conventions on advanced accounting subject. In addition, they should understand basic theory and method of each topic in advanced accounting in practice, master accounting treatment of each specific topic in comparison, and understand international and domestic development trend of each topic. This course aims at improving students' professional intuition and comprehensive ability, cultivating talents armed with abundant accounting knowledge and professional skills for society.

II. Course Contents and Requirements

1. Main Course Contents

Sequence number	Chapter		Content and requirements
1	Chapter 1	Theoretical Foundation	To understand orientation of Advanced Accounting To get familiar with content of Advanced Accounting To be aware of the rule of Advanced Accounting Development
2	Chapter 2	Accounting for Income Taxes	To grasp the basic measurement of income tax accounting To master the determination of tax basis of assets and liabilities To master the confirmation of deferred income tax assets and deferred income tax liabilities To master income tax recognition, measurement, recording and reporting
3	Chapter 3	Accounting for Conversion of Foreign Currency	To master confirmation, measurement, and recording of foreign currency transactions To get familiar with conversion and disclosure of foreign currency financial statements
4	Chapter 4	Accounting for Oil and Gas Assets	To know about the initial measurement of oil and gas assets and the confirmation and measurement of disposal responsibility To get familiar with the accounting treatment of depreciation of oil and gas assets To know about the accounting treatment for assignment and impairment of oil and gas assets

Sequence number	Chapter		Content and requirements
5	Chapter 5	Accounting for Biological Assets	To know about concepts, classification, and characteristic of biological assets To be familiar with the confirmation and initial measurement of biological assets To be familiar with subsequent measurement of biological assets in cost model and fair value model To know about accounting treatment of harvest and disposal of biological assets To know about the disclosure and report of biological assets
6	Chapter 6	Accounting for Financial Instruments	To know about relative concept system of financial instruments To be familiar with derivatives of financial instruments To understand the character and method of accounting treatment for derivatives To know about the content of hedging and requirements in accounting treatments of hedging
7	Chapter 7	Consolidation Accounting	To understand types and methods of the business combination To master the differences and similarities of equity method and purchase method of business consolidation To master the accounting treatment of consolidation between entities under the same control and different control
8	Chapter 8	Consolidated Financial Statements	To understand concepts and characters of the consolidated financial statement To master the definition of consolidation scope in consolidated financial statements To master the process of consolidated financial statements compilation To master the adjustments and countervail of internal transactions and income taxes related to these transactions To master accounting treatment in special transactions in consolidated financial statement
9	Chapter 9	Accounting for Leases	To get familiar with the discrimination between finance lease and operating lease To master the accounting treatment of lessor and lessee in operating lease To master the accounting treatment of lessor and lessee in finance lease
10	Chapter 10	Events after the Balance Sheet Date, Accounting Adjustments	To master the difference between adjustment after the balance sheet date and non adjusting events items To be familiar with the changes in accounting policies and accounting estimates and corrections of errors To master the detailed accounting treatment of retroactive adjustment and prospective application method

Sequence number	Chapter		Content and requirements
11	Chapter 11	Liquidation Accounting	To be familiar with procedures and methods of liquidation To be familiar with the process of bankruptcy liquidation accounting To master the subject setting, accounting treatment and information disclosure of enterprise bankruptcy and liquidation

2. Other Teaching Contents

Sequence number	Teaching contents	Teaching methods	Period
1	Confirmation of tax basis of assets and liabilities in special transactions.	Seminar	2
2	Accounting treatments for embedded derivatives	Seminar	1
3	Consolidation treatments for cross-shareholding	Seminar	2
4	Lessee's confirmation and measurement of different leasing in low-value assets and short-term leasing arrangements	Seminar	1
Total			6

III. Teaching organization

1. Teaching Conception

As a professional core course, Advanced accounting concentrates on the explanation of frontier and complicated content, based on advanced knowledge and considering special financial issues. The main content should follow the idea of combining theory and practice and adhere to the principle of "highlight practice, reconcile theory". The course should guide students to master the special transactions and design concepts and the practice rules of complicated accounting principle, focusing on the impartment of financial accounting theory and thought, stimulating the enthusiasm of students to pursue knowledge and truth, and improving students' professional judgment. Also the course helps to cultivate students' creative thinking and improve students' ability to integrate in business environment and handle complex accounting operations.

2. Teaching Strategies

This course highlights practicality and openness. The course content is closely integrated with business practice. Firstly, the vivid introduction of cases not only avoid making the obscure theory as the opening, but also inspire students to connect knowledge with practice. Secondly, the impartment of theories and methods will help students to master the professional knowledge. Finally, the review after each chapter will help students comprehend thoroughly about the knowledge. Considering the continuous development of accounting standards, the lecturers have the latest research results in their respective disciplines. This course will give the lecturers a certain degree of autonomy. Under the premise of basic teaching content, lecturers can choose the other contents according to their individual characteristics.

3. Teaching Method

Through a combination of lecturing, classroom discussion, video teaching, and case study, this course will guide students to master advanced accounting content efficiently in varieties of study methods.

4. Teaching Venues and Facilities

Classroom teaching requires multimedia classrooms; experimental courses requires accounting labs. In the future, the course may arrange off-campus classes, MOOCs and lectures from extramural accounting experts.

5. Teaching Service

Except for organizing seminars, lecturers should provide Q & A service and relative study materials and assign proper homework, which should include accounting practice training and avoid textbook questions. Teachers should correct homework and make comments with students.

■ 附录二　各章节同步练习

第一章　高级会计学的基础理论

思考题

1.高级会计学与中级财务会计学有哪些区别？

2.高级会计学的产生与发展源自哪些方法的突破？

3.高级会计学具有哪些本质特征？

4.高级会计学的会计计量有哪些特殊性？

第二章　所得税会计

判断题

1. 对于确认为递延收益的政府补助，如果按照我国《税法》规定，该政府补助为免税收入，则并不构成收到当期的应纳税所得额，未来期间会计上确认收益时，也不作为应纳税所得额。(　　)
2. 若预收账款未计入当期应纳税所得额，其计税基础等于账面价值。(　　)
3. 企业为职工支付的各项薪酬超过《税法》规定扣除标准的，在发生当期不允许税前扣除，以后期间也不允许税前扣除，所产生的应付职工薪酬的计税基础为零。(　　)
4. 与子公司、联营企业、合营企业投资等相关的应纳税暂时性差异，一般应确认相应的递延所得税负债。(　　)
5. 所得税费用等于当期所得税费用加递延所得税费用。(　　)
6. 资产负债表债务法下，即使适用税率发生变化，也不需要对原已确认的递延所得税进行调整。(　　)
7. 甲企业在2×14年年末“递延所得税资产”账面余额为80 000元、“递延所得税负债”账面余额为30 000元，资产负债表中可将两者之差50 000元列示于“递延所得税资产”项目。(　　)
8. 资产负债表日，企业应对递延所得税资产的账面价值进行复核，如果未来期间很可能无法取得足够的应纳税所得额用以利用可抵扣暂时性差异带来的经济利益，应当计提递延所得税资产减值准备。(　　)
9. 在对递延所得税资产和递延所得税负债进行计量时，应采用与收回资产或清偿负债的预期方式相一致的税率和计税基础。(　　)
10. 递延所得税负债的确认同递延所得税资产一样，同样有金额的限制。(　　)

第三章　外币折算会计

判断题

1. 企业收到投资者投入的资本，应按照合同约定的汇率进行折算。（　　）
2. 即期汇率的近似汇率通常指当期期初汇率。（　　）
3. 根据我国现行相关会计准则，企业对境外经营的外币报表进行重述后，再按资产负债表日的即期汇率对资产负债表项目进行折算。（　　）
4. 企业对境外经营的利润表进行折算时，产生的利润表折算差额，在利润表中单独列示。（　　）
5. 汇率是将一国货币换算成另一国货币的比率。（　　）
6. 外币交易应当在初始确认时，采用交易发生日的即期汇率将外币金额折算为记账本位币，也可以采用按照系统合理的方法确定的，与交易日即期汇率近似汇率折算。（　　）
7. 一般来说，交易损益属于未实现损益。（　　）
8. 单一交易观点在理论上虽然符合在取得时确认资产价值，但在实务上却不可行。（　　）
9. 在两项交易观点下，购货成本与销售收入的确定，与交易日的汇率无关。（　　）
10. 我国外币财务报表的折算实质上采用的现行汇率法。（　　）

第四章　油气开采会计

单项选择题

1. 在油气勘探阶段所发生的支出中，应当资本化计入井及相关设施成本的是（　　）。
   A. 探明经济可采储量的钻井勘探支出
   B. 未探明经济可采储量的钻井勘探支出
   C. 无效井段钻井勘探累计支出
   D. 非钻井勘探支出
2. 通过非货币性资产交换（假定具有商业实质）取得的矿区权益一般应（　　）。
   A. 按照换出资产的公允价值加上相关税费作为其入账价值
   B. 按照换入矿区权益的公允价值加上相关税费作为其入账价值
   C. 按照换出资产的账面价值加上相关税费作为其入账价值
   D. 按照换入矿区权益的账面价值加上相关税费作为其入账价值
3. 假定某项油气资产的预计弃置费用为 100 万元，假定经折现后的现值为 80 万元，则在该油气资产初始计量时，该项油气资产及其预计负债的入账价值分别为（　　）。
   A. 100 万元和 100 万元　　B. 100 万元和 80 万元
   C. 80 万元和 100 万元　　D. 80 万元和 80 万元
4. 下列油气资产中，不计提折耗的油气资产是（　　）。
   A. 探明矿区权益　　B. 未探明矿区权益
   C. 油气勘探形成的油气资产　　D. 油气开发形成的油气资产
5. 企业对油气资产计提折耗应当采用（　　）。
   A. 产量法　　B. 工作量法
   C. 双倍余额递减法　　D. 年数总和法
6. 油气资产是一个有特定范围的资产，包括（　　）。
   A. 办公相关设施　　B. 房屋建筑物
   C. 矿区权益　　D. 机器设备
7. 矿区的划分应遵循一些原则，以下关于矿区划分原则中说法错误的是（　　）。
   A. 一个油气藏可作为一个矿区
   B. 若干相邻且地质构造或储层条件相同或相近的油气藏可作为一个矿区
   C. 一个独立集输计量系统为一个矿区
   D. 一个大的油气藏分为几个独立集输系统即使分别计量的也应该划分为一个矿区

8. 未探明矿区权益公允价值低于账面价值的差额，应当确认为减值损失，计入(　　)。

A. 当期损益　　B. 待处理财产损益

C. 投资收益　　D. 以前年度损益

9. 企业应当在附注中披露与石油天然气开采活动有关的下列信息(　　)。

A. 拥有国内和国外的油气储量年初、年末数据

B. 探明矿区权益、井及相关设施的账面原值

C. 实际利率法确定各期间应负担的利息费用

D. 当期在国内和国外发生的矿区权益的取得、油气勘探和油气开发各项支出的总额。

10. 企业转让矿区权益，如果借方余额小于贷方余额的差额，应借记科目(　　)。

A. 投资收益　　B. 营业外支出

C. 管理费用　　D. 未确认融资费用

第五章　生物资产会计

单项选择题

1. 生物资产出售、盘亏或死亡、毁损时，应当将处置收入扣除其账面价值和相关税费后的余额先计入(　　)。

A. 资本公积　　B. 固定资产清理

C. 投资收益　　D. 待处理财产损益

2. “生物性在建工程”账户的借方余额在减去“生物性在建工程减值准备”账户贷方余额后，计入资产负债表中的(　　)项目中。

A. 在建工程　　B. 固定资产

C. 固定资产原值　　D. 生物性在建工程净值

3. 企业应当在附注中披露与生物资产有关的信息中不包括的是(　　)。

A. 生物资产的类别，以及各类生物资产的实物数量和账面价值

B. 用于担保的生物资产的账面价值

C. 单独列示于存货中的消耗性生物资产之金额

D. 与生物资产相关的风险情况与管理措施

4. 生物资产改变用途后的成本，应当按照改变用途时的(　　)价值确定。

A. 账面价值　　B. 公允价值

C. 重置成本　　D. 净值

5. 公益性生物资产，是指以防护、环境保护为主要目的生物资产，以下不属于其范围的是(　　)。

A. 防风固沙林　　B. 水土保持林

C. 水源涵养林　　D. 经济林、薪炭林

6. 下列事项在发生减值事项时，不执行资产减值准则的是(　　)。

A. 消耗性生物资产　　B. 固定资产

C. 无形资产　　D. 长期股权投资

7. 以下不是生物资产确认时必须满足的条件的是(　　)。

A. 企业因过去的交易或者事项而拥有或者控制该生物资产

B. 与该生物资产有关的经济利益或服务潜能很可能流入企业

C. 该生物资产的成本能够可靠地计量

D. 该生物资产的收入能够可靠的计量

8. 下列各项中，依据企业所得税相关法律的规定可计提折旧的生物资产是(　　)。

A. 经济林　　B. 防风固沙林

C. 用材林　　D. 存栏待售的牲畜

9. 生物资产相关准则规定，一般应当采用（　　）对生物资产进行后续计量，但有确凿证据表明其公允价值能够持续可靠取得的除外。

A. 历史成本　　　　B. 重置成本

C. 净现值　　　　D. 沉没成本

10. 下列关于生物资产，说法错误的是（　　）。

A. 生物资产通常可以分为消耗性生物资产、生产性生物资产和公益性生物资产三类

B. 外购的生物资产的成本包括购买价款、相关税费、进项税额、运输费、保险费以及可直接归属于购买该资产的其他支出

C. 天然林等天然起源的生物资产，仅在企业有确凿证据表明能够拥有或者控制该生物资产时，才能予以确认

D. 以融资租赁租出的生产性生物资产和以经营租赁方式租入的生产性生物资产，不应计提折旧

第六章　金融工具会计

判断题

1. 持有至到期投资减值准备可以通过损益转回。(　　)
2. 金融衍生工具按产品形态可以分为金融远期合约、金融期货、金融期权、金融互换和结构化衍生工具。(　　)
3. 既没有转移也没有保留金融资产所有权上几乎所有的风险和报酬的,放弃了对该金融资产控制权的,应当按照其继续涉入所转移金融资产的程度确认有关金融资产,并相应确认有关金融负债。(　　)
4. 衍生金融工具对传统会计计量的冲击主要表现为对历史成本计量属性的挑战。(　　)
5. 企业利用衍生金融工具对以外币结算的应收账款进行套期,就是为了消除汇率变动可能给企业带来的风险。(　　)
6. 企业签出的期权可以作为套期工具。(　　)
7. 企业用期汇合约对已购入的资产进行套期保值,因规避了风险从而一定会增加企业的净收益。(　　)
8. 外汇期货合约既可服务于套期保值目的,也可用于投机。(　　)
9. 期货合同和在交易所交易的签出期权,要求有保证金账户。这种保证金属于初始净投资的一部分 。(　　)
10. 对衍生金融工具的后续计量,主要采用公允价值,但也不排除历史成本等计量属性的应用。(　　)

第七章　企业合并会计

判断题

1. 购买法下，购买方在吸收合并中取得的被购买方的各项可辨认资产、负债，应当按其公允价值入账。(　　)
2. 根据我国现行的企业合并相关准则，非同一控制下的控股合并中，合并方应当按所确定的合并成本和支付的直接合并费用之和对取得的被购买方的长期股权投资进行初始计量。(　　)
3. 合并方对同一控制下吸收合并中取得的被合并方的资产、负债应当按照有关资产、负债在被合并方的公允价值入账。(　　)
4. 根据我国企业合并相关准则，非同一控制下的吸收合并中，购买方确认企业合并的会计处理中如果涉及损益的确认，则确认的损益既有可能是出让资产损益，又有可能是合并成本低于取得的可辨认净资产公允价值的差额。(　　)
5. 在非同一控制下的企业吸收合并中，企业合并成本与所取得的被购买方可辨认净资产公允价值的差额，视情况分别确认为商誉或是作为企业合并当期的损益计入合并方的利润表。(　　)
6. 企业合并是指将两个或两个以上单独的企业合并形成一个报告主体的交易或事项。(　　)
7. 控股合并后，合并企业与被合并企业仍然是两个独立的法律主体和会计主体。(　　)
8. 在同一控制下的企业吸收合并中，合并后的企业只拥有被合并企业的资产，而不需承担被合并企业的债务。(　　)
9. 同一控制下企业合并会产生新的商誉，不需要确认被合并方原有商誉。(　　)
10. 同一控制下企业合并，在合并日需要编制的合并财务报表包括合并资产负债表、合并利润表、合并现金流量表和合并所有者权益变动表。(　　)

第八章　合并财务报表

判断题

1. 作为投资性主体的某个企业，不一定要将其下属的子公司全部纳入合并范围。(　　)
2. 企业在合并报表工作底稿中编制抵销与调整分录时，会涉及对本期“未分配利润”的期初余额进行调整。(　　)
3. 按现行相关会计准则，无论是同一控制下的企业合并还是非同一控制下的企业合并，合并日的合并财务报表中都包括合并所有者权益变动表。(　　)
4. 合并财务报表中合并范围的年初数与年末数应保持一致。(　　)
5. 由母公司编制的合并财务报表与由单独的企业编制的个别财务报表相比，存在某些不同之处，包括：反映的对象不同、编制主体不同、编制依据不同、编制方法不同。(　　)
6. 编制合并资产负债表时，不仅母公司与子公司之间的债权与债务要抵销，子公司之间的债权与债务也要抵销。(　　)
7. 在合并财务报表工作底稿中编制的有关抵销分录，不能作为记账的依据。(　　)
8. 为了编制合并财务报表的需要，母公司应当统一母、子公司所采用的会计期间，使子公司的会计期间与母公司保持一致。(　　)
9. 为了编制合并财务报表的需要，子公司除了向母公司提供本公司的财务报表以外，还应提供编制合并财务报表所需要的相关资料。(　　)
10. 虽然甲企业对乙企业的持股比例在50%以下，但也有可能控制乙企业。(　　)

第九章 租赁会计

判断题

1. 经营租赁下，与资产有关的主要风险和报酬并没有转移，仍然在出租人一方。( )
2. 租赁内含利率是使最低租赁收款额现值与未担保余值的现值之和等于租赁资产公允价值与出租人初始直接费用之和的折现率。( )
3. 有确凿证据表明应收融资租赁款将无法收回时，应按应收融资租赁款余额的全额计提坏账准备。( )
4. 最低租赁付款额折现使用的折现率，应首选出租人租赁内含利率，无法取得时按照合同载明的利率作为折现率。( )
5. 在确定租赁期开始日融资租入固定资产的入账价值时，承租人发生的初始直接费用，应当计入管理费用。( )
6. 一项租赁合同，如果出租人将其界定为融资租赁，承租人也必然将其界定为融资租赁。( )
7. 某项设备全新时可使用年限为10年，现将该设备出租，只要租赁期定在8年以上，出租人就可将此项租赁业务判定为融资租赁。( )
8. 融资租入固定资产后，相关固定资产的折旧期限等于该资产的租赁期。( )
9. 融资租入固定资产的承租人在租赁期届满时应将租入固定资产予以转销。( )
10. 2×10年12月31日，甲公司将自产的账面原价为9 500万元、公允价值为9 800万元的成套设备，以9 700万元的价格出售给乙公司，并随即签下租回合同。该类设备预计使用寿命为7年。租赁合同规定：甲公司在2×11～2×15年的每年年末向乙公司支付租金1 800万元，租赁期满甲公司可以按优惠价格留购。其他资料略。不考虑所得税因素。则此项售后租回交易导致甲公司2×10年度税前利润增加200万元。( )

第十章　资产负债表日后事项与会计变更

请判别下列事项属于调整事项，还是属于非调整事项？

甲公司2×16年的财务报告于2×17年4月30日批准报出，资产负债表日后事项的涵盖期间为：2×17年1月1日至2×17年4月30日。甲公司2×16年10月向乙公司销售商品一批，至2×16年12月31日货款尚未收到。

问题1：2×16年12月31日乙公司财务状况良好，甲公司预计应收账款可按时收回。乙公司2×17年2月发生重大火灾，2×17年3月1日得知导致甲公司100%的应收账款无法收回。

问题2：2×16年12月31日乙公司财务状况已出现财务危机(即2×16年12月31日前发生火灾)，甲公司估计对乙公司的应收账款将有10%无法收回，故按10%的比例计提坏账准备。2×17年2月1日甲公司接到通知，乙公司已被宣告破产清算，甲公司估计有100%的债权无法收回。

第十一章　清算会计

判断题

1. A公司与B公司创立合并，形成一个新C公司，这一创立合并至少涉及两个公司的清算。（　　）
2. 根据我国有关法规规定，如果企业在规定的期限内没有营业，即长期歇业，就有可能被宣告解散。（　　）
3. 企业清算包括强制清算和非强制清算两种形式。（　　）
4. 清算过程中的土地转让收益是指转让土地使用权取得的收入减去转让费用后的差。（　　）
5. 企业清算过程中支付的职工安置费应计入清算费用。（　　）
6. 影响清算损益金额的因素包括：清算收益、清算损失、清算费用和土地转让净收益。（　　）
7. 无论何种企业清算，均不会涉及所得税问题。（　　）
8. 企业清算过程中支付的职工安置费用不影响清算损益。（　　）
9. 企业破产清算的具体事项应由法院成立的清算组负责进行。（　　）
10. 根据我国《破产法》规定，破产宣告前行政、司法机关对破产企业的罚款、罚金以及其他有关费用不属于破产债权。（　　）